子ども・親・男女の法律実務

DV、児童虐待、ハーグ、無戸籍、
ストーカー、リベンジポルノ、
女性・子どもの犯罪被害、
ひとり親家庭などの法的支援

編集代表　弁護士　高取由弥子

日本加除出版株式会社

は し が き

『すべての女性が輝く社会』とは一体どんな社会であろうか。

グローバリズムの波に呑まれ，目まぐるしく変化が起こり多様化する現代社会において，我が国はどう進むのか。

家族は社会の最小単位と評される。インターネットで瞬時に世界中と繋がり，世界中の英知を手に入れることのできる我々の世代は，かつてない平和を享受しておきながら，幸せという人間の根源的な問題を深く問う時代を生きている。平成30年度の出生数は約92万1000人と過去最少を更新し，我が国は少子高齢化の道を突き進むと同時に，婚姻率の減少，離婚率の上昇というまさに「家族」の変化の中にいる。

夫婦や親子をめぐる国民の意識は変化してきているが，持続可能な開発目標（SDGs）やダイバーシティが唱えられながらも，いまだ曖昧な道徳を法制化し続けている。政府による『女性の活躍』や『子どもの貧困対策』の法環境が整わない中，男性像はカテゴライズされ，男性が抱える生きづらさにはスポットライトは当たらない。

時代も道徳も正義も移り変わる。その中で，我が国は，国民に，とりわけ劣位に置かれる子どもたちに，生まれ育った環境に関わらず，幸せを追求する機会を備える，そういう社会を志向し法整備を推進すべきではないか。その際，国民に「逃げる自由」を与えるだけでなく，あらゆる暴力から守られ，安心して安全に暮らせる法環境の整備を最優先で行わなければならない。

また，貧困や苦しみを抱える人が頼れる国の窓口や制度は分かりづらい。場当たり的に通知や通達で解決策を講じ，これにより制度が複雑化すればするほど，一般国民だけでなく，執行者ですらそれらを覚知していないという落とし穴に陥っている。

多様化と同時に分断化も進んでいるため，今後は，小さなコミュニティにおける互助が重要となろう。男女や年齢を問わず，制度の狭間に落とし込まれ，行き場をなくした弱い立場の人々が，難解に進化した問題を抱えて自治

i

体に助けを求める事案がより一層増加すると推測される。その際，相談対応者や実務家には，問題の所在を顕在化させ，解決型思考を持ち，既存の制度や法的手続にそのまま当てはまるか否かで処理するのではなく，これらを応用し新しい切り口で解決策を検討して突破していくことが求められる。相談者の身の安全を確保しながら最善の手続を行う視点も決して忘れてはならない。

本書は，第2編の無戸籍問題を発端とするが，無戸籍問題は，人の出生から死亡までのあらゆる法的問題を内包していることから，家族法のみならず関連する重要で現代的な法分野について，制度や手続の概説に加え，書式や事例，審判例等を用いて解決方法を具体的に示すことで自治体職員や実務家の問題解決の一助となることを目指したものである。

本書の執筆は，「無戸籍問題を考える若手弁護士の会」（以下「当会」という。コラム197頁参照）に所属する弁護士のうち有志15名であった。当会は，子どもの権利，国際人権，仲裁，犯罪被害者，刑事事件，男女問題，損害賠償問題等をそれぞれの専門領域とする弁護士が，自らの知見を持ち寄り，時には裁判所等と闘うことも厭わず，無戸籍者に寄り添いながら個別救済を行うと同時に，無戸籍問題の制度的解決を図るべく活動してきた。

それゆえに，本書は執筆者全員によるコンセンサス方式を採用せず，各分野に精通する執筆者が自らの知見において解説しつつ，踏み込んだ意見を表明することも可とした。なお，本書の各項目は，担当者の文責にかかっており，当会や各弁護士が所属する法律事務所等の統一した見解ではないことを申し添える。

当会の活動においては，顧問の岡村勲弁護士（元第一東京弁護士会会長）ほか，杉浦正健弁護士（元衆議院議員），加毛修弁護士（元第一東京弁護士会会長），外立憲治弁護士（元第一東京弁護士会副会長），尾崎純理弁護士（元第二東京弁護士会長），早川忠孝弁護士（元衆議院議員），鈴木五十三弁護士（元LAWASIA会長），篠塚力弁護士（現東京弁護士会会長），出井直樹弁護士（前日本弁護士連合会事務総長），神田安積弁護士（元日本弁護士連合会事務次長）にご指導・ご助力を賜った。諸先輩方に敬意を表し，御礼申し上げる。

当会の理論面においては，二宮周平立命館大学法学部教授，内田貴東京大学名誉教授，水野紀子東北大学大学院教授，棚村政行早稲田大学教授，辻村みよ子明治大学法科大学院教授，井上哲男日本大学大学院法務研究科教授（元裁判官）に多くの時間を割いてご教授いただいてきた。各教授の理論的立場から，厳しくもあたたかいご指導とご教授に厚く御礼申し上げる。

井戸正枝氏，上田真理子氏，宮川佳子氏，竹下宏美氏とは，同志として無戸籍者の支援活動をしてきた。感謝の念に絶えない。

総務省自治行政局住民制度課，法務省民事局民事第一課とは，無戸籍者の救済に向けた意見交換を重ね，相互に協力した。立場は違えども最終目標は同じだと感じている。

本書のデザインを引き受けていただいた三塚篤氏，本書の重要テーマの一つである第1編第4章子の引渡し（ハーグ条約）の執筆にあたりご協力いただいた，芝池俊輝弁護士，外務省領事局ハーグ条約室の皆様に心より感謝申し上げる。

本書の編集作業を担った，事務局長の小倉拓也弁護士を始め，編集委員の尾野恭史弁護士，阿部みどり弁護士，池田大介弁護士の尽力により無事発刊の運びとなった。

最後に，本書の企画から始まり，出版に向けて粘り強くご助力を賜った日本加除出版株式会社の佐伯寧紀氏には深く感謝の意を表したい。

無戸籍者やその家族，あるいは子ども・親・男女の問題で困っている方が日本全国どの場所で声を上げられずに苦しんでいたとしても，その端緒に接した人が素早く手を差し伸べ，その法的解決に本書を活用されることを執筆者一同願ってやまない。

令和元年10月

執筆者を代表して　弁護士　高取 由弥子

凡　例

1　本書中，法令名等の表記については，原則として省略を避けたが，括弧内においては以下の略号を用いた。

【法令等】

民	民法	裁判員	裁判員の参加する刑事裁
憲	日本国憲法		判に関する法律
戸籍	戸籍法	いじめ防止	いじめ防止対策推進法
戸籍規	戸籍法施行規則	児福	児童福祉法
住基	住民基本台帳法	児福規	児童福祉法施行規則
住基令	住民基本台帳法施行令	児童虐待	児童虐待防止法
家事	家事事件手続法	少年	少年法
民訴	民事訴訟法	国保	国民健康保険法
刑訴	刑事訴訟法	国保規	国民健康保険法施行規則
民執	民事執行法	児童扶養	児童扶養手当法
改正(改正	民事執行法（令和元年	児童扶養令	児童扶養手当法施行令
後)民執	5月成立）	学教	学校教育法
人訴	人事訴訟法		

被害者保護　犯罪被害者等の権利利益の保護を図るための刑事手続に付随する措置に関する法律

ハーグ条約　国際的な子の奪取の民事上の側面に関する条約

ハーグ実施　国際的な子の奪取の民事上の側面に関する条約の実施に関する法律

ハーグ実施規則　国際的な子の奪取の民事上の側面に関する条約の実施に関する法律施行規則

児童ポルノ　児童買春，児童ポルノに係る行為等の規制及び処罰並びに児童の保護等に関する法律

DV　配偶者からの暴力の防止及び被害者の保護等に関する法律

ストーカー　ストーカー行為等の規制等に関する法律

ストーカー施行規則　ストーカー行為等の規制等に関する法律施行規則

プロバイダ　特定電気通信役務提供者の損害賠償責任の制限及び発信者情報の開示に関する法律

リベンジ　私事性的画像記録の提供等による被害の防止に関する法律

DV保護規則　配偶者暴力等に関する保護命令手続規則（平13・7・27最高裁判所規則第7号，最新改正：平25・11・13最高裁判所規則第7号）

DV防止規則　配偶者からの暴力等による被害を自ら防止するための警察本部長等による援助に関する規則（平16・11・8国家公安委員会規則第18号，最新改正：令元・6・2国家公安委員会規則第3号）

凡　例

【先例・裁判例】
・最一小判昭和44・5・29民集23巻6号1064頁
　→最高裁判所第一小法廷判決昭和44年5月29日最高裁判所民事判例集23巻6
　　号1064頁
・平19・5・7民一第1007号民事局長通達
　→平成19年5月7日付け法務省民一第1007号法務局長，地方法務局長あて法
　　務省民事局長通達

2　出典の表記につき，以下の略号を用いた。

大民集	大審院民事判例集	高刑速	高等裁判所刑事判決速報集
民集	最高裁判所民事判例集	家月	家庭裁判月報
裁判集民	最高裁判所裁判集民事	判タ	判例タイムズ
大刑集	大審院刑事判例集	判時	判例時報
刑集	最高裁判所刑事判例集	戸時	戸籍時報
裁判集刑	最高裁判所裁判集刑事	家判	家庭の法と裁判
下民	下級裁判所民事裁判例集		

『最高裁民事篇44年度』『最高裁判所判例解説　民事篇（上）〈昭和44年度〉』
　（法曹会，1972年）
『親族』　我妻栄『親族法』（有斐閣，1961年）
『井戸』　井戸まさえ『日本の無戸籍者』（岩波書店，2017年）
『井戸日本人』　井戸まさえ『無戸籍の日本人』（集英社，2016年）
『詳解DV』　南野知恵子・千葉景子・山本香苗・吉川春子・福島みずほ監修
　『詳解　DV防止法　2008年版』（ぎょうせい，2008年）
『金子・一問一答（ハーグ）』　金子修『一問一答　国際的な子の連れ去りへ
　の制度的対応―ハーグ条約及び関連法規の解説』（商事法務，2015年）
『民事保全』　八木一洋＝関述之『民事保全の実務（上）』（きんざい，第3版
　増補版，2015年）

目　次

第1編　男女・親子に関する問題

第1章　養育費・面会交流

第1│養育費の算定方法 ─────────────────── 2

1 法的性質・意義 ·· 2

2 養育費の算定方法 ·· 3

3 養育費の算定方法（新算定表） ··· 3

4 算定表では算定できない養育費の算定方法 ························ 4

(1) 無収入の場合　4 ／ (2) 再婚した場合の養育費　5 ／ (3) 養育費と公的扶助の関係　5

第2│養育費の請求方法 ─────────────────── 5

1 養育費の請求手続 ·· 5

(1) 離婚と併せて請求する場合　5 ／ (2) 離婚後に請求する場合　6

2 養育費の審理方法 ·· 6

3 養育費支払の始期と終期 ·· 7

(1) 始　期　7 ／ (2) 終期について　8

4 決められた養育費の変更手続 ·· 8

　　例1　養育費請求申立書 ··· 9

第3│養育費の履行確保 ─────────────────── 11

1 公正証書の作成 ·· 11

2 履行勧告・履行命令 ·· 11

3 強制執行 ··· 11

(1) 直接強制　12 ／ (2) 間接強制　12

第4│面会交流の請求手続・方法の変更手続 ─────── 14

vii

目　次

1 法的性質・意義 ……………………………………………………… 14

2 面会交流の請求手続 ……………………………………………… 15

3 審理方法 ……………………………………………………………… 16

4 判断基準 ……………………………………………………………… 16

5 面会交流の態様 …………………………………………………… 17

　(1)　直接交流　17　／　(2)　間接交流　17　／　(3)　祖父母らとの交流
17　／　(4)　第三者機関の利用　18　／　(5)　決められた面会交流の変
更手続　18

第5 | 面会交流の履行確保 ―――――――――――――――― 18

　(1)　履行勧告　18　／　(2)　間接強制　19

第6 | 面会交流の実情 ―――――――――――――――――― 20

　例2 面会交流請求申立書 ………………………………………… 23

第7 | Q&A ――――――――――――――――――――――― 27

　Q1 面会交流が否定されるのはどのような場合か。 ……………… 27

　Q2 面会交流を支援する第三者機関はどのようなことをしてくれるか。 …… 28

第2章　ドメスティック・バイオレンス（DV）

第1 | DVとは ――――――――――――――――――――――― 32

1 定　義 ………………………………………………………………… 32

2 暴力の形態 ………………………………………………………… 33

3 DVの特徴 …………………………………………………………… 34

　表1 配偶者からの暴力が関係する相談件数（平成29年度分） ……… 35

　表2 DV相談件数（平成29年度分，都道府県別） ……………………… 36

第2 | DV防止法について ――――――――――――――――― 37

1 概　要 ………………………………………………………………… 37

2 DV防止法の対象 ………………………………………………… 38

3 DV防止法における国及び地方公共団体の責務 …………… 39

4 DV被害の発見の端緒 …………………………………………… 40

目　次

第**3**│保護命令 ——————————————————— 42

1 保護命令 ··· 42

2 保護命令の種類 ·· 42

3 保護命令の内容・定義 ······································ 43

　(1)　被害者への接近禁止命令（DV10条1項1号）　43　／　(2)　退去
命令（DV10条1項2号）　43　／　(3)　被害者の子への接近禁止命令
（DV10条3項）　43　／　(4)　被害者の親族等への接近禁止命令（DV10
条4項）　44　／　(5)　電話等禁止命令（DV10条2項）　44

4 保護命令の要件 ·· 46

　(1)　申立権者　46　／　(2)　発令要件　46　／　(3)　管轄裁判所　48
／　(4)　申立書の記載事項　49　／　(5)　再度の申立て　50　／　(6)
保護命令の効力発生時期　50

　　　例3　保護命令申立書（DV事件）····························· 51

　　　例4　接近禁止陳述書（DV事件）····························· 58

第**4**│支援機関等 ——————————————————— 61

1 支援機関の必要性 ··· 61

2 配偶者暴力相談支援センター ······························ 61

3 警察官の援助，警察本部長等の援助 ······················ 62

4 被害者の避難・自立のための支援措置 ···················· 63

5 DV被害者に対する支援の特殊性 ························· 65

第**5**│DVと離婚 ——————————————————— 67

1 法律相談 ··· 67

2 離婚手続の選択と複数による受任について ················ 68

3 離婚調停について ··· 68

4 裁判離婚について ··· 69

5 DVの慰謝料請求 ··· 69

6 DV事案における慰謝料の裁判例 ························· 70

ix

目 次

第3章　ストーカー・リベンジポルノ

第1 | ストーカー —————————————————————— 72

1 はじめに ……………………………………………………………… 72

2 ストーカー規制法の目的 ………………………………………… 73

3 ストーカー規制法が定める行為等 ……………………………… 73

　(1) 「つきまとい等」（ストーカー2条1項）　73　／　(2) 「ストーカー行為」（ストーカー2条3項）　74　／　(3) つきまとい等をして不安を覚えさせることの禁止（ストーカー3条）　75

4 「ストーカー行為」の解釈 ……………………………………… 75

　(1) 「ストーカー行為」　75　／　(2) 「反復して」の意義について　75

5 ストーカー規制法上の手続 ……………………………………… 76

　(1) 警告（ストーカー4条）　77　／　(2) 禁止命令等（ストーカー5条）　77　／　(3) 警察本部長等の援助等（ストーカー7条）　78

　　| 例5 | 援助申出書 …………………………………………………… 80

　　| 例6 | 住民基本台帳事務における支援措置申出書 ……………… 81

　　| 例7 | 警告申出書 ………………………………………………… 83

　　| 例8 | 警告書 ……………………………………………………… 85

　　| 例9 | 禁止命令等申出書 ………………………………………… 87

　　| 例10 | 禁止等命令書 ……………………………………………… 89

　　| 例11 | 禁止命令等有効期間延長処分申出書 …………………… 91

6 平成28年改正のポイント ………………………………………… 93

　(1) 規制対象行為の拡大（ストーカー2条）　93　／　(2) 禁止命令等の見直し（ストーカー5条）　93　／　(3) ストーカー行為等に係る情報提供の禁止（ストーカー6条）　93　／　(4) ストーカー行為等の相手方に対する措置等（ストーカー8条・9条）　93　／　(5) ストーカー行為等の防止等に資するための措置（ストーカー10条・11条）　93　／　(6) 罰則の見直し（ストーカー18条〜20条）　93

7 ストーカー規制法の合憲性 ……………………………………… 96

　(1) 事案の概要等　96　／　(2) 上告趣意と判決内容　96

8 その他の法律との関係 …………………………………………… 97

x

(1) 民事手続　97　／　(2) 刑事手続　98

第2 | リベンジポルノ ————————————— 98

1 はじめに ………………………………………………………… 98

2 リベンジポルノ防止法の概要等 …………………………… 99

3 リベンジポルノ防止法の定義等 …………………………… 99

4 リベンジポルノ防止法が定める罰則（リベンジ3条）………… 101

(1) 私事性的画像記録公表罪（リベンジ3条1項）　101　／　(2) 私事性的画像記録物公表罪（リベンジ3条2項）　102　／　(3) 公表目的提供罪（リベンジ3条3項）　102　／　(4) 各罪に共通する問題　102

5 「不特定又は多数」（リベンジ3条1項・2項），「公然と陳列」（リベンジ3条2項）の解釈 …………………………………………… 103

(1) 「不特定又は多数」とは　103　／　(2) 「公然と陳列」とは　104

6 プロバイダ責任制限法の特例 ……………………………… 105

例12　私事性的画像侵害情報の通知書 兼 送信防止措置依頼書 ……………… 107

例13　私事性的画像侵害情報の通知書 兼 送信防止措置に関する照会書 … 108

7 リベンジポルノ防止法の合憲性 …………………………… 109

第3 | 裁判例 ————————————————— 110

1 ストーカー・リベンジポルノにおける損害賠償請求事件等 ………… 110

(1) 大阪地判平12・12・22判タ1115号194頁　110　／　(2) 東京地判平15・2・6ウエストロー　110　／　(3) さいたま地判平18・3・31裁判所ウェブサイト（桶川ストーカー殺人事件）　111　／　(4) 東京地判平19・6・14ウエストロー　111　／　(5) 東京地判平27・11・25ウエストロー　112　／　(6) 東京地判平28・11・29ウエストロー　112　／　(7) 横浜地横須賀支判平30・1・15ウエストロー　113　／　(8) 宮崎地判平28・3・28公刊物未登載　114

2 「つきまとい等」に関する裁判例 ……………………………… 115

(1) 「見張り」，「押し掛け」（東京高判平24・1・18裁判所ウェブサイト）　115　／　(2) 「待ち伏せ」（東京高判平24・5・24高刑速3473号126頁，東京高判平28・11・30高刑速3586号161頁）　115　／　(3) 「要求」（東京地立川支判平28・5・27ウエストロー）　116　／　(4) 「公然と陳列した」に関する裁判例（大阪高判平29・6・30判タ1447号114頁）116

目　次

第4 | ストーカー・リベンジポルノについての支援機関等————117

1 ストーカー・リベンジポルノの発生件数等 ·······················117

> **図1** ストーカーの相談件数の推移 ·····························117

> **表3** リベンジポルノを含む私事性的画像に係る事案の相談件数 ···········118

2 ストーカー・リベンジポルノの支援機関等 ·······················118

(1) 警察の相談窓口　118　／　(2) 法務省の人権擁護機関の人権相談窓口等　118　／　(3) 日本司法支援センター（法テラス）の犯罪被害者支援窓口　118　／　(4) 一般社団法人セーファーインターネット協会（SIA）が運営する「セーフライン」　119　／　(5) 違法・有害情報相談センター　119

第5 | Q&A —————————————————————————119

Q　ストーカーに対する民事上の手続として，具体的にどのような方法があるか。·······································119

第4章　国際的な子の返還及び面会交流（ハーグ条約）

第1 | ハーグ条約，ハーグ実施法の概要————————————121

1 ハーグ条約及びハーグ実施法の概要及び制定経緯 ·················121

2 ハーグ条約及びハーグ実施法に関する実施例の手続イメージと傾向 ·······································124

> **図2** 日本以外のハーグ条約締約国に子が連れ去られた又は留置された場合の手続の流れ ·····························126

> **図3** 日本に子が連れ去られた又は留置された場合の手続の流れ ···········126

> **図4** ハーグ条約（国際的な子の奪取の民事上の側面に関する条約）の実施状況 ·····························127

> **図5** 返還援助決定事案の結果 ·····························127

第2 | ハーグ条約に基づく子の返還申立て————————————128

1 子が日本へ連れ去り又は留置された場合（インカミング事案） ··········128

(1) 中央当局への外国返還援助申請（ハーグ実施4条～10条）　128　／　(2) 子の返還にかかる裁判外紛争解決手続　129　／　(3) 子の返還にかかる調停及び裁判手続　131　／　(4) 子の返還決定後の対応　144

xii

目　次

> 図6　あっせん手続の大まかな流れ ········· 130

> 図7　子の返還申立てを行った場合の流れ ········· 133

2　子が日本から，ハーグ条約締約国である外国へ連れ去り又は留置
された場合（ハーグ実施11条〜15条）（アウトゴーイング事案） ········· 149

第**3**│ハーグ条約に基づく面会交流の確保 ── 150

1　子が日本へ連れ去られ又は留置された場合 ········· 150

⑴　中央当局への日本国面会交流援助　150　／　⑵　面会交流の申立
て　151　／　⑶　面会交流決定後の対応　153

> 図8　日本国面会交流手続図 ········· 151

2　子が外国へ連れ去り又は留置された場合 ········· 153

第**4**│ハーグ実施法と扶助制度 ── 154

> 例14　子の返還申立書 ········· 155

> 例15　答弁書 ········· 157

第**5**章　ひとり親家庭

第**1**│はじめに ── 159
第**2**│離婚後の手続 ── 159

1　戸籍と氏の変更 ········· 159

⑴　氏の変更　159　／　⑵　戸籍の変更　160　／　⑶　子の氏の変更
許可申立てと入籍届　161

> 図9　戸籍・氏に関する手続 ········· 162

2　健康保険 ········· 163

⑴　自身の健康保険　163　／　⑵　子の健康保険　165　／　⑶　国民
健康保険料の減免制度　166

> 図10　離婚後の健康保険に関する手続 ········· 163

3　年　金 ········· 166

⑴　年金の種別変更　166　／　⑵　国民年金保険料を納めることが経
済的に困難な場合　167

> 表4　年金に関する手続 ········· 167

xiii

目　次

4　住民票 ··· 167

　　表5　住民票に関する手続 ··· 168

5　子に関する手続 ··· 168

　　⑴　児童手当の受給者変更　168　／　⑵　その他の手続　170

　　表6　児童手当の支給額（令和元年9月現在）······················· 169

6　日常生活に関する手続 ··· 170

　　表7　日常生活に関する手続 ··· 171

第3｜ひとり親家庭への支援制度 ―――――― 171

1　ひとり親家庭への経済的支援制度 ··· 171

　　⑴　児童扶養手当　172　／　⑵　児童育成手当　174　／　⑶　ひとり
　親家庭等への医療費助成　176　／　⑷　母子父子寡婦福祉資金貸付金
　176

　　表8　児童扶養手当の所得制限限度額 ································· 173

　　表9　児童扶養手当の支給額 ··· 174

　　図11　児童扶養手当の申請手続 ··· 174

　　図12　児童育成手当の手続 ··· 175

　　図13　ひとり親家庭医療助成制度の申請手続 ················· 176

　　図14　母子父子寡婦福祉資金貸付金の申請手続 ············· 177

2　就業支援・自立支援制度 ··· 177

　　表10　ひとり親家庭の就業支援関係の主な事業 ············· 178

3　ひとり親家庭への子育て・生活支援 ····································· 179

　　表11　ひとり親家庭への子育て・生活支援制度の例（東京都）··············· 180

4　自治体における特色ある支援制度 ··· 181

　　⑴　東京都八王子市の例　181　／　⑵　新潟県の例　181

目 次

第2編　戸籍に関する問題─無戸籍

第1章　無戸籍とは

1 はじめに ……………………………………………………………… 186

2 無戸籍者の現況 …………………………………………………… 187

3 無戸籍者が被る不利益 …………………………………………… 188

　⑴　住民票への記載　189　／　⑵　児童福祉行政上の扱い　191　／
　⑶　国民健康保険　192　／　⑷　小・中学校への就学　192　／　⑸
　就　職　194　／　⑹　生活保護　194　／　⑺　選挙権　194　／　⑻
　婚姻届　195　／　⑼　運転免許証　195　／　⑽　パスポート　196
　／　⑾　銀行口座の開設　196　／　⑿　その他の契約行為　197

第2章　嫡出推定制度と「推定の及ばない子」の創設

1 民法の嫡出推定制度の概観 ……………………………………… 200

　⑴　現行民法の規定　200　／　⑵　嫡出推定規定の制度趣旨　202

2 「推定の及ばない子」の創設─判例法理による外観説 ………… 202

　⑴　推定の及ばない子　202　／　⑵　外観説の概説　203

第3章　無戸籍が生じる原因

1 無戸籍の発生原因 ………………………………………………… 206

　⑴　無戸籍が生じ得る要因　206　／　⑵　無戸籍が生じる主たる要因
　206

2 戸籍制度─住民票との違い ……………………………………… 207

3 同一の戸籍に記載される者の範囲 ……………………………… 208

4 出生に係る戸籍法の規定等 ……………………………………… 208

5 推定される嫡出子，推定の及ばない子，推定されない嫡出子の戸
籍実務における取扱い …………………………………………… 209

　⑴　推定される嫡出子　209　／　⑵　推定の及ばない子　209　／　⑶

xv

目　次

推定されない嫡出子　210

第4章　進まない無戸籍の解消

1 無戸籍状態の解消は進んでいない ･････････････････････････････････ 211

2 無戸籍状態の解消が進まない原因 ･････････････････････････････････ 211

3 家裁における取扱上の問題 ･･･････････････････････････････････････ 214

⑴　家裁の窓口問題　214　／　⑵　前夫の関与問題　215　／　⑶　最
一小判平26・7・17民集68巻6号547頁の影響　215

　表12　認知，嫡出否認，親子関係不存在確認の各調停事件の各年度新
受件数・取下件数推移表 ･･･････････････････････････････････ 217

第5章　嫡出推定制度に関する民法改正の動向

1 法制審議会の動き ･･･ 218

2 嫡出推定制度を中心とした親子法制の在り方に関する研究会 ･･････････ 218

3 研究会報告書の提言骨子 ･･･････････････････････････････････････ 218

⑴　嫡出の推定（民772条）について　219　／　⑵　嫡出否認の提訴権
者（民774条）について　219　／　⑶　嫡出否認の訴えの出訴期間（民
777条）について　219　／　⑷　当事者の合意により父子関係を否定す
る方策　219

4 民法772条の改正について ･･･････････････････････････････････････ 219

第6章　解決方法

　図15　無戸籍状態を解消するための手続 ･･･････････････････････････ 223

第1 ｜ はじめに ───────────────────── 223

第2 ｜ 嫡出推定が原因となる場合（概説）───────────── 224

1 嫡出推定を否定するための手続 ･･････････････････････････････････ 224

2 調停前置主義 ･･･ 225

　図16　嫡出推定を否定するための裁判手続の概要 ･･････････････････ 226

xvi

| 3 | 合意に相当する審判 | 226 |

3 合意に相当する審判 ·· 226

4 本書における解説の順序 ···································· 227

5 母の離婚との関係 ··· 228

第3 | 嫡出推定が原因となる場合（各論）——————— 229

1 強制認知の手続（血縁上の父を相手方とする手続）········· 229

⑴　手続の概要　229　／　⑵　推定が及ばない事情　230　／　⑶　別居事案における申立て例と注意点　231　／　⑷　DNA鑑定　233　／　⑸　審判や判決取得後の注意点　234

　表13　強制認知の訴え ··· 230

2 親子関係不存在確認の手続（前夫を相手方とする手続）········· 235

⑴　手続の概要　235　／　⑵　推定が及ばない事情　236　／　⑶　別居事案における申立例と注意点　237　／　⑷　DNA鑑定　238　／　⑸　審判や判決取得後の注意点　238

　表14　親子関係不存在の手続 ····································· 235

3 嫡出否認の手続（前夫が申立人となる手続）················· 240

　表15　嫡出否認の手続（前夫が申立人となる手続）··········· 240

4 離婚後に懐胎したことの証明 ······························· 241

第4 | 出生証明書を紛失等したため母子関係の認定が必要な場合（母との間の親子関係存在確認の手続）——————— 242

第5 | 身元不明，身元が判明していても証拠が乏しい場合（就籍許可の手続）————————————————— 243

⑴　手続の概要　243　／　⑵　就籍の要件　244　／　⑶　審理の特徴　245　／　⑷　住民票　245

　表16　就籍許可の手続 ··· 243

第6 | その他——————————————————————— 246

1 母が出生届を提出して前夫の戸籍に一旦記載させた後に，離婚後の母の戸籍に移す等する場合 ······························· 246

2 何らかの事情で母が出生届を提出することができない（又はしない）ため，無戸籍者が自ら母の前夫を父とする戸籍の記載を求める場合 ··· 246

xvii

目 次

第7 無戸籍解消後の問題 ——————————— 247

第7章 Q&A

Q1 前夫を相手方とする親子関係不存在確認の手続でなく，血縁上の父親を相手方とする強制認知の手続を行うことはできるか。 248

Q2 強制認知の調停の申立てを行おうとしたところ，家庭裁判所の窓口で，親子関係不存在確認の調停を先に申し立てるように求められ，強制認知の調停申立書を受け付けてもらえない場合，どうすればよいか。あるいは，一旦強制認知調停の申立ての受付はされたものの，担当書記官から親子関係不存在確認の手続を先に行うように求められた場合にはどうすればよいか。 249

Q3 強制認知の調停の申立てをしたところ，担当書記官を通じて，前夫に意見照会をすると言われ，これに応じなければ手続を進めることはできないとして第1回調停期日の指定を受けられず，調停の申立てを取り下げるよう求められた場合，どうすればよいか。 250

第8章 事例対応

事案1 253

事案2 256

事案3 261

事案4 264

事案5 268

| 例16 | 審判（認知申立事件）...255

| 例17 | 審判（親子関係存在確認申立事件）............................ 259

| 例18 | 審判（認知申立事件）...260

| 例19 | 審判（親子関係不存在確認申立事件）...................... 263

| 例20 | 審判（親子関係存在確認申立事件）............................ 266

| 例21 | 就籍許可審判申立書 270

| 例22 | 審判（就籍許可申立事件）..273

xviii

目　次

例23 認知調停申立書 ··· 277

例24 判決（親子関係不存在確認）·· 280

第**3**編　子どもに関する問題

第**1**章　子どもの犯罪被害

第**1** 児童虐待 ————————————————————————— 284

1 児童虐待とは ··· 284

⑴　児童虐待の４類型　284　／　⑵　改正法による体罰禁止の明文化
286　／　⑶　児童虐待に対する刑事罰　286

2 公的機関による対応 ·· 287

⑴　通　告　287　／　⑵　通告受理後の対応　288　／　⑶　一時保護
290　／　⑷　援助方針の決定　294　／　⑸　一時保護中の親権等
296　／　⑹　要保護児童対策地域協議会　296

例25 虐待相談・通告受付票 ··· 289

図17 一時保護決定に向けてのアセスメントシート ······················· 291

図18 一時保護に向けてのフローチャート ·································· 292

3 虐待する親の親権制限 ·· 297

⑴　親権喪失　297　／　⑵　親権停止　297　／　⑶　運用状況　298
／　⑷　未成年後見制度　298　／　⑸　養子縁組の解消　298

4 里親制度 ·· 299

⑴　養育里親　299　／　⑵　養子縁組里親　300　／　⑶　親族里親
300　／　⑷　小規模住居型児童養育事業（ファミリーホーム）　300

5 特別養子縁組（令和元年改正について）································ 300

第**2** 学校における体罰 ————————————————————— 302

1 体罰の禁止 ··· 302

2 懲戒と体罰の違い ·· 303

3 体罰及び懲戒の具体的事例 ··· 304

4 有形力の行使に関する裁判所の考え方 ··································· 305

xix

目　次

5 体罰の定義に関する異なった見解 ··· 306

6 部活動における体罰 ··· 307

7 体罰に関する法的責任 ··· 310

(1) 体罰を行った者の法的責任　310　／　(2) 学校設置者の法的責任
311

8 Q&A ·· 312

Q1　児童生徒等が体罰を受けた場合，被害を受けた児童生徒等及び保護
者（以下「被害者側」という。）は，誰に対して，どのように交渉を
行っていけばよいか。 ··· 312

Q2　被害者側が学校と交渉を行い，学校も問題解決のために真摯に対応
することを一旦は約束した。しかし，学校は，実際には詳細な事実調
査や結果報告を行わず，体罰の責任も認めようとはしない。このよう
に，学校との直接交渉では問題解決の見通しが立たない場合，被害者
側が次にとるべき手段（方法）としてどのようなものが考えられるか。···· 313

Q3　被害者側が体罰問題に直面した場合に，相談のできる相手を具体的
に教えて欲しい。 ··· 314

第3 ｜ いじめ ──────────────────── 315

1 いじめの現状 ··· 315

2 「いじめ」とは何か ··· 316

3 いじめの判断 ··· 316

4 いじめの法的責任を負う者及び義務内容 ······································· 318

(1) 加害児童　318　／　(2) 加害児童等の両親　318　／　(3) 学校関
係者　318

5 いじめと損害の因果関係 ··· 321

6 いじめによる損害 ··· 322

(1) いじめにより児童等が被る損害　322　／　(2) 通常損害・特別損
害　323

7 ネットいじめ ··· 323

(1) 「ネットいじめ」とは　323　／　(2) ネットいじめに対する対策
324

例26　プロバイダへの削除依頼 ··· 325

目　次

8 相談窓口 ……………………………………………………………… 327

第4 │ 性暴力被害（児童ポルノ・児童買春）──────── 328

1 子どもの対する性暴力被害 ……………………………………… 328

⑴　はじめに　328　／　⑵　性暴力による被害　329　／　⑶　性暴力被害の支援　329

2 子どもに対する性暴力に対する刑罰類型 …………………… 330

⑴　子どもの年齢と刑罰類型　330　／　⑵　強制性交・強制わいせつ　331　／　⑶　準強制性交等・強制わいせつ　335　／　⑷　監護者強制性交等・強制わいせつ　335　／　⑸　児童福祉法違反　336　／　⑹　児童ポルノ，児童買春　338　／　⑺　迷惑防止条例違反（痴漢・盗撮）　340

3 青少年健全育成条例など ………………………………………… 340

⑴　はじめに　340　／　⑵　18歳未満の者との性行為や性交類似行為　341　／　⑶　その他JKビジネス禁止条例　341

4 事件発覚後の対応 ………………………………………………… 341

⑴　証拠の保全　341　／　⑵　司法面接　342　／　⑶　告訴の要否と公訴時効　343

5 刑事事件手続 ……………………………………………………… 344

⑴　刑事手続の流れ　344　／　⑵　刑事裁判で被害者ができること　346

6 少年事件手続 ……………………………………………………… 351

⑴　少年事件の流れ　351　／　⑵　少年事件で被害者にできること　351

7 民事事件手続 ……………………………………………………… 352

⑴　民事事件の流れ　352　／　⑵　損害賠償と消滅時効　353　／　⑶　刑事損害賠償命令　354　／　⑷　民事訴訟における被害者のための制度　355

8 強制執行における被害者のための制度 ……………………… 356

xxi

目　次

第2章　非　行

第1 ｜ 少年事件手続の概要 ————————————— 357

1 少年事件とは ……………………………………………… 357

　　図19 非行少年処遇の概要 ……………………………… 358

2 少年事件の対象 ………………………………………… 359

　　(1) 犯罪少年　359 ／ (2) 触法少年　359 ／ (3) ぐ犯少年　360

第2 ｜ 観護措置 ————————————————————— 361

1 観護措置とは ……………………………………………… 361

2 観護措置中の少年の生活 ……………………………… 362

　　図20 観護処遇とは（少年の一日の過ごし方）……………… 363

3 鑑　別 ……………………………………………………… 364

　　図21 鑑別とは（鑑別の流れ）………………………………… 364

4 調　査 ……………………………………………………… 365

5 観護措置中の付添人活動 ……………………………… 366

　　例27 報告書（示談交渉経過）…………………………………367

　　例28 報告書（家庭，学校での生活状況）……………………… 369

第3 ｜ 審　判 ————————————————————————— 371

1 少年審判の目的とその特徴 …………………………… 371

2 審判の進行 ………………………………………………… 372

3 処　分 ……………………………………………………… 373

4 抗　告 ……………………………………………………… 374

第4 ｜ 検察官送致（逆送） ——————————————— 375

　　(1) 刑事処分相当の場合　375 ／ (2) 原則逆送　375 ／ (3) 年齢
　　超過　376 ／ (4) 起訴強制　376 ／ (5) 少年であることへの配慮
　　376

第5 ｜ Q&A ——————————————————————————— 378

　Q1 観護措置決定がなされ鑑別所送致となれば，通学先の単位が足りず
　　退学か留年となる，あるいは，被疑者勾留中に高校の合格通知がきた
　　が入学手続を1週間以内にしなければならないため観護措置決定がな

xxii

目　次

されると合格が取り消されてしまう可能性がある。付添人としてどのような活動をすべきか。……………………………………………………………………… 378

例29　観護措置回避の意見書① ……………………………………………… 379

例30　観護措置回避の意見書② ……………………………………………… 382

Q2　ぐ犯事件において，調査官，付添人とも保護観察が相当との意見で，審判においても保護観察処分とされた少年の両親が，これ以上少年の指導監督はできないとして少年院又は児童自立支援施設送致を希望し，抗告してしまった。両親が指導監督を拒否している場合，抗告審で施設送致となってしまうのか。…………………………………………………… 384

Q3　高校生の少年が逮捕され，翌日釈放された。観護措置もとられなかったため，通学先は少年が逮捕されたことを知らず，家庭裁判所送致となり審判を受ける予定であることは担任教諭しか知らない。手続を進める中で注意すべきことはあるか。…………………………………………… 385

Q4　特殊詐欺事件の受け子として逮捕勾留され，審判を受けることとなった。成人事件では前科などがなくても特殊詐欺は即実刑などと聞くが，少年も同様か。非行歴がなくとも直ちに少年院送致とされるのか。……………………………………………………………………………………… 386

Q5　審判中，少年，あるいは保護者がひどく取り乱したり泣き出すなどした場合はどうしたらよいか。……………………………………………… 387

付　録

資料1　出生届の提出に至らない子に係る住民票の記載について（通知）（平20・7・7総市第143号総務省自治行政局市町村課長通知）………… 390

資料2　出生届の提出に至らない子に係る住民票の記載について（通知）（平24・7・25総行住第74号総務省自治行政局住民制度課長通知）……… 392

資料3　就籍の届出に至らない者に係る住民票の記載について（通知）（平30・10・2総行住第162号総務省自治行政局住民制度課長通知）……… 395

資料4　戸籍及び住民票に記載のない児童に関する児童福祉行政上の取扱いについて（平19・3・22厚生労働省雇用均等・児童家庭局総務課事務連絡）……………………………………………………………………… 398

xxiii

目 次

資料5 無戸籍の児童に関する児童福祉等行政上の取扱いについて
（平28・10・21厚生労働省雇用均等・児童家庭局総務課，内閣府子ども・
子育て本部参事官（子ども・子育て支援担当），内閣府子ども・子育て本
部児童手当管理室，厚生労働省社会・援護局障害保健福祉部企画課事務連
絡） ·· 399

資料6 離婚後300日以内に出生した子につき，出生届がなされない
等の事情により戸籍及び住民票に記載のない児童に関する国民
健康保険資格の取扱いについて（事務連絡）（平19・3・23厚生
労働省保険局国民健康保険課通知） ·· 403

資料7 無戸籍の学齢児童・生徒の就学の徹底及びきめ細かな支援の
充実について（通知）（平27・7・8文部科学省初等中等教育局初等
中等教育企画課長通知） ·· 405

資料8 戸籍に記載がない者を事件本人の一方とし，戸籍に記載され
ている事件本人の他方の氏を夫婦が称する氏とする婚姻の届出
の取扱いについて（平26・7・31法務省民一第819号民事局民事第一課
長通知） ··· 408

資料9 婚姻の解消又は取消し後300日以内に生まれた子の出生の届
出の取扱いについて（通達）（平19・5・7法務省民一第1007号法務
省民事局長通達） ·· 412

事項索引 ·· 415

条文索引 ·· 419

判例索引 ·· 424

通達等索引 ·· 426

著者略歴 ·· 429

xxiv

第 *1* 編
男女・親子に関する問題

第1章 養育費・面会交流

第1 養育費の算定方法

1 法的性質・意義

　未成熟子（未成年者）の監護親（監護者たる第三者を含む。）は，非監護親に対し，民法766条に基づく子の監護に関する処分として未成熟子の養育費を請求することができる。[注1]

　前提として，未成熟子（未成年者）の父母は，その子に対し扶養義務を負う（民877条1項）。これは父母が親権者又は監護者であるか否かに関わらないものであり，生活保持の義務（子に対し父母と同等程度の生活水準を維持させる義務）である。扶養料を請求することができるのは子自身であり，子が未成年者であるときは法定代理人（親権者又は未成年後見人）が代理する。

　これに対し，子を監護している親権者又は監護者たる父母の一方が，子を監護していない他方に対し，子の養育費を請求するため，父母の一方が申立人となり，他方が相手方となる場合には，それが父母の婚姻中のときは婚姻費用の分担（民760条）の申立てとなる。また，父母が婚姻外又は離婚後のときは，子が申立人となって父母に対し扶養料を請求することもできれば，監護を担当している父母の一方が申立人となって，他方に対し養育費の分担を求めることもできる。実務的には後者の方法が圧倒的に多い。養育費請求の場合における父母の分担義務の範囲や程度について規定はないが，扶養料請求と同様に一般的には生活保持義務と解されている。[注2]

（注1）　島津一郎＝阿部徹編『新版　注釈民法(22)親族(2)離婚』（有斐閣，2008年）149頁
（注2）　前掲（注1）150頁

2 養育費の算定方法

　現在，多くの事案は，東京・大阪養育費等研究会が平成15年4月1日付け判例タイムズ1111号285頁において発表した「養育費・婚姻費用の簡易算定方式・簡易算定表」（以下「算定表」という。）に基づいて養育費の算定が行われている。これは，養育費の権利者（請求する側）と義務者（請求を受ける側）の収入及び子どもの数・年齢が分かれば簡易迅速に養育費の算定ができ，特別な事情がある場合に修正が図られるというものである。

　算定表に基づく算定については，最高裁でも合理性があるものとされている（最三小決平18・4・26判タ1208号90頁）。

　現在は，調停や審判において算定表が積極的に活用されており，「算定表によることが著しく不公平となるような特別な事情」（判タ1111号292頁）がない限り，これを基準に判断がなされる傾向にある。

　算定表の使用方法については，東京家庭裁判所のサイトに掲載されている。[注3]

3 養育費の算定方法（新算定表）

　前記の算定方式及び算定表（以下「現算定方式」及び「現算定表」という。）については，算定に当たりいくつかの問題があり，時代や生活実態に即さないものであるという指摘がある。

　日本弁護士連合会は，平成24年3月15日付けで「『養育費・婚姻費用の簡易算定方式・簡易算定表』に対する意見書」を公表し，「裁判所は，厚生労働省等の養育費実務関係機関及び当連合会と共に研究会提案を十分検証し，地域の実情その他の個別具体的な事情を踏まえて，子どもの成長発達を保障する視点を盛り込んだ，研究会提案に代わる新たな算定方式の研究を行い，その成果を公表すべきである。」と提言した。

（注3）　家庭裁判所「養育費・婚姻費用算定表」(http://www.courts.go.jp/tokyo-f/vcms_lf/santeihyo.pdf)

第1章　養育費・面会交流

その後，日本弁護士連合会は，平成28年11月15日付けで「養育費・婚姻費用の新しい簡易な算定方式・算定表に関する提言」を発表し，現算定方式・現算定表の改善すべき点を具体化した新算定方式・新算定表を発表した。新算定方式・新算定表は，生活保持義務の理念に基づき，子どもの利益を最優先に考慮して作成されたものとされている。[注4]

新算定方式においては，住居費を可処分所得に含めて基礎収入を総収入の6〜7割と算定し，生活費指数を子どもの年齢と人数に応じてきめ細かに算定するなど，生活実態に即して適正な算定をすることを主旨としており，現算定方式に基づく算定よりも養育費が高く算出されるケースが多いと考えられる。

新算定方式については，現時点において実務で定着しているとはいえないものの，現在，最高裁判所において現算定方式の見直しが検討されており，[注5]最高裁判所は令和元年12月23日に裁判所ウェブサイトで新算定表を公表予定としている。

4 算定表では算定できない養育費の算定方法

⑴ 無収入の場合

当事者に収入がない場合，基本的には収入はゼロとして算定するが，義務者（養育費の請求を受ける側）が養育費を払いたくないからといって意図的に会社を辞めた場合や収入を減らした場合に権利者（養育費を請求する側）が不利益を受けるべきではないため，このような場合には，潜在的な稼働能力（実際には働けることが明らかな場合，その能力）を評価して，過去の収入や賃金センサスなどを用いて収入を算定することがある。権利者の収入についても，同様に潜在的稼働能力を考慮することがある。

(注4)　日本弁護士連合会両性の平等に関する委員会編『養育費・婚姻費用の新算定表マニュアル』（日本加除出版，2017年）
(注5)　最高裁判所司法研修所は，平成30年7月から「養育費，婚姻費用の算定に関する実証的研究」を開始している。

(2) 再婚した場合の養育費

　義務者又は権利者が再婚した場合，再婚相手に収入がないか，相当の収入があるかによって，再婚相手を計算の対象に入れるかなどの算定方法に違いが出る。

　また，再婚相手との間に子どもができた場合には，基本的にはその子も計算の対象に入れるため，養育費の額の修正が必要になる。[注6]

(3) 養育費と公的扶助の関係

　養育費を受領している場合，公的扶助を受けることはできるか。

　この点，生活保護を受給している場合，養育費は収入認定の対象となる。

　一方，児童手当，児童育成手当の場合，養育費は収入ないし所得として算定されない。児童扶養手当の場合，養育費の8割を収入（年間総収入－給与所得控除＝総所得金額）に加算する。[注7]

第2　養育費の請求方法

1　養育費の請求手続

　養育費については，離婚の協議や裁判と併せて請求する場合と，離婚後に請求する場合がある。

　なお，当事者間で合意ができれば一括支払の方法も可能であるが，養育費は子の扶養義務に基づき子の日々の生活のために支払われるものであるため，定期的に支払われるのが原則である。

(1) 離婚と併せて請求する場合

　離婚時から請求できる養育費については，離婚の協議と併せて協議されることが多い。

（注6）　婚姻費用養育費問題研究会『婚姻費用・養育費等計算事例集　超早わかり「標準算定表」だけでは導けない（中・上級編）（新装版）』（婚姻費用養育費問題研究会，2017年）42頁以下

（注7）　前掲（注6）64頁

第1章　養育費・面会交流

　離婚協議が成立するとき，養育費についても始期と終期及び金額を定めることになる。合意内容について執行認諾文言付公正証書を作成した場合には，養育費に関する支払部分については債務名義となり，不履行の場合には直ちに強制執行を申し立てることができる。

　離婚に関する協議が成立しない場合，離婚を請求する者は調停を申し立てることになる。離婚調停に付随して申し立てる場合もあれば，相手方の離婚調停の申立ての中で養育費を協議することになるが，調停が成立すれば調停調書が債務名義となる。

　調停が不成立となった場合，離婚訴訟を提起することになる。養育費については離婚訴訟の附帯処分として申し立てることができる。この場合，確定判決正本が債務名義となる。

(2)　離婚後に請求する場合

　離婚時に養育費の取決めをしていなかった場合，離婚後に養育費の請求をすることが可能である（なお，離婚時に合意した養育費が不十分な場合については，後述④「決められた養育費の変更手続」（8頁）参照）。

　当事者間で協議が成立しない場合，養育費の分担の調停を申し立てるか，養育費の分担の審判を申し立てることが可能である。調停を経ずに審判を申し立てた場合でも，裁判所は調停に付すことができ（家事274条1項），調停で手続が進められることになるため，審判から申立てが行われる例は少ないと思われる。

　調停で合意が成立した場合には，調停調書が債務名義となる。

　調停で合意が成立しない場合，調停は審判に移行し，審判で判断されることになる（家事272条4項）。審判が確定すると審判書正本が債務名義となる。

2 　養育費の審理方法

　養育費の調停や審判においては，算定表の使用を前提として，まずは収入に関する調査が行われる。会社員の場合は，給与明細書，源泉徴収票，確定

第2　養育費の請求方法

申告書など，自営業者の場合は，確定申告書や課税明細書などの提出を求められる。現在無収入であっても，過去の収入に関する資料を求められることがある。支出については，住宅ローン・賃料に関する資料や，私立の学費に関する資料などの提出を求められることがある。また，従前養育費の支払がある場合には，その支払に関する資料，負債がある場合には負債に関する資料の提出を求められる場合がある。

　基本的には算定表に基づいて算定が行われ，特別な事情がある場合には算定表を修正した算定を行い，これを基準に合意が可能か調停等の中で協議することが多い。

3　養育費支払の始期と終期

(1)　始　期

　養育費支払の始期については①別居時，②離婚時，③扶養可能時点，④増額すべき事情が発生した時，⑤送金しなくなった時，⑥審判告知の時とする判例があるが，多くの判例と家裁実務は，非訟事件における具体的妥当性の見地，すなわち知らずに蓄積した過去分を1度に請求される危険性と明確性の観点から，調停申立てなど養育費支払請求があった時点を始期としている。なお，認知された嫡出でない子の養育費支払の始期は，早くても認知の効力が生じた以降である。[注8]審判例の中には，幼児について認知審判が確定し，その確定の直後に養育費分担調停の申立てがされた場合には，民法784条の認知の遡及効の規定に従い，認知された幼児の出生時に遡って養育費の分担額を定めるのが相当であるとしたものがある（大阪高決平16・5・19家月57巻8号86頁）。

　なお，別居後に婚姻費用の支払を受けておらず，別居後離婚までの未払の養育費（監護費用）を離婚訴訟の附帯処分として申し立てた事案について，最一小判平9・4・10民集51巻4号1972頁は，その請求を認めている。

(注8)　前掲（注1）151頁

第1章　養育費・面会交流

(2) 終期について

　養育費は未成熟子に対する扶養料と考えられているため，未成熟子（自己
の資産又は労力で生活する能力がない者）の間は養育費を請求することができる。

　この点では，成年に達する前であっても十分な収入がある場合，未成熟子
とはいえない場合が考えられる。

　一方，成年に達した子は原則として未成熟子ではないと考えられるが，義
務者が子の大学進学を承諾している場合や資産等から推定的な承諾が認めら
れる場合等，大学在学中の扶養料に相当する部分や学費に相当する部分が養
育費として認められることがある。当該観点から，協議や調停の合意内容と
して，養育費の支払終期を大学卒業の月まで，あるいは22歳になったのちの
３月までと定めることや，大学在学中の学費の全部又は一部を負担すること
を定めることは少なくなく，審判においてもこれが認められることは少なく
ない。

4　決められた養育費の変更手続

　一度決めた養育費についての合意について，事情の変更が認められる場合，
養育費の増額又は減額を請求できる場合がある。

　養育費増減額の事情変更の要件としては，① 従来の額の決定の際に基準
とした事情に，顕著かつ重要な変更が生じたこと，② これが従前の協議の
際に予測し得なかったものであること，③ 従前の額が実情に適合せず不合
理であることが挙げられ，再婚や，新たに子どもが生まれたことは，通常予
見可能であったとはいえないとされている。[注9] その他の事情としては，予測
し得なかった子どもの事故や病気等，義務者や権利者の事故や病気等による
収入減などが考えられる。

　養育費の変更については，協議が成立しない場合には，家庭裁判所に改め
て養育費増額請求又は減額請求の調停等を申し立てることになる。

（注9）　前掲（注6）66頁

第2　養育費の請求方法

〈例1　養育費請求申立書〉

この申立書の写しは，法律の定めにより，申立ての内容を知らせるため，相手方に送付されます。
この申立書とともに相手方送付用のコピーを提出してください。

第1編

男女・親子に関する問題

受付印			
	家事	☑ 調停　申立書　事件名 □ 審判	子の監護に関する処分 ☑ 養育費請求 □ 養育費増額請求 □ 養育費減額請求

（この欄に子1人につき収入印紙1,200円分を貼ってください。）

収 入 印 紙	円	
予納郵便切手	円	

（貼った印紙に押印しないでください。）

家 庭 裁 判 所 　　　　　　　　御 中 令和　　年　　月　　日	申　立　人 （又は法定代理人など） の 記 名 押 印	印

添付書類	（審理のために必要な場合は，追加書類の提出をお願いすることがあります。） ☑ 子の戸籍謄本（全部事項証明書） ☑ 申立人の収入に関する資料（源泉徴収票，給与明細，確定申告書，非課税証明書の写し等） □	準 口 頭

申 立 人	住　　所	〒　　　－ （　　　　　方）		
	フリガナ 氏　　名		昭和 平成　　年　　月　　日生 （　　　　歳）	
相 手 方	住　　所	〒　　　－ （　　　　　方）		
	フリガナ 氏　　名		昭和 平成　　年　　月　　日生 （　　　　歳）	
対 象 と な る 子	住　　所	□ 申立人と同居　　／　　□ 相手方と同居 □ その他（　　　　　　　　　　　　　）	平成 令和　　年　　月　　日生 （　　　　歳）	
	フリガナ 氏　　名			
	住　　所	□ 申立人と同居　　／　　□ 相手方と同居 □ その他（　　　　　　　　　　　　　）	平成 令和　　年　　月　　日生 （　　　　歳）	
	フリガナ 氏　　名			
	住　　所	□ 申立人と同居　　／　　□ 相手方と同居 □ その他（　　　　　　　　　　　　　）	平成 令和　　年　　月　　日生 （　　　　歳）	
	フリガナ 氏　　名			
	住　　所	□ 申立人と同居　　／　　□ 相手方と同居 □ その他（　　　　　　　　　　　　　）	平成 令和　　年　　月　　日生 （　　　　歳）	
	フリガナ 氏　　名			

（注）太枠の中だけ記入してください。□の部分は，該当するものにチェックしてください。
養育費(1/2)

第1章　養育費・面会交流

<u>**この申立書の写しは，法律の定めにより，申立ての内容を知らせるため，相手方に送付されます。**</u>
<u>**この申立書とともに相手方送付用のコピーを提出してください。**</u>

※　申立ての趣旨は，当てはまる番号を○で囲んでください。　□の部分は，該当するものにチェックしてください。

申　立　て　の　趣　旨
（　☑相手方　／　□申立人　）は，（　☑申立人　／　□相手方　）に対し，子の養育費として，次のとおり支払うとの（　☑調停　／　□審判　）を求めます。 ※　　①　1人当たり毎月　　（□　金＿＿＿＿＿＿円　／　☑　相当額　）　を支払う。 　　　　2　1人当たり毎月金＿＿＿＿＿＿円に増額して支払う。 　　　　3　1人当たり毎月金＿＿＿＿＿＿円に減額して支払う。

申　立　て　の　理　由
同　居　・　別　居　の　時　期
同居を始めた日…（平成）○○年○○月○○日　別居をした日…平成（令和）○○年○○月○○日 令和
養　育　費　の　取　決　め　に　つ　い　て
1　当事者間の養育費に関する取り決めの有無 　　　□あり（取り決めた年月日：平成・令和＿＿年＿＿月＿＿日）　　☑なし 2　1で「あり」の場合 　✓　取決めの種類 　　　□口頭　□念書　□公正証書　┌＿＿＿＿家庭裁判所＿＿＿＿（□支部／□出張所） 　　　□調停　□審判　□和解　□判決　→　平成・令和＿＿＿年（家＿＿）第＿＿＿号 　■　取決めの内容 　　　（□相手方／□申立人）は，（□申立人／□相手方）に対し，平成・令和＿＿年＿＿月 　から＿＿＿＿＿まで，子1人当たり毎月＿＿＿＿＿円を支払う。
養　育　費　の　支　払　状　況
□　現在，1人当たり1か月＿＿＿＿＿円が支払われている（支払っている）。 □　平成・令和＿＿年＿＿月まで1人当たり1か月＿＿＿＿＿円が支払われて（支払って） 　　いたがその後（□＿＿＿＿＿円に減額された（減額した）。／□　支払がない。） □　支払はあるが一定しない。 ☑　これまで支払はない。
養育費の増額または減額を必要とする事情（増額・減額の場合のみ記載してください。）
□　申立人の収入が減少した。　　　□　相手方の収入が増加した。 □　申立人が仕事を失った。 □　再婚や新たに子ができたことにより申立人の扶養家族に変動があった。 □　申立人自身・子にかかる費用（□学費　□医療費　□その他）が増加した。 □　子が相手方の再婚相手等と養子縁組した。 □　その他（＿＿＿＿＿＿＿＿＿＿＿＿＿＿＿＿＿＿＿＿＿＿＿）

養育費(2/2)

第3 養育費の履行確保

1 公正証書の作成

協議により養育費の支払を定める場合は，不履行があった場合直ちに強制執行を行えるよう，執行認諾文言付公正証書での合意が望ましい。

合意事項としては，養育費であることを明確にすること，養育費の額，支払日，支払の始期及び終期を明確にすることが重要である。

2 履行勧告・履行命令

調停や審判等で決められた養育費の支払が遵守されない場合，家事事件手続法上，①履行勧告（家事289条），②履行命令（家事290条）の二つの手段が用意されている。

履行勧告については，権利者による家庭裁判所に対する申出が，履行命令は，権利者による家庭裁判所に対する申立てが必要である。

履行勧告については，家庭裁判所が調査の結果，義務者において正当な理由がないのに不履行に至っていることが明らかになった場合に，義務者に対してその義務の履行を勧告する。

履行命令については，家庭裁判所が不履行がある場合について相当と認めるときは，相当の期限を定めてその義務の履行を命ずる審判を行う。義務者が正当な理由なく命令に従わない場合には，家庭裁判所は10万円以下の過料に処することができる（家事290条5項）。

なお，履行勧告の申出を経ずに履行命令を申し立てることも可能である。

3 強制執行

養育費の支払に不履行がある場合，公正証書，調停調書，審判書，和解調書又は判決書に基づき強制執行ができる。強制執行の方法としては直接強制

第1章　養育費・面会交流

と間接強制がある。

(1) **直接強制**

　直接強制は，権利者の申立てにより，地方裁判所が義務者の財産（不動産・債権など）を差し押さえて，その財産の中から満足を得るための手続である。

　差押えは，通常の場合，支払日が過ぎても支払われない分（未払分）についてのみ行うことができる。しかし，裁判所の調停や判決などで定めた養育費など扶養に関する権利で，定期的に支払時期が来るものについては，未払分に限らず，将来支払われる予定の，まだ支払日が来ていない分（将来分）についても差押えをすることができる（民執151条の2）。また，将来分について差し押さえることができる財産は，義務者の給料や家賃収入などの継続的に支払われる金銭で，その支払時期が養育費などの支払日よりも後に来るものが該当し（民執151条の2第1項），原則として給料などの2分の1に相当する部分までを差し押さえることができる（通常は，原則として4分の1に相当する部分まで。民執152条3項）。

　なお，令和元年5月の民事執行法の改正により，財産開示手続について養育費の取決めをした公正証書の場合も申立てができるようになり，また，「第三者からの情報取得手続」が新設され，裁判所への申立てを通じ，義務者の勤務先や銀行口座等の情報が取得できるようになった（令和元年5月17日から1年以内に施行予定）。

(2) **間接強制**

　間接強制とは，債務を履行しない義務者に対し，一定の期間内に履行しなければその債務とは別に間接強制金を課すことを警告した決定をすることで義務者に心理的圧迫を加え，自発的な支払を促すものである（民執172条）。

　原則として，金銭の支払を目的とする債権（金銭債権）については間接強制の手続をとることができないが，金銭債権の中でも，養育費など扶養に関する権利については，間接強制の方法による強制執行をすることができる（(1)とは異なり，定期的に支払時期が来るものに限られない。民執167条の

12

15以下)。

　ただし，この制度は，直接強制のように義務者の財産を直接差し押さえるものではないため，間接強制の決定がされても義務者が養育費等を自発的に支払わない場合，養育費や間接強制金の支払を得るためには，別に直接強制の手続をとる必要がある。また，義務者に支払能力がないために養育費等を支払うことができないときなどには，間接強制の決定がされないことがある。(注10)

 養育費及び婚姻費用の強制執行について

　これまで養育費や婚姻費用等（以下「養育費等」という。）の支払が滞るケースでは，養育費等の強制執行が法律上可能であるにもかかわらず，強制執行の対象となる財産の調査が事実上困難であるゆえ，養育費等の支払を受けられないままその回収を断念せざるを得ず，子の利益・福祉が害される状況にあった。

　そこで，養育費等の回収の実効性を高めるべく，令和元年5月10日，改正民事執行法（以下条文は新法による。）が成立し（令和元年5月17日から1年以内に施行予定），養育費等の強制執行に関する規定が改正・創設された。改正の具体的内容は以下のとおりである。
① 　公正証書及び仮執行宣言付き支払督促によっても養育費等が決められた場合についても財産開示申立てを行うことが可能となった（改正民執197条）。債務者財産開示手続とは，債務者が裁判所に出頭し，自己の財産に関する陳述をするものであるが（改正民執196条以下），その際に正当な理由なく，出頭しなかった場合や陳述しなかった場合，虚偽を述べた場合等の罰則も強化された（懲役6月以下又は50万円の罰金。改正民執213条）。
② 　養育費等について，執行力のある債務名義の正本があり，強制執行を行った結果，完全な弁済を受けられず（改正民執197条1項各号），債務者本人に対する財産開示手続を行った場合に，第三者から情報を得ることができる。例えば，金融機関から預貯金債権や上場株式，国債等に関する情

(注10)　最高裁判所「履行勧告手続等」(http://www.courts.go.jp/saiban/syurui_kazi/kazi_05/index.html)

報（改正民執207条），登記所から土地・建物に関する情報（改正民執205条），特別区を含む市町村や日本年金機構等から給与債権（勤務先）に関する情報（改正民執206条）である。なお，給与債権（勤務先）に関する情報取得に関しては，養育費等の債権や生命身体侵害による損害賠償請求権を有する債権者のみが申立て可能である。

これにより，審判等で認められた養育費等の支払が滞るケースについて，実効性のある養育費等の回収が担保され，子の利益・福祉が図られることになろう。

一方で，同様に，子の利益・福祉の観点から定められる面会交流については，これを実現する法的制度が不十分なこともあり，子の福祉・利益に適う面会交流の実施が十分に図られていない。今後，面会交流の在り方についても，その実施方法も含め，子の福祉・利益に適う法整備がなされることを期待する。

（池田　大介）

第4　面会交流の請求手続・方法の変更手続

1　法的性質・意義

　面会交流とは，親権者・監護者でないため，子を現実に監護教育できない親（別居親・非監護親）と子が会ったり，手紙や電話などで交流することをいう。[注11] 平成23年民法改正により，民法766条によって，父母が離婚をするときは，子の利益を最も優先して考慮し，父又は母と子との面会及びその他の交流について必要な事項を協議で定め（民766条1項），協議が調わないとき，又は協議をすることができないときは，家庭裁判所が定める（同条2項）と明文で定められた。この規定は，離婚していない夫婦（別居している夫婦）についても類推適用される。

　面会交流権の法的性質は，子育てにかかわる親の権利及び義務であり，かつ，親の養育を受ける子どもの権利であると解され，両者が対立したときに

（注11）　二宮周平『家族法』（新世社，第5版，2019年）127頁

は子の利益が優先される。

　別居親との継続的な交流は，別居親にとっての心の安定に資するばかりではなく，別居親と離れて暮らす子どもにとっても心の安定をもたらし，健全な成長に資するものである。子どもにとって別居親も親であることは変わりないのであり，「見捨てられた。」などと思うのではなく「愛されている。」という実感を得られ，自尊感情を抱くことができ，ひいては他者への信頼を構築できる素地となる。別居親やその家族との交流は子の健全な成長にとって欠かせないものである。[注12] また，別居親との面会交流が行われることによって，同居親に何かが生じた場合（同居親の死亡や病気，同居親による虐待等）に対応することも期待できる。

　児童の権利に関する条約においては，虐待等がない限り，原則として親子不分離を定め（児童の権利に関する条約9条1項），児童の最善の利益に反する場合を除き，父母の一方又は双方から分離されている児童を定期的に父母のいずれとも人的な関係及び直接の接触を維持する権利を締約国は尊重すると定めている（同条3項）。

2 面会交流の請求手続

　面会交流について父母の間で協議が成立しない場合には，まずは面会交流（子の監護に関する処分）調停・審判を申し立てることとなる。調停前置主義はとられていないが（家事257条・244条），多くの場合まずは調停が申し立てられることとなろう。初めから審判が申し立てられた場合も，当事者の意見を踏まえて，裁判所が調停手続に付すことがある（家事274条）。調停が成立しなかった場合には，自動的に審判移行となるが，調停に代わる審判（家事

（注12）　少なくとも月4日以上の面会交流によって情緒的安定感が向上するとされ，面会交流を実施しているほうが，情緒面，行動面，学業面のすべてにおいて，評価点が高いとされる（青木聡「連れ去り・引き離しによる　子どもの心理と成長への影響」資料11頁（親子ネット），Fabricius, W. V. et al.(2012): Parenting Time, Parent Conflict, Parent-Child Relationships, and Children's Physical Health. In Kuehnle, K. and Drozd, L. (eds): Parenting Plan Evaluations. Oxford University Press. p188-213）。

第1章　養育費・面会交流

284条）によって解決が図られる場合もある。

3 審理方法

　面会交流の調停や審判においては，家庭裁判所調査官が手続に関与することが多い（子の意向調査，状況調査，心情調査など）。また，調停や審判の最中に，どのような面会交流が望ましいか検討するために，別居親と子どもを試行的に面会（試行面会）させることがある。この試行面会がなされた場合には，家庭裁判所調査官による報告書が作成され，審理の資料となる。

4 判断基準

　面会交流を認めるか否かに当たっては，父母と子との関係，子の心身の状況，子の真の意思，子の年齢，監護状況，父母の意思，父母の葛藤の程度などから総合的に判断される。

　今日の家庭裁判所は「子は，同居していない親との面会交流が円滑に実施されていることにより，どちらの親からも愛されているという安心感を得ることができる。したがって，夫婦の不和による別居に伴う子の喪失感やこれによる不安定な心理状況を回復させ，健全な成長を図るために，未成年者の福祉を害する等面会交流を制限すべき特段の事由がない限り，面会交流を実施していくのが相当である」（東京高決平25・7・3判タ1393号233頁）という基本姿勢である。特段の事由としては，別居親による連れ去りのおそれ，別居親から子に対する暴力・虐待のおそれ，別居親から同居親に対する暴力のおそれが挙げられる。

　子の意思は面会交流において重視されるものであるが，これを表面的に捉えることは真実を見誤る。同居親やその親族らによって，別居親に関する否定的な言動がなされることや（片親疎外），別居親を嫌っていることを子どもが感じ取ることなどによって，子どもが別居親への拒否反応を示すことがある。このような場合には，同居親への情報提供（親教育プログラム，親ガイ

16

第4　面会交流の請求手続・方法の変更手続

ダンス）や試行面会等を通じて，適切な面会交流の実施を目指す必要がある。

5　面会交流の態様

　調停によって話がまとまれば調停条項が調停調書にまとめられ，一方，調停で話がまとまらず審判となれば，審判期日を経て審判が下される。審判の内容について，裁判所は子の福祉の観点から後見的に判断することとなり，当事者の主張には必ずしも拘束されない。

(1)　直接交流

　直接，別居親が子どもに会って面会交流する方法がある。これには日帰り面会もあれば，土日や夏休みなどの長期休暇を利用した宿泊面会もある。また，別居親による幼稚園・保育園への送迎等もある。

　面会時間，回数，宿泊の有無，引渡し場所，面会場所及びその決め方，並びに代替日等が決められることとなる。調停条項や審判条項については，親双方において十分に話合いができる場合には柔軟な定めで良いが，話合いが期待できない場合には，親双方の無用な紛争を防ぐためにも原則的な態様を明確に定めることが望ましい。

(2)　間接交流

　直接交流に代えて，または直接交流に加えて，手紙，ビデオ・動画・写真・プレゼントの送付，電話，学校の成績表の交付などの間接的な交流もある。これらの間接的な交流については，直接交流を増やすための段階的な交流として実施されることもある。

(3)　祖父母らとの交流

　審判等で祖父母らと子どもとの面会交流を認めた例はほぼない（子の引渡し請求に付随するものではあるが祖父母と子どもの面会交流を認めた例として東京高決昭52・12・9判タ1100号192頁・193頁）。しかし，祖父母や別居親の兄弟等と子どもとの関係も，両親の離婚や別居によって変わるものではなく，また，子どもが多くの者から愛されている実感を得ることができる機会を提供するものであるため，祖父母らとの面会交流も有用なものであ

17

る（二宮周平『家族法』（新世社，第5版，2019年）134頁）。

(4) **第三者機関の利用**

父母の葛藤が高い場合などには，直接交流において，第三者機関のサポートを受けることもある。第三者機関は現在多数あり，費用（多くの事案では半額ずつ負担している。）やルールは様々である。第三者機関は，面会交流場所の提供，受渡し支援，面会交流の立会い，親教育プログラムの提供，日程調整など様々なサービスを提供している。第三者機関のサポートを得ることで葛藤が高い父母であっても，安心して面会交流を実施することができるなどの効果が期待できる。

(5) **決められた面会交流の変更手続**

面会交流について調停等で定められたにもかかわらず，父母の事情の変更（転居や再婚等）や子の意思の変化，面会交流が円滑に実施されないなどの事情により，その定めを変更すべき場合が生じることがある。

父母で協議をして変更できない場合には，家庭裁判所に改めて面会交流の調停等を申し立てることになる。

第5　面会交流の履行確保

(1) **履行勧告**

調停等で決められた面会交流が遵守されない場合の一番簡易な方法としては，履行勧告という制度がある（家事289条，人訴38条）。

履行勧告は，面会交流を行いたいと考える権利者が，調停等が成立した家庭裁判所に申し出る必要がある。そして，担当の家庭裁判所調査官から文書や電話等で義務者に面会交流を条項で定められたとおりに実施するよう勧告する。

この制度は，法的な強制力がない。ただし，履行勧告によっても適切に面会交流が実施されないことによって，間接強制や，時には親権者・監護者変更に影響を与えることがある。

(2) 間接強制

　調停等で面会交流が定められたにもかかわらず，監護親の拒否などによって面会交流が実施されない場合に，調停調書や審判書に定める監護親がすべき給付の特定に欠けるところがないといえる場合には，間接強制をすることができる（民執172条1項）。

　最一小決平25・3・28民集67巻3号864号は，監護親に対し非監護親が子と面会交流をすることを許さなければならないと命ずる条項が定められている場合において，① 面会交流の日時又は頻度，② 各回の面会交流時間の長さ，③ 子の引渡しの方法等が具体的に定められているなど監護親がすべき給付の特定に欠けるところがないといえる場合は，上記条項に基づき監護親に対し間接強制決定をすることができると解するのが相当であると判断した。そして，同決定は，子の面会交流に係る審判が子の心情等を踏まえた上でされているといえるため，監護親に対し別居親が子と面会交流をすることを許さなければならないと命ずる審判がされた場合，子が非監護親との面会交流を拒絶する意思を示していたとしても，これをもって，面会交流の審判時とは異なる状況が生じたとすることを理由とした面会交流についての新たな条項を定めるため等の調停や審判を申し立てることはできるとしても，間接強制決定をすることを妨げる理由となるものではないとする。

　間接強制決定が下されると，面会交流義務者は，なお面会交流を実施しない場合には，不履行1回につき決められた金額の間接強制金を支払う義務が生じる。間接強制金は，債務者の資力や不履行の態様，婚姻費用・養育費の金額，債務者の意思・態度等を総合して決められる。東京高決平29・2・8判タ1445号132頁は，別居親との面会交流を拒否する未成年者の意向には抗告人（監護親）の影響が相当程度及んでいることが認められるために監護親は自ら積極的にその言動を改善し，未成年者に適切な働き掛けを行うことで別居親と未成年者との面会交流を実現すべきであること，少額の間接強制金の支払を命ずるだけでは面会交流実現が困難であること，監護親が高収入を得ていること等から，間接強制金を不履行1回につき30

万円と定めた。

第6 面会交流の実情

　離婚時において，面会交流に関する取決めをしていない割合は7割強と高いものとなっている。(注13) 一方，面会交流調停の受理件数は年間1万件を超えており，父母間で対立が深刻化する事例が多いといえ，また，調停又は審判における面会交流の実施頻度で月2回以上定められている件数は全体の1割程度である。(注14)

　面会交流の頻度が現状極めて少ない頻度でしか認められず，家庭裁判所が実質的に採用しているいわゆる「監護の継続性の原則」をも踏まえ，夫婦の別れが親子の別れとなるとの認識から，「親権を取らないと子どもと過ごせなくなってしまう」などとの思いによって，「子どもの福祉を忘れた子どもの取り合い」や「子どもの連れ去り」が行われるケースが後を絶たない。確かに実際一度，子どもと別居してしまうと，面会交流調停等の手続が長時間かかるなど，1年以上にわたって別居親が子どもと会うことができないこともある。

　諸外国においては，日本とは異なる現状がある。例えば，アメリカでは，面会交流支援の必要性が，養育費確保の観点も含めて強く認識されており，裁判所と第三者機関，あるいは警察との連携なども制度として構築されており，両親が別居や離婚をした後も，子どもが両親と頻繁かつ継続的なコンタクトを持てるよう保証することが重要とされている。(注15) 父母間の対立は面会交流を否定する理由とならず，面会交流の頻度としても隔週で子どもが一方

(注13)　厚生労働省平成28年度全国ひとり親世帯等調査結果報告「18　面会交流の実施状況」

(注14)　平成29年度司法統計年報「第4表　家事調停事件の受理，既済，未済」によると，平成29年度の新受件数は13,161件である。

(注15)　両親が別居や離婚をした後も，子どもが両親と頻繁かつ継続的なコンタクト（frequent and continuing contact）を持てるよう保証することをカリフォルニア州では公的政策としており，基本的なアメリカ家族法の考えとされている。

第6　面会交流の実情

の親の元を訪れるように定めるなど多数回の面会交流が認められることが多く，また，長期の休み（夏休みや冬休みなど）に別居親の元で生活する場合もある。(注16) もちろん，DVや虐待が面会交流の制限となりうるが，その場合も内容を精査し，加害親への教育プログラムや治療を受けさせたり，第三者機関による監督をつけるなどの対応を行っている。(注17)

親権者変更調停で得られたもの

　父は，かつて離婚をした際，未成年の子どもの親権者を母と定めた。しかし，しばらく経った頃，母が子どもに満足な食事を与えておらず，学校にも行かせていないようだといった話が父の耳に入った。仮に，このような話が事実であるとすれば，子どもの健全な成長を妨げることは明白であるため，父は，親権者変更調停の申立てを希望した。

　もっとも，一度決まった親権者の変更は容易ではなく，実務上，よほどの事情がない限り，親権者の変更が認められることはないであろう。父もそのことは十分理解していたが，可能性がゼロではないというのなら，ということで親権者変更調停を申し立てることとなった。

　調停期日において，母は，調停委員に対し，子どもを手放したくないという思いを涙ながらに繰り返し語り続けていたようであった。母の気持ちとしては，当然のことであろう。もちろん，父としても，母の気持ちを理解できないということはなかったが，子どもの福祉の観点から，現在の生活環境を維持することが子どもにとって適切なのかどうかという不安は拭いきれなかった。父には，月に1回程度の面会交流の日しか子どもと接する機会がなく，日々の子どもの生活環境を確認する手段が乏しかったことから，子どもがどのような生活環境に置かれているのかを詳しく知りたいという思いが強かった。そして，父の思いは，母の子どもに対する気持ちを聞いた後も変わることがなかった。

　このような中，父にとって最後の望みは家庭裁判所調査官による調査（以下「調査」という。）であった。当初，裁判所は，調査を実施することには

（注16）　山口亮子「アメリカにおける離婚後の親権制度」（共同養育支援会全国連絡会ホームページ）
（注17）　法務省ホームページ「親子の面会交流を実現するための制度等に関する調査研究報告書の公表について」原田綾子「諸外国における面会交流支援活動の実情と課題」

否定的であったが，父は，調査によって事実関係を明確にしなければ子どもの福祉に反する事態が起こり得ることを裁判所に強く訴えた。そうしたところ，ついに裁判所は調査を実施するという判断を行った。

調査の結果は，父が心配したものとは異なっていた。母は，働きながら一生懸命に子どもを育てており，ときに食事が簡単なものになったり，あるいは，子どもを登校させるのが遅れたことなどもあったようだが，日々の生活環境は十分に評価できるものであった。

もともと父は，自己に親権者を変更するよう希望していたが，調査官の客観的な調査結果により，子どもの生活環境が心配するほど劣悪なものではないことを認識して安心することができた。その結果，親権者の変更は求めなくてもいいという心境になり，反対に，母に対しては，調停委員を通じて，子どもをしっかり育ててくれていることについて感謝の言葉を伝えた。

その後に調停委員から伝え聞いたところでは，母は，父の感謝の言葉を耳にして，自身のやってきたことを認められたという思いで号泣し，今後もしっかりと子どもを育てていくことを約束したそうである。これに対し，父は，子育てについて，自分にできることは今後も協力を惜しまないことを改めて伝えた。

親権者変更調停で行われる調査は，本来，親権者変更の必要性を判断する資料集めのために行われるものである。ただ，この調停では，調査が事実上本来の目的とは異なる次元において作用し，当事者の信頼関係を再構築するきっかけをもたらした。父と母は，夫婦としては縁がなかったが，子どもの両親としての縁は，調査をきっかけとして強くすることができたのである。このことは，まさに子どもの福祉にも合致することであり，親権者変更調停によって得られた貴重な結果であったということができるであろう。

（吉村 実）

第6 面会交流の実情

〈例2 面会交流請求申立書〉

	受付印	☑ 調停 家事　　　　　申立書　（子の監護に関する処分 □ 審判　　　　　　　　　　　　　　（面会交流））
		（この欄に未成年者1人につき収入印紙1,200円分を貼ってください。）
収入印紙　　　　円		
予納郵便切手　　　円		（貼った印紙に押印しないでください。）

家庭裁判所　御中	申　立　人 （又は法定代理人など） の記名押印	
令和　　年　　月　　日		

添付書類	（審理のために必要な場合は，追加書類の提出をお願いすることがあります。） ☑ 未成年者の戸籍謄本（全部事項証明書） ☑ 甲号証　各1通	準 口 頭

申 立 人	住　所	〒　　　－ （　　　　　方）
	フリガナ 氏　名	昭和 平成　年　月　日生 （　　　　歳）
相 手 方	住　所	〒　　　－ （　　　　　方）
	フリガナ 氏　名	
未 成 年 者	住　所	□ 申立人と同居　／　☑ 相手方と同居 □ その他（　　　　　　　　　　　）	平成 令和　年　月　日生
	フリガナ 氏　名	（　　　　　歳）
	住　所	□ 申立人と同居　／　□ 相手方と同居 □ その他（　　　　　　　　　　　）	平成 令和　年　月　日生
	フリガナ 氏　名	（　　　　　歳）
	住　所	□ 申立人と同居　／　□ 相手方と同居 □ その他（　　　　　　　　　　　）	平成 令和　年　月　日生
	フリガナ 氏　名	（　　　　　歳）
	住　所	□ 申立人と同居　／　□ 相手方と同居 □ その他（　　　　　　　　　　　）	平成 令和　年　月　日生
	フリガナ 氏　名	（　　　　　歳）

（注）太枠の中だけ記入してください。□の部分は，該当するものにチェックしてください。

（注）□の部分は，該当するものにチェックしてください。

第1章　養育費・面会交流

申　立　て　の　趣　旨
（☑申立人　／　□相手方）と未成年者が面会交流する時期，方法などにつき （☑調停　／　□審判　　）を求めます。

申　立　て　の　理　由

申　立　人　と　相　手　方　の　関　係

□　離婚した。　　　　　　　　　　　　　　　その年月日：平成・令和　　　年　　　月　　　日
□　父が未成年者　　　　　　　を認知した。
☑　婚姻中→監護者の指定の有無　□あり（□申立人　／　□相手方）　／　☑なし

未成年者の親権者（離婚等により親権者が定められている場合）

□　申立人　／　☑　相手方

未　成　年　者　の　監　護　養　育　状　況

☑　平成・令和〇〇年〇〇月〇〇日から平成・令和〇〇年〇〇月〇〇日まで
　　　　☑申立人　／　☑相手方　／　□その他（　　　　　）のもとで養育
□　平成・令和　　年　　月　　日から平成・令和　　年　　月　　日まで
　　　　□申立人　／　□相手方　／　□その他（　　　　　）のもとで養育
☑　平成・令和〇〇年〇〇月〇〇日から現在まで
　　　　□申立人　／　☑相手方　／　□その他（　　　　　）のもとで養育

面　会　交　流　の　取　決　め　に　つ　い　て

1　当事者間の面会交流に関する取決めの有無
　　□あり（取り決めた年月日：平成・令和　　年　　月　　日）　　☑なし
2　1で「あり」の場合
✓　　取決めの方法
　　□口頭　　□念書　　□公正証書　　┌──────家庭裁判所──────（□支部／□出張所）┐
　　□調停　　□審判　　□和解　　□判決　→　│平成・令和　　年（家）第　　号│
　　　　　　　　　　　　　　　　　　　　　　　　　　└──────────────────────┘
■　　取決めの内容
　　（　　　　　　　　　　　　　　　　　　　　　　　　　）

面　会　交　流　の　実　施　状　況

□実施されている。
□実施されていたが，実施されなくなった。（平成・令和　　年　　月　　日から）
☑これまで実施されたことはない。

本　申　立　て　を　必　要　と　す　る　理　由

☑　相手方が面会交流の協議等に応じないため
□　相手方と面会交流の協議を行っているがまとまらないため
□　相手方が面会交流の取決めのとおり実行しないため
□　その他（　　　　　　　　　　　　　　　　　　　　　　　　）

第6　面会交流の実情

申　立　て　の　実　情 ^(注18)

1　申立人と相手方との婚姻と未成年者出生

　　申立人は，相手方と平成24年9月10日に婚姻し，東京都中央区で同居を開始した。両者の間には，平成26年8月10日，未成年者が誕生した。

2　別居に至る経緯

　　未成年者が誕生後，母である申立人が平成27年4月に職場復帰するまでの間は，未成年者の養育はもっぱら申立人が行った。未成年者は同月から保育園に通うこととなったが，その送迎については申立人及び相手方で分担していた。未成年者の寝かしつけはほぼ毎日申立人が行った。相手方は仕事の都合で土日も外出することが多く，その際は，申立人が未成年者の養育を行った。

　　平成30年11月頃から，申立人と相手方は，家事の分担や未成年者の進学等に関する意見の相違から喧嘩を度々行うようになった。両者の間では何度も話合いが持たれたが，令和元年6月頃には，両者は言葉を交わすことも少なくなった。

　　そうしたところ，相手方は，令和元年7月27日，東京都練馬区にある相手方の実家へ急遽未成年者を連れて行き，それ以降現在に至るまで，自宅へ戻っていない。

　　申立人は，相手方に対して，二人の関係について話し合うこと，及び，未成年者と会わせてくれるよう求めて電話やメール等で連絡をしたが，相手方からは「しばらく離れて暮らすべき。」，「未成年者は自分の実家で育てる。」などと言うのみで，まともな対応をしない。申立人は，同年8月3日，相手方の実家を訪問したが，相手方の両親がインターホン越しに「相手方はあなたと話すつもりはないと言っている。」「未成年者もあなたと会いたくないと言っている。」，「近所迷惑でもあるから帰って欲しい」などと一方的に告げた。そのため，申立人は，やむなく自宅へ帰った。

第1章　養育費・面会交流

　　　その日以降も，相手方は，申立人からの連絡について無視するなどの状態が続いている。そして，申立人は，同年７月２７日に相手方が連れ去って以降，全く未成年者と会うこともできていない。

３　面会交流の必要性

　　　保育園への送迎を申立人と相手方で分担するなどしていたものの，申立人が寝かしつけを毎日のようにしていたことなどもあり，未成年者は申立人にとても懐いていた。申立人も未成年者に対して愛情を注ぎ，未成年者の成長が自らの生きがいとなっていた。申立人は，未成年者出生後，毎日未成年者とともに生活していたが，急遽相手方によって連れ去られて以降，１度も会うことも，声を聞くことすらできていない。申立人にとっても心痛は多大なものであるが，未成年者にとっても，愛する実母と会うことができないことは，今後の心身の発達に障害となる可能性が高い。申立人と相手方との間には意見の相違があるものの，申立人と未成年者が面会できない理由とはならない。

　　　申立人は，本申立てと同時に，子の引渡しの審判，子の引渡し仮処分及び子の監護者の指定の審判を求めているが，一日も早く母親である申立人と未成年者を面会させるべく，本件申立てに及ぶものである。

（注18）　申立書は，相手方に送付されるため，事案により具体的な事情を記載したい場合には，申立書とは別の書面（事情説明書など）で提出することもありえよう。ただし，相手方の申請により，閲覧や謄写（コピー）をされることがある。

第7 │ Q&A

Q1
面会交流が否定されるのはどのような場合か。

 子の福祉を害する特段の事情がある場合であり，具体的には，別居親による連れ去りのおそれ，別居親から子に対する暴力・虐待のおそれ，別居親から同居親に対する暴力のおそれが挙げられる。ただし，この場合でも内容を具体的に精査し，条件付き（第三者機関等の立会い，父母が直接顔を合わせない受渡し方法，面会場所の制限，間接交流等）で面会交流が認められることもある。また，子の意思によって面会交流を禁止又は制限するべきとの主張がなされることがあるが，子どもが監護親に気を使ったり，監護親等から別居親を否定する言動等（片親疎外）によって，子どもの真の意思が表明されていないことが多いという実情を踏まえて検討することが必要となる。

判 例

(1) 監護親が同居中の別居親による対物暴力や暴言等により心因反応と診断され，監護親の状況を間近に見ることで子らも心因反応を発症するようになったと推認されることなどにより，直接交流や間接交流により監護親の負担を増大させることで子らに悪影響を及ぼすような事態は回避すべきであるとして，直接交流を否定し，写真送付に加え，定期的な別居親からの手紙を子らに渡すという間接交流のみを認めた（東京高決平27・6・12判時2266号54頁）。

(2) 離婚後，父である別居親が面会交流について審判を求めたが，別居親による監護親に対する暴力や暴言があり，監護親の別居親に対する強い不信感や嫌悪感など，父母相互の不信感は相当深刻であって，面会交流実施に

第1章　養育費・面会交流

当たり父母の協力関係を期待することは極めて困難であり，適切な第三者
や第三者機関の関与があったとしても円滑な面会交流は到底期待できない
ため，現時点で面会交流を認めることが子の福祉に合致するとは認め難く，
かえって未成年者を両親間の複雑な忠誠葛藤の場面にさらしてしまい心情
の安定を害するおそれが高いとして，面会交流を認めなかった（仙台家審
平27・8・7判時2273号111頁）。

(3) 監護親が審判及び抗告審で月1回の面会交流について確定したにもかか
わらず，履行勧告にも応じず，面会交流をさせる義務を果たさなかったた
めに，別居親が間接強制の申立てを行った事例において，監護親は，未成
年者が手紙で面会交流拒否を表明していることなどを理由として面会交流
に応じることができないなどと主張した。これに対して，東京家庭裁判所
は，監護親が未成年者の監護中に別居親に対する否定的情報を与え続けた
ことで未成年者の認知が歪んでしまったものであり，未成年者の真意とし
て面会交流を拒否していると認定することができないなどとして，監護親
の主張を排斥し，間接強制を認めた（東京家決平28・10・4判時2323号135頁）。

Q2 面会交流を支援する第三者機関はどのようなことをしてくれるか。

A 面会交流の日程や場所等の調整，面会交流時の子どもの受渡し支援，
面会交流への立会い，面会交流場所の提供等を行う。費用やルールは
まちまちで，面会交流への立会いについて月1回で，かつ，時間制限が設け
られている機関もある。

父母間の葛藤が高い場合など，第三者機関のサポートは面会交流の実現の
ために大きな力となる。

もっとも，日本においては，第三者機関について法律で定められておらず，
援助を受けている中での面会交流の様子を写した写真を裁判所へ提出するこ

とを禁ずるなどされることで裁判所が第三者機関を通じた面会交流の様子を十分に把握できないということもある（アメリカやフランスなどでは民法典で法定されるなどにより裁判所との連携が図られている。）。

福島原子力発電所事故と家族

　平成23年3月11日に発生した東京電力株式会社（以下「東電」という。）福島第一原子力発電所事故（以下「福島事故」という。）では，避難を余儀なくされた住民や事業者，出荷制限等により事業に支障を生じた生産者等，膨大な数の被害者が生じた。発生から8年が経過した今なお，日本国民の心に多くの傷跡を残している。

　文部科学省は，同年8月に，日本弁護士連合会（以下「日弁連」という。）の全面的な協力のもと，被害者が東電に行う損害賠償請求について，円滑，迅速，かつ公正に紛争を解決することを目的とする公的な紛争解決機関として原子力損害賠償紛争解決センター（以下「原紛センター」という。）を設置した。原紛センターは行政型ADRである。設置以降の申立件数は2万5000件を超える。

　原紛センターの設置に当たり，日弁連側立ち上げメンバーとして，4人の弁護士が集められた。国際仲裁の権威である鈴木五十三弁護士（元国連安全保障理事会補償委員会委員），出井直樹弁護士（当時は第二東京弁護士会副会長），尾野恭史弁護士，筆者である。

　大量の事件処理を行う原紛センターのスキームについて，日弁連側は，鈴木弁護士の経験をもとに，1990年の湾岸戦争でイラクがクウェートに侵攻・占領したことによる戦争被害について国連安全保障理事会議687・692号に基づき設立された補償委員会が被害者からの補償請求を処理した際のアプローチを参考にすべきと提案し，実際の和解仲介手続（運営規程，組織規程，和解仲介業務規程）は，裁判所出向者（野山宏裁判官）が加わり，実務家側で主導して作成し，運営することになった。

　このスキームにおいて，一つの要となるのは，未曾有の大事故で生じた多岐にわたる被害類型において，判例・文献の集積が乏しい中，多種多様な申立事件の処理ノウハウを速やかに蓄積・共有し，多数の被害者を迅速に救済するために，数百人に及ぶ仲介委員と調査官にどういう事件をどういう形で配点するかであった。

第1章　養育費・面会交流

　また，東電と被害者には圧倒的な情報格差があるため，決して対等とはいえない両当事者の間で，仲介委員が公正・中立な和解仲介（第三者が当事者の間に入り，当事者の合意による紛争の解決に努めること）を行うためには，とりわけ代理人弁護士が就いていない被害者から丁寧に事実関係を聴取して争点をまとめ，シンクタンク的な役割をも担う調査官の活動が重要であった。

　そのため，配点担当者が最初に全ての申立書に目を通し，個人・事業者の別，損害の発生地，損害項目，争点等を把握した上で，一応の見通しを立て，いち早く問題点を抽出し，適切な仲介委員と調査官を選出して情報提供する必要があり，筆者が配点を担当することとなった。

　草創期に特に印象的で悩ましかった問題は，被害者家族や子どもに発生する問題だった。

　母子だけの避難により家族分離が発生して夫婦が離婚に至ったケース，子どもが避難先でいじめや犯罪被害を受けたケース，子どもの精神状態に問題が発生して非行に及んだケース，親の介護に支障が生じたケース等，家族の絆が崩壊した問題を訴える被害者は枚挙に暇がなかった。

　伝統的な損害賠償理論ではこれらの多くははじかれてしまうであろう。東電は全面的に争ってきた。

　しかし，それでいいのか。

　必ずしも被害者家族の苦しみに万全な対応はできていないかもしれないが，調査官達はこれらを被害者の慰謝料増額事由の問題に持ち込むことで何らか反映できないかと研究や議論を重ね，果敢に取り組んだ。

　本著の執筆陣である岸本有巨弁護士，阿部みどり弁護士，石垣美帆弁護士，中村あゆ美弁護士，池田大介弁護士，小倉拓也弁護士は調査官出身者である。

　福島事故による損害賠償においても，夫婦や子ども，家族の問題は大きな一角を占めていた。

［参考文献等］
・文部科学省ホームページ（http://www.mext.go.jp/a_menu/genshi_baisho/jiko_baisho/detail/1329118.htm，最終閲覧日　令和元年8月16日）
・野山宏「原子力損害賠償紛争解決センターにおける和解の仲介の実務1」判時2140号3頁〜7頁
・野山宏「原子力損害賠償紛争解決センターにおける和解の仲介の実務4」判時2149号3頁〜6頁
・鈴木五十三「原子力損害賠償の迅速・適正な実現を目指して　原紛セン

ターの活用に求められる弁護士の創意・工夫」自由と正義Vol.63 No.7 - 30頁～34頁
・拙稿「弁護士が主体となる行政型ADRへの試み―東京電力株式会社福島第一，第二原子力発電所事故による損害賠償問題の解決に向けて」自由と正義Vol.64No.9 - 34頁・35頁

（高取 由弥子）

ドメスティック・バイオレンス (DV)

第1 DVとは

1 定義

　DVとは，ドメスティック・バイオレンスを略したものである。

　ドメスティック・バイオレンスの英語表記である「domestic violence」の直訳は家庭内暴力であり，その訳からすると，社会的にDVと認知されている夫婦間の暴力行為はもちろんのこと，子どもや高齢者に対する虐待など，家庭内での様々な暴力行為が含まれ，その用語から想定される概念は幅広く，法律上も，「DV」という言葉自体の明確な定義はなされていない。

　日本におけるDVとは「配偶者や恋人など親密な関係にある，又はあった者から振るわれる暴力」という意味で用いられることが多いとされている。[注1]

　1980年代までは，家庭内暴力といえば，子どもが親に暴力を振るう行為と捉えられたことが多かった。その当時から夫婦間での暴力行為は存在していたものの社会問題化しておらず，夫婦間の暴力行為[注2]について「配偶者からの暴力の防止及び被害者の保護等に関する法律」，すなわち，いわゆるDV防止法が制定されるに至る過程において，夫婦間での暴力行為における特有の問題がクローズアップされるようになった。

　以下では，DVを上記の夫婦間暴力に限定して用いる。

（注1）　内閣府男女共同参画局「ドメスティック・バイオレンス（DV）とは」（http://www.gender.go.jp/policy/no_violence/e-vaw/dv/index.html）
（注2）　平成25年のDV防止法第3次改正で，夫婦関係は解消したが現在も同居を継続している配偶者からの暴力も含まれるとして，その対象範囲が拡大された（平成26年1月3日施行）。なお，同居を解消した元配偶者との関係はストーカー規制法の対象となる。

2 暴力の形態

DVにおける「暴力」には様々な形態があり，身体的暴力，精神的暴力，性的暴力，経済的暴力などがある。それらの暴力は単独で行われることもあるが，多くは複数の種類の暴力が同時ないし連続して行われている。

身体的暴力には，殴る蹴るなどの身体的な接触を伴う直接的な有形力の行使にとどまらず，物を投げるなどの行為も含まれる。精神的な暴力には，怒鳴る，暴言を吐く，無視するなどの直接的な言動により相手方の心を傷つける行為だけではなく，友人との交友関係を制限するなど，社会的暴力ともいわれる間接的に相手方の心を傷つける行為も含まれる。

このような従前よりDVの形態としてイメージされてきた暴力に加え，近時は，性的行為の強要，中絶の強要，避妊に協力しないなど，相手方の性的な自由を不当に侵害する性的暴力，配偶者を含む家族に生活費を渡さない，あるいは，家計の管理を独占して，その生活を困窮させる経済的暴力，(注3)いわゆる面前DV(注4)といわれる，子どもの前で暴力を振ったり，あるいは子どもに危害を加えると脅したりするなど，子どもを利用した暴力などもDVに含まれると解釈されている。

これらの暴力は，DV防止法の対象だけではなく，配偶者に対する暴力行為に有形力の行使が伴えば暴行罪（刑208条）に，それによって怪我をすれば傷害罪（刑204条）に該当し得る。また精神的暴力，性的暴力，経済的暴力などにより，配偶者がうつ病やPTSDなどの心的外傷後ストレス障害(注5)

(注3)　対象者が高齢者である場合，経済的に困窮させる行為は「高齢者虐待の防止，高齢者の養護者に対する支援等に関する法律」（高齢者虐待防止法）の処罰対象でもある。

(注4)　面前DVは，児童虐待の分野では心理的虐待と部類されるが，平成30年8月30日厚生労働省発表の「子ども虐待による死亡事例等の検証結果等について（第14次報告）」，平成29年度の児童相談所での児童虐待相談対応件数及び平成29年度「『居住実態が把握できない児童』に関する調査」において，心理的虐待が増加した要因として面前DVについて，警察からの通告が増加したとの報告がある（朝日新聞デジタル版（2018年8月31日））。

(注5)　PTSD（Post Traumatic Stress Disorder：心的外傷後ストレス障害）とは，「精神疾患の診断・統計マニュアル（DSM‐Ⅳ）」などで外傷後ストレス障害として分類さ

などを発症するに至れば，それらは傷害罪（刑204条）に該当し得る。

加えて，性的行為の強要は，強制性交罪（刑177条）等に該当し得る。

3 DVの特徴

DVと他の一般的な暴力事件との大きな違いは，暴力行為が夫婦間という親密かつ閉鎖的な人間関係の中で，かつ，その多くは住居という外部から遮断された夫婦の生活空間内で行われることにある。

そのため，被害者は，配偶者から暴力行為を受けていることを友人や警察などに相談すると，家庭内の恥をさらすことになるとして，その事実を隠す傾向がある。また，DVに関する正確な知識が不足しているため，加害者から受けている言動がDV防止法上の「暴力」に該当することを被害者が認識していないこともある。

加えて，警察などに被害を申告しても，同居している夫婦であれば，加害者は被害者の配偶者であるから，加害者が逮捕等されたとしてもいつか家庭に戻ってくることが予想され，その際に，逆恨みされて，暴力行為がエスカレートするのではないかとの恐怖感から，その申告を躊躇する例も多い。

さらには，日常的に暴力が繰り返されることにより，加害者と被害者との間に精神的な支配従属関係が形成され，被害者は，暴力に耐えるために，暴力を受け入れることを自己肯定してしまうことさえある。例えば，「夫から暴力を受けているが，これは，夫が私を愛しているからだ。」，「私が暴力を受けているのは，私が悪いからであり，暴力を受けても仕方がない。」と思い込んでしまうなどが典型的な例である。

このように，DV被害は，家庭内の親密かつ閉鎖的な人間関係の間で起こるものであり，外部に発覚しにくい性質であることから，犯罪としても認知されにくく，DV被害に対する対応が遅れがちとなるとの構造的問題点があ

れる不安障害の一つで，強烈なショック体験，強い精神的ストレスが，こころのダメージとなって，時間がたっても，その経験に対して強い恐怖を感じるものとされている（https://www.mhlw.go.jp/kokoro/know/disease_ptsd.html）。

第1 DVとは

る。

その他，被害者の中には，暴力から逃れたい気持ちはあるが，現実的な問題として，生活費などの経済的な問題，学校などの子どもの問題，友人関係などの社会的コミュニティーの問題などから，別居して加害者と離れて生活するなどDV被害の環境から離脱する選択を躊躇するケースもある。特に被害者に収入がなく，加害者の収入で生活している場合，加害者との生活環境から離脱した後の生活費の心配から家を出る選択をすることを躊躇している例も多い。

被害者がDV被害を訴えることが構造的に難しいとの特殊性を踏まえると，DV問題の解決には，被害者からの自発的な申告を待つだけではなく，DVに関する知識を社会一般に広め，この問題に対する世間の関心を高めるとともに，申告しやすい環境づくりやDV被害の環境から離脱した後の生活を安定させる方策の実施など関係機関が連携して積極的に関与していくことが重要である。

〈表1　配偶者からの暴力が関係する相談件数（平成29年度分）〉

平成29年4月1日〜平成30年3月31日の間の，278か所のセンターにおける相談件数等を集計した。

| | 総数 | 性別 | | 総数 | 加害者との関係 | | | | | |
| | | 女 | 男 | | 配偶者 | | | 離婚済 | 生活の本拠を共にする（した） | |
					届出あり	届出なし	届出有無不明		交際相手	元交際相手
総数	106,110	104,082	2,028	106,110	84,818	2,973	1,326	13,321	2,750	922
来所	32,385	32,049	336	32,385	24,505	964	174	5,852	622	268
電話	70,043	68,378	1,665	70,043	57,668	1,747	1,106	6,951	1,968	603
その他	3,682	3,655	27	3,682	2,645	262	46	518	160	51

（出典：「配偶者暴力相談支援センターにおける配偶者からの暴力が関係する相談件数等の結果について（平成29年度分）」（平成30年9月28日，内閣府男女共同参画局））

第2章　ドメスティック・バイオレンス（DV）

〈表2　DV相談件数（平成29年度分，都道府県別）〉

平成29年4月1日～平成30年3月31日の間の，278か所のセンターにおける相談件数等を集計した。

| | 施設数 | 総　数 | 相談の種類 | | | 総　数 | | | 1センター当たり相談件数 |
			来　所	電　話	その他		女	男	
全　国	278	106,110	32,385	70,043	3,682	106,110	104,082	2,028	381.7
北海道	20	2,880	843	1,994	43	2,880	2,777	103	144.0
青　森	9	797	277	483	37	797	792	5	88.6
岩　手	12	1,780	1,101	605	74	1,780	1,761	19	148.3
宮　城	2	2,268	1,079	1,133	56	2,268	2,260	8	1,134.0
秋　田	6	606	244	330	32	606	602	4	101.0
山　形	5	470	191	261	18	470	461	9	94.0
福　島	9	1,488	595	844	49	1,488	1,464	24	165.3
茨　城	3	1,495	357	1,097	41	1,495	1,482	13	498.3
栃　木	4	2,247	505	1,637	105	2,247	2,225	22	561.8
群　馬	6	1,559	350	1,187	22	1,559	1,542	17	259.8
埼　玉	18	5,867	2,276	3,497	94	5,867	5,671	196	325.9
千　葉	18	7,404	2,208	5,052	144	7,404	7,307	97	411.3
東　京	15	14,098	3,631	9,884	583	14,098	13,879	219	939.9
神奈川	5	4,918	443	4,313	162	4,918	4,616	302	983.6
新　潟	3	1,557	354	971	232	1,557	1,540	17	519.0
富　山	2	1,725	480	1,132	113	1,725	1,717	8	862.5
石　川	2	1,610	514	1,096	0	1,610	1,605	5	805.0
福　井	8	1,317	357	912	48	1,317	1,292	25	164.6
山　梨	2	1,023	312	709	2	1,023	1,016	7	511.5
長　野	3	607	136	358	113	607	604	3	202.3
岐　阜	9	1,530	436	1,090	4	1,530	1,520	10	170.0
静　岡	4	2,325	750	1,494	81	2,325	2,297	28	581.3
愛　知	2	2,189	925	1,179	85	2,189	2,139	50	1,094.5
三　重	1	311	108	191	12	311	304	7	311.0
滋　賀	3	868	324	544	0	868	844	24	289.3
京　都	4	5,964	1,242	4,364	358	5,964	5,882	82	1,491.0
大　阪	13	6,748	1,935	4,558	255	6,748	6,524	224	519.1
兵　庫	17	8,373	2,978	5,152	243	8,373	8,215	158	492.5
奈　良	2	830	288	529	13	830	802	28	415.0
和歌山	1	681	135	539	7	681	676	5	681.0
鳥　取	3	558	212	282	64	558	548	10	186.0
島　根	2	789	335	400	54	789	779	10	394.5
岡　山	4	1,800	607	1,187	6	1,800	1,768	32	450.0
広　島	4	1,118	326	766	26	1,118	1,092	26	279.5
山　口	2	392	111	281	0	392	376	16	196.0

徳　島	5	2,046	742	1,213	91	2,046	2,037	9	409.2
香　川	1	522	172	336	14	522	518	4	522.0
愛　媛	3	577	289	277	11	577	573	4	192.3
高　知	1	631	340	287	4	631	616	15	631.0
福　岡	12	2,558	530	1,936	92	2,558	2,474	84	213.2
佐　賀	2	1,643	686	955	2	1,643	1,642	1	821.5
長　崎	4	1,593	627	921	45	1,593	1,580	13	398.3
熊　本	3	2,245	698	1,393	154	2,245	2,220	25	748.3
大　分	2	465	105	358	2	465	462	3	232.5
宮　崎	1	392	85	307	0	392	391	1	392.0
鹿児島	15	1,225	459	747	19	1,225	1,208	17	81.7
沖　縄	6	2,021	687	1,262	72	2,021	1,982	39	336.8

(出典：「配偶者暴力相談支援センターにおける配偶者からの暴力が関係する相談件数等の結果について（平成29年度分）」（平成30年９月28日，内閣府男女共同参画局））

第2 ＤＶ防止法について

1 概　要

　ＤＶ防止法は，「配偶者からの暴力の防止及び被害者の保護等に関する法律」（以下「ＤＶ防止法」という。）の略称である。

　ＤＶ防止法の趣旨は，配偶者からの暴力は重大な人権侵害であるとともに，男性優位との社会的な意識，それに起因する家庭や社会における男女の固定的な役割分担や経済的な格差などから，これまでの配偶者暴力の被害者が女性であった経緯を踏まえ，人権の擁護と男女平等の実現を図るところにある（ＤＶ前文参照）。

　ＤＶの問題は，単に配偶者からの暴力を受ける被害者の問題だけにとどまらない。夫婦に子どもがいる場合，家庭で暴力を目にする子どもの心身の健やかな成長及び人格の形成への悪影響や，その子ども自身が暴力の被害者である可能性[注6]にも配慮しなければならない。配偶者暴力の加害者や被害者

（注6）　児童虐待防止法では，配偶者暴力を目撃し続けること，いわゆる面前ＤＶも児童虐待に当たるとされている。

第2章　ドメスティック・バイオレンス（DV）

の中には，子どもの頃，親から暴力や性的虐待を受けていた経験があったり，精神障害やアルコール依存症などの問題を抱えているケースもある。高齢者夫婦間の暴力では，その背景に，少子化や家族概念の変化等を原因とするいわゆる老老介護の問題，あるいは，高齢化が急速に進む社会に対応したインフラの整備や人的資源の確保が追いついていないことなど，国全体で取り組むべき社会的な問題があるケースも多い。

　このように，配偶者からの暴力には複合的な問題が絡み合っており，DV防止法の運用にあっては，広い視野と多角的な視点をもった取組が求められる。

2　DV防止法の対象

　DV防止法は，家庭内の暴力全般を対象とするものではなく，夫婦間の暴力行為に限定されている。

　まず，「配偶者の暴力」とは，配偶者からの身体に対する不法な攻撃であって生命又は身体に対する暴力（身体に対する不法な攻撃であって生命又は身体に危害を及ぼすもの）又はこれに準ずる心身に有害な影響を及ぼす言動に加え，これらの行為後に離婚したにもかかわらず，引き続きなされる元配偶者による同様の行為が含まれるとされている（DV1条1項）。

　「配偶者」は，婚姻届を提出した法律上の配偶者に限られず，事実上婚姻関係と同様の状況にある，いわゆる内縁関係も含まれ，「離婚」についても，法的な離婚だけでなく内縁関係を解消する場合も含まれる（DV1条3項）。

　このように，DV防止法は，法律上の婚姻関係ないし内縁関係にある夫婦間の暴力行為，あるいは，それらの関係が解消された後になされる元夫婦間の暴力行為，つまり，法律上事実上を問わず，実質的に夫婦関係にある，あるいは，夫婦関係にあった者の間の暴力行為を対象とし，配偶者から暴力を受けた者が「被害者」[注7]（DV1条2項）となる。

（注7）　DV防止法は実質的夫婦関係の存在を前提とするため，例えば，同居していない

第2　ＤＶ防止法について

ただし，婚姻中には配偶者からの暴力がなく，離婚後に初めて暴力をふるわれた場合は，「配偶者からの暴力」に該当しないことに注意が必要である（内閣府男女共同参画局ホームページ「配偶者暴力防止法に関するQ&A」参照）。

3 DV防止法における国及び地方公共団体の責務

　ＤＶ防止法2条は，国及び地方公共団体は，配偶者からの暴力を防止するとともに，被害者の自立を支援することを含め，その適切な保護を図る一般的責務があることを定めている。国による基本方針としては，内閣総理大臣，国家公安委員会，法務大臣及び厚生労働大臣が，配偶者からの暴力の防止及び被害者の保護のための施策に関する基本的な方針を定めなければならないとされている（ＤＶ2条の2）。さらに都道府県は，基本方針に即して，都道府県基本計画を定めなければならず（ＤＶ2条の3第1項・2項），市町村（特別区を含む。以下「市町村」という。）は，基本方針に即し，かつ，都道府県基本方針計画を勘案して，市町村基本計画を定めるよう努めなければならないとされている（ＤＶ2条の3第3項）。

DV相談と自己情報開示請求

　ＤＶ相談をした相談者が，その後，配偶者に対して離婚調停や離婚裁判する際に，ＤＶの相談記録を離婚原因の証拠とするため，各自治体の個人情報保護条例に基づいて，ＤＶ記録に関する自己情報開示請求がなされるケースがある。
　ＤＶの相談記録には，配偶者から受けた暴力の内容などが赤裸々に記載されており，自己情報開示請求を受けた実施機関としては，それらの事実を，そのまま開示すべきか迷うことが想定される。しかしながら，ＤＶの相談記

交際相手からの暴力行為は，ＤＶ防止法ではなく刑法やストーカー行為等の規制等に関する法律の対象となることに注意が必要である。

第2章　ドメスティック・バイオレンス（DV）

録に記載された主訴の内容は，そもそも，相談者が申告した事実であるから，それらを開示することに問題はない。むしろ，行政に対する個人情報の提供者は，行政に提供した個人の情報が正確に伝わり，かつ適正に保存・管理されているかを確認できるべきであるから，相談者からの申告内容を全て開示すべきである。

　これに対して，相談者の主訴内容以外の情報は，各自治体の条例に記載された非開示情報の該当性を検討することになる。通常，情報開示により行政機関の業務執行に支障が生じる場合や第三者の権利・利益を害する場合には非開示とする例が多い。DV相談記録は，様々な行政機関等が関与し，事案の性質上，通常の記録に比べ，非開示となる部分が多くなることが予想される。ただ，自己情報開示請求の対象情報は，原則として開示しなければならず，非開示とできるのは例外であることを踏まえ，非開示とできる部分はできるだけ限定されなければならない。いずれにしても，相談記録を作成する実施機関としては相談記録が開示対象であることを意識する必要がある。

　一方，DV相談記録には，加害者とされた配偶者に関する記載もあることから，その人自身の自己情報開示請求の対象にもなり得る。もっとも，相談者のプライバシーなどの利益保護のため，非開示になる部分が多くなることが想定される。加害者とされた配偶者がDV相談の事実があった否かを確認するために自己情報開示請求をしたケースでは，一定の情報を非開示としても，そのこと自体でDV相談がなされた事実が判明するから，DV相談に関する情報があるか否かを明らかにしないこと，つまり，存否応答拒否も検討されるべきであろう。

（岸本　有巨）

4 DV被害の発見の端緒

　DV被害の多くは，被害者の申告や第三者からの通報により発覚する。前述のように配偶者からの暴力は家庭内で行われることが多いため表面化しにくい特質があり，また，被害者が家庭の事情が外部に漏れるのを嫌がり保護を求めないこともあるため，第三者の通報が非常に重要である。

　そこで，DVの被害を目撃した全ての者には，配偶者暴力相談支援センター又は警察官に通報する努力義務がある（DV6条1項）。

　医師など職務上知り得た情報に対して守秘義務を負う職業であっても，刑

法の秘密漏示罪（刑134条）に該当することなく通報ができる。DV被害に接する機会が特に多い医療機関には，通報に対する被害者の意思確認や配偶者暴力相談支援センターの情報を被害者に提供することが求められている（DV6条2項〜4項）。

もっとも，通報制度は，被害者の生命の危険を回避することを目的としていることや，警察の過度な介入にならないようにするため，通報の努力義務の対象は身体的暴力に限定されている。

その他，DV被害を早期に発見しやすいのは，地域と密着した健康に関する相談や検診を行う保健所や保健センター，子どもの送り迎えや家庭訪問を通じて保護者と接する機会の多い学校・幼稚園・保育所の関係者，あるいは，地域住民の相談に応じる民生委員や児童委員などである。

通報を受けた配偶者暴力相談支援センターは，被害者に配偶者暴力相談支援センターの業務内容を伝え，相談等の各種対応を行い，危険が急迫しているような場合には警察への通報や一時保護を勧めるなど被害者保護に向けた対応をする。

なお，通報を受けた警察は，被害者に対する自衛手段のアドバイス，関係機関の照会や一時避難を勧めることなど被害者の保護[注8]だけではなく，被害者の意思を踏まえて，保護命令違反や傷害などを理由とした加害者の検挙，あるいは，今後の被害防止を目的とした加害者への指導警告など加害者に対するアプローチも必要となる。

（注8）　都道府県警察本部長などの一定の警察官は，被害者から，配偶者暴力による被害を自ら防止するための援助を受けたい旨の申出があった場合には，その申出が相当である場合には，状況に応じた避難その他の措置の教示や被害者の住所や居所を知られないように必要な措置をするものとされている（DV8条の2）。

第3 保護命令

1 保護命令

　保護命令とは①被害者が配偶者から身体に対する暴力を受けたことがある場合には、今後更なる身体に対する暴力により、生命・身体に重大な危害を受けるおそれがあるとき、②生命・身体に対して害を加える旨の脅迫を受けたことがある場合には、配偶者からの身体に対する暴力により、生命・身体に重大な危害を受けるおそれがあるとき、被害者の申立てにより裁判所が一定期間、被害者や被害者の同居の子・親族への接近を禁止、被害者と配偶者が生活の本拠としている場所から配偶者の退去等を命じる決定である（DV10条）。保護命令に違反すると1年以下の懲役又は100万円以下の罰金が科せられることになる（DV29条）。

　保護命令事件については、被害者を速やかに保護しなければならないことから、「速やかに裁判をするものとする」として、その旨が明確に定められている（DV13条）。

2 保護命令の種類

　①被害者への接近禁止命令、②退去命令、③子への接近禁止命令、④親族等への接近禁止命令、⑤電話等禁止命令がある。

　ただし、③の子への接近禁止命令、④の親族等への接近禁止命令、⑤の電話等禁止命令は、被害者本人への接近禁止命令の実効性を確保するための命令であることから、単独で発令することはできず、被害者に対する接近禁止命令が同時に出る場合か又は既に出ている場合のみ発令される。

第 3　保護命令

3　保護命令の内容・定義

(1)　被害者への接近禁止命令（DV 10条 1 項 1 号）

　　命令の効力が生じた日から起算して 6 か月間，被害者の住居（当該配偶者と共に生活の本拠として生活している住居を除く。）その他の場所において被害者の身辺につきまとい，又は被害者の住居，勤務先その他その通常所在する場所の付近のはいかいを禁止するものである。

　　「被害者の身辺へのつきまとい」とは，配偶者がしつこく被害者の行動に追随することをいう（『民事保全』422頁）。

　　また，「はいかい」とは，配偶者が理由もなくうろつくことをいう（『民事保全』422頁）。

(2)　退去命令（DV 10条 1 項 2 号）

　　命令の効力が生じた日から起算して 2 か月間，被害者と共に生活の本拠としている住居から退去すること及び当該住居の付近をはいかいしてはならないことを命じることができる（『民事保全』423頁・424頁）。

　　退去命令を命じることができるのは，申立時において「生活の本拠を共にする場合に限る」（DV 10条 1 項ただし書）ところ，この生活の本拠を共にする場合とは，被害者及び配偶者が生活の拠り所としている主たる住居を共にする場合をいう（『民事保全』422頁・423頁）。

　　したがって被害者が実家に一時的に避難している場合や配偶者暴力相談支援センターに一時的に保護されている場合は，「生活の本拠を共にする」に含まれると考えられる。

(3)　被害者の子への接近禁止命令（DV 10条 3 項）

　　被害者本人への接近禁止命令と併せて被害者の子の住居（当該配偶者と共に生活の本拠としている住居を除く。），就学する学校その他の場所において当該子の身辺につきまとい，又は当該子の住居，就学する学校その他その通常所在する場所の付近をはいかいしてはならないことを命じることができる。

　　有効期間は，被害者の子への接近禁止命令が効力を生じた日以降，被害

第2章　ドメスティック・バイオレンス（DV）

者への接近禁止命令が効力を生じた日から6か月を経過する日までである。

⑷　**被害者の親族等への接近禁止命令**（DV10条4項）^(注9)

　　被害者本人への接近禁止命令と併せて被害者の親族その他被害者と社会生活において密接な関係を有する者（被害者と同居している子及び配偶者と同居している者を除く。以下「親族等」という。）への身辺のつきまとい，又は当該親族等の住居，勤務先その他その通常所在する場所の付近をはいかいしてならないことを命じることができる。

　　ここにいう「親族」とは，民法725条に規定する親族（6親等内の血族，配偶者，3親等内の姻族）をいう。

　　また，「被害者と社会生活において密接な関係を有する者」とは，被害者の身上，安全等を配慮する立場にある者をいい，配偶者暴力相談支援センターやシェルターの職員のうち，被害者に現に継続的な保護・支援を行っている者等である。

　　「住居に押し掛けて著しく粗野又は乱暴な言動を行っている」とは，被害者の親族等の自宅に押し掛けて「○○（被害者）を出せ」，「居場所を教えろ」などと大きな声を出して叫ぶ行為が該当し得る。

　　有効期間は，親族等への接近禁止命令の効力が生じた日以後，被害者の接近禁止命令が効力を生じた日から起算して6か月を経過するまでである。

⑸　**電話等禁止命令**（DV10条2項）^(注10)

　　被害者本人への接近禁止命令と併せて被害者への電話・メール等の禁止を命じることができる。

　　DV防止法10条2項1号の面会要求は，電話，手紙，ファックス，電子メール等が含まれ，その手段に制限は無い。

　　2号にいう「その行動を監視していると思わせるような事項」とは，文字どおり，「○月○日の×時に被害者が△△にいたのを見ていた」といった事項がこれに当たる。「告げる」とは，直接伝達することであり，口頭

（注9）　『詳解DV』150頁・151頁参照。
（注10）　『詳解DV』137頁〜141頁，打越さく良『Q&A　DV事件の実務』（日本加除出版，第3版，2018年）57頁参照

だけでなく，文書，メール等も含まれ得る。

「その知り得る状態に置く」とは，直接相手方に伝達するものではないが，その内容が日常生活において相手方に伝わるであろう状態に置くことである。

3号にいう「著しく粗野又は乱暴な言動」，「汚い言葉」とは，例えば，被害者に暴言を吐く，罵声を浴びせることが挙げられる。

4号の連続した電話の禁止，5号の「午後10時から午前6時までの間」の電話連絡の禁止には「緊急やむを得ない場合を除」くとあるが，この「緊急やむを得ない」場合とは，被害者の子が急病，急死の場合のように，被害者自身についても，極めて重要と思料される事項を緊急に知らせる必要があること，かつ，その手段として，電話，ファックス，電子メールによる以外に方法がない場合が考えられる。

6号の「著しく不快又は嫌悪の情を催させるような物」に該当するかは，社会通念に従って客観的に判断されるところ，例えば死体の写真はこれに該当する。

7号の「名誉を害する事項」とは，被害者が人に知られたくないと思うようなことや被害者の人格を否定するような事柄をいう。例えば，インターネット上に被害者の誹謗中傷をする行為等が該当し得る。

8号の「性的羞恥心を害する」とは，望んでもいないのに性的に恥ずかしいと思う気持ちを起こさせて精神の平穏を害する行為をいう。性交渉の暴露がこれに該当し得る。

電話等禁止命令は，1号から8号に該当するいずれの行為も禁止する内容であり，各号該当行為の一部のみ禁止する命令を発することはできない。

有効期間は，電話等禁止命令の効力が生じた日以後，被害者の接近禁止命令の効力が生じた日から起算して6か月を経過する日までである。

第2章　ドメスティック・バイオレンス（DV）

4　保護命令の要件

(1)　申立権者

　　いずれの保護命令も申立てを要し，申立権者は被害者本人に限定される。

　　ここにいう「被害者」とは，配偶者からの身体に対する暴力又は生命等に対する脅迫（被害者の生命又は身体に対し害を加える旨告知してする脅迫をいう。）を受けた者をいうので（DV10条1項），精神的暴力又は性的暴力しか受けていないものはここにいう被害者には当たらない（『民事保全』417頁～431頁）。

　　「配偶者」とは，婚姻届を提出した者だけでなく，事実婚や元配偶者も含まれる（DV1条3項）。

　　また，2013年（平成25年）6月の改正において，生活の本拠を共にする交際（婚姻関係における共同生活に類する共同生活を営んでいない者を除く。）相手からの暴力についても保護命令制度が準用されることとなった（DV28条の2）ため，生活の本拠を共にする交際相手からの暴力を受けた者も申立てをすることができるようになった。

(2)　発令要件

(ア)　被害者の接近禁止命令（DV10条1項1号）と退去命令（DV10条1項2号）

　　身体的暴力を受けた被害者の場合，配偶者からの更なる身体に対する暴力により，生命又は身体に重大な危害を受けるおそれが大きいこと，または生命等に対する脅迫を受けた被害者の場合は，配偶者から受ける身体に対する暴力により，生命又は身体に重大な危害を受けるおそれが大きいことが接近禁止命令・退去命令の要件である。

　　「身体に対する暴力」とは，「身体に対する不法な攻撃であって生命又は身体に危害を及ぼすもの」をいい，刑法上の暴行罪又は傷害罪に当たるような行為である。「生命等に対する脅迫」とは，「被害者の生命又は身体に対し害を加える旨を告知してする脅迫」をいい（DV10条1項），具体的には，「殺してやる」，「腕をへし折ってやるぞ」，「ぶん殴ってやる」といった言動が該当し得る（『詳解DV』130頁）。

「生命又は身体に重大な危害を受けるおそれ」とは，被害者が，殺人，傷害等の被害を受けるおそれがある状況をいう。[注11]

どういった場合に「おそれが大きい」と判断されるかについては，脅迫の内容や態様のほか，被害者と配偶者の関係，配偶者の行動傾向等を総合的に考慮して，裁判所が個別事案において具体的に判断することになると考えられる。

ケースバイケースではあるが，配偶者の被害者に対する執着が強く，「別れたら殺してやる」と執拗な脅迫を受けていた被害者が，別れるための法的手続等に着手する，あるいは着手しようとしている事情がある場合には，その他の事情も総合考慮して「おそれが大きい」と認められることがあると考えられる。[注12]

(イ) 子への接近禁止命令

①DV防止法10条1項の規定による命令の要件を満たしていること，②被害者が「成年に達しない子」と「同居している」こと，③配偶者が幼年の子を連れ戻すと疑うに足りる言動を行っていることその他の事情があることから被害者がその同居している子に関して配偶者と面会することを余儀なくされることを防止する必要があること，の三つが要件となる。ただし，子が15歳以上であるときは，書面による同意が必要であり，この同意書面を申立書に添付することとされている（同意：DV10条3項ただし書，書面：DV保護規則1条2項・3項）。

子の接近禁止命令は，被害者の接近禁止命令の発令と同時又はそれが発せられた後に発せられることになる。

(ウ) 親族等への接近禁止命令

①DV防止法10条1項の規定による命令の要件を満たしていること，②被害者の親族等に当たること，③加害者が親族等の住居に押し掛けて著しく粗野又は乱暴な言動を行っていることその他の事情があること

(注11) 『詳解DV』267頁
(注12) 『詳解DV』268頁

第2章　ドメスティック・バイオレンス（DV）

から被害者がその親族等に関して配偶者と面会することを余儀なくされることを防止するため必要があること，④ 当該親族等の同意[注13]があること（DV10条5項）である。

④の同意は，書面でしなければならず，同意書面を申立書に添付する必要があるのは，子の接近禁止命令における15歳の子の同意と同じである（DV保護規則1条2項・3項）。

親族等の接近禁止命令は，被害者の接近禁止命令の発令と同時又はそれが発せられた後に発せられることになる。

(エ)　電話等禁止命令

DV防止法10条1項に規定する被害者への接近禁止命令の要件を満たしていることが必要である。

電話等禁止命令は，被害者の接近禁止命令の発令と同時又はそれが発せられた後に発せられることになる。

(3)　**管轄裁判所**（『DV詳解』156頁・157頁）

DV防止法11条が規定する。

DV防止法

（管轄裁判所）

第11条　前条第1項の規定による命令の申立てに係る事件は，相手方の住所（日本国内に住所がないとき又は住所が知れないときは居所）の所在地を管轄する地方裁判所の管轄に属する。

2　前条第1項の規定による命令の申立ては，次の各号に掲げる地を管轄する地方裁判所にもすることができる。

一　申立人の住所又は居所の所在地

二　当該申立てに係る配偶者からの身体に対する暴力又は生命等に対する脅迫が行われた地

(注13)　配偶者との関係性から接近禁止命令を望まない場合や，かえって親族がかくまっているなどと配偶者に思われることで危険が増すことを防止するために必要とされたものである。

48

第3　保護命令

同条2項1号は，被害者が避難している場合，その避難先でも申立てが
できるように被害者の便宜を図ったものであるが，避難先を秘匿にする必
要があるDV事案の場合には避難先の情報を与えかねないため，原則どお
り，相手方住所地に申し立てる方が安全である。

子の接近禁止命令，親族等の接近禁止命令，電話等禁止命令は，被害者
への接近禁止命令を発する裁判所又は発した裁判所の管轄に属する（『DV
詳解』156頁・157頁）。

(4)　申立書の記載事項

申立書には，DV防止法12条1項，DV保護規則1条に定める事項を記
載する。裁判所によっては，ホームページに申立書の書式を載せているの
で，その書式を利用するか参照するなどし，迅速な申立てを心掛けるとよい。

申立書には，配偶者暴力相談支援センターの職員又は警察職員に対し，
相談した事実等を記載する必要がある（DV12条1項5号）。

仮に事前に相談等していない場合には，配偶者からの身体に対する暴力
を受けた状況等DV12条1項1号から4号に掲げる事項について，申立人
の供述を記載した公証人の認証を受けた宣誓供述書を申立書に添付しなけ
ればならない（DV12条2項）。

申立書にて主張した暴力や脅迫について，診断書，写真などの客観的な
証拠があればそれらを提出することになるが，それらの客観証拠がない場
合あるいは不足している場合もある。その場合には主張する暴力・脅迫の
事実は陳述書にて立証することになる。

なお，東京地方裁判所本庁では，原則として申立ての当日に裁判官面接
を受けることとなっており，申立人面接の終了後，通常1週間後くらいに
相手方の意見聴取のための審尋期日が設けられる（同期日への申立人の出
頭は不要）。早ければ，相手方の出頭した審尋期日に保護命令が言い渡さ
れることもある。[注14]

(注14)　裁判所ウェブサイト「10. ドメスティックバイオレンス（DV）（配偶者暴力等に
関する保護命令申立て）」（http://www.courts.go.jp/tokyo/saiban/minzi_section09/
dv）。

49

第2章　ドメスティック・バイオレンス（DV）

⑸　**再度の申立て**^(注15)

　既に保護命令が発せられた身体に対する暴力又は生命等に対する脅迫と
同一の事実を理由とする再度の保護命令の申立ても可能である。また退去
命令についても一定の要件の下で再度の申立てをすることができる（DV18
条1項）。

⑹　**保護命令の効力発生時期**

　保護命令は，相手方に対する決定書の送達又は相手方が出頭した口頭弁
論若しくは審尋の期日における言渡しによって効力を生じる（DV15条）。

(注15)　『民事保全』415頁

第3　保護命令

〈例3　保護命令申立書（DV事件）〉

印紙貼付欄 1000円	受付印	収入印紙　　　　　　　円	確認印
		予納郵券　　　　　　　円	
		備考欄	

配偶者暴力等に関する保護命令申立書

○○○○裁判所民事○○○○○係　御中

　　　令和元年△月×日

　　　　　　申　立　人　　　甲　野　乙　子　　　　　　印

　　　　　　　当　事　者　の　表　示
　　別紙「当事者目録」記載のとおり

　　　　　　　申　立　て　の　趣　旨
　　別紙「申立ての趣旨」記載の裁判並びに手続費用負担の裁判を求める。
　　なお，申立人は，相手方と
　□　生活の本拠を共にする（同居）　　（□　ただし，一時避難中）
　☑　生活の本拠が異なる　（別居）　　　　　　　　　　　ものです。

　　　　　　　申　立　て　の　理　由
　　別紙「申立ての理由」記載のとおり

　添　付　書　類（□　内にレを付したもの。）
　☑　申立書副本　　　　　　　　　　　　1通
　□　戸籍謄本　　□　住民票の写し
　　　＊　戸籍謄本及び住民票の写しは原本提出
　☑　甲号証写し　　　　　　　　　　　各2通
　　　☑　写真（甲第1号証ないし甲第3号証）　　☑　診断書（甲第4号証及び甲第5号証）
　　　☑　陳述書（甲第6号証）
　　　□　子（子が15歳以上の場合）・親族等の同意書　　　（甲第　　号証）
　　　□　　　　　　（甲第　　号証）　　□　　　　　　（甲第　　号証）
　□　子・親族等の署名を確認する書類
　　　＊　甲号証として子・親族等の同意書を提出する場合のみ

51

第2章　ドメスティック・バイオレンス（DV）

申　立　て　の　趣　旨

（ただし□については□内にレを付したもの）

□〔退去命令〕

　　相手方は，命令の効力が生じた日から起算して2か月間，別紙住居目録記載の住居から退去せよ。

　　相手方は，命令の効力が生じた日から起算して2か月間，前記記載の住居の付近をはいかいしてはならない。

☑〔接近禁止命令〕

　　相手方は，命令の効力が生じた日から起算して6か月間，申立人の住居（相手方と共に生活の本拠としている住居を除く。以下同じ。）その他の場所において申立人の身辺につきまとい，又は申立人の住居，勤務先その他その通常所在する場所の付近をはいかいしてはならない。

□〔子への接近禁止命令〕

　　相手方は，命令の効力が生じた日から起算して6か月間，下記子の住居（相手方と共に生活の本拠としている住居を除く。以下同じ。），就学する学校その他の場所において同人の身辺につきまとい，又は同人の住居，就学する学校その他その通常所在する場所の付近をはいかいしてはならない。

□〔親族等への接近禁止命令〕

　　相手方は，命令の効力が生じた日から起算して6か月間，下記親族等の住居（相手方と共に生活の本拠としている住居を除く。以下同じ。）その他の場所において同人の身辺につきまとい，又は同人の住居，勤務先その他その通常所在する場所の付近をはいかいしてはならない。

記

〔子への接近禁止を求める場合の子の表示〕

(1)　氏　名　　　　　　　　　　　　　　　（平成　　　年　　月　　　日生）
　　ふりがな　　　　　　　　　　　　　　　　　　　（満　　歳　　か月）

(2)　氏　名　　　　　　　　　　　　　　　（平成・令和　　年　　月　　　日生）
　　ふりがな　　　　　　　　　　　　　　　　　　　（満　　歳　　か月）

(3)　氏　名　　　　　　　　　　　　　　　（平成・令和　　年　　月　　　日生）
　　ふりがな　　　　　　　　　　　　　　　　　　　（満　　歳　　か月）

〔親族等への接近禁止を求める場合の親族等の表示〕

(1)　住　所（住所が知れていないときは，勤務先・学校等の所在地・名称）

　　氏　名　　　　　　　　　　　　　　　（昭和・平成　　　年　　月　　　日生）
　　ふりがな
　　（申立人との関係：　　　　　　　　　　　　　　　　　　　　　　　　　　）

(2)　住　所（住所が知れていないときは，勤務先・学校等の所在地・名称）

　　氏　名　　　　　　　　　　　　　　　（昭和・平成　　　年　　月　　　日生）
　　ふりがな
　　（申立人との関係：　　　　　　　　　　　　　　　　　　　　　　　　　　）

第3 保護命令

□〔電話等禁止命令〕

相手方は，申立人に対し，命令の効力が生じた日から起算して6か月間，次の各行為をしてはならない。

① 面会を要求すること。

② その行動を監視していると思わせるような事項を告げ，又はその知り得る状態に置くこと。

③ 著しく粗野又は乱暴な言動をすること。

④ 電話をかけて何も告げず，又は緊急やむを得ない場合を除き，連続して，電話をかけ，ファクシミリ装置を用いて送信し，若しくは電子メールを送信すること。

⑤ 緊急やむを得ない場合を除き，午後10時から午前6時までの間に，電話をかけ，ファクシミリ装置を用いて送信し，又は電子メールを送信すること。

⑥ 汚物，動物の死体その他の著しく不快又は嫌悪の情を催させるような物を送付し，又はその知り得る状態に置くこと。

⑦ その名誉を害する事項を告げ，又はその知り得る状態に置くこと。

⑧ その性的羞恥心を害する事項を告げ，若しくはその知り得る状態に置き，又はその性的羞恥心を害する文書，図画その他の物を送付し，若しくはその知り得る状態に置くこと。

第2章　ドメスティック・バイオレンス（DV）

申　立　て　の　理　由

（ただし□については□内にレを付したもの）

1　私と相手方との関係は，次のとおり。

(1)〔申立人と相手方との関係が婚姻関係（事実婚を含む。）の場合〕
- ☑　私と相手方は，平成２５年１１月２２日婚姻届を提出した夫婦です。
- □　私は相手方とは婚姻届を提出していませんが，平成・令和　　年　　月　　日から夫婦として生活しています。
- □　事実婚と認められないとしても，(2)のとおりの交際関係です。
- □　私は平成・令和　　年　　月　　日相手方と離婚しました。

(2)〔申立人と相手方との関係が婚姻関係以外の場合〕
- □　私と相手方は，平成・令和　年　月　日から交際関係にあります。
- □　私と相手方は，平成・令和　年　月　日に交際関係を解消しました。
- □　相手方と共にする（共にしていた）生活の本拠は，次の場所です。

　　　　私と相手方の共同生活は，婚姻関係における共同生活に類似するもので，その事情は次のとおり。

(3)　同居を開始した日：平成２３年２月１４日

(4)□　私と相手方は，現在，同居（生活の本拠を共に）しています。
- □　ただし，平成・令和　　年　　月　　日から一時的に避難しています。
- ☑　令和元年５月８日から別居（生活の本拠を別に）しています。

2　相手方から今までに受けた暴力又は生命・身体に対する脅迫は次のとおり。

(1)①　平成３０年１０月３０日午後７時頃
- ②　場所は，□　現住居で
  - ☑（上記以外の）別居前の住居　　　　　　　　　　　　　　　　で
- ③　暴力・脅迫の内容は，
  左手で胸倉を掴まれ，右の拳で左頬を殴られたこと

　　　　　　　　　　　　　　　　　　　　　　　　　　　　　　　　　です。

- ④　③の暴力・脅迫により
  頬がはれ上がり，内出血を起こし，青痣ができるという被害（怪我）を受けました。

- ⑤□　医師の治療（入通院先：　　　　　　　　　　）を受けました。
  （治療日数・全治　　　　　　　　　　　　　　　　　　　　　です。
  - ☑　受傷等についての証拠は，□　診断書　□　写真　☑陳述書
    （甲第６号証）です。

(2)①　平成３０年１１月３０日午後７時頃
- ②　場所は，□　現住居で
  - ☑（上記以外の）別居前の住居　　　　　　　　　　　　　　　　で
- ③　暴力・脅迫の内容は，
  私が甲男さんに会社の同僚（異性）の話をしたところ，「今度他の男の話をしたら，お前を殺して，会社に行けないようにしてやる」と脅されたこと，平手で頭と頬を叩かれたこと，腹部を数十回蹴られたこと

　　　　　　　　　　　　　　　　　　　　　　　　　　　　　　　　　です。

第3　保護命令

第1編　男女・親子に関する問題

④　③の暴力・脅迫により
　　頬と腹部に内出血を起こし，青痣ができるという被害（怪我）を受けました。
⑤□　医師の治療（入通院先：　　　　　　　　　）を受けました。
　　（治療日数・全治）　　　　　　　　　　　　　　　です。
　☑　受傷等についての証拠は　□　診断書　□　写真　☑陳述書
　　（甲第6号証）
　　　　　　　　　　　　　　　　　　　　　　　　　　　　です。

(3)①　平成31年3月4日午後8時頃
　②　場所は，□　現住居で
　　　　　　　☑　（上記以外の）別居前の住居　で
　③　暴力・脅迫の内容は，
　　　仕事で帰りが遅くなったことに腹を立て，「何様のつもりだ，殺すぞ」「いなくなっ
　　　たらお前を探し出して殺す」と脅されたこと，腕を強く踏みつけられたこと，腹部を
　　　数十回蹴られたこと，拳で頬を殴られたこと
　　　　　　　　　　　　　　　　　　　　　　　　　　　　です。

　④　③の暴力・脅迫により

　　　　　　　　　打撲　　　　　　　　という被害（怪我）を受けました。
⑤☑　医師の治療（入通院先：　●●整形外科　　　　　　　）を受けました。
　　（治療日数・全治）1週間　　　　　　　　　　　　　です。
　☑　受傷等についての証拠は，☑　診断書（甲第4号証）☑　写真（甲第1号証から
　　甲第3号証）☑　陳述書（甲第6号証）
　　　　　　　　　　　　　　　　　　　　　　　　　　　　です。

(4)①　令和元年5月7日午後8時頃
　②　場所は，□　現住居で
　　　　　　　☑　（上記以外の）別居前の住居　　　　　　　　　で
　③　暴力・脅迫の内容は，
　　　仕事で帰りが遅くなったことに腹を立て，「てめえは俺をなめてんのか，殺すぞ」
　　　と脅されたこと，右拳で顔面を殴られたこと，腰のあたりを複数回蹴られたこと，申
　　　立人が倒れているのに「起きろ」と叫び，腹部や背中を何度も蹴り続けたこと
　　　　　　　　　　　　　　　　　　　　　　　　　　　　です。

　④　③の暴力・脅迫により

　　　　　　　　　肋骨骨折，打撲　　　　　　という被害（怪我）を受けました。
⑤☑　医師の治療（入通院先：　●●整形外科　　　　　　　　）を受けました。
　　（治療日数・全治）　　　　　　　　　　　　　　　　　です。
　☑　受傷等についての証拠は，☑　診断書（甲第5号証）☑　陳述書（甲第6号証）
　　　　　　　　　　　　　　　　　　　　　　　　　　　　です。

55

第2章　ドメスティック・バイオレンス（DV）

3　私が今後，相手方から暴力を振るわれて私の生命，身体に重大な危害を受けるおそれが大
　きいと思う理由は，次のとおり。
　　　☑（離婚，内縁又は交際関係解消後の場合）
　　　　　私が相手方との関係解消後引き続いて，相手方から身体的暴力を受けるおそれ
　　　　が大きいと思う理由は，次のとおり。

　　　　　申立人は，相手方の暴力を頻繁に受けている。
　　　　　相手方は，暴力の後に決まって謝罪するも暴力がやむことは一向になく，むしろ，
　　　　その暴力の程度が悪化し，申立人の身体的被害の状況も深刻化している。

4　私は，相手方に対し，申立ての趣旨記載の私と同居している子への接近禁止命令を求めま
　す。私がその子に関して相手方と面会を余儀なくされると考えている事情は，次のとおり。

5　私は，次のような理由から，相手方に対し，申立ての趣旨記載の私と社会生活上密接な関
　係がある親族等への接近禁止命令を求めます。
　(1)　氏　名（ふりがな）
　　　申立人との関係：

　　　私が同人に関して相手方と面会を余儀なくされると考える事情

　(2)　氏　名（ふりがな）
　　　申立人との関係：

　　　私が同人に関して相手方と面会を余儀なくされると考える事情

第3　保護命令

6　私が相手方に対し電話等禁止命令を求める事情は，次のとおり。

7　配偶者暴力相談支援センター又は警察への相談等を求めた事実は，次のとおり
　(1)①　平成31年2月5日午前11時ころ
　　②　相談機関　□　警視庁　　　　　警察署　□　東京都女性相談センター
　　　　　　　　　☑　東京ウィメンズプラザ　□
　　③　相談内容　☑　相手方から受けた暴力，生命・身体に対する脅迫
　　　　　　　　　☑　今後，暴力を受けるおそれがあること
　　　　　　　　　□　子への接近禁止命令を求める事情
　　　　　　　　　□　親族等への接近禁止命令を求める事情
　　　　　　　　　□
　　④　措置の内容　□　一時保護
　　　　　　　　　☑　保護命令制度についての情報提供
　　　　　　　　　□　　　　　　　　　　　　　　　　　　を受けました。

　(2)①　令和　元年　5月　8日午前11時ころ
　　②　相談機関　☑　警視庁　　●●　　警察署　□　東京都女性相談センター
　　　　　　　　　□　東京ウィメンズプラザ　□
　　③　相談内容　☑　相手方から受けた暴力，生命・身体に対する脅迫
　　　　　　　　　□　今後，暴力を受けるおそれがあること
　　　　　　　　　□　子への接近禁止命令を求める事情
　　　　　　　　　□　親族等への接近禁止命令を求める事情
　　　　　　　　　□
　　④　措置の内容　□　一時保護
　　　　　　　　　☑　保護命令制度についての情報提供
　　　　　　　　　□　　　　　　　　　　　　　　　　　　を受けました。

第2章　ドメスティック・バイオレンス（DV）

```
┌─────────────────────────────────────────────────┐
│                  住　居　目　録                  │
│                                                 │
│    ─────────────────────────────────────────    │
│                                                 │
│    ─────────────────────────────────────────    │
│                                                 │
│                                                 │
│                                                 │
│                                                 │
└─────────────────────────────────────────────────┘
```

※　2頁の「申立ての趣旨」で〔退去命令〕にレ点をした場合にのみ，相手方に退去を求める住所
　を記載する。

〈例4　接近禁止陳述書（DV事件）〉

```
┌─────────────────────────────────────────────────┐
│                    陳　述　書                     │
│                                                 │
│                         令和○年△月×日           │
│                         申立人　甲野　乙子　印     │
│  1　甲男さんとは，平成22年4月に，甲男さんが働いている会社に私が派遣 │
│   されたことをきっかけに知り合いました。私は，慣れない仕事に悩むこと │
│   も多かったのですが，甲男さんは私を気にかけてくれ，色々と助けてくれ │
│   ていました。                                   │
│    平成22年10月，私の派遣期間は終了しましたが，甲男さんとは連絡を取 │
│   り合っており，同年の年末に，甲男さんから告白されて，付き合うように │
│   なりました。                                   │
│  2　平成23年2月14日，甲男さんと私は，甲男さんが私の住んでいるアパー │
│   トに引っ越す形で同棲を始めました。同棲をはじめてからの甲男さんは， │
│   私の行動を把握したがり，連絡しないと不機嫌になるので，私は，どこで │
│   誰といるのかをLINEやメールで報告するようにしていました。        │
│  3　同棲してから約2年経過した平成25年2月，甲男さんから結婚を申し込 │
│   まれました。その頃になると，甲男さんの私に対する束縛はかなりエスカ │
│   レートしており，私は甲男さんがなるべく不機嫌にならないように，友人 │
└─────────────────────────────────────────────────┘
```

58

ともなるべく会わずに甲男さんと一緒にいるようにしていました。ただ，束縛以外に大きな不満もなかったので，甲男さんとの結婚を決め，同じ年の11月22日に籍を入れました。

4　結婚を機に，私は転職したのですが，想像以上に忙しく，以前のように甲男さんに連絡できないこともありました。そのせいで，次第に，甲男さんの私に対する当たりがきつくなっていきました。

5　平成30年10月30日午後7時頃，甲男さんは，残業により夕食の準備が遅くなった私に腹を立て，「収入が低い仕事には何の意味もない」，「仕事と家事を両立できないのは無能な証拠だ」と怒鳴るように言い放ち，その直後，左手で私の胸倉を掴み，右の拳で私の頬を殴りました。

　　この時の甲男さんの表情はこれまでに見たことのないほど険しく，恐怖から私は，何も言えなくなってしまいました。

　　翌日になると，左頬は腫れあがり，内出血を起こし青痣になっていたので，私は会社を休みました。甲男さんが私の腫れあがった顔を見て，「ついかっとなってしまった。ごめんな。」と何度も謝罪してきたので，私は甲男さんの機嫌が悪かっただけなのかもしれない，そう思うようにしました。

6　平成30年11月30日午後7時頃，一緒に夕食を食べているときに私が会社の異性の同僚の話をしたところ，甲男さんは急に怒り出し，大声で「他の男の話なんかしやがって，おまえ，誰のおかげで飯が食えていると思ってるんだ」，「今度他の男の話をしたら，お前を殺して，会社に行けないようにしてやる」と私を脅してきました。そして，甲男さんは，壁に向かってマグカップを勢いよく投げつけた後，平手で頭と頬を叩き，腹部を数十回蹴りました。私は恐ろしくて仕方なく，この日は実家に避難しました。翌日になっても痛みがひかず，頬と腹部に内出血を起こし，青痣ができていました。

7　実家に避難してから約1週間後，甲男さんは私が実家にいることを確認し，実家に来ました。

　　私と私の両親の前で，甲男さんは，「暴力は振るわない」，「怖い思いもさせない」，「本当に申し訳なかった」と何度も何度も謝罪し，「もう一度チャンスがほしい」と言いました。私は，甲男さんの言葉を信じてよいのか正直悩みましたが，甲男さんを信じることにし，自宅に戻りました。

8　その後，甲男さんは，しばらく優しかったのですが，平成31年3月4日，会社の同僚が体調不良により早退したため，急に残業をしなければならなくなり，帰宅が午後8時すぎになってしまいました。

　　私が帰宅すると，甲男さんは，私に「能無し」，「お前なんか生きている価値はない」，「何様のつもりだ，殺すぞ」等の暴言を吐き続け，腕を強く踏みつけ，腹部を数十回も蹴り続け，拳で頬を殴りました。暴力が止むと，

第2章　ドメスティック・バイオレンス（DV）

甲男さんから，いつもどおり謝罪があったのですが，「お前がいないと生きていけない」，「いなくなったらお前を探し出して殺す」等とも言われたため，これ以上甲男さんと一緒にいると本当に殺されるのではないかと感じ，DVを受けていることに気が付きました。

　翌日（平成31年3月5日）になっても腕はあがらず，腹部や顔には大きなあざができていたので，私は，仕事を休み，暴力を受けた頬・腕・腹部の写真を撮り，東京都の女性相談センターに相談にいきました

　そして，その相談員の指示で，病院に行き，打撲で全治1週間と診断を受けました。

9　甲男さんと別れたい気持ちもあったのですが，私が帰宅すると，泣きながら「もう2度と殴ったりしない」，「ずっと一緒にいてくれ」とお願いされてしまうので，私は，甲男さんと別れて家を出る決意ができませんでした。

10　令和元年5月7日，仕事が忙しく，甲男さんに遅くなるとの連絡ができないまま午後8時頃帰宅しました。すると，甲男さんが玄関で待ち構えており，髪の毛を捕まれながら部屋に引きずられました。

　「こんな時間まで何をしていたんだ」，「他の男と遊んでいたのか」，「てめえは俺をなめてんのか，殺すぞ」と怒鳴られ，右拳で顔面を殴られました。勢いよく殴られたので，その反動で床に倒れたのですが，その状態のまま，今度は腰のあたりを複数回蹴られました。

　私は，痛みから起き上がることができず，意識も朦朧としていたのですが，それでも甲男さんの暴力は止まず，甲男さんは，「起きろ」と叫びながら床に倒れこんだ私の腹部や背中を何度も何度も蹴り続けました。

　このときは，どうやって暴力が止まったのか覚えていません。

11　翌日（令和元年5月8日），私は，●●警察署に相談に行き，その足で病院にも行きました。病院では，肋骨骨折と打撲で全治1か月と診断され，通院も必要になりました。

　私は，これ以上甲男さんと一緒に暮らしていたら殺されると思い，この日に家を出ました。

12　以上のとおり，私は，甲男さんから長い間身体的な暴力を受け続けてきました。

　甲男さんは暴力の後いつも謝罪してきますが，暴力がやむどころか悪化していきました。

　今後，更に甲男さんから暴力をふるわれ，私の身に重大な危害が及ぶことは必至の状況です。どうか一刻も早く甲男さんが私に近づけないようにして欲しいです。

以上

第4 支援機関等

1 支援機関(注16)の必要性

　被害者は，世間体を気にして，あるいは，自分に責任があるのでないかとの誤った自責の念から，配偶者からの暴力を第三者に相談することを躊躇する傾向にあることから，被害者が相談にアクセスしやすく，かつ，被害者からの相談に対して適切かつ迅速に対応できる窓口が必要となる。

2 配偶者暴力相談支援センター

　都道府県が設置する婦人相談所(注17)その他の適切な施設，例えば，女性センター，福祉事務所，児童相談所(注18)などを配偶者暴力相談支援センターとして機能させるとともに（DV 3条1項），被害者の支援センターの利便性を確保するため，市区町村レベルでも同様の機能を果たす施設(注19)の設置に努めるものとするとされている（DV 3条2項）。

　全国の配偶者暴力相談支援センターの一覧は，内閣府男女共同参画局の配

（注16）　内閣府男女共同参画局のサイトでは，安全な生活を確保するため，法的手続を進めるため，自立生活促進のための三つにより支援機関を分類している（http://www.gender.go.jp/policy/no_violence/e-vaw/shien/index.html）。
（注17）　婦人相談所は，都道府県が，性交又は環境に照らして売春を行うおそれがある女子に対して，各般の問題に関する相談，家庭を含めた調査・指導，一時保護など保護更生に関する業務を実施する施設（売春防止法34条1項・3項）であったが，DV防止法により，DV保護のための施設としての役割も求められるようなった。現在は「女性相談所」，「女性相談センター」などの名称となっていることが多い。売春防止法35条に定める婦人相談員は，DV防止法上でも被害者の相談に応じて必要な指導をするとされ，平成29年4月1日時点で全国に1,447人の婦人相談員がおり，被害者の相談・支援活動に取り組んでいる。
（注18）　児童虐待のある家庭ではDVが存在することが多く，児童相談所に支援センターの機能を持たせることに非常に意味があるとの指摘がある（長谷川京子ほか『弁護士が説くDV解決マニュアル』（朱鷺書房，2014年）47頁。）
（注19）　市区町村では，例えば，女性センター等の相談窓口や保健所・保健センターなどが地域の相談窓口としての機能を果たしている。

第2章　ドメスティック・バイオレンス（DV）

偶者からの暴力被害者支援情報のウェブサイト[注20]で確認でき，例えば，東京都を例にとると，配偶者暴力相談支援センターとして，東京都ウィメンズプラザ及び東京都女性相談センターが設置され，市区町村の配偶者暴力相談支援センターと連携して配偶者被害に対応している。

DV相談を受けるに当たって，相談員には，相談者の置かれた立場や加害者に精神的に支配されている可能性を踏まえ，相談者の不安や恐怖を理解した上で，相談者の意思を尊重しつつ，相談者の安全確保に向けて丁寧な対応が求められ，相談を通じて相談者に二次的被害が生じないように注意しなければならない。

3 警察官の援助，警察本部長等の援助

警察官は，通報等により配偶者からの暴力が行われていると認めるときは，警察法，警察官職務執行法，その他法令の定めるところにより，暴力の制止，被害者の保護その他配偶者からの暴力による被害の発生を防止するために必要な措置を講ずるよう努めなければならない（DV8条）。

警視総監若しくは道府県警察本部長又は警察署長は，配偶者からの暴力による被害を防止するための援助を受けたい旨の申出があり，その申出を相当と認めるときは，かかる被害を防止するための必要な援助を行う（DV8条の2）。

DV防止法8条及び8条の2でいう「配偶者からの暴力」とは，配偶者又は配偶者であった者からの身体に対する暴力に限り（DV6条1項と同じである。），精神的暴力や性的暴力は含まれない。

もっとも，身体的暴力に限られるとされた趣旨は，犯罪行為に該当しない場合についてまで警察が援助すると警察の職務の範囲を超えるおそれがあることによることからすれば，精神的暴力によりPTSDを発症し傷害罪（刑204条）が成立する場合や，強制性交罪（刑177条）に該当する場合は，「身体的

（注20）　内閣府男女共同参画局（http://www.gender.go.jp/）

第 4 支援機関等

暴力」に含まれ得る。

必要な援助は具体的には以下のとおりである（DV防止規則）。

① 被害防止のため，当該申出者の状況に応じて避難その他の措置を教示すること（DV防止規則1条1号）。

② 配偶者からの暴力等が行われた場合における当該配偶者若しくは配偶者であった者又はDV防止法28条の2に規定する関係にある相手若しくは同条に規定する関係にある相手であった者（以下「加害者」という。）に申出者の住所又は居所を知られないようにすること（DV防止規則1条2号）。

➡これには，住民基本台帳の閲覧制限に関する支援と，行方不明届を受理しない対応[注21]がある。

③ 当該申出者が配偶者からの暴力等による被害を防止するための交渉を円滑に行うための措置で，被害防止交渉を行う際の心構え，交渉方法その他被害防止交渉に関する事項の助言，加害者に対し，被害防止交渉を行うため，必要な事項の連絡を行うこと，被害防止交渉を行う場所として，警察施設を利用させることその他被害を防止するために適当と認める援助をすること（DV防止規則1条3号・4号）。

➡この適当と認める援助として，110番通報登録者制度（事前に被害者の電話番号や住所，相談内容等を登録し，その登録した電話番号から110番通報があった場合，登録した相談内容やDV被害者といった内容が即時に所轄の警察署等に共有されるシステム）を利用することができる。

4 被害者の避難・自立のための支援措置

被害者は，配偶者からの暴力で心身とも疲れ果て，単独で問題の解決に向けた行動に踏み出すことが困難なケースが多い。そのため，配偶者暴力相談

(注21) 身体的暴力に該当しない場合に配偶者が行方不明届を提出した場合であっても，DV被害者に該当する場合は，警察受理署長は配偶者に発見場所等を通知しないこととされている（行方不明者発見活動に関する規則26条2項）。

第2章　ドメスティック・バイオレンス（DV）

支援センターでは，① 被害者からの相談対応だけではなく，② 心療内科などでカウンセリングの受診を勧めるなど心身の健康を回復させるための指導，③ 被害者の一時的な安全の確保及び一時保護，④ 就業の促進や住宅の確保など現在の環境を離れて自立していくための情報提供や関係機関との連絡調整などの援助，⑤ 直ちに保護が必要な被害者に対して保護命令などの法的制度に関する情報提供や関係機関への連絡，⑥ 保護施設の利用についての情報提供や連絡調整などの援助を通じ，各種関係機関との連絡調整を行うコーディネーターとして，被害者が置かれた状況の改善に向けた積極的な取組が求められている（DV3条3項）。

　特に，転居先を確保できない被害者は，加害者から日常的に受ける暴力行為により，精神的に追い詰められ，加害者からの報復等を恐れるあまり，警察への相談を躊躇しているなど適切な支援を受けていないケースが多い。DV問題の解決に当たっては，配偶者からの暴力を回避し，DVに立ち向かう精神的な安定を確保するため，日常的に暴力を受ける住居から転居するなどの環境整備が必要であることが多く，被害者の一時保護や住宅の確保などの自立支援は，配偶者暴力相談支援センターの重要な役割である。

　DV防止法上における一時保護は，婦人相談所に併設された全国47か所の一時保護所があるほか，その他の避難先として，婦人保護施設,^(注22) 母子生活支援施設などの公的なシェルターやNPO法人や社会福祉法人等の民間支援団体が運営する民間シェルター等^(注23)厚生労働省の基準を満たす一時保護施設^(注24) を通じて行われ，被害者からの様々な相談に応じたり，居住場所や食

（注22）　婦人保護施設とは，売春防止法36条に基づき設置され，従前は，売春を行うおそれのある女子の収容保護のための施設だったものが，その保護対象を家庭や生活における様々な問題を抱える女性に拡げ，DV防止法によりDV被害者の保護施設としての機能も兼ねることになった。

（注23）　加害者による被害者の追跡や接触を避けるため，シェルターの所在場所は非公開とされ，被害者の安全確保のため，外部との連絡や学齢期の子どもの通学などが制限されている。平成30年11月1日現在，各都道府県・政令指定都市が把握している民間シェルターを運営している団体数は，全国で107団体である（http://www.gender.go.jp/policy/no_violence/e-vaw/soudankikan/05.）。

（注24）　平成29年4月1日現在で，一時保護の委託契約施設数は，母子生活支援施設，民間シェルター，児童福祉施設，障害者支援施設，婦人保護施設など325施設である。

第4　支援機関等

事等を提供するなどの支援を行っている。

　婦人相談所（DV3条4項）による一時保護件数は平成28年度で4,624名であるが，その内3,214名が夫等の暴力を理由とするものになっている。[注25]一時保護の期間は概ね2週間程度とされているため，一時保護の後，直ちに，その後の被害者の居住先として，婦人保護施設や母子生活支援施設への入所や，都営住宅や民間賃貸住宅などへの入居に向けた支援をする必要がある。

　一時保護後の被害者に対するものも含め，DV防止法上，自立に向けた支援として，福祉事務所は，被害者の自立支援に必要な措置を講じるよう努めなければならないとされ（DV8条の3），求職や職業訓練に関してハローワーク，生活資金を確保する制度として生活保護制度，生活福祉資金貸付制度，母子父子寡婦福祉資金貸付金制度などの相談に関して，各自治体に福祉関連窓口が設置されている。

　避難後の生活支援としては，新たに健康保険に加入するために必要となるDV証明書の発行等，各種証明書[注26]の発行がある。

　また，加害者に被害者の住所や居所を探索されないようにするための支援として，住民基本台帳の閲覧制限や医療費通知の送付先の変更手続等がある。

　避難後から相当の期間が経過してもなお加害者が被害者の住所や居所の探索を継続している例が多い。関係機関等と連携のうえ，長期にわたる被害者の支援が求められよう。

5　DV被害者に対する支援の特殊性

　DV相談では，相談者からの聴き取りが中心となり，性質上，その聴き取った内容が事実であるか確認するため，加害者とされる配偶者から事情を聴き取ることができない。そのため，配偶者暴力相談センター等の関係機関

(注25)　「第1回　困難な問題を抱える女性への支援のあり方に関する検討会」資料6-1「婦人保護事業の現状について」（厚生労働省，平成30年7月30日）14頁参照。
(注26)　その他，健康保険の被保険者の扶養からの離脱にかかる証明書，基礎年金番号等変更や年金保険料の特例免除にかかる証明書，母子及び父子並びに寡婦福祉法にかかる証明書などがある。

第2章　ドメスティック・バイオレンス（DV）

は，相談者から聴き取った事情等からDV防止法上の支援をするか否かを判断せざるを得ない。

そのような特殊性を踏まえると，支援の判断に当たって，相談者の主張のみを過度に重視すべきではないと言わざるを得ない面もあるが，相談者が配偶者からの暴力から逃れようと相談に来ているのであり，特に，緊急対応が求められる事案では，支援対応の遅れが，相談者やその子どもの生命身体に対して重大な被害が及ぶ可能性があることを常に念頭に置かなければならない。そのため，被害者からの聴き取った内容，診断書や加害者からのメールなど，相談者から入手した資料から支援の必要性が認められるにもかかわらず，その判断に慎重になるあまり，相談者に対して，その申告を裏付ける客観的な資料を必要以上に求めるような運用をすべきではない。

なお，近時，支援措置の判断に当たり，加害者側の聴き取りがないことを利用して，配偶者との離婚条件を有利に進めること等を目的として，DVの虚偽申告により支援を受けたと疑われるケースが報道され，現在のDV被害に対する支援のあり方が疑問視されることもある。しかしながら，この問題は，支援措置後に加害者とされた配偶者に手続保障の機会を与えるなどの法的整備により解決されるべき事柄であって，相談機関として支援が相当と判断しながら，虚偽申告の可能性を重視するあまり，支援措置を躊躇することがあってはならない。[注27]

（注27）　DV防止法による支援措置がなされた場合，加害者とされた者には，自身の信用が毀損されたり，一時保護等により子どもとの面会ができないなどの不利益が生じる可能性がある。仮に，DVの虚偽申告により支援措置がなされた結果，加害者とされた者に何らかの損害が生ずれば，同人に対し，虚偽申告をした配偶者が損害賠償責任を負うことはもとより，同人の主張に不自然な点があるにもかかわらず，漫然と支援措置をした関係機関も国家賠償責任を負う可能性があることに注意が必要である（名古屋地判平30・4・25ウエストロー，名古屋高判平31・1・31裁判所ウェブサイト参照）。

66

第5 DVと離婚

1 法律相談

　DVの被害者が，弁護士に相談にくる時点で，すでに自身のDVの被害に気付いており，今後の離婚手続等について相談にくるケースもあれば，DVに気付いていないが離婚を考えているケース，あるいはDVに気付いてもそれを認めるのが怖く離婚自体にも悩んでいるケースなど様々である。

　相談に当たり，事情はとにかく丁寧に確認する必要がある。そして，DVに該当すると考えられるケースであれば，弁護士としての見解を示したうえで，別居したいのか，離婚したいのか等相談者の意思を確認する必要がある。

　DVの被害者の場合，必要以上に自分を責めたり，DVが悪化する不安を抱えていたり，子どもがいるケースでは転校の不安から別居を躊躇したりと，絶えず様々なことに悩みを抱えている。そのため，別居や離婚の決断が容易でないことも多い。

　そのような場合でも，弁護士が良いと考える結論を押し付けたり，決断を急かしたりするようなことがあってはならない。

　もっとも，身に生じている危険性が高く，速やかに避難して身の安全を確保しなければならないときもあるため，そのような事案においては，身の安全確保が最優先であることを意識し，シェルターに一時保護を求めること，警察や配偶者暴力相談支援センターに相談すること，保護命令の申立てについてもアドバイスする必要があろう。

　DVの事案においては，離婚等の手続を進めるに当たり被害者が直接の窓口になることによる心理的負担が大きいため，弁護士の積極的関与が望ましいであろう。

　被害者の多くは，精神的な不安を抱えていることも多く，必要に応じてカウンセリングや医師の受診を勧めることもあるが，別居，離婚等により加害者との生活がなくなることで心の被害は回復に向かうことも多い。また面前DVなどにより子のケアが必要な場合には子ども自身にも児童精神科等の受

第2章　ドメスティック・バイオレンス（DV）

診を勧めることも考えられよう。

2 離婚手続の選択と複数による受任について

　被害者から離婚事件を受任した場合，離婚交渉から始めるか，離婚調停を申し立てるかは，DVの程度や加害者の特性等事案に応じてケースバイケースである。被害者からの聴き取りの結果，弁護士が加害者の標的になる可能性がある事案では，交渉は行わず離婚調停を申し立てることになろう。

　DV事案を受任する場合，攻撃をなるべく回避するために複数の弁護士で受任することをお勧めする。

3 離婚調停について

　秘匿する情報を記載しないよう，細心の注意を払うべきである。

　DV事案における離婚調停期日は，安全確保を第一に被害者が出ることなく，行われなければならない。

　期日に加害者が被害者を待ち伏せしたり，直接会うことを求めたりすることもあり得るため，代理人としては，調停の進め方の希望（同席不可，待合室のフロアを別々にする等）や，DVの状況・内容等を裁判所に伝え，十分な配慮を求めるようにする。

　離婚調停において，加害者がDVの事実を否定した場合でも，離婚について合意が可能な場合には，慰謝料の点を譲歩し，早期に調停成立を目指すこともあり得よう。

　他に争点もなく，慰謝料のみが争点になっているケースでは，被害者は，加害者との離婚を最優先に考えていることもあるため，弁護士としては，被害者である依頼者の意向に反して，紛争を長期化させることのないよう状況に応じて都度依頼者の意向を確認することが重要である。

第5 ＤＶと離婚

4 裁判離婚について

離婚訴訟では，ＤＶが「離婚原因」であることにつき主張立証が必要となる。身体的暴力の立証には客観証拠が重要であり，診断書，写真等を提出する。

これに対し，精神的暴力や性的暴力については，客観証拠の収集が難しいこともあるが，日々の日記やメモ，加害者や友人とのメールのやりとりにより立証することになろう。

離婚訴訟においては，代理人のみで足りる手続ばかりではなく，本人の出頭が必要となるものがある。

まず，当事者尋問が実施される場合には，本人の出頭が必要となる。この場合，尋問の時点で被害者の精神的不安がどの程度なのかにもよるが，加害者を見るとＤＶのことを思い出してうまく供述できない，精神的不安が強いという場合には，遮蔽措置（民訴203条の３）等の要望について，裁判所に上申するとよい。

次に，離婚裁判手続中に和解により離婚する場合，離婚は身分行為であり，代理になじまないとされていることから，本人の出頭が必要とされている（別冊法学セミナー「新基本法コンメンタール人事訴訟法・家事事件手続法」101頁）。もっとも被害者が加害者との同席を避けたい場合には，その旨裁判所に申出したうえで，当事者が交互に入室し，和解を成立させることも可能である。その場合，同内容の和解条項を裁判官がそれぞれに確認することで和解離婚が成立する。被害者が出頭する場合，被害者に危害が及ばないよう待機場所等を裁判所と事前に協議する必要がある。

5 ＤＶの慰謝料請求

離婚慰謝料には，①離婚そのものによる慰謝料と，②離婚に至るまでの個々の行為（暴力や不貞など）を原因とする慰謝料の二つに分けられる。

ＤＶの場合は，ＤＶが離婚原因でもあり有責行為であることからすると，理

第1編 男女・親子に関する問題

69

第2章　ドメスティック・バイオレンス（DV）

論上は，①②のいずれも認められることになると考えられるが，実務では，必ずしもこの二つを区別しているとはいえない。

　DVの慰謝料請求は，離婚調停の申立てに附属して行うか，離婚の訴えと併合して請求することができる（人訴17条1項）。

6　DV事案における慰謝料の裁判例

○　妻に対する度重なる暴行，人格を無視した言動等に対し，婚姻関係は，主として夫の妻に対する人格無視の言動によって破綻したものであることを認定し，妻に対する慰謝料として300万円を認めた（浦和地判昭59・9・19判タ545号263頁，判時1140号117頁）。

○　破綻原因が，主として夫の妻に対する暴行，性交渉の強要，妻の行動に対する邪推，生活費を渡さないことなどにあったと認定し，妻に対する慰謝料として300万円を認めた（東京高判昭62・11・24判時1263号19頁）。

○　夫の暴力により妻が腰椎椎間板ヘルニアを発症し，運動障害が残った事案で，離婚慰謝料300万円とは別に，入通院，後遺症慰謝料及び後遺障害による逸失利益として1713万円余を認めた（大阪高判平12・3・8判時1744号91頁，判タ1100号29頁・30頁）。

　これに対し，暴力を離婚原因として認容しながら，慰謝料請求は否定しているものがある。夫が病後ささいなことで妻を難詰するようになり，頭を殴打し脳しんとうの診断名で通院治療を受けるに至った事案において，妻が，夫に愛情を喪失したことについては夫に「特に決定的な要因があるともいえず（……殴打事件は比較的重要であるが，その動機は些細なものである）」，妻においても「若干性急のそしりを免れず，今少しの努力が望ましかったといえる……」。

　本件においては，夫の行動が直接の別居原因になったとはいえ，婚姻関係の破綻の一因は，一概に夫のみに存するとはいえず，結局は，妻の愛情の喪失が原因であるから，夫に損害賠償の責を負わせることはできないと判示し

た（東京高判昭42・4・11判時485号44頁，判タ1100号29頁・30頁）。なお，具体的暴力がなく精神的暴力のみが離婚原因であるケース（例えば，理不尽な理由により長期間一方的に無視されるなど）でも慰謝料が認められることもあるため，身体的暴力以外でも慰謝料請求検討は必要であろう。

 DV被害者の住所漏洩をなくすために

　DV被害者は，市区町村（以下「自治体」という。）に支援措置を申し出ることにより，住民票の写し等の交付等を制限することができる。
　この支援措置は，DV加害者がDV被害者の住所を探索することを防ぎ，DV被害者の安全を守ることを目的としたものであるが，この支援措置がとられているにもかかわらず，DV被害者の転居先を漏洩する例が後を絶たない。
　自治体内部での情報共有不足や，DV被害に対する知識不足など，漏洩には様々な原因が考え得るが，いかなる原因であれ，転居先が漏洩することにより，DV被害者の身に再び危険が及びかねないため，DV被害者は，ようやくの思いで確保した住居からの再転居を余儀なくされることになる。そして，このような漏洩の現状から，DV被害者は，住民票を移動できない状況にある。
　各自治体は，「DV被害者の身の安全を守るための支援措置」を徹底のうえ漏洩防止の仕組み作り（DV被害者情報の自治体内部での共有化等）を速やかに行うとともに，どの自治体においてもDV被害者の転居先が漏洩することがないようにしていただきたい。

（阿部　みどり）

# ストーカー・リベンジポルノ

第1 ストーカー

1 はじめに

ストーカーとは，「特定の個人に異常なほど関心を持ち，しつこく跡を追い続ける人」(注1)をいう。

平成12年にストーカー行為等の規制等に関する法律（以下「ストーカー規制法」という。）が制定，施行される以前から，ストーカーやストーカー行為は存在したが，恋愛感情のもつれによるもの等が多く，また，個人の身体，自由及び名誉に係る犯罪（傷害，暴行，脅迫，強要，強制わいせつ，強制性交等，名誉毀損等）に至らない程度の行為であることも多かったため，警察による積極的な関与が躊躇されることが多かった。

そのような中，平成11年10月に発生したいわゆる桶川ストーカー殺人事件(注2)が契機となり，平成12年にストーカー規制法が制定，施行され，その後，平成25年6月(注3)及び平成28年12月に法改正が行われている。

なお，平成28年12月ストーカー規制法改正（以下「平成28年改正」という。）のポイントについては後述する（本書93頁）。

（注1）　新村出『広辞苑』（岩波書店，第七版，2018年）1573頁
（注2）　被害女性が元交際相手を含むグループからストーカー行為を受け続けた末，刺殺された事件。本件では，被害女性やその家族が再三にわたり警察に被害を訴え，捜査と保護を求めたにもかかわらず，警察はほとんど捜査を行わなかったり，捜査の怠慢を隠蔽するために供述調書等の改ざんが行われたりした。なお，被害女性の両親が，県に対し，警察官らの捜査怠慢等の違法行為があったとして国家賠償を求めた裁判において，慰謝料500万円が認められている（東京高判平17・1・26判時1891号3頁）。
（注3）　「つきまとい等」にメール送信を加え，「つきまとい等」を受けた者の都道府県公安委員会に対する禁止命令申立て等の制度が規定された。

第1 ストーカー

また，以下においては，ストーカーが行う行為としてのストーカー行為と区別するため，ストーカー規制法上の「ストーカー行為」は，「ストーカー行為」とかっこ書きで表記することとする。

2 ストーカー規制法の目的

ストーカー規制法は，「ストーカー行為」等について，それらに対する罰則，被害者に対する援助の措置等を定め，それによって個人の身体，自由及び名誉に対する危害の発生を防止し，あわせて国民の生活の安全と平穏に資することを目的とする（ストーカー1条）。

3 ストーカー規制法が定める行為等

(1) 「つきまとい等」（ストーカー2条1項）

ストーカー規制法における「つきまとい等」とは，以下の要件を充足する行為をいう。なお，後述するとおり（本書75頁），ストーカー規制法は，「つきまとい等」そのものを禁止しているわけではない。

(a) 「特定の者に対する恋愛感情その他の好意の感情又はそれが満たされなかったことに対する怨恨の感情を充足する目的」（以下「恋愛感情等充足目的」という。）[注4][注5] で，

(b) 「当該特定の者又はその配偶者，直系若しくは同居の親族その他の当該特定の者と社会生活において密接な関係を有する者」（以下「特定の

(注4) これに対し，例えば，滋賀県迷惑行為等防止条例は，恋愛感情等充足目的以外の目的（特定の者に対する妬み，恨みその他悪意の感情を充足する目的）によるつきまとい行為を禁止し，処罰の対象としている。このように，平成26年3月時点で，34の都道府県で恋愛感情等充足目的に限らずつきまとい行為を禁止し，罰則を設けているとされる（ストーカー行為等の規制等の在り方に関する有識者検討会「ストーカー行為等の規制等の在り方に関する報告書」（平成26年8月5日）5頁）。
(注5) 離婚後に復縁を迫るために行われる行為も規制の対象に含まれるとされる（兵庫県弁護士会両性の平等に関する委員会「ストーカー行為等の規制等に関する法律の研究」）。なお，DV防止法については本書32頁〜71頁参照。

73

第3章　ストーカー・リベンジポルノ

者」という。）に対する

(c)　以下の八つの行為をいう。[注6]　なお，各行為の解釈について争われた裁判例については，本書115頁以下に記載した。

ⓐ　つきまとい，待ち伏せし，進路に立ちふさがり，住居等の付近において見張りをし，住居等に押し掛け，又は住居等の付近をみだりにうろつくこと

ⓑ　その行動を監視していると思わせるような事項を告げ，又はその知り得る状態に置くこと

ⓒ　面会，交際その他の義務のないことを行うことを要求すること

ⓓ　著しく粗野又は乱暴な言動をすること

ⓔ　電話をかけて何も告げず，又は拒まれたにもかかわらず，連続して，電話をかけ，ファクシミリ装置を用いて送信し，若しくは電子メールの送信等をすること

ⓕ　汚物，動物の死体その他の著しく不快又は嫌悪の情を催させるような物を送付し，又はその知り得る状態に置くこと

ⓖ　その名誉を害する事項を告げ，又はその知り得る状態に置くこと

ⓗ　その性的羞恥心を害する事項を告げ若しくはその知り得る状態に置き，その性的羞恥心を害する文書，図面，電磁的記録に係る記録媒体その他の物を送付し若しくはその知り得る状態に置き，又はその性的羞恥心を害する電磁的記録その他の記録を送信し若しくはその知り得る状態に置くこと

(2)　「ストーカー行為」（ストーカー2条3項）

（i）　ストーカー規制法における「ストーカー行為」とは，同一の者に対し，「つきまとい等を反復してすること」をいう。ただし，2条1項1号から4号及び5号（電子メールの送信等に係る部分に限る。）に掲げる行為については，身体の安全，住居等の平穏若しくは名誉が害され，又は行動の自由が著

（注6）　各行為の解釈については「ストーカー行為等の規制等に関する法律等の解釈及び運用上の留意事項について（通達）」（平29・5・26警察庁丙生企第63号警察庁生活安全局長通達）1頁〜5頁。

第1　ストーカー

しく害される不安を覚えさせるような方法により行われる場合に限る。

(ii)　「ストーカー行為」を行った者は，1年以下の懲役又は100万円以下の罰金とされ，平成28年改正により，非親告罪とされた（ストーカー18条）。

(3)　**つきまとい等をして不安を覚えさせることの禁止**（ストーカー3条）

前述のとおり，ストーカー規制法は，「つきまとい等」そのものを禁止しているものではない。

「つきまとい等」によって，「その相手方に身体の安全，住居等の平穏若しくは名誉が害され，又は行動の自由が著しく害される不安を覚えさせ」ることが禁止されている（ストーカー3条）。

4 「ストーカー行為」の解釈

(1)　**「ストーカー行為」**

「ストーカー行為」とは，「つきまとい等を反復してすること」をいうとされるが，反復される「つきまとい等」は，①2条1項各号に定められた同じ行為を反復する必要があるのか（限定説），②各号に定められた行為が全体として反復されれば足りるとするのか（非限定説）の両説があった。最高裁は，「2条2項の『ストーカー行為』とは，同条1項1号から8号までに掲げる『つきまとい等』のうち，いずれかの行為をすることを反復する行為をいい，特定の行為あるいは特定の号に掲げられた行為を反復する場合に限るものではない」と判示して，非限定説を採用することを明らかにした（最二小決平17・11・25刑集59巻9号1819頁）。

(2)　**「反復して」の意義について**

「反復して」の意義について，立法過程における議論はなされていないが，[注7]立法担当者は，「『反復して』とは，複数回繰り返してということを意味する。どのような場合に『反復して』行ったと評価できるかについて

（注7）　最二小決平17・11・25刑集59巻9号1819頁・調査官解説619頁，矢野直邦「「ストーカー規制法」が規制するストーカー行為について」（判タ1426号5頁）

第3章　ストーカー・リベンジポルノ

は，ある程度時期的に近接していることが必要になろうが，個々の具体的事例ごとに判断せざるを得ないと考える。例えば，特定のつきまとい等が毎日のように行われている場合であれば，当然反復して行われていることとなり，つきまとい等が行われた後，数か月後にまた同じつきまとい等が行われたような場合には，反復して行われたとまではいえないであろうが，毎月1回同じつきまとい等を数年間繰り返したような場合には，反復して行われていると評価できる場合もあると考えられる。」と説明している。[注8]

　最高裁は，ストーカー規制法の合憲性が争われた事件（最一小判平15・12・11刑集57巻11号1147頁）において，「ストーカー規制法2条2項にいう『反復して』の文言は，つきまとい等を行った期間，回数等に照らし，おのずから明らかとなるものであり，不明確であるとはいえないから，所論は前提を欠く」としている。このことから，「反復して」とは，「つきまとい等」が行われた期間，回数等を考慮して事案に応じて判断されることとなろう。[注9]

5　ストーカー規制法上の手続 [注10]

　ストーカー規制法上，「つきまとい等」をされた被害者[注11]が取り得る手

（注8）　檜垣重臣『ストーカー規制法解説』（立花書房，改訂版，2006年）21頁・22頁
（注9）　同事件では「反復して」の要件該当性は争われなかったようであるが，調査官解説は，「『反復して』の要件を満たすかどうか構成要件該当性について争うことも可能な事案であったように思われる。」とする。同事件は，①平成13年10月下旬ころまでに21本のバラの花束を宅配業者に配達させ，被害者に対して2度にわたり義務のない受取を要求したのを皮切りに，②同月下旬頃から平成14年5月下旬頃までの約7か月間，5度にわたり郵便物を送りつけて，被告人との接触，連絡を要求したというものであった（1度目の郵便物の郵送と2度目のそれとの間には5か月余りの間隔があり，3度目のそれと4度目のそれとの間には約1か月半ほど開いている。）。
（注10）　行政上のストーカー行為等の被害者に対する支援措置として，加害者等から住民票の写し等の交付申出があった場合に，不当な目的があるもの等として請求を拒否することとされている（平30・3・28総行住第58号総務省自治行政局住民制度課長通知「ドメスティック・バイオレンス，ストーカー行為等，児童虐待及びこれらに準ずる行為の被害者の保護のための住民基本台帳事務における支援措置に関する取扱いについて）。例6（住民基本台帳事務における支援措置申出書）参照。
（注11）　被害者の法定代理人や代理人弁護士でもよいとされる（前掲（注5）17頁）。

76

第1　ストーカー

段は以下のとおりである。

(1) **警告（ストーカー4条）**^(注12)

　　ストーカー規制法は，「つきまとい等」を行った者に対し，被害者から警告を求める旨の申出があり（**例7**-申出書），以下の要件を満たした場合には，警察本部長等が更に反復して当該行為をしてはならない旨を警告することができるとしている（**例8**-警告書）。

　(a)　「つきまとい等」により不安を覚えていること（3条）

　(b)　更に反復して当該行為をするおそれがあること

(2) **禁止命令等（ストーカー5条）**

　(i)　ストーカー規制法は，「つきまとい等」を行った者に対し，被害者の申出（**例9**-申出書）又は職権により，以下の要件を満たした場合には，公安委員会は禁止命令等をすることができるとしている（**例10**-禁止等命令書）。

　　(a)　「つきまとい等」により不安を覚えていること（3条）

　　(b)　更に反復して当該行為をするおそれがあること

　(ii)　公安委員会が，命ずることができる禁止命令等は以下のとおりである。

　　(a)　更に反復して当該行為をしてはならないこと（5条1項1号）

　　(b)　更に反復して当該行為が行われることを防止するために必要な事項（同項2号）。

　(iii)　通常，公安委員会が禁止命令等をしようとするときは，聴聞^(注13)を行わなければならない（5条2項）。

　　しかし，緊急の必要がある場合には，被害者の申出により（被害者の身体の安全が害されることを防止するために緊急の必要があると認めるときは，被害者の申出又は職権により），聴聞の機会を付与することなく，禁止命令等をすることができる。ただし，禁止命令等をした日から起算し

（注12）　平成25年4～6月に警察が認知したストーカー事案のうち，約9割が警察による警告によって行為が止まっているとされる（前掲（注4）6頁）。

（注13）　具体的な手続は，ストーカー行為等の規制等に関する法律の規定に基づく意見の聴き取りの実施に関する規則に基づき行われる。

第3章　ストーカー・リベンジポルノ

て15日以内に意見の聴取を行わなければならないとされている（5条3項）。

(iv)　禁止命令等の効力は，禁止命令等をした日から起算して1年とされ，被害者の申出（**例11**‐申出書）や職権により延長することができる（ストーカー5条8項〜10項）。

(v)　禁止命令等に違反して「ストーカー行為」をした者は，2年以下の懲役又は200万円以下の罰金とされ（19条），禁止命令等に違反した者は6月以下の懲役又は50万円以下の罰金とされる（ストーカー20条）。

(3)　警察本部長等の援助等（ストーカー7条）

被害者は，「ストーカー行為」等に係る被害を自ら防止するため，申出をすることにより，警察本部長等の援助を受けることができる（**例5**‐援助申出書）。

具体的な援助は以下のとおりである（ストーカー施行規則13条）。

(a)　被害防止交渉を円滑に行うために必要な事項を連絡すること

(b)　申出に係るストーカー行為等をした者の氏名及び住所その他の連絡先を教示すること

(c)　被害防止交渉を行う際の心構え，交渉方法その他の被害防止交渉に関する事項について助言すること

(d)　ストーカー行為等に係る被害の防止に関する活動を行っている民間の団体その他の組織がある場合にあっては，当該組織を紹介すること

(e)　被害防止交渉を行う場所として警察施設を利用させること

(f)　防犯ブザーその他ストーカー行為等に係る被害の防止に資する物品の教示又は貸出しをすること

(g)　申出に係るストーカー行為等について警告，禁止命令等又は禁止命令等有効期間延長処分を実施したことを明らかにする書面を交付すること

(h)　その他申出に係るストーカー行為等に係る被害を自ら防止するために適当と認める援助を行うこと

第 1　ストーカー

 ストーカー加害者に対する支援（加害者臨床）

　平成29年11月，京都府警は「京都ストーカー相談支援センター」(注14)を新設した。被害者対策はもちろん，加害者対策をも行うのが最大の特徴である。加害者対策として，専門機関と連携し，加害者がカウンセリング治療を受診できる。

　ストーカーは，その危険度により，①リスク，②デンジャー，③ポイズンの3段階に分類されるとする。(注15)(注16) ①リスクは，別れても「やり直したい」等，相手にまだ期待を抱き，関係を改善したいと考えている段階，②デンジャーは，「死んでやる」等の暴言，支配的コミュニケーションが発生する段階，③ポイズンは，「殺す」等の脅迫や住居侵入，リベンジポルノ等，加害行為に及ぶ段階とされる。②の段階に至った場合，当事者間での解決は困難となり，専門家によるカウンセリングや，被害者保護のために弁護士が代理人となる等，第三者による介入が必要とされる。

　近時においても，薬物依存症やクレプトマニア（窃盗症），ストーカー等，心理的な依存症そのものに対する世間の関心はまだまだ低いと言わざるを得ない。こうした犯罪の発生・再犯予防のためには，単に刑罰を科すのみでなく，依存症に対する理解を深め，「加害者の更生」という点にも目を向ける必要があろう。そうした意味で，冒頭の京都府警の取組みは大きく評価されるべきであり，全国的に広まることが望まれる。(注17)

（小倉　拓也）

第1編　男女・親子に関する問題

(注14)　京都ストーカー相談支援センターKSCC（https://www.pref.kyoto.jp/fukei/sodan/sutouka/sentar.html）
(注15)　小早川明子「『ストーカー』は何を考えているか」（新潮社，2014年）106頁
(注16)　大杉一之ほか「講演録　ストーカー行為と依存」（北九州大学法政論集第44巻第1・2合併号）140頁
(注17)　前掲（注4）9頁においても，加害者対策の在り方が議論されており，更生プログラム等についての言及がある。

第3章　ストーカー・リベンジポルノ

〈例5　援助申出書〉

別記様式第10号（第12条関係）

※受理年月日		※受理番号	

援　助　申　出　書

　ストーカー行為等の規制等に関する法律第7条第1項の規定による援助を
受けたいので、次のとおり申し出ます。

　　　　　　　　　　　　　　　　　　　　　　年　　月　　日

　　　　　　　殿

　　　　　　　　　　　　氏名及び住所

　　　　　　　　　　　　　　　　　　　　　　　　　　　　　㊞

申出人	住所等	電話（　　　）　　　―　　　　番		
	（ふりがな）		性別	男・女
	氏　名	（　　歳）		
ストーカー行為等をした者	住所等	電話（　　　）　　　―　　　　番		
	（ふりがな）		性別	男・女
	氏　名	（　　歳）		
受けたい援助の内容		1　被害防止交渉を円滑に行うための必要な事項の連絡 2　ストーカー行為等をした者の氏名及び連絡先の教示 3　被害防止交渉に関する事項についての助言 4　被害の防止に関する活動を行っている組織の紹介 5　被害防止交渉を行う場所としての警察施設の利用 6　被害の防止に資する物品の教示又は貸出し 7　警告、禁止命令等又は禁止命令等有効期間延長処分 　を実施したことを明らかにする書面の交付 8　被害を自ら防止するための措置の教示 9　その他（　　　　　　　　　　　　　　　　　　　）		
その他参考事項				

記載要領
1　※印欄には、記載しないこと。
2　「住所等」欄には、住所（日本国内に住所がないとき又は住所が知れな
　いときは居所）を記載すること。
3　申出人は、氏名の記載と押印に代えて、署名することができる。
4　「受けたい援助の内容」欄は、該当するものを○で囲むこと。
5　申出人の依頼によって警察職員が代書したときは、末尾空欄に「上記本
　人の依頼により代書した。」旨並びに所属、官職及び氏名を記載し、押印
　すること。
6　所定の欄に記載し得ないときは、別紙に記載の上、これを添付するこ
　と。

　備考　用紙の大きさは、日本産業規格A4とすること。

第1 ストーカー

〈例6 住民基本台帳事務における支援措置申出書〉

資料 ①−13

住民基本台帳事務における支援措置申出書

	市区町村	受付	連絡
		/	/

○○○○○○長 様
関係市区町村長

住民基本台帳事務におけるドメスティック・バイオレンス、ストーカー行為等、児童虐待及びこれらに準ずる行為の被害者保護の支援措置の実施を求めます。

転送	/	/	/
	/	/	/
	/	/	/

平成 年 月 日

氏名 _____ 備考

申出者	氏名 (生年月日)	(年 月 日)	住所		連絡先		本人確認	
加害者 (判明している場合)	氏名 (生年月日)	(年 月 日)	住所		その他			

申出者の状況 (別紙参照の上、いずれかに∨)	A 配偶者暴力防止法	B ストーカー規制法	C 児童虐待防止法	D その他前記AからCまでに準ずるケース

添付書類 (該当書類に∨)	保護命令決定書(写し)	その他
	ストーカー規制法に基づく警告等実施書面	

相談先	(警察署、配偶者暴力相談支援センター、児童相談所等の機関に相談している場合、相談した日時、当該機関(以下「相談機関」という。)の名称、担当課等を可能な範囲で記入して下さい) 　　年　月　日　(相談先の名称　　　　　　　　　)(担当課　　　　　)

支援措置を求めるもの (現住所が記載されているものに限る)	希望に∨	支援を求める事務		現住所等	
		住民基本台帳の閲覧	現住所	同上	
		住民票の写し等の交付(現住所地)	現住所	同上	
		住民票の写し等の交付(前住所地)	前住所		
		戸籍の附票の写しの交付(本籍地)	本籍		
		戸籍の附票の写しの交付(前本籍地)	前本籍		

併せて支援を求める者 (同一の住所を有する者に限る)	申出者との関係	氏名	生年月日	申出者との関係	氏名	生年月日

相談機関等の意見	(添付書類がなかった場合) 1 上記申出者の状況に相違ないものと認める。 2 上記併せて支援を求める者について、申出者を保護するため支援の必要性があるものと認める。 3 1、2以外の場合に、相談機関等において、特に把握している状況 (※一時保護の有無、相談時期等)がある場合 把握している状況： 平成　年　月　日 　　　　　　　　長(印)(担当　　課　　係)	年月日 担当 相手方 市区町村の確認

備考	

(注)●太枠の中に記入してください。
　　●申出に際し、ご本人の確認をさせていただきます。
　　●法定代理人、児童相談所長、児童福祉施設の長、里親、ファミリーホーム事業を行う者等支援措置対象者本人以外の者が申し出る場合は、備考欄に実際に申し出を行う者の氏名、生年月日、住所、連絡先等を記入してください。
　　●申出の内容について、相談機関等に確認させていただく場合があります。
　　●支援措置は、厳格な審査の結果、不当な目的によるものでないこととされた請求まで拒否するものではありません。
　　●支援の期間は、支援開始の連絡日から一年です。期限到来の一月前から延長の申出を受け付けます。当該申出がない場合、期限到来をもって支援を終了します。
　　●申出書の内容に変更が生じた場合には、当初に申出を行った市町村長に申出を行って下さい。

81

第3章　ストーカー・リベンジポルノ

　「住民基本台帳事務における支援措置申出書」の「申出者の状況」欄
に、次の区分により、いずれかにVを記入してください。

> A　配偶者からの暴力の防止及び被害者の保護等に関する法律
> （配偶者暴力防止法）

　　配偶者暴力防止法第1条第2項に規定する被害者であり、かつ、
暴力によりその生命又は身体に危害を受けるおそれがあり、かつ、加
害者が、その住所を探索する目的で、住民基本台帳法上の請求を行
うおそれがある。

> B　ストーカー行為等の規制等に関する法律
> （ストーカー規制法）

　　ストーカー規制法第7条に規定するストーカー行為等の被害者であ
り、かつ、更に反復してつきまとい等をされるおそれがあり、かつ、加
害者が、その住所を探索する目的で、住民基本台帳法上の請求を行
うおそれがある。

> C　児童虐待の防止等に関する法律
> （児童虐待防止法）

　　児童虐待防止法第2条に規定する児童虐待を受けた児童である被
害者であり、かつ、再び児童虐待を受けるおそれがあり、又は監護等
を受けることに支障が生じるおそれがあるものについて、加害者が、
その住所を探索する目的で、住民基本台帳法上の請求を行うおそれ
がある。

> D　その他前記AからCまでに準ずるケース

〈例7 警告申出書〉

別記様式第1号（第1条関係）

その1	※受理年月日		※受理番号	

警 告 申 出 書

　ストーカー行為等の規制等に関する法律第4条第1項の規定による警告を次のとおり求めます。

年　　月　　日

　　　　　　殿

氏名及び住所

㊞

申出人	住　　所	電話（　　　）　　－　　番		
	居　　所	電話（　　　）　　－　　番		
	（ふりがな） 氏　　名		性別	男・女
		（　　歳）		
	つきまとい等をした者の住所、氏名、人相、体格、特徴、服装等			

第3章　ストーカー・リベンジポルノ

その2	
つきまとい等の行為の態様及び目的と思われる事項	
その他参考事項	

記載要領
1　※印欄には、記載しないこと。
2　申出人は、氏名の記載と押印に代えて、署名することができる。
3　「つきまとい等をした者の住所、氏名、人相、体格、特徴、服装等」欄に「住所」を記載しようとする場合であって、その者の住所が日本国内にないとき又は住所が知れないときは、居所を記載すること。
4　申出人の依頼によって警察職員が代書したときは、末尾空欄に「上記本人の依頼により代書した。」旨並びに所属、官職及び氏名を記載し、押印すること。
5　所定の欄に記載し得ないときは、別紙に記載の上、これを添付すること。

　備考　用紙の大きさは、日本工業規格A4とすること。

第1　ストーカー

第1編　男女・親子に関する問題

〈例8　警告書〉

その1

第　　　号

警　　　告　　　書

年　　月　　日

殿

印

警告を受ける者	住　所　等	
	氏　　　名	
	生 年 月 日	年　　　月　　　日

　上記の者に対し、ストーカー行為等の規制等に関する法律第4条第1項の規定により、下記のとおり警告する。

警 告 の 内 容	

85

第3章　ストーカー・リベンジポルノ

その2	
警告をする理由	

記載要領
1　「住所等」欄には、住所（日本国内に住所がないとき又は住所が知れないときは居所）を記載すること。
2　所定の欄に記載し得ないときは、別紙に記載の上、これを添付すること。

　備考　用紙の大きさは、日本工業規格Ａ４とすること。

第1　ストーカー

〈例9　禁止命令等申出書〉

別記様式第4号（第4条関係）

その1	※受理年月日		※受理番号	

禁　止　命　令　等　申　出　書

　ストーカー行為等の規制等に関する法律第5条第1項又は第3項の規定による命令を次のとおり求めます。

年　　　月　　　日

　　　　　　殿

氏名及び住所

㊞

申出人	住　　　所	電話（　　　）　　　－　　　番		
	居　　　所	電話（　　　）　　　－　　　番		
	（ふりがな） 氏　　　名	（　　歳）	性別	男・女
	つきまとい等をした者の住所、氏名、人相、体格、特徴、服装等			

第1編　男女・親子に関する問題

87

第3章　ストーカー・リベンジポルノ

その2		
つきまとい等の行為の態様及び目的と思われる事項		甲男とは令和元年5月頃まで交際していましたが，別れた後も度々復縁を迫るラインが来ていたのでブロックしました。その後もショートメールやフェイスブックのメッセンジャーで連絡がきていましたが，これらもすべて無視していました。 　6月1日午後8時頃に会社から帰宅したところ，自宅マンションの前に甲男が座り込んで待ち伏せしていました。私は甲男に会いたくなかったのでその日は近くに住む知人の家に泊めてもらい，次の日出社したところ，甲男は会社の前で待ち伏せをしていました。 　その後も度々自宅や会社の前で甲男に待ち伏せをされ，もう来ないで欲しいと伝えると，「死んでやる」，「一緒に死のう」などと言ってきたり，同様内容のメール等を送付してきます。
その他参考事項		

記載要領
1　※印欄には、記載しないこと。
2　申出人は、氏名の記載と押印に代えて、署名することができる。
3　「つきまとい等をした者の住所、氏名、人相、体格、特徴、服装等」欄に「住所」を記載しようとする場合であって、その者の住所が日本国内にないとき又は住所が知れないときは、居所を記載すること。
4　申出人の依頼によって警察職員が代書したときは、末尾空欄に「上記本人の依頼により代書した。」旨並びに所属、官職及び氏名を記載し、押印すること。
5　所定の欄に記載し得ないときは、別紙に記載の上、これを添付すること。

　備考　用紙の大きさは、日本工業規格Ａ4とすること。

第1 ストーカー

〈例10 禁止等命令書〉

別記様式第５号（第５条関係）

その１		

第　　　　号

禁　止　等　命　令　書

年　　月　　日

殿

㊞

命令を受ける者	住　所　等	
	氏　　　　名	
	生　年　月　日	年　　　　月　　　　日

上記の者に対し、ストーカー行為等の規制等に関する法律第５条第１項の第５条第３項
規定により、下記のとおり命令する。

命令の内容	法第５条第１項第１号に掲げる事項	
	法第５条第１項第２号に掲げる事項	
命令の有効期間		年　　月　　日から　　　年　　月　　日まで

89

第3章　ストーカー・リベンジポルノ

その2

命令をする理由	

記載要領
1　「住所等」欄には、住所（日本国内に住所がないとき又は住所が知れないときは居所）を記載すること。
2　所定の欄に記載し得ないときは、別紙に記載の上、これを添付すること。
3　不要の文字は、横線で消すこと。

　この処分に不服があるときは、処分があったことを知った日の翌日から起算して3か月以内に　　　　　　公安委員会に対して審査請求をすることができます（処分があったことを知った日から3か月以内であっても、処分の日から1年を経過すると審査請求ができなくなります。）。
　また、処分の取消しの訴え（取消訴訟）は、処分があったことを知った日の翌日から6か月以内に　　　　　　　　　　を被告として（訴訟において　　　　　　を代表する者は　　　　　公安委員会となります。）提起しなければなりません（なお、処分があったことを知った日から6か月以内であっても、処分の日から1年を経過すると処分の取消しの訴えを提起することができなくなります。）。ただし、　　　　　　公安委員会に対して審査請求をした場合には、処分の取消しの訴えは、その審査請求に対する裁決の送達を受けた日の翌日から起算して6か月以内に提起しなけれならないこととされています。

　備考　用紙の大きさは、日本工業規格A4とすること。

90

第1　ストーカー

〈例11　禁止命令等有効期間延長処分申出書〉

別記様式第7号（第9条関係）

その1	※受理年月日		※受理番号	

禁止命令等有効期間延長処分申出書

　ストーカー行為等の規制等に関する法律第5条第9項の規定による禁止命令等の有効期間の延長の処分を次のとおり求めます。

年　　　月　　　日

　　　　　　　　殿

氏名及び住所

㊞

申出人	住　　　所	電話（　　　）　　　　－　　　　番		
	居　　　所	電話（　　　）　　　　－　　　　番		
	（ふりがな） 氏　　　名		性別	男・女
		（　　歳）		
有効期間の延長の処分を求める命令	命令の申出をした日	年　　　月　　　日		
	命令に係る法第3条の規定に違反する行為をした者の住所等及び氏名			
	※命令番号	号		
	※有効期間	年　　月　　日から　　　年　　月　　日まで		

91

第3章　ストーカー・リベンジポルノ

その2

禁止命令等の有効期間の延長の処分を求める理由	
その他参考事項	

記載要領
1　※印欄には、記載しないこと。
2　申出人は、氏名の記載と押印に代えて、署名することができる。
3　「命令に係る法第3条の規定に違反する行為をした者の住所等及び氏名」欄には、その者の住所（日本国内に住所がないとき又は住所が知れないときは居所）及び氏名を記載すること。
4　申出人の依頼によって警察職員が代書したときは、末尾空欄に「上記本人の依頼により代書した。」旨並びに所属、官職及び氏名を記載し、押印すること。
5　所定の欄に記載し得ないときは、別紙に記載の上、これを添付すること。

備考　用紙の大きさは、日本工業規格A4とすること。

第1 ストーカー

6 平成28年改正のポイント

(1) 規制対象行為の拡大（ストーカー2条）

「つきまとい等」として，住居等の付近をみだりにうろつくこと，LINE
やFacebook等のSNSのメッセージ送信等，ブログ等の個人のページにコ
メント等を送ることが追加された（2条1項1号・5号，2項）。

また，性的羞恥心を害する電磁的記録等の送りつけ等が「つきまとい
等」に該当することが確認的に明記された（2条1項8号）。

(2) 禁止命令等の見直し（ストーカー5条）

改正前は，警告（4条）を経た上でなければ禁止命令等することができ
なかったが，警告を経ずに禁止命令等することができることとされた。ま
た，緊急の必要が認められる場合には，聴聞手続を事後に行うことができ
ることとされた。

(3) ストーカー行為等に係る情報提供の禁止（ストーカー6条）

罰則は定められていないものの，「ストーカー行為」を未然に防止する
目的から，違法行為であることが明文化された。

(4) ストーカー行為等の相手方に対する措置等（ストーカー8条・9条）

(5) ストーカー行為等の防止等に資するための措置（ストーカー10条・11条）

(6) 罰則の見直し（ストーカー18条〜20条）

ストーカー行為罪を非親告罪とし，罰則が強化された。

改正前にストーカー行為罪が親告罪とされていたのは，起訴された場合
に，被害者のプライバシーに関わる事項が公となってしまうことを避ける
こと等が目的であった。

しかし，ストーカー事案においては，加害者が被害者の身近な者（元恋
人等）である場合も多く，被害者が告訴を躊躇している間に重大な犯罪に
繋がるケースが散見されることから，非親告罪とされた。

93

また，改正前のような比較的軽い罰則[注18]では，仮に加害者が起訴されても執行猶予や罰金等の判決により，加害者がすぐに釈放されること等から，被害者が行為の再発や復しゅうを恐れて警察への相談や申出を躊躇する事案が見受けられたため，罰則が強化された。

 ストーカーの対応はオーダーメイド

　ある30代半ばの男性Aからストーカー問題に関する相談を受け，相手方女性Bへの対応について継続的にアドバイスを行った時の話である。
　AとBは同じ職場で知り合い，程なくしてプライベートでの関係も親密になっていった。Aはとても真面目な性格であり，それまでに女性と交際した経験がほとんどなかったこともあって，Bに対する自分の気持ちを過剰なほど真っ直ぐに伝え続けた。他方，Bは，そのようなAの気持ちを受け止め続けるうちに，Aに対する想いが強くなり過ぎ，その想いが行動に表れるようになっていった。
　この時，AにBの想いを受け止めきれる器の大きさがあれば，この事案はストーカー問題などではなく，むしろ，誰もが羨む"大恋愛"に発展したのかもしれない。しかし，女性との交際経験に乏しかったAにとっては，自身の想像をはるかに超えるエネルギーでBが接し始めたことにより，Bの想いが次第に重荷となり，かえってBから気持ちが遠ざかる結果となってしまったのであった。"大恋愛"とストーカー問題が紙一重であるというケースは決して珍しくないが，この事案もそのような事例の一つであった。
　筆者は，Aの相談を受けるようになってから，Bより送られてくる電子メールはすぐに転送するようAに依頼しており，その内容をリアルタイムで確認していた。電子メールは夜中に送られてくることが多かったが，恨み辛

(注18)　改正前後の法定刑は以下のとおりである。

罪　　名	改正前	改正後
ストーカー行為罪 （ストーカー18条）	6月以下の懲役 50万円以下の罰金	1年以下の懲役 100万円以下の罰金
禁止命令等違反罪 （ストーカー19条1項）	1年以下の懲役 100万円以下の罰金	2年以下の懲役 200万円以下の罰金
禁止命令等違反罪 （ストーカー20条）	50万円以下の罰金	6月以下の懲役 50万円以下の罰金

みや自傷行為を匂わす内容の長文が頻繁に送られてくると，当事者ではない筆者であっても精神的に楽ではなかった。ましてや，Ａ本人にとっては尚更である。それでも，筆者は，Ａに対し，Ｂの行き過ぎた行動を非難することのないように伝えた。Ｂにしてみれば，いわば梯子を外されたようなものであり，筆者は，この事案における根本的な問題はＡにあったと考えていたからである。そして，Ａには，落ち度は落ち度として認め，謝るべきところは謝り，しかし，Ｂからの要求が度を超したものである場合には毅然として拒絶することを徹底してもらった。それと同時に，筆者ができる限りＡに寄り添うことで，Ａの不安感を少しでも払拭できるよう努めることとした。

このような方針で対応をしていると，Ｂから送られてくる電子メールの文字量や回数が少しずつ減ってきたように感じられた。もっとも，ある時にはＢがＡの自宅前で待ち伏せをして，両者が"直接対決"となることもあったが，Ａは，筆者が伝えた上記の方針に従って淡々と対応することができたようであり，Ｂが感情的になることもなく，その場をうまく収めることができたと報告を受けた。

そして，１年ほど経ったある日，Ａの勤務地が変わることとなり，Ａは物理的にもＢから距離を置くことになった。その後，しばらくしてＢからの連絡も途絶えたためそのまま様子を見ていたところ，Ｂは他の男性と結婚したという情報が人伝に入ってきた。この問題は，事実上，ここで終わりを告げた。

ストーカー問題に対応する際，相手から逃げるか，無視するか，反撃に出るか，その判断は難しい。また，相手との連絡や接触についても，それを一切遮断するべきか否かなど悩みは尽きない。

筆者は，ストーカー問題の相談を受けることとなった時，それまでの経緯，相手方の性格や属性，相手方の行動内容等をできる限り詳細かつ具体的に聴き取り，相手方が何を思い，どのような気持ちでいるのかをまず考えてから方針を決めることとしている。この事案でもいえることなのだが，ケースによっては"ストーカー"の方が実質的な"被害者"だということもあり，そのような"ストーカー"の心情（被害者意識）を理解した上で対応していかなければ，問題を拗らせてしまう危険があると考えているからである。もちろん，ストーカー問題では，つきまとわれる側に全く落ち度がなく，ストーカーが自己中心的な考えで行動しているケースも少なくない。そのような場合，この事案で採ったような対応では逆効果になることも考えられるところであるから，ストーカー問題の対応をするに当たっては，とりわけ事案の見

第3章　ストーカー・リベンジポルノ

極めが重要だということになる。そして，初動の際に考えた方針が正しいか否かについては，事案の対応と並行して検証し続けるべきであり，そのためにも，相手の反応や変化については細かい部分も見落としがないよう注意深く観察することが肝要である。

外形的には同じようなケースに見え，あるいは，同じような属性の当事者のように見えたとしても，ストーカー問題は1件1件が大きく異なることから，その対応はいつもオーダーメイドにならざるを得ないのである。

(吉村　実)

7　ストーカー規制法の合憲性

(1)　事案の概要等

被告人が，元交際相手の女性に対し，恋愛感情を充足する目的で，自宅にバラの花束や郵便物を送る等のストーカー行為をしたとして，ストーカー行為罪の罪に問われた事案である。

1審では，被告人は公訴事実を認め，専ら量刑のみが争点とされ，執行猶予付の有罪判決が言い渡された。控訴審では，被告人はストーカー規制法の憲法違反を主張したものの，棄却されたことから被告人は上告した。

(2)　上告趣意と判決内容

被告人は，ストーカー規制法2条，13条1項（現行法18条）が，日本国憲法13条が定める幸福追求権，同法21条1項が保障する表現の自由を侵害するものであるうえ，規制の内容も不明確であった同法31条に違反すると憲法違反を主張して上告した。

これに対し，最高裁は，次のとおり，ストーカー規制法の目的が正当であり，規制の内容が合理的で相当なものであるとして，上告を棄却した（最一小判平15・12・11刑集57巻11号1147頁）。

「ストーカー規制法は，ストーカー行為を処罰する等ストーカー行為等について必要な規制を行うとともに，その相手方に対する援助の措置等を定めることにより，個人の身体，自由及び名誉に対する危害の発生を防止し，あわせて国民の生活の安全と平穏に資することを目的としており，こ

第1 ストーカー

の目的は，もとより正当であるというべきである。そして，ストーカー規制法は，上記目的を達成するため，恋愛感情その他好意の感情等を表明するなどの行為のうち，相手方の身体の安全，住居等の平穏若しくは名誉が害され，又は行動の自由が著しく害される不安を覚えさせるような方法により行われる社会的に逸脱したつきまとい等の行為を規制の対象とした上で，その中でも相手方に対する法益侵害が重大で，刑罰による抑制が必要な場合に限って，相手方の処罰意思に基づき刑罰を科すこととしたものであり，しかも，これに違反した者に対する法定刑は，刑法，軽犯罪法等の関係法令と比較しても特に過酷ではないから，ストーカー規制法による規制の内容は，合理的で相当なものであると認められる。

　以上のようなストーカー規制法の目的の正当性，規制の内容の合理性，相当性にかんがみれば，同法2条1項，2項，13条1項は，憲法13条，21条1項に違反しないと解するのが相当である。このように解すべきことは，当裁判所の判例（最高裁昭和57年（行ツ）第156号同59年12月12日大法廷判決・民集38巻12号1308頁，最高裁昭和57年（あ）第621号同60年10月23日大法廷判決・刑集39巻6号413頁）の趣旨に徴して明らかである。」，「ストーカー規制法2条2項にいう「反復して」の文言は，つきまとい等を行った期間，回数等に照らし，おのずから明らかとなるものであり，不明確であるとはいえないから，所論は前提を欠くものである。」。

8　その他の法律との関係

　ストーカー規制法は，他の法律に基づく手段を排除するものではない。また，恋愛感情等充足目的に基づかないつきまとい行為等，ストーカー規制法に該当しない行為に対しても，以下のような手段はとり得る。

(1)　**民事手続**

　(ア)　**差止請求等**

　　ストーカー行為を行う者に対して，それらの行為を禁止する判決を求める訴訟手続を活用することが考えられる。また，緊急性がある場合に

97

は，つきまとい行為等の禁止の仮処分や接近禁止等の仮処分等，仮処分を求める手続を活用することが考えられる。

(イ)　損害賠償

ストーカー行為は，不法行為（民709条）に該当することから，それによって損害が生じた場合には，加害者に対する損害賠償請求が可能となる。ストーカー行為によって生じる損害としては，慰謝料，治療費，引越費用，防犯設備の設置費用，物が壊された場合の財産的損害等が挙げられる。

(2)　**刑事手続**

ストーカー行為は，ストーカー規制法上の「つきまとい等」を構成するのみでなく，刑法上の犯罪等も構成し得る。例えば，住所侵入罪（刑130条），暴行罪（刑208条），脅迫罪（刑222条），強要罪（刑223条），名誉棄損罪（刑230条）等が挙げられる。

また，恋愛感情等充足目的に基づかないつきまとい行為による場合であっても，軽犯罪法や条例の適用が考えられる。

第2 リベンジポルノ

1 はじめに

リベンジポルノとは，「元交際相手や元配偶者に対する嫌がらせや復讐（リベンジ）目的で交際中や婚姻中に撮影した相手方の裸の写真などを，インターネット上に公開するなどして不特定多数者に公表する行為」をいうとされる。[注19]

近年，スマートフォン等の普及により，個人がプライベートに撮影した写真や映像を容易にインターネット上に公開できるようになったことからリベンジポルノが多発するようになった。

(注19)　平沢勝栄ほか『よくわかるリベンジポルノ防止法』（立花書房，2016年）1頁

第2 リベンジポルノ

第1編 男女・親子に関する問題

そうした中，平成25年10月に発生したいわゆる三鷹ストーカー殺人事件^(注20)が契機となり，平成26年に「私事性的画像記録の提供等による被害の防止に関する法律」（以下「リベンジポルノ防止法」という。）が制定された。

2 リベンジポルノ防止法の概要等

リベンジポルノ防止法は，リベンジポルノ画像を含む「私事性的画像記録」等について，それを提供する行為等に対する罰則，当該画像の迅速な削除を実現するための特定電気通信役務提供者の損害賠償責任の制限及び発信者情報の開示に関する法律（以下「プロバイダ責任制限法」という。）の特例等を定めるものである（リベンジ1条）。

リベンジポルノ防止法は，私事性的画像記録の公表等を防止することによって，被害者個人の性的名誉や性的プライバシーを保護することを目的とする。ただし，罰則については性的プライバシーのみを保護することを目的としている。^(注21)

3 リベンジポルノ防止法の定義等

㋐ 「私事性的画像記録」（リベンジ2条）等について

「私事性的画像記録」とは，以下のいずれかに掲げる人の姿態^(注22)が撮影された画像に係る記録，物をいうとされる（ただし，第三者が閲覧

(注20) 被害女性が元交際相手からストーカー行為を受けた末，刺殺された事件。元交際相手は，交際中に撮影された被害女性の性的画像をインターネット上に拡散した。

(注21) リベンジポルノ防止法1条は，「私事性的画像記録の提供等により私生活の平穏を侵害する行為を処罰する」とする一方，「私事性的画像記録に係る情報の流通によって名誉又は私生活の平穏の侵害があった場合における……（編注：プロバイダ責任制限法）の特例及び当該提供等による被害者に対する支援体制の整備等について定めることにより……」とし，後者についてのみ「名誉」について定めている。

(注22) 「人の姿態」とは，年齢，性別を問わない。なお，児童買春，児童ポルノに係る行為等の規制及び処罰並びに児童の保護等に関する法律（以下「児童ポルノ禁止法」という。）は「児童の姿態」と定めている。児童ポルノ禁止法については，本書328頁〜356頁。

99

第3章　ストーカー・リベンジポルノ

することを認識した上で，本人が任意に撮影を承諾したもの，例えばアダル
トビデオやグラビア写真等は除く。）。

(a)　性交又は性交類似行為に係る人の姿態

(b)　他人が人の性器等を触る行為又は人が他人の性器等を触る行為に係
る人の姿態であって性欲を興奮させ又は刺激するもの

(c)　衣服の全部又は一部を着けない人の姿態であって，殊更に人の性的
な部位が露出され又は強調されているものであり，かつ，性欲を興奮
させ又は刺激するもの

(イ)　「(a)　性交又は性交類似行為に係る人の姿態」について

「性交類似行為」とは，実質的に性交と同視し得る態様の性的行為を
いい，手淫，口淫等も含まれる。

また，「人の姿態」が撮影されていれば，性器等が直接撮影されてい
ないものやぼかしが入っているものであっても含まれるとされる。

(ウ)　「(b)　他人が人の性器等を触る行為又は人が他人の性器等を触る行為
に係る人の姿態であって性欲を興奮させ又は刺激するもの」について

「性器等」とは，児童ポルノ禁止法2条2項に定められているのと同
様，性器，肛門又は乳首のことをいう。

また，「性欲を興奮させ又は刺激するもの」とは，わいせつ物頒布罪
（刑175条）における「わいせつ」よりも広い概念とされる。わいせつ物
頒布罪における「わいせつ」とは，「徒らに性欲を興奮又は刺激せしめ，
且つ，普通人の正常な性的羞恥心を害し，善良な性的道義観念に反する
もの」（最大判昭32・3・13刑集11巻3号997頁）とされているが，リベン
ジポルノ防止法では「性欲を興奮させ又は刺激するもの」であることの
みが要件とされている。[注23]

(注23)　児童ポルノ禁止法もリベンジポルノ防止法同様，「性欲を興奮させ又は刺激する
もの」であることのみが要件とされている（児童ポルノ2条3項2号・3号）。

第2　リベンジポルノ

（エ）　「(c)　衣服の全部又は一部を着けない人の姿態であって，殊更に人の性的な部位が露出され又は強調されているものであり，かつ，性欲を興奮させ又は刺激するもの」について

「性的な部位」とは，児童ポルノ禁止法2条3項3号に定められているのと同様，性器等若しくはその周辺部，臀部又は胸部のことをいう。

4　リベンジポルノ防止法が定める罰則（リベンジ3条）

リベンジポルノ防止法は，(1)私事性的画像記録公表罪（3条1項），(2)私事性的画像記録物公表罪（3条2項）及び(3)公表目的提供罪（3条3項）を定めている。なお，(4)各罪に共通する問題についても後述する。

(1)　**私事性的画像記録公表罪**（リベンジ3条1項）

（ア）　私事性的画像記録公表罪は，

　(a)　第三者が撮影対象者を特定することができる方法で

　(b)　私事性的画像記録を

　(c)　電気通信回線を通じて不特定又は多数の者に提供

した者は，3年以下の懲役又は50万円以下の罰金とする。

（イ）　「第三者」とは，「撮影をした者，撮影対象者及び撮影対象者から提供を受けた者以外の者」をいう（2条1項）。

「特定することができる方法」とは，広く一般の者が撮影対象者を特定できる必要はなく，一定の範囲の者が撮影対象者を特定できれば足りるとされる。

「不特定又は多数」は，対象が特定かつ少数であった場合を除くものである。例えば，LINEグループ上に私事性的画像記録が送信された場合，対象は特定といえるものの，当該グループに多数の者が参加している場合には，「不特定又は多数」に該当する。仮にグループに参加している者が少数であり，「不特定又は多数」に該当しないと評価される場合であっても，その送信行為に公表目的が認められる場合には，被提供者による公表の有無に関わらず，公表目的提供罪（リベンジ3条3項）

第1編　男女・親子に関する問題

101

第3章　ストーカー・リベンジポルノ

が成立し得る。

(2)　私事性的画像記録物公表罪（リベンジ3条2項）

(ア)　私事性的画像記録物公表罪は，

(a)　第三者が撮影対象者を特定することができる方法で

(b)　私事性的画像記録物を

(c)　不特定又は多数の者に提供し，又は公然と陳列

した者は，3年以下の懲役又は50万円以下の罰金とする。

(イ)　私事性的画像記録物公表罪は，私事性的画像記録公表罪（3条1項）と異なり，「物」を公表する行為を処罰するものである。

(3)　公表目的提供罪（リベンジ3条3項）

(ア)　公表目的提供罪は，

(a)　前二項の行為（前記(1)(2)の行為）をさせる目的で

(b)　電気通信回線を通じて私事性的画像記録を提供し，又は私事性的画像記録物を提供

した者は，1年以下の懲役又は30万円以下の罰金とする。

(イ)　公表目的提供罪は，公表に至らない段階であっても，公表目的をもって提供する行為を処罰対象とすることにより，公表を未然に防止する趣旨で定められたものである。

そのため，公表の目的をもって提供行為を行った場合には，被提供者が公表に至らなかった場合であっても，本罪は成立し得る。

(4)　各罪に共通する問題

(ア)　各罪の行為主体は限定されていないことから，撮影者や撮影対象者だけでなく，直接，間接を問わず，例えばインターネット上の掲示板等から取得した者も含まれる。

ただし，それらの者が，当該記録が「私事性的画像記録」であるとの認識を有しているかどうかは別途，慎重に検討されるべき問題である。[注24]

(注24)　私事性的画像記録の提供等による被害の防止に関する法律案に対する附帯決議6条は，「本法の執行に当たり，私事性的画像記録であることを認識していない第三者が第3条第1項から第3項までの行為を行った場合，罪を被らないように配慮すること。」

102

（イ）　被害者のプライバシーに関わる事項が公開されるのを避けるため，親告罪（リベンジ3条4項）(注25)とされている。

　　　また，日本国外で罪を犯した国民にも適用される（リベンジ3条5項，刑3条）(注26)。

（ウ）　刑法上の名誉棄損罪（刑230条）と異なり，死者に対する名誉毀損（刑230条2項）のような制限を設けていないことから，被害者である撮影対象者が生存していることは要件ではない(注27)。

（エ）　各罪に該当する行為は，刑法上の名誉棄損罪（刑230条），わいせつ物頒布等罪（刑175条），児童ポルノ提供等罪（児童ポルノ7条2項）に該当する行為であることも多いが，いずれもその保護法益は異なる(注28)。

　　　そのため，リベンジポルノ防止法に定める各罪に該当し，同時に他の罪にも該当する場合には，両罪が成立し，観念的競合となる(注29)。

　　　他方，リベンジポルノ防止法に定める各罪に該当しない場合であっても，他の罪が成立する可能性がある。例えば，拡散されている「私事性的画像記録」をダウンロードして取得する行為は，リベンジポルノ防止法では処罰の対象とされていないが，当該画像が児童ポルノ禁止法に定める「児童ポルノ」に該当する場合には，児童ポルノ所持罪（児童ポルノ7条1項）が成立し得る。

5 「不特定又は多数」（リベンジ3条1項・2項），「公然と陳列」（リベンジ3条2項）の解釈

(1)　「不特定又は多数」とは

　　「不特定又は多数」は，社会通念によって判断されることとなるが，そ

としている。

(注25)　告訴期間は，犯人を知った日から6か月である（刑訴235条）。

(注26)　児童ポルノ提供等罪（児童ポルノ10条），名誉棄損罪（刑230条）も国民の国外犯を処罰することとしている。

(注27)　撮影対象者が死亡している場合，その配偶者，直系の親族又は兄弟姉妹が告訴権者となる（刑訴231条2項）。

(注28)　児童ポルノ禁止法については本書328頁〜356頁。

(注29)　この場合，「最も重い刑により処断」されることとなる（刑54条1項）。

の判断に当たっては，わいせつ物頒布等罪（刑175条）や名誉毀損（刑230条）に係る裁判例が参考となる。

わいせつ物頒布等罪における「頒布」とは，「不特定又は多数の人に対して無償で交付・譲渡すること」（大判大15・3・5大刑集5巻78頁）をいい，「公然」とは，「不特定又は多数の人が認識することができる状態」（最二小決昭32・5・22刑集11巻5号1526頁）をいう。

なお，わいせつ物頒布等罪においては，不特定又は多数の者に対して譲渡等する目的をもって行われていれば，たまたま当該譲渡が一人に対して1回だけ行われたものであっても，「頒布」等に当たるとされる（東京高判昭47・7・14判タ288号381頁，東京高判昭62・3・16判時1243号141頁）。これらの裁判例においては，「わいせつ物」が複数存在していたことや被告人がビデオテープのレンタル業を営んでいたこと等から，不特定又は多数の者に対して譲渡等する意思があったことが認定されているが，私事性的画像記録公表罪においては，対象はあくまで記録に過ぎないため，不特定又は多数の者に対して譲渡等する意思があったかどうか判断することは極めて困難であろう。

(2) 「公然と陳列」とは

「公然と陳列」とは，わいせつ物頒布等罪（刑175条）や児童ポルノ禁止法違反罪（児童ポルノ7条6項）同様，不特定又は多数者が内容を認識できる状態に置くことをいう。

また，わいせつ物頒布等罪における「陳列」とは，「不特定又は多数の者が認識できる状態に置くことをいい，……特段の行為を要することなく直ちに認識できる状態にすることは必ずしも要しない」とし，サーバーコンピューターにホームページを開設し，わいせつな画像データを蔵置して，不特定多数の者が容易に見られる状態を作出することは，陳列に当たるとされている（最三小決平13・7・16刑集55巻5号317頁）。このことからすれば，私事性的画像記録をサーバーコンピューターのハードディスク上に記憶・蔵置して，不特定多数の者が容易に見られる状態を作出することは，当該ハードディスクが私事性画像記録物に該当し，これを「公然に陳列」

したとして，私事性的画像記録物公表罪が成立し得る。なお，「公然と陳列」の該当性が争われた裁判例については，本書116頁に記載した。

リベンジポルノ防止法？

　リベンジポルノ防止法という略称から，リベンジポルノ防止法を適用するためには，元交際相手や元配偶者に対する嫌がらせや復しゅう目的が必要とされるのではないかと思われることが多い。しかし，リベンジポルノ防止法の正式名称は「私事性的画像記録の提供等による被害の防止に関する法律」であり，また，これまで見てきたとおり，リベンジポルノ防止法の適用に際し，加害者と被害者の関係やその目的は要件とされていない。そのため，加害者と被害者の間に何らかの面識がある必要はなく，また，「リベンジ」目的である必要もない。

　例えば，福岡地判平28・11・16ウエストローは，商業施設内の男女兼用トイレ内に設置したビデオカメラで撮影された被害者の動画を盗撮サイトに提供したとして，リベンジポルノ防止法違反に問われた事案である。本件においては，加害者は不特定多数の被害者を盗撮しており，加害者と被害者の間に面識はなく，加害者は被害者に対する「リベンジ」目的のために当該行為を行ったものではない。

（小倉　拓也）

6　プロバイダ責任制限法の特例

プロバイダ責任制限法は，
  (a)　プロバイダ等が「他人の権利が不当に侵害されていると信じるに足りる相当の理由があったとき」には即時に，
  (b)　被害者から侵害情報，侵害情報等を示して送信防止措置を講ずるよう申出があり，プロバイダ等が発信者に対し，送信防止措置を講ずることに同意するかどうかを照会した場合に，照会を受けた日から7日を経過しても発信者から送信防止措置を講ずることに同意しない旨の申出がなかったときに，

第3章　ストーカー・リベンジポルノ

プロバイダ等が送信防止措置を必要な限度において行っても損害賠償責任を負わないことを定めている（プロバイダ3条2項）。

　しかし，私事性的画像記録がインターネット上に流出した場合に，7日の経過を待っていては，その間に拡散され，被害者である撮影対象者の被害が拡大するおそれがある。そこで，リベンジポルノ防止法4条は，公職の候補者等に係る特例（プロバイダ3条の2）と同様，発信者に対する送信防止措置の同意照会期間が2日に短縮されている（**例12**-私事性的画像侵害情報の通知書兼送信防止措置依頼書，**例13**-私事性的画像侵害情報の通知書兼送信防止措置に関する照会書）。

第2　リベンジポルノ

〈例12　私事性的画像侵害情報の通知書 兼 送信防止措置依頼書〉

書式①−3　私事性的画像侵害情報の通知書兼送信防止措置依頼書

年　　月　　日

至　［特定電気通信役務提供者の名称］御中

［私事性的画像記録に係る情報の流通によって自己の
名誉又は私生活の平穏を侵害されたとする者］＊
住所
氏名（記名）　　　　　　　　　　　印
連絡先（電話番号）
（e-mailアドレス）
□撮影対象者以外の場合にチェック

私事性的画像侵害情報の通知書　兼　送信防止措置依頼書

　あなたが管理する特定電気通信設備に掲載されている下記の情報の流通により私の名誉又は私生活の平穏（以下「名誉等」といいます。）が侵害されたので，あなたに対し当該情報の送信を防止する措置を講じるよう依頼します。

記

掲載されている場所	ＵＲＬ： その他情報の特定に必要な情報：（掲示板の名称，掲示板内の書き込み場所，日付，ファイル名等）
掲載されている情報（この情報は，私事性的画像記録です。）	私と元交際相手が性交渉を行っている際の画像と映像
名誉等が侵害されたとする理由（被害の状況など）	上記画像と映像が令和元年●月●日から，△△掲示板（https://△△）にアップロードされています。

上記太枠内に記載された内容は，事実に相違なく，あなたから発信者にそのまま通知されることになることに同意いたします。

	発信者へ氏名を開示して差し支えない場合は，左欄に○を記入してください。○印のない場合，氏名開示には同意していないものとします。

＊私事性的画像侵害情報の撮影対象者であることを確認できる文書等を添付して下さい。また，撮影対象者が死亡している場合にあっては，その配偶者，直系の親族又は兄弟姉妹も送信防止措置を講ずるよう申出ることができます。撮影対象者以外の場合には，□内に✔したうえで，死亡者が私事性的画像記録の撮影対象者であることを確認できる文書等のほか，撮影対象者の死亡の事実及び申出者と撮影対象者との続柄を確認できる公的文書（除籍謄本等）を添付してください。

107

第3章　ストーカー・リベンジポルノ

〈例13　私事性的画像侵害情報の通知書　兼　送信防止措置に関する照会書〉

書式②－2　私事性的画像侵害情報の通知書兼送信防止措置に関する照会書

年　　月　　日

至　[　　　　　発信者　　　　　]御中

[特定電気通信役務提供者]
　住所
　社名
　氏名
　連絡先

私事性的画像侵害情報の通知書　兼　送信防止措置に関する照会書

　あなたが発信した下記の記録の流通により自己の名誉又は私生活の平穏が侵害されたとの情報ならびに送信防止措置を講じるよう申し出を受けましたので、私事性的画像記録の提供等による被害の防止に関する法律（平成26年法律第126号）第4条に基づき、送信防止措置を講じることに同意されるかを照会します。

　本書が到達した日より2日を経過してもあなたから送信防止措置を講じることに同意しない旨の申し出がない場合、当社はただちに送信防止措置として、下記記録を削除する場合があることを申し添えます。また、別途当社契約約款に基づく措置をとらせていただく場合もございますのでご了承ください*。

　なお、あなたが自主的に下記の情報を削除するなど送信防止措置を講じていただくことについては差し支えありません。

記

掲載されている場所	URL:
掲載されている記録	
権利が侵害されたとする理由	

*発信者とプロバイダ等（特定電気通信役務提供者）との間に契約約款などがある場合に付加できる。

7 リベンジポルノ防止法の合憲性

　これまでにリベンジポルノ防止法の合憲性が争われた裁判例は見当たらないが，私事性的画像記録の提供等であっても表現行為の一態様であることや（憲21条），２条１項２号が定める「性欲を興奮させ又は刺激するもの」との文言があいまいで不明確である等として，日本国憲法21条，31条に違反するとの主張が考えられないわけではない。

　この点，表現の自由であっても，「公共の福祉」による制限を受けることがあり，最高裁も「その制限が右のような限度のものとして容認されるかどうかは，制限が必要とされる程度と，制限される事由の内容及び性質，これに加えられる具体的制限の態様及び程度等を較量して決せられるべき」としている（最三小判平５・３・16民集47巻５号3483頁）。

　リベンジポルノ防止法は，撮影対象者が第三者に閲覧されることを認識しないで撮影された私事性的画像記録について，インターネット上で拡散される行為を禁止するものである。１度インターネット上に流出した情報を削除することは事実上不可能であり，被害者に半永久的に回復し難い被害をもたらすことが明らかである。また，個人の性的プライバシーは最も要保護性が高いといえるから，これらの行為を制限する必要性は極めて高いといえる。

　また，制限の対象となる範囲については，私事性的画像記録等に限定している。そして，その範囲を画する「性欲を興奮させ又は刺激するもの」という要件については，最高裁が「一般の通常人が具体的場合に当該行為がその適用を受けるかどうかを判断することが可能」（最二小判平14・６・17裁判集刑281号577頁）と判断した児童ポルノ禁止法の「児童ポルノ」の要件と同一であり，あいまいで不明確とはいえない。

　よって，リベンジポルノ防止法による制限が表現の自由を過度に制限するものとはいえず，その合憲性は認められることとなろう。

第3章 ストーカー・リベンジポルノ

第3 | 裁判例

1 ストーカー・リベンジポルノにおける損害賠償請求事件等

(1)　**大阪地判平12・12・22判タ1115号194頁**

　本件は，原告が，被告からストーカー行為を受け，面談禁止等の仮処分事件において，つきまとい等をしない旨の和解が成立した後も継続してストーカー行為を受けた等として，不法行為に基づく損害賠償を求めた事案である。

　大阪地裁は，仮処分事件における和解後もストーカー行為が継続されていること，原告が営んでいた飲食店を閉店せざるを得なくなったこと，ストーカー規制法が成立し，ストーカー行為の違法性が社会的にも強く意識されていること，仮処分事件において自己の行為の是非を検討する機会を与えられ，和解したにもかかわらず，これを無視してその後もストーカー行為を継続していることを指摘し，被告のストーカー行為は強い違法性を有するものとして，慰謝料300万円を認めた。

(2)　**東京地判平15・2・6ウエストロー**

　本件は，被告が原告に対し自らの職業を偽り，原告はこれを信じて交際を始めたところ，原告が被告の虚偽に気付き，また，交際中に被告から暴力を受けたとして，原告が被告に対し関係を解消したいと伝えたところ，被告が原告に対し，執拗にメールを送信してきた等，ストーカー行為を受けたとして，原告が被告に対して慰謝料等を請求した事案である。

　東京地裁は，原告から突然別れ話を切り出された被告が，気持ちの整理がつかず，原告との話合いの場を持つことや関係の修復を望むことについては心情的に理解できないものではなく，話合いを求めること自体がただちに違法になるものではないとしながらも，その方法には一定の制約があり，社会通念上相当と認められる範囲を逸脱し，相手方の日常生活の平穏やプライバシーといった人格的利益を著しく害するような方法を用いたような場合には，違法となり不法行為を構成するとして，少なくとも警察署

から弁護士を介して話し合うことを勧められ，被告が依頼した弁護士から原告との接触を控えるよう言われた日以降のメール送信等の行為は不法行為を構成するとした。そして，被告の原告に対する暴行の態様，傷害の程度，被告によるつきまとい等の内容，状況，メールの内容等を考慮すると，本件における被告の原告に対する慰謝料は70万円が相当であるとした。

(3) **さいたま地判平18・3・31裁判所ウェブサイト**（桶川ストーカー殺人事件）

本件は，被害者の両親である原告らが，加害者である被告らに対し，被告らが①被害者に脅迫や交際の強要をしたこと，②被害者や原告に対する中傷行為を行い，被害者や原告の名誉を傷つけたこと，③被害者を殺害したことを理由として，不法行為に基づく損害賠償等の支払を求めた事案である。

さいたま地裁は，①加害者が被害者に対して行った一連の脅迫行為や強要の態様，言動内容，それによって被害者が受けたであろう恐怖と屈辱の程度を斟酌すれば，慰謝料は300万円が相当，②中傷ビラなどの記載内容，配布された枚数，配布の態様などを考慮し，それによって傷つけられた被害者や原告（被害者の父）の社会的評価と名誉感情を斟酌すれば，被害者について300万円，原告について150万円が相当，③被害者が複数人による執拗かつ悪辣な嫌がらせ行為によって長期間にわたって被害を受け続けた挙句，理不尽かつ残虐な犯行によって突然にその生を絶たれたものであるところ，かかる凶行により21歳という若さで生命を奪われ，その後のあらゆる希望と可能性を失った被害者の無念さは筆舌に尽くしがたいとし，殺害に至る経緯や殺害行為の態様を総合して，被害者については2500万円，原告ら固有の慰謝料としてはそれぞれ800万円が相当であるとした。

(4) **東京地判平19・6・14ウエストロー**

本件は，原告が，被告から暴行，ストーカー行為などを受けたとして不法行為に基づく損害賠償を求めた事案である。

東京地裁は，被告が原告に送信したメールは原告やその家族を誹謗中傷し，又は原告を威圧し，侮辱するといった内容を含んでいるとして，被告のメール送信行為は不法行為に当たるとしている（被告の行為がストーカー

第3章　ストーカー・リベンジポルノ

規制法上の「つきまとい等」に該当するか否かは不法行為の成否に関係するものではないとして判断しないとしている。）。そして，被告が原告に対して行った暴行行為，住居侵入行為（加害者である被告は逮捕，勾留されたものの，身柄釈放された場合には原告に面会を求めたりしない旨の誓約書を提出し，被害者である原告は誓約書が提出されたことを受け，起訴しなくてよいとの意向を検事に伝え，不起訴となっている。）等を一連の行為として，原告が受けた精神的損害に対する慰謝料の額は220万円が相当であるとした。

(5)　**東京地判平27・11・25ウエストロー**

　本件は，原告が，被告（加害者）である元交際相手から度重なるメール送信等及び待ち伏せのストーカー行為を受けたことにより，PTSDにり患して通院及び休養を要し，転居も余儀なくされたとして，不法行為に基づく損害賠償を求めた事案である。被告は，警察から原告に対し電話をかけたり電子メールを送信したりしないよう注意を与えた後も原告に対しメールや電話をかけ，待ち伏せたとして，ストーカー規制法違反で逮捕，起訴され，公訴事実を全て認めて有罪判決を受けている。

　東京地裁は，原告が被告のストーカー行為によって心身に変調を来して約1か月間の通院治療を要したとともに転居を余儀なくされたこと，刑事訴訟では公訴事実を全て認めたにもかかわらず本件訴訟ではこれを争うばかりか，原告訴訟代理人に対し原告を誹謗中傷する内容の手紙を送付していること等を踏まえ，慰謝料は50万円が相当であるとした。なお，治療費や休業損害，引越費用も損害として認められている。

(6)　**東京地判平28・11・29ウエストロー**

　本件は，原告が，被告からストーカー行為を受けたとして，不法行為に基づく損害賠償を求めた事案である。被告は，ストーカー規制法違反で逮捕，起訴され，執行猶予判決を受けている（刑事事件において両者の間で示談は成立していない。）。

　東京地裁は，被告によるストーカー行為が不法行為を構成することは明らかであるとしたうえで，18日間という短期間に合計1520回にわたり電話やメールを送信したものであり執拗であること，メールの内容も下劣な性

的表現を用いたものであり，原告の名誉や性的羞恥心を害するものであること，原告から嫌がらせをしないよう頼まれても，ストーカーのような行為を継続する旨告げていること，被告が有罪判決を受けていること等の一切の事情を総合考慮して，慰謝料は100万円が相当であるとした。

(7) **横浜地横須賀支判平30・1・15ウエストロー**

　本件は，元交際相手のBからストーカー被害を受け，被告（逗子市）の住民基本台帳事務のDV等支援措置の対象者となっていたAがBに住所を特定されて殺害された事件（逗子市ストーカー殺人事件）で，Aの配偶者である原告が被告職員のAの住所に係る情報漏えい行為により，Aのプライバシーが違法に侵害されたとして国家賠償法上の賠償請求をした事案である。

　横浜地裁横須賀支部は，DV等支援措置の対象となった者の住所は，同措置の対象者に対する加害者ないしその依頼を受けた者がそれを知るに至れば，同対象者の人格的な権利利益を損なうおそれがあるだけでなく，同対象者の生命身体に危険を生じさせるおそれがある等として，DV支援措置の対象者の住所について，これを把握できる市町村の公務員が，これを問い合わせる者にその権限や正当な理由があるのを確認する手続をとることなく，これを第三者に開示することは許されないとした上で，本件は，被告担当者が被害者の夫である原告を装って電話をかけてきた探偵業者C^(注30)に対し，上記手続をとることなく被害者の住所を伝えたものであり，被害者のプライバシーを侵害するものとして違法な公権力の行使に当たるとした。

　そして，被害者は同措置によって第三者に秘匿していた住所を加害者が突き止めたことを知り，精神的苦痛を受けたといえ，被害者の住所は被害者と加害者との関係においては被害者の生命身体の安全にかかわる重要な

（注30）　探偵業者Cの代表者は，逗子市ストーカー殺人事件に関連し，民間企業や市役所に対し，なりすまし電話をかけ，第三者の個人情報を入手していた行為につき，不正競争防止法違反（営業秘密不正取得罪及び営業秘密不正取得後開示罪），偽計業務妨害罪が成立するとして，懲役2年6月，執行猶予5年の判決を受けている（名古屋地判平27・1・20公刊物未登載）。

第3章　ストーカー・リベンジポルノ

情報であること等に鑑みると，被害者が情報漏えいでプライバシーが侵害されたことにより受けた精神的苦痛に対する慰謝料は100万円が相当であるとした。

なお，原告は慰謝料として1000万円を請求していたが，横浜地裁横須賀支部は，被害者は情報漏えいに起因して加害者に生命を奪われるという回復できない重大な被害を受けたとしつつも，同重大な被害が生じたことについては加害者の故意による殺害行為が介在していること，被告担当者は，被害者の夫を装って電話をかけてきた探偵業者Cから税金の支払に関する書類が来たので確認したい旨のうその申し出を受けて情報漏えいしたのであり，情報漏えいの相手方の真の目的を知らなかったから，情報漏えいによるプライバシー侵害については，100万円を上回る金額を相当とする程度であるとは認められないとしている。

(8)　**宮崎地判平28・3・28公刊物未登載**

本件は，原告が，被告が原告との性行為の様子を無断でビデオ撮影したとして，不法行為に基づく損害賠償と映像を記録したビデオカセットについて人格権に基づく引渡請求を求めた事案である。なお，本件は反訴事件であるが，便宜上，単に原告，被告とする。

宮崎地裁は，原告が裸体や性行為の様子という私的な姿を同意なく撮影され，映像記録を消去するよう求めても被告がこれを保持していること等から，被告の行為による原告の精神的苦痛に対する慰謝料は100万円が相当であるとした。また，被告が原告の同意なく裸体や性行為の様子を作成し，被告が映像記録の消去を要求したにもかかわらず被告がこれを保持していることについては，継続的に精神的苦痛を受け，人格的利益が損なわれており，その状態は時の経過や事後的な金銭賠償によって一定の回復が図れるものではなく，複製等が容易であり，有体物と比較して情報流出の危険性が高く，被告が消去にも応じない等の理由から，現に行われている侵害行為を排除し，将来生ずべき侵害を予防するためには引渡しを求める方法によるほかないとして，人格権に基づく妨害排除請求権及び妨害予防請求権に基づき，ビデオの引渡しを認めた。

114

第3　裁判例

2 「つきまとい等」に関する裁判例

⑴ 「見張り」，「押し掛け」（東京高判平24・1・18裁判所ウェブサイト）

　　通達（平21・3・30丙生企発第31号警察庁生活安全局長通達「ストーカー行為等の規則等に関する法律等の解釈及び運用上の留意事項について（通達）」）は，「『見張り』とは，一定時間継続的に動静を見守ることをいう。」とするが，この継続性は，一般的な「見張り」の概念に内在する性質であって，それに付加して必要とされる要件ではないとしたうえで，観察する目的によっては短時間であっても目的が達せられることがあり，また，相手方の動静を観察することは，必ずしも1回に相当程度の時間継続して観察しなくとも，ごく短時間の観察を繰り返すことによっても可能であるから，個々の観察行為それぞれが継続的性質を有する「見張り」にあたるとした。

　　また，通達は，「『押し掛け』とは，住居等の平穏が害されるような態様で行われる訪問であって社会通念上容認されないものをいう。」とし，より具体的には，相手方が拒絶し，又は拒絶することが予想されるのに，相手方の住居等に行く行為をいうものと解されるところ，被害者が居住する集合住宅の相手方付近通路であり，同所が被害者の住居そのものではないとしても，被害者の「通常所在する場所」に当たることは明らかであるから，被害者の意に反して同所に立ち入った被告人の行為が「押し掛ける」行為に該当することは明らかであるとし，相手方に自己の存在を知らせる態様のものでなくても「押し掛ける」行為にあたるとした。

⑵ 「待ち伏せ」（東京高判平24・5・24高刑速3473号126頁，東京高判平28・11・30高刑速3586号161頁）

　　東京高判平24・5・24は，「待ち伏せ」とは，特定の場所において隠れて待つ必要はないが，相手方に対して話しかける，あるいは自己の姿を見せるなどして，自らの気持ちを伝える意思ないし目的があることが必要であるとした。

　　また，東京高判平28・11・30は，「待ち伏せ」とは，相手方の不意をつくことも，隠れていることも要せず，特定の場所で相手が来るのを待つこと

115

第3章　ストーカー・リベンジポルノ

をいうものと解され，一定期間継続的になされることが必要であるとした。

(3) 「要求」（東京地立川支判平28・5・27ウエストロー）

　　東京地裁立川支部は，ストーカー規制法において，「要求」の手段には限定がなく，口頭，文書，（手紙，張り紙等）による伝達によるほか，電子メールを送信して行う場合も対象となると解されていることからすると，「要求」をその相手方が認識しうる状態におき，実際に相手方に認識させたのであれば，相手方の能動的な行為が介在しても，「要求」の手段としては認められることは明らかであるとして，ツイッターにおけるリプライが，被害者に直接送信されたメッセージではなくとも，被害者が容易に当該リプライにアクセスできることからすると，被害者の能動的な行為は伴うものの，被害者が認識しうる状態におかれていたといえるから，「要求」に当たるとした。

(4) 「公然と陳列した」に関する裁判例（大阪高判平29・6・30判タ1447号114頁）

　　本件は，被告人が元交際相手Ａの顔や露出した胸部等を映した複数の画像・動画データ（以下「本件データ」という。）を，自宅のパソコンからＢ社のオンラインストレージに送信して記憶蔵置させ，これらのデータを共有化する公開設定をしたうえで，Ａに対し，返信しなければ画像をばらまくとして，公開用URLを記載したメールを送信した行為（公開URLはＡ以外の第三者に公開されていない。）がリベンジポルノ防止法3条2項後段及びわいせつ電磁的記録記録媒体陳列罪（刑175条1項）の「公然と陳列した」に該当するか否かが争われた事案である。

　　原判決は，「公然と陳列」するとは，本件データの内容を不特定又は多数の者が陳列できる状態に置くことをいい，実際にそれらの内容を再生閲覧することまでは必要ではないと解すべきであるとして，被告人が公開設定をして，公開用のURLの発行を受けた段階で，本件データの内容を不特定又は多数の者が認識できる状態に置いたとみるべきであるから，「公然と陳列した」に該当するとし，Ａ以外の者に対して公開用URLを伝えていないとする弁護人の主張を排斥した。

　　これに対し，大阪高裁は，被告人がＢ社のオンラインストレージに記憶

116

蔵置させ，本件データを公開設定したのみでは，いまだ本件データの内容を不特定又は多数の者が認識することができる状態に置いたとは認められず，本件データの公開URLをA宛に送信した点についても特定の個人に対するものにすぎないから，これをもって本件データの内容を不特定又は多数の者が認識し得る状態に置いたと認めることはできないとして，「公然と陳列した」に該当しないとして，両罪の成立を否定した。

第4 ストーカー・リベンジポルノについての支援機関等

1 ストーカー・リベンジポルノの発生件数等

警察庁の統計[注31]によると，ストーカー事案の相談件数は，平成30年は21,566件（前年比1,523件，－6.6パーセント）と減少したものの，平成24年以降，依然として高水準で推移している。

〈図1　ストーカーの相談件数の推移〉

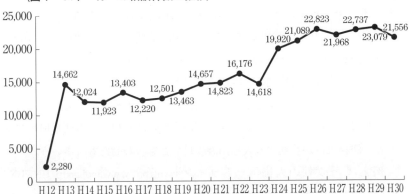

※　平成12年は，ストーカー規制法の施行日（11月24日）以降の件数
（出典：警察庁ホームページ「平成30年におけるストーカー事案及び配偶者からの暴力事案等への対応状況について」2頁）

[注31]　警察庁平成31年3月28日「平成30年におけるストーカー事案及び配偶者からの暴力事案等への対応状況について」

第3章　ストーカー・リベンジポルノ

　また，同統計によると，リベンジポルノを含む私事性的画像に係る事案の相談件数は，年々増加している。

〈表3　リベンジポルノを含む私事性的画像に係る事案の相談件数〉

	平成26年	平成27年	平成28年	平成29年	平成30年
相談等件数	110	1,143	1,063	1,243	1,347

（注）　平成26年は，私事性的画像被害防止法の施行日（11月27日）以降の件数
（出典：警察庁ホームページ「平成30年におけるストーカー事案及び配偶者からの暴力事案等への対応状況について」11頁）

2　ストーカー・リベンジポルノの支援機関等

　ストーカーやリベンジポルノの被害に遭った場合には，以下の機関等に相談することが考えられる。

(1)　**警察の相談窓口**

　警察庁は，ストーカー被害を未然に防ぐことを目的とした情報発信ポータルサイト（https://www.npa.go.jp/cafe-mizen/foryou/index.html#go2）や「リベンジポルノ等の被害に遭わないために」と題する特設ページ（https://www.npa.go.jp/policy_area/stalker.html）を設けている。

(2)　**法務省の人権擁護機関の人権相談窓口等**

　法務省の人権擁護機関とは，国の機関として，人権擁護に取り組んでいる法務省人権擁護局，その地方支分部局である法務局，地方法務局及び支局と，法務大臣が委嘱する人権擁護委員会とを合わせたものをいう。

　例えば，「女性の人権ホットライン」（http://www.moj.go.jp/JINKEN/jinken108.html）等が挙げられる。

　また，検察庁は，各地方検察庁に「被害者ホットライン」（http://www.moj.go.jp/keiji1/keiji_keiji11-9.html）を設けている。

(3)　**日本司法支援センター（法テラス）の犯罪被害者支援窓口**

　法テラスは，犯罪被害支援の特設ページ（https://www.houterasu.or.jp/higaishashien/index.html）を設けている。

(4) **一般社団法人セーファーインターネット協会（SIA）が運営する「セーフライン」**

　インターネット企業有志が運営するSIAは，セーフライン（https://www.safe-line.jp/against-rvp/）を運営しており，被害者に代わって，無料で画像や動画の削除を依頼するサービスを提供している。(注32)

(5) **違法・有害情報相談センター**

　違法・有害情報相談センター（http://www.ihaho.jp/）は，インターネット上での違法・有害情報に関する相談窓口であり，相談を行うと，対応方法等のアドバイスを受けることができる。

第5　Q&A

　ストーカーに対する民事上の手続として，具体的にどのような方法があるか。

　人格権に基づく差止請求や不法行為に基づく損害賠償請求をすることが考えられる。また，住居への立入禁止については，物権的請求権を根拠とすることも考えられる。

　なお，加害者が配偶者（事実婚関係にある者を含む。）である場合には，DV防止法が定める保護命令の制度を用いることも考えられる（本書42頁）。

判　例

○　著名な歌舞伎役者であるX（原告）が，つきまとい行為を行うように

（注32）　セーフラインが対応している2017年のリベンジポルノの削除率は79パーセントであったとされる。一般社団法人セーファーインターネット協会「違法・有害情報対策活動報告　2017年1月〜12月」13頁（https://www.safe-line.jp/wp-content/uploads/statistics_2017.pdf）

第3章　ストーカー・リベンジポルノ

なったファンであるＹ（被告）に対し，人格権に基づき① Ｘが出演する劇場への立入禁止，② Ｘの所在地から半径20メートル以内の近隣をはいかいしてその身辺につきまとうことの禁止，③ Ｘの名誉，信用棄損行為及び業務妨害行為の禁止，④ 不法行為に基づく損害賠償として300万円を求めた事案。大阪地裁は，Ｙの行為は「通常のファンの域を超えた言動により，原告に対し著しい苦痛を与えており，右言動は，原告が人気商売の歌舞伎役者であることを考慮しても，原告の受忍すべき限度を著しく超えている者と認めることができる」として，①，②，③を認め，④については50万円の慰謝料を認めた（大阪地判平10・6・29判時1651号120頁）。

第4章 国際的な子の返還及び面会交流（ハーグ条約）

第1 ハーグ条約，ハーグ実施法の概要

1 ハーグ条約及びハーグ実施法の概要及び制定経緯

　国際的な子の奪取の民事上の側面に関する条約（以下「ハーグ条約」又は「条約」という。）は，ハーグ国際私法会議(注1)において作成及び採択された条約であり，日本については，平成26年4月1日に発効している（日本は91番目の締約国である。）(注2)。令和元年10月現在での条約の締結国は101か国で，ほぼ普遍的な国際ルールとも言いうる状況であるが，アジアの締結国は，8か国と限定されている(注3)。

　ハーグ条約は，国境を越えた，子の不法な連れ去り（例えば，外国に居住している子について，一方の親の同意なくもう一方の親が子どもを当該外国から出国させ，日本に連れてくること）又は留置(注4)（一方の親の同意を得て一時帰国

(注1)　Hague Conference on Private International Law（HCCH）
(注2)　外務省「ハーグ条約と国内実施法の概要」（令和1年10月11日。https://www.mofa.go.jp/mofaj/fp/hr_ha/page22_000843.html）
(注3)　令和元年10月時点では，シンガポール，スリランカ，タイ，韓国，中国（香港，マカオのみ），日本，フィリピン，パキスタン。なお，パキスタンは日本との間では未発効である（HCCH "Status table"（https://www.hcch.net/en/instruments/conventions/status-table/?cid=24）。また，外務省「ハーグ条約と国内実施法の概要」（令和元年10月11日。https://www.mofa.go.jp/mofaj/fp/hr_ha/page22_000843.html）の締約国一覧も参照。）。
(注4)　「子が常居所を有する国からの当該子の出国の後において，当該子の当該国への渡航が妨げられていること」をいう（ハーグ実施2条4号）。外務省ウェブサイトでは，「子が元々居住していた国から日本へ子が渡航した後に，一方の親や裁判所との間で決められた期間を過ぎても，子が元々居住していた国へ戻ることを妨げられること」と説明されている（外務省「日本へ連れ去られた子の返還を希望する方へ（ハーグ条約に基づく中央当局による援助について）」（平成28年9月29日，令和元年9月6日改定）。

第4章　国際的な子の返還及び面会交流（ハーグ条約）

後，もう一方の親が，約束の期限を過ぎても子どもを元々居住していた外国に戻さないこと）についての取決めを行っている。条約は，「子の利益」が最も重要であるという方針を定めており（ハーグ条約前文），子を元々居住していた国（常居所地国[注5]）に返還し，一旦生じた不法な状態（監護権の侵害）を原状回復させた上で，子の監護に関する紛争を常居所地国で解決することが「子の利益」に資するという考え方を原則としている。子は，一方の親の都合によって国境を越えて不法に連れ去られ又は留置されることにより，異なる言語又は異なる文化環境での生活を余儀なくされるなどの有害な影響を受けると認識されていること，子の監護に関する紛争は，子が慣れ親しんできた生活環境のある常居所地国で解決することが望ましいと考えられることがこの理由である。[注6]条約1条では，(a)連れ去り又は留置にあった子の迅速な返還の確保を目的として掲げるとともに，(b)各締約国の法令に基づく監護の権利及び接触の権利の尊重の他締約国での確保も目的としている。(b)の文言からも明らかであるように，本条約は監護の権利の帰属の問題を規律することを目的としていない。監護の権利は，連れ去り又は留置の前に子が常居所を有していた国の権限を有する当局において審理されるべき事項であるとされる。[注7]

　ハーグ条約に基づく手続を行うためには，子の常居所地と連れ去られた国の双方がハーグ条約加盟国である必要がある。[注8]また，対象となる子は16歳

（注5）　『金子・一問一答（ハーグ）』26頁では，「常居所地国」とは，ハーグ国際私法会議において創出された事実上の概念であり，「人が常時居住する場所で，単なる居所と異なり，相当長期間にわたって居住する場所をいうものと解されている。『常居所』の認定は，居住年数，居住目的，居住状況等諸要素を総合的に勘案して，個別具体的にされる」と説明されている。

（注6）　エリザ・ペレス・ヴェラ『エリザ・ペレス・ヴェラによる解説報告書（"Explanatory Report on the 1980 Hague Child Abduction Convention"）』（1981）パラグラフ20-25（https://www.hcch.net/en/publications-and-studies/details4/?pid=2779。同ウェブサイトより，和訳も入手可能），『金子・一問一答（ハーグ）』2頁，21頁参照。最高裁及び下級審の決定例もこの立場を踏襲している（最一小決平29・12・21判タ1449号94頁，東京高決平27・3・31判時2375・2376号200頁等）。

（注7）　前掲（注6）エリザ・ペレス・ヴェラ，パラグラフ20

（注8）　日本と間で適用があるかどうかについては，外務省ウェブサイト「締約国一覧」（https://www.mofa.go.jp/mofaj/files/000023749.pdf）参照。

122

第1 ハーグ条約，ハーグ実施法の概要

未満である必要がある（ハーグ条約4条）。条約及び以下にて説明する国際的な子の奪取の民事上の側面に関する条約の実施に関する法律（平成25年法律第48号。以下「ハーグ実施法」という。）いずれにおいても，遡及適用はなされない（ハーグ条約35条1項，ハーグ実施附則2条）。そこで，条約発効日及びハーグ実施法施行日である平成26年4月1日の前日である平成26年3月31日以前に子が連れ去られた場合や，同日以前に留置が開始された場合は，本条約の対象にはならない。[注9]

国内では，ハーグ条約の締結に併せ，ハーグ実施法が，条約実施に必要な国内手続を確保するために制定され，条約の発効と同日の平成26年4月1日に施行された（ハーグ実施附則1条）。[注10] 本法については，民事執行法の子の引渡しの強制執行に関する規律の明確化（下記コラム参照）とあわせ，法務大臣の諮問機関である法制審議会において規律の見直しが行われ，令和元年5月17日改正案が公布され，1年を超えない範囲で施行予定である。[注11]

子の引渡しの強制執行

子の引渡し審判等により子の引渡しが認められたにもかかわらず，債務者とされた配偶者（以下「債務者」という。）が任意に子を引き渡さない場合，強制執行によって子の引渡しを実現することになる。ところが，これまでの民事執行法は子の引渡しの強制執行に関する明文を欠いていたため，動産に関する規定を類推する運用であった。

もっとも，強制執行時に子と債務者が一緒にいること（同時存在の要件）が事実上要求されていたため，債務者が執行を免れるために子と同時にいないようにするあるいは引渡しに激しく抵抗する等の理由により，子の引渡しが強制執行によっても実現されないこともあった。

（注9） 東京家庭裁判所「ハーグ条約実施法関連Q&A」Q4（http://www.courts.go.jp/tokyo-f/saiban/hague/hague_qa/index.html#1_q3）
（注10） 法務省「国際的な子の奪取の民事上の側面に関する条約の実施に関する法律の概要について」（http://www.moj.go.jp/MINJI/minji07_00148.html）
（注11） 法務省「民事執行法及び国際的な子の奪取の民事上の側面に関する条約の実施に関する法律の一部を改正する法律案」（http://www.moj.go.jp/MINJI/minji07_00245.html）参照。

第4章　国際的な子の返還及び面会交流（ハーグ条約）

　そこで，上記実効性の問題点や国際的な子の返還に関して強制執行を認め
たハーグ条約実施法の問題点も踏まえ，民事執行法の改正について議論がな
され，令和元年5月10日に改正民事執行法が成立するに至った。同改正法で
は，実効性確保の観点から間接強制の前置は求められておらず，子の利益に
配慮し，債務者が子の監護を解く見込みがない場合や子の急迫の危険を防止
するため直ちに強制施行する必要がある場合には，直接強制による強制執行
の申立てが可能である（改正民執174条1項1号・2項2号・3号）とされ
た。

　また，執行機関は，執行官ではなく執行裁判所とされ，執行裁判所は，決
定をもって執行官に対し，債務者による子の監護を解くために必要な行為を
すべきことを命じなければならないとされた（改正民執174条1項1号・4
項）。

　さらに，強制執行の実効性を妨げる要因となっていた子と債務者の同時存
在の原則は改正法では不要とされ，子の利益に対する配慮は，債権者に出頭
を求めることにより図られることとなった（改正民執175条5項）。改正法は，
同改正法が公布された令和元年5月17日から1年以内に施行される。

　改正法の下においても，子の心身への負担に考慮するならば，任意に引き
渡されることが望ましいことに変わりないであろうが，強制執行手続による
場合であっても，子の利益に最大限に配慮した引渡しが実現することを切に
期待する。

（阿部　みどり）

2　ハーグ条約及びハーグ実施法に関する実施例の手続イメージと傾向

　子の連れ去り又は留置のうち，日本で問題となる事案の類型として，外国
に残された親が日本に居住する子について返還又は面会を求める場合（イン
カミング事案)，及び日本に残された親が外国に居住する子について，返還又
は面会を求める場合（アウトゴーイング事案）が存在する。インカミング事
案の場合は，子を連れ去られた親が，常居所地国の中央当局を通じて，日本
の外務省ハーグ条約室へ援助申請を行うのが一般的である。返還又は面会交
流にかかる手続は，日本で進行する。アウトゴーイング事案の場合，まずは，
日本に残された親は，外務省ハーグ条約室へ援助申請を行うことが一般的で

124

第1　ハーグ条約，ハーグ実施法の概要

ある。援助決定がなされた場合，ハーグ条約室は，子の所在する条約締約国へ申請を移送し，返還又は面会交流にかかる手続が外国で進行することとなる（詳細につき，本章第2及び第3参照）。

第4章　国際的な子の返還及び面会交流（ハーグ条約）

〈図2　日本以外のハーグ条約締約国に子が連れ去られた又は留置された場合の手続の流れ〉

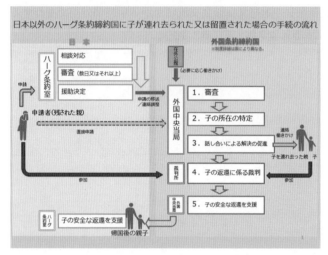

（出典：外務省ホームページ「ハーグ条約（国際的な子の奪取の民事上の側面に関する条約）―日本から連れ去られた子の返還を希望する方へ（ハーグ条約に基づく中央当局による援助について）」）

〈図3　日本に子が連れ去られた又は留置された場合の手続の流れ〉

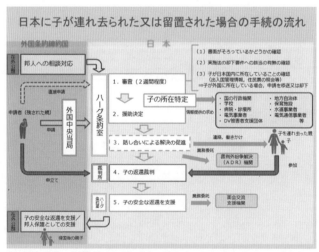

（出典：外務省ホームページ「ハーグ条約（国際的な子の奪取の民事上の側面に関する条約）―日本へ連れ去られた子の返還を希望する方へ（ハーグ条約に基づく中央当局による援助について）」）

第1　ハーグ条約，ハーグ実施法の概要

〈図4　ハーグ条約（国際的な子の奪取の民事上の側面に関する条約）の実施状況〉

ハーグ条約（国際的な子の奪取の民事上の側面に関する条約）の実施状況

1. ハーグ条約の概要

2019年7月1日
外務省領事局ハーグ条約室

➤ 2014年4月1日，日本においてハーグ条約が発効。

基本的な考え方：子の利益が最も重要
① 国境を越えて不法に連れ去られ，または留置された子の返還を確保
（子の監護に関する手続は，子が元々居住していた国で行うことが望ましいため）
⇒ 国境に連れ去り・留置された子は，原則として元の居住国（常居所地国）へ返還する。
例外：子が心身に害悪を受ける重大な危険がある場合等
② 国境を越えた親子の面会交流の権利の行使を確保　（不法な連れ去り等の有無は関係ない。）

2. 申請の状況

	返還援助申請	面会交流援助申請
日本に所在する子に関する申請	111（うち援助決定は97件） 米27，豪9，独7，仏6，加4，英4，韓4，伯4，香港3，露3，伊3，韓2，西2，トルコ2，スイス2，タイ2，ニュージーランド2，スリランカ2，フィジー1，コロンビア1，スウェーデン1，ベルギー1，メキシコ1，アイルランド1，ハンガリー1，アルゼンチン1，ウクライナ1（審査中1，却下等13）	108（うち援助決定は90件） 米47，英7，豪6，加6，仏5，シンガポール4，ニュージーランド4，独3，メキシコ2，タイ1，コスタリカ1，伊1，スウェーデン1，フィンランド1，チェコ1（審査中2，却下等16）
外国に所在する子に関する申請	99（うち援助決定は88件） 米17，タイ10，フィリピン10，韓6，伯6，ペルー5，露4，仏4，独3，ポーランド3，加2，スウェーデン2，英2，スリランカ2，香港2，豪2，伊1，スイス1，南ア1，スロバキア1，ルーマニア1，ベラルーシ1，エクアドル1（却下等11）	31（うち援助決定は30件） 米6，露3，加3，独2，ウクライナ2，タイ2，韓2，英2，濠1，ウルグアイ1，オランダ1，ポーランド1，香港1，フィジー1，アイルランド1，シンガポール1（取下げ1）
合計	210（うち援助決定は185件）	139（うち援助決定は120件）

（出典：外務省ホームページ「ハーグ条約（国際的な子の奪取の民事上の側面に関する条約）の実施状況」（2019年7月1日））

〈図5　返還援助決定事案の結果〉

5. これまでの実績：①返還援助決定事案

日本から外国への子の返還が求められた事案のうち76件について，子の返還が確定もしくは実現，または子の不返還が確定したとの結論に至っている。これらのうち7割が友好的解決となっていることが，日本における解決の特徴として挙げられる。外国から日本への子の返還が求められた事案については，58件について結論に至っている。

外国返還援助決定事案		97件
継続事案		16件
子の返還が確定もしくは実現，または 子の不返還が確定した事案		76件
（内訳）	返還	不返還
1　話合い等による解決	12件	9件
2　裁判手続 　1）裁判内調停	15件 注1)	13件
2）和解	1件	1件
3）決定	16件 注2)	9件
その他（援助決定後取下げ等）		5件

日本国返還援助決定事案		88件
継続事案		26件
子の返還が確定もしくは実現，または子 の不返還が確定した事案		58件
（内訳）	返還	不返還
1　話合い等による解決	20件	6件
2　裁判手続	17件	15件
その他 （外国中央当局で却下された事案等）		4件

注1）うち1件は執行不能。うち1件は返還に向け手続き中。
注2）うち2件は執行不能。うち4件は返還に向け手続き中。

②面会交流援助決定事案

面会交流援助決定を行った事案の多くについて，両当事者による話し合いや裁判手続が実現。これらの事案の中には，子や親が国境を越えての面会（面会交流支援機関が関与したものを含む）が実現した事案や，ビデオ通話による面会，ウェブ見まもり面会交流等が実現した事案などがある。

（出典：外務省ホームページ「ハーグ条約（国際的な子の奪取の民事上の側面に関する条約）の実施状況」（2019年7月1日））

127

第4章 国際的な子の返還及び面会交流（ハーグ条約）

第2 ハーグ条約に基づく子の返還申立て

1 子が日本へ連れ去り又は留置された場合（インカミング事案）

(1) 中央当局への外国返還援助申請（ハーグ実施4条〜10条）

　子がハーグ条約の締約国である外国から日本へ連れ去られた場合，又はハーグ条約の締約国である外国に居住していた子が日本に留置された場合（インカミング事案），当該外国（子の常居所地国）の親は，日本の中央当局（外務省ハーグ条約室）に対し，子の返還を行う際の援助を求める申請を行うことができる。この申請を外国返還援助申請という。申請は日本の中央当局に申請書を提出する方法で行う。(注12) この申請を行おうとする者は，申請却下事由(注13)に該当しないかの確認が必要である。子の返還に係る裁判を希望する場合，中央当局による援助を受けることなく，直接裁判手続を行うこともできるが，援助申請を行った場合，外務省が関係機関から情報を収集し，子の住所や子と同居している者の氏名や住所の特定を行うことができるため（ハーグ実施5条），(注14) 子が所在不明の場合は援助申請をすることが推奨される。

　外国返還援助が決定されると，中央当局は，合意による子の返還や面会交

(注12)　申請書，申請書の記載方法及び必要書類は，外務省ウェブサイトを参照（外務省「ハーグ条約（国際的な子の奪取の民事上の側面に関する条約）返還援助申請（平成29年2月28日）。https://www.mofa.go.jp/mofaj/fp/hr_ha/page22_000943.html）。英訳版も存在する。
(注13)　外国返還援助申請却下事由の詳細については，ハーグ実施法7条1項参照。(a)申請に係る子が16歳に達していること，(b)申請に係る子が日本国内に所在していないことが明らかであり，かつ，申請に係る子が所在している国又は地域が明らかでないこと，(c)申請に係る子が条約締約国以外の国又は地域に所在していることが明らかであること，(d)申請に係る子の所在地及び申請者の住所又は居所（申請者が法人その他の団体である場合にあっては，事務所の所在地）が同一の条約締約国内にあることが明らかであること，(e)申請に係る子の連れ去りの時又は留置の開始の時に，申請に係る子の常居所地国が条約締約国でなかったこと，(f)申請に係る子の常居所地国の法令に基づき申請者が申請に係る子についての監護の権利を有していないことが明らかであり，又は申請に係る子の連れ去り若しくは留置により当該監護の権利が侵害されていないことが明らかであることが申請却下事由とされている。
(注14)　前掲（注9）東京家庭裁判所ウェブサイトQ7

流を促進するための協議のあっせん，その他の必要な処置を行うことができる（ハーグ実施6条2項・9条）。[注15] 中央当局は，申請者と子と同居している者に対する連絡をし，協議等による解決を促進する。

　実務上，申請を行うことのメリットは，① 中央当局で勤務する弁護士，児童心理専門家，DV専門家，入国審査官等の多様な経験を有する専門家に対し，電話やメールで相談を行うことができるようになること，② 日本の裁判所等で利用に供する書面について，翻訳費用の援助を受けることができること，③ 手続が進行し，返還命令が出た場合にも児童心理専門家等の側面支援を受けることができること，④ 裁判外紛争解決手続（ADR）機関の紹介（本章第2①(2)参照），裁判時の弁護士紹介，法テラスによる民事法律扶助等の案内などの各種情報を得ることができることである。

(2) **子の返還にかかる裁判外紛争解決手続**

　(ア) **裁判外紛争解決手続や調停等の話合いによる解決**

　　　子の連れ去りの問題を解決するには，当事者である両親の自発的な話合いによる解決を図ることが優先される（ハーグ条約7条2項(c)）。[注16] 子が常居所地国に戻るにしても，戻らないにしても，将来に向けて子の監護についての取決めをしなければならないので，子の親同士が子の監護についての話合いができる環境が整っていることが子の福祉の観点から非常に有益であるからである。[注17] 日本では，当事者の話合いによる解決として，子の返還にかかる裁判外紛争解決手続（以下「ADR」という。）や子の返還事件の申立てを受けた家庭裁判所における家事調停手続[注18]

(注15)　条約の当事者間の自主的解決が望ましいという方針（「子の任意の返還を確保し，又は問題の友好的な解決をもたらすこと」を中央当局の役割としていること（ハーグ条約7条2項(c)）や，子が現に所在する国の中央当局に「当該子が任意に返還されるよう全ての適当な措置をとり，又はとらせる。」（ハーグ条約10条）こととしていることなど参照）を反映した規定である。

(注16)　前掲（注6）エリザ・ペレス・ヴェラパラグラフ103

(注17)　『金子・一問一答（ハーグ）』52頁。実際に，家庭裁判所内で調停を行う際も，調停委員は，子の監護のための話合いを将来的に恒久的に行うことができる体制を整えることが最終的目標であることを意識しながら調停手続を進めることが多い。

(注18)　子の返還申立事件では，当該事件の審理において和解することができるが（ハーグ実施100条），申立てを受けた家庭裁判所が，当事者の同意を得て，職権で家事調停に

第4章 国際的な子の返還及び面会交流（ハーグ条約）

の利用が考えられるが，子を返還する，しないという二者択一の決定となってしまう裁判所による決定と比較し，ADRや家事調停の場合，子の監護，面会交流，養育費の問題などについても併せて話し合うことができ，総合的解決策を図ることができるという利点がある。[注19]

(イ) 裁判外紛争解決手続の概要

自発的な話合いによる解決の一類型としてADRが存在する。外務省が委託する機関を利用する場合は，申立手数料や合意成立手数料等の利用手数料の一部については，外務省が負担するため無料となる。[注20] ADR手続は，通常次のように進行する。

〈図6　あっせん手続の大まかな流れ〉

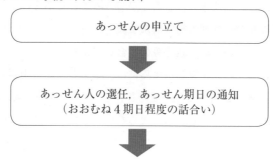

付することができるとされている（ハーグ実施144条）。なお，ハーグ条約に基づいて，接触の権利を実現しようとする者は，現行の家事事件手続法の下で，子との面会交流を求める家事審判（家事150条以下）又は家事調停（家事244条以下）の申立てをすることができる（『金子・一問一答（ハーグ）』294頁）。
(注19)　日弁連法務研究財団―研究番号95「国際家事事件（とくに国際的子奪取案件）の専門的な調停スキームの研究」28頁参照（https://www.jlf.or.jp/work/pdf/kenkyu-no95_houkoku.pdf）。
(注20)　外務省の委託先の国内ADR機関（弁護士会の紛争解決センター等）のリストは，次のウェブサイトから閲覧可能（https://www.mofa.go.jp/mofaj/ca/ha/page22_001072.html）。
　各機関によって外務省の費用負担が受けられる支出項目や数量が異なる。また，外務省の援助決定を受けていること又はその相手方であることが要件として定められているため，援助決定書ないし相手方の場合は通知書を提出すべき場合がある。詳細については各機関のウェブサイトにおける当事者向け説明書等の説明資料を参照。なお，その他の扶助については，本章第4参照。

第2　ハーグ条約に基づく子の返還申立て

　(ウ)　家事調停と比較した裁判外手続（ADR）のメリット・デメリット

　　ADR機関により状況は異なるが，家事調停と比較したADRのメリットとしては，①子の返還申立事件における審理から手続が隔離され，判断権者が異なるために（裁判官が関与しない手続であるために），当事者が比較的自由に発言できること，②あっせん人指名の際に当事者の意向を反映することが可能で（多くの機関では双方合意の下であっせん人を選任することが可能である。），言語や外国の文化，法制度についての専門性を有する者を選任しやすいこと，③日本国外にいる当事者がスカイプ参加する方法等，手段の面で融通が利き易い場合があることの3点を指摘することができる。

　　これに対し，ADRのデメリットは，①相手方に出席を強制できないため，あっせんに応じると言っていた相手方が翻意して欠席すると協議及び解決を図ることができない，②合意して和解契約書を締結した場合でも，合意が破られたら即座には強制執行できない点である。[注21] [注22]

(3)　子の返還にかかる調停及び裁判手続

　①　子の返還申立事件の概略及び流れ

　　日本への子の連れ去り又は日本における留置により，子についての監

(注21)　外務省「裁判外紛争解決手続（ADR）機関の紹介」（令和元年8月13日。https://www.mofa.go.jp/mofaj/fp/hr_ha/page22_001006.html）

(注22)　この点，蓑毛誠子・黒田愛「弁護士会等ADRによるハーグ条約事案の和解あっせん：東京・大阪での手続（特集　ハーグ条約実施法の実務と課題）」家判2号24頁では，「合意した内容に強制執行力を持たせるためには，(i)家事調停を申立て，合意内容を調停調書にしてもらう，(ii)ハーグ条約の返還命令事件が係属している場合は，裁判所で和解を成立させる，といった方法が考えられる。」としている。

第4章　国際的な子の返還及び面会交流（ハーグ条約）

護の権利を侵害された者は，子の返還の申立てをすることができる（ハーグ実施26条）。多くの場合，子を連れ去られた親や留置された親が「子についての監護の権利を侵害された者」に該当するが，監護権を有していれば親に限られない。[注23] 申立ての相手方は，「子を監護している者」（ハーグ実施26条），すなわち，子の連れ去り又は留置をした親や，子の祖父母等（連れ去りをした親が連れ去られた子と完全に別居しており，両者の間に全く交流がない場合），子と同居した上で，子を監護している者が該当する。[注24]

　申立て時に子の返還事件を審理する裁判所は，東京家庭裁判所及び大阪家庭裁判所に集中している（ハーグ実施32条）。

　子の返還決定手続は，迅速に進めなければならないとされており，6週間が目安とされている（ハーグ条約11条）。ハーグ実施法上も申立てがされてから6週間が経過したときは，申立人又は外務大臣は事件が係属している裁判所に対して，審理の進捗状況について説明を求めることができることとされており（ハーグ実施151条），実際に家裁での平均審理期間は60.4日，控訴審段階を含めた平均審理期間は124.3日であり，[注25] 審理はかなり迅速に進む傾向にある。

　子の返還申立てを行った場合の手続の概略は次のとおりである。

（注23）　『金子・一問一答（ハーグ）』124頁
（注24）　『金子・一問一答（ハーグ）』125頁。なお，同書では，「子を監護している者」に該当するかについては，「子を返還する義務を負わせるのが相当かという点も加味して判断する必要がある。」とされており，子が児童福祉施設に入所している場合が，施設長が一時的に子を監護養育しているが，施設長は行政的措置として子を監護しているにすぎず，返還義務を負わせるのは適当でないため，「子を監護する者」には該当しないとしている。
（注25）　令和1年6月10日ハーグ条約締結5周年記念シンポジウム「ハーグ条約と日本〜子ども中心の国際家事手続に向けて〜」における澤村智子判事（最高裁判所事務総局家庭局第一課長）発言及び資料。ただし，裁判所においても迅速性のみを重視するのではなく，調停，和解の可能性等をとりつつ，6週間モデルから外れていても当事者の納得のいく解決を探る方針をとりつつある旨の言及もある（同発言）。

132

〈図7　子の返還申立てを行った場合の流れ〉

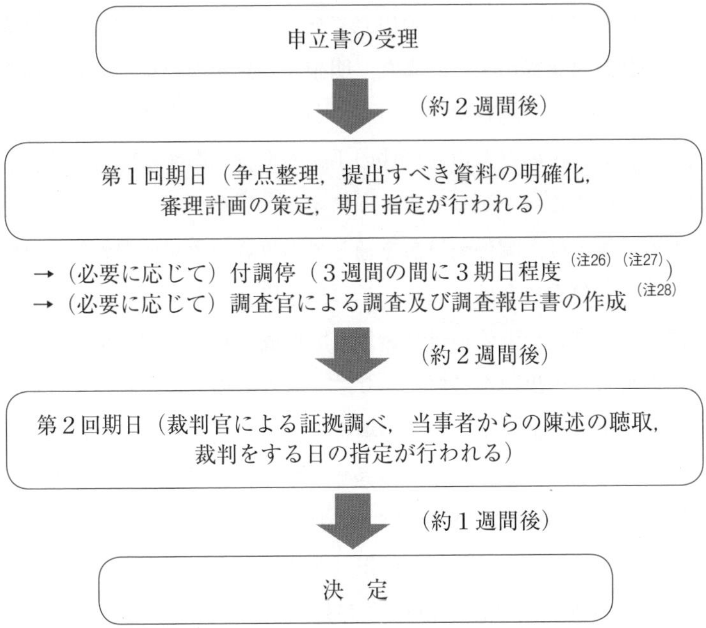

```
          ┌─────────────────────┐
          │     申立書の受理      │
          └─────────────────────┘
                     ↓　　　（約2週間後）
  ┌───────────────────────────────────────┐
  │ 第1回期日（争点整理，提出すべき資料の明確化，│
  │      審理計画の策定，期日指定が行われる）    │
  └───────────────────────────────────────┘
  → （必要に応じて）付調停（3週間の間に3期日程度）(注26)(注27)
  → （必要に応じて）調査官による調査及び調査報告書の作成(注28)
                     ↓　　　（約2週間後）
  ┌───────────────────────────────────────┐
  │ 第2回期日（裁判官による証拠調べ，当事者からの陳述の聴取， │
  │      裁判をする日の指定が行われる）          │
  └───────────────────────────────────────┘
                     ↓　　　（約1週間後）
          ┌─────────────────────┐
          │       決　　定        │
          └─────────────────────┘
```

② 調　停

　第2①(2)で説明したように，子の返還申立事件では，裁判所は，当事者双方の同意がある場合には事件を調停手続に付することができる（ハーグ実施144条）。通常の家事調停とは異なり，当事者の意見聴取（家事274条1項）に留まらず，当事者の「同意」まで必要とされている。(注29)

(注26)　約3週間の間に3日程度入るため，終日の調停が週に1・2回ほど生じる状態になる。
(注27)　連れ去られた親の気持ちを落ち着けるために，早期に面会の場が設定されるケースもあり得る。
(注28)　武田大助「返還拒否事由の審理判断に関する諸問題―家裁調査官の立場から（シンポジウム『ハーグ条約の円滑な実施に向けて』（第4回））」戸時710号20頁では，「調査報告書は，当事者が閲覧謄写の上，第2回手続期日までに反論等ができるよう，同期日の1週間前までは作成することを想定している。当事者が日本語を解さない場合には，手続代理人において翻訳して当該当事者に示し，当該当事者の反論等があれば日本語に翻訳して裁判所に提出する作業が必要となると思われる。」と説明されている。
(注29)　当事者の意思をより尊重することを目的としている（山本和彦「ハーグ条約実施

第4章　国際的な子の返還及び面会交流（ハーグ条約）

　子の返還申立て前に，相手方との間で実質的な合意があり，付調停を希望する場合には，子の返還の申立てを行う際に，当事者双方が作成した付調停合意書を提出する。また，明確な合意がない場合でも，調停に付す意向が存在する場合には，申立てがなされた家庭裁判所から当事者に送付される「子の返還申立事件の手続の進行に関する照会回答書」に，調停を希望する旨を記載するようにする。(注30)

　調停手続では，調停委員会を通じて当事者の意見の調整と合意の形成を行う。調停委員会は，通常，子の返還申立てを担当する裁判官1名と民間から選ばれた調停委員2名以上で構成される。調停手続では，原則として当事者の出頭が必要であり，(注31)調停の場で当事者の合意形成を行うため，出頭の都合がつかない場合でも，代理人と連絡をとれる状況にしておく必要がある。(注32)子の返還申立ての調停手続では，子の今後の生活拠点（子が常居所地国に帰国するか日本に居住し続けるか，当面の子の居住環境）及びそれに伴う費用負担（常居所地国へ帰国する場合の帰国費用負担や当面の間の子の居住環境，養育費の負担），並びに面会交流等について取決めを行うことができる。(注33)当事者双方の合意は調停調書としてまとめられ，調停調書に記載された合意事項のうち，子の返還の合意については，確定した子の返還を命ずる終局決定と同一の効力を有する（ハーグ実施145条3項）。調停調書に記載された合意事項のうち，子の返還以外の合意については，家事事件手続法268条1項により，確定判決又は確定した審判と同一の効力を有する。(注34)よって，調停手続の中で子

　　法の概要と子の返還執行手続（特集　ハーグ条約（子奪取実施法）の施行に伴う実務とその課題）」日本執行官連盟編『新民事執行実務』12号29頁（民事法研究会，2014年））。
(注30)　東京家庭裁判所及び大阪家庭裁判所「子の返還申立事件では調停の利用も可能です」（http://www.courts.go.jp/tokyo-f/vcms_lf/C-01.pdf）
(注31)　東京家庭裁判所「ハーグ条約実施法関連Q&A」Q17及び18（http://www.courts.go.jp/tokyo-f/saiban/hague/hague_qa/index.html#1_q16）
(注32)　第一東京弁護士会人権擁護委員会国際人権部会『外国人の法律相談Q&A（第三次改訂版）』（ぎょうせい，2018年）153頁
(注33)　前掲（注31）裁判所ウェブサイトQ17
(注34)　子の返還以外についての合意の記載の効力は家事事件手続法の調停の効力規定である家事268条に従う（『金子・一問一答（ハーグ）』238頁）。

の返還の合意や養育費の支払の合意が成立すると，調停調書に基づいて強制執行の手続をとることができる。なお，各国により法律が異なるため，当事者が，外国における誘拐罪の告訴を取り下げるといった事項（国の法制によっては訴追の可能性が残ってしまう。）や，監護者の指定等を行おうとする場合，当該外国の法令を踏まえ調停条項を作成する必要がある。具体的な調停条項のモデル例は，渡辺健一「子の返還に関する調停の実務：東京家庭裁判所における調停の実践例から」（ケース研究334号163頁～169頁，日本調停協会連合会）及び芝池俊輝「ハーグ子奪取条約の実務上の到達点と今後の課題」（家判20号 8 頁～10頁）に詳しい。なお，調停では合意が成立せず，返還手続決定が下された場合でも，その後速やかにADRを申し立てることにより，合意により返還の条件を決定することが可能である（上記芝池俊輝論文（家判20号 9 頁））。合意が実現できるのかという点につき留意しつつ行わなければならない。[注35]

　離婚や離婚に伴う親権者の指定については，家事事件の手続又は人事訴訟事件の訴訟手続において解決されるべきであり，迅速性が求められる子の返還申立事件において解決するのは相当でないと考えられている。[注36]したがって，子の返還申立事件における調停の中で，子の返還に関する事項のみならず，離婚についての話合いが行われ，合意が成立する見込みがある場合，別事件として夫婦関係調整調停や離婚調停を申し立て，そこで合意を成立させるという運用がなされている。[注37]

③　子の返還申立ての裁判

㋐　申立て時又は申立ての相手方となったときに留意すべき事項

　子の返還を申し立てる場合，申立ては，申立書を東京家庭裁判所又は大阪家庭裁判所に対し提出することで行う（ハーグ実施32条・70条）。[注38]

（注35）　前掲（注19）日弁連法務研究財団報告書34頁・35頁
（注36）　『金子・一問一答（ハーグ）』235頁
（注37）　東京家庭裁判所における運用である。
（注38）　子の住所地（住所がないときや知れないときは居所地）が東京高裁，名古屋高裁，仙台高裁，札幌高裁の管轄内の場合は東京家裁へ，大阪高裁，広島高裁，福岡高裁，高松高裁の管轄内の場合は大阪家裁へ申し立てる（ハーグ実施32条）。

申立人は，申立書の主張を裏付ける証拠資料及び資料説明書等を用意する必要がある。必要資料の詳細については，裁判所ウェブサイトに記載されている。^(注39)

申立て時には，子の返還申立ての審理中に，相手方が子を日本国外に連れ出すことを避けるため，子の返還申立てと併せて，子を日本国外に連れ出すことを禁止する出国禁止命令や，子名義のパスポートを外務大臣に提出するよう命ずる旅券提出命令の申立てを行うことができる（ハーグ実施122条）。出国禁止命令が発令されると，子の返還申立てについての終局決定の確定までの間，子を日本国外に連れ出すことが禁止される。また，旅券提出命令が発令されると，パスポートを外務大臣に提出することとなる。旅券提出命令に違反した場合，裁判所は，職権により，20万円以下の過料に処することができる（ハーグ実施132条）。

申立ての相手方となった場合には，答弁書及び答弁書の主張内容を裏付ける証拠資料を提出する必要が生じる。手続の迅速性から，早期に的確な主張，立証を行う必要があるため，代理人を選任することが望まれる。

申立人となる場合又は申立ての相手方となった場合のいずれにおいても，中央当局である外務省の窓口である外務省領事局ハーグ条約室に連絡すれば，日本弁護士連合会による弁護士紹介を受けることが可能である。^(注40) また，東京3弁護士会，大阪弁護士会及び沖縄弁護士会も紹介窓口を有している。^(注41)

(イ)　申立て後の手続

返還を求められている子は，自ら手続に関与し，自らの主張を述べ，裁判資料を提出する機会が保障されるのが相当であるため，自ら又は裁

(注39)　東京家庭裁判所「提出書類について（子の返還申立てをされる方へ）」(http://www.courts.go.jp/tokyo-f/vcms_lf/H290601-k4.pdf)

(注40)　日本弁護士連合会「ハーグ条約事件対応弁護士の紹介」(https://www.nichibenren.or.jp/activity/resolution/hague.html)

(注41)　外務省「ハーグ条約　連絡先及び関連リンク」(https://www.mofa.go.jp/mofaj/fp/hr_ha/page22_000855.html)

第2　ハーグ条約に基づく子の返還申立て

判所の職権により，子の返還申立事件の手続に参加することができる（ハーグ実施48条1項）。子が自ら参加する場合の参加の申出は書面で行う必要がある（同条3項）。

もっとも，子の年齢及び発達の程度その他の一切の事情を考慮して当該子が手続に参加することが当該子の利益を害すると認められるときは（例えば，当事者である両親の対立が激しく，子の年齢や発達の程度によっては，子が両親の対立に巻き込まれ，いわゆる忠誠葛藤を一層高める事態が生じるケースなど），参加の申出が却下される（同条4項）。

手続に参加した子は，当事者がすることができる手続行為（記録の閲覧（ハーグ実施62条），証拠調べの申立て（ハーグ実施77条1項），審問の期日への立会い（ハーグ実施85条2項）等）をすることができる（ハーグ実施48条6項）。ただし，子の返還申立事件の取下げ，申立ての変更等はできない。なお，子は，手続に参加していなくても，子の返還を命ずる終局決定について，即時抗告権が認められている（ハーグ実施101条2項）。

手続は原則非公開であるが，裁判所は相当と認める者の傍聴を許すことができる（ハーグ実施60条）。相当と認める者については，事案ごと，かつ期日ごとに裁判所が判断することになるが，例えば，返還を求められている子の監護を補助している子の祖父母，子が入所している施設の職員，返還援助申請を受けた中央当局の職員等が，子が呼出しを受けている期日に傍聴するような場合が考えられる。^(注42)

事実の調査は家庭裁判所の職権で行われ，申立てにより，又は職権で必要と認められる証拠調べを行う（ハーグ実施77条1項。職権探知主義）。事実の調査は，必要に応じて，事件の関係人の性格，経歴，生活状況，財産状態及び家庭環境その他の環境等について，医学，心理学，社会学，経済学その他の専門的知識を活用して行うよう努めなければならないとされている（国際的な子の奪取の民事上の側面に関する条約の実施に関する法律による子の返還に関する事件の手続等に関する規則（以下，「実施規則」

(注42)　『金子・一問一答（ハーグ）』183頁

137

第4章　国際的な子の返還及び面会交流（ハーグ条約）

という。）44条1項）。

　もっとも，裁判所は子の返還事由や返還拒否事由を裏付ける資料の所在を知らないため，申立人には返還事由を，相手方には返還拒否事由を裏付ける資料を提出することに協力すべきこととしている（ハーグ実施77条2項）。[注43] 裁判所は，これらの協力を得ながら当事者から事情を聴取するほか（ハーグ実施85条参照），家裁調査官に事実の調査を行わせることができる（ハーグ実施79条）。[注44] また，裁判所は，他の家庭裁判所，外務大臣，官公署等に事実の調査を嘱託でき，学校，保育所等に子の心身の状態及び生活状況の報告を求めることができる（ハーグ実施82条1項・83条）。

　裁判所は，終局決定をするに当たり，こうした事実調査のほか，子の陳述や家裁調査官の調査等により，子の意思を把握し，子の年齢や発達の程度に応じて，その意思を考慮しなければならないとされている（ハーグ実施88条）。

(ウ)　実体的判断要素

　子の返還申立事件においては，子の返還事由（ハーグ実施27条）及び返還拒否事由（ハーグ実施28条）を中心に審理が進められる。なお，ハーグ条約実施法に関する審理においては，これまで決定例の蓄積が限定されていることもあり，外国判例における解釈が他分野よりも積極的に参照される。そこで，主張を構成するに際しても，特に国内決定例や文献

（注43）　『金子・一問一答（ハーグ）』214頁・215頁。前掲（注29）山本文献32頁参照。同文献では，返還事由，返還拒否事由，例外的返還事由という構成が，請求原因，抗弁，再抗弁の形式と類似していること等から子の返還手続と訴訟の近接性を指摘しており，本条についても「職権による裁判資料の収集には限界があることを踏まえ，一種の弁論主義的な手続運営を認めたもの」と評価している。訴訟類似性を示す他の条文として，文書提出命令違反等の場合の真実擬制の適用（ハーグ実施86条1項，民訴223条1項）が紹介されている。

（注44）　立案担当者によると，家裁調査官は，個別の事案によるが，一般的には，心理学等の行動科学の専門知識及び技法を活用して，子と面会したり，家庭訪問等をしたりする方法により，(a)子が新たな環境に適応しているか否か（ハーグ実施28条1項1号），(b)常居所地国に返還されることに関する子の意向（ハーグ実施28条1項5号）等の事実調査を行うことが想定されている（『金子・一問一答（ハーグ）』219頁）。

138

等で見解が固まっていない論点については，外国判例を参照することが望まれる。外務省のウェブサイトにおける関連裁判例の抜粋が存在し，これを手始めとして参照することも一案である。

(ⅰ)　子の返還事由（ハーグ実施27条）の判断

　裁判所は，子の返還の申立てがハーグ実施法27条に掲げる事由（(a)子が16歳に達していないこと（1号），(b)子が日本国内に所在していること（2号），(c)常居所地国の法令によれば，当該連れ去り又は留置が申立人の有する子についての監護の権利を侵害するものであること（3号），(d)当該連れ去りの時又は当該留置の開始の時に，常居所地国が条約締約国であったこと（4号））のいずれにも該当すると認めるときは，常居所地国への子の返還を命じなければならない。なお，外務省ウェブサイト（https://www.mofa.go.jp/mofaj/ca/ha/page22_001672.html#section2）には，関連する主要条約締約国の法令上の親権・監護権の解説を記載した資料が存在するため，(c)の監護の権利の侵害につき，「常居所地国」の法令を参照すべき際にはこれを調査の手始めとして利用することが一般的である。

　上記の各要素の前提として，これまでの決定例では，常居所地国，[注45]留置の開始時，[注46]監護の権利侵害の有無[注47]が争点とされている。[注48]

（注45）　依田吉人「ハーグ条約実施法に基づく子の返還申立事件の終局決定例の傾向について」家判12号28頁・29頁では，「常居所地国」につき，「個別性が強く，定型的な判断になじまない面があるため，常居所地国の認定基準を定式化するのは難しい」としながらも，「多くの決定例では，居住期間，居住目的，居住に至った経緯，居住状況等の諸要素が総合的に考慮され，事案に応じて個別的な判断がされている」と説明されている。大阪高決平29・7・12判タ1454号73頁でも同様の基準が用いられ，居住年数，居住目的，居住状況等を総合的に勘案し，連れ去り時に生後7か月余りであった子の常居所地国の判断については，監護者の意思が重要な要素である旨を指摘した原決定の判断を是認している。

第4章　国際的な子の返還及び面会交流（ハーグ条約）

(ii)　子の返還拒否事由（ハーグ実施28条）の判断

　　裁判所は，ハーグ実施法28条に掲げる事由^(注49)のいずれかがあると認めるときは，子の返還を命じてはならない。ただし，ハーグ実施法28条1項4号（常居所地国に子を返還することによって，子の心身に害悪を及ぼすことその他子を耐え難い状況に置くこととなる重大な危険があること）以外の事由がある場合は，常居所地国に子を返還することが子の利益に資すると認めるときは，裁量的に子の返還を命じることができる。^(注50)

　　以下では，決定例において，特に争点となる頻度が高い3号，4号及び5号の返還拒否事由^(注51)について，詳説する。

(注46)　前掲（注45）依田文献家判12号28頁・29頁では，連れ去った親が，「子を常居所地国に返還しない意思を示したと客観的に判断できる時点で認められる傾向にある」とし，内心で留置を決意していても，それだけでは留置の開始とは認められず，また，元々決まっていた滞在期間の経過後でも，帰国に関する時期の交渉等が継続している場合は，「客観的に示された」には当たらないと説明している。大阪高決平27・8・17判タ1450号107頁も同様の基準を用いている。

(注47)　監護の権利の侵害がないとして，返還申立てを却下した決定例（大阪高決平28・7・7判タ1457号112頁（子の常居所地国であるシンガポールの離婚判決で，両親に共同監護権を与え，母が子を日本に転居させることを許す条項が設けられ，当該条項の削除を求める裁判手続が係属していた状況で，母と子が日本に転居した事案））が存在する。

(注48)　前掲（注45）依田（家判12号28頁・29頁）。なお，この文献は，東京地方裁判所判事（当時）の依田吉人による著作であり，平成26年から平成29年までの21事案（子の数は31名）の決定例を分析し，事実認定の状況についてまとめられている。

(注49)　(a)子の返還の申立てが当該連れ去りの時又は当該留置の開始の時から1年を経過した後にされたものであり，かつ，子が新たな環境に適応していること，(b)申立人が当該連れ去りの時又は当該留置の開始の時に子に対して現実に監護の権利を行使していなかったこと（当該連れ去り又は留置がなければ申立人が子に対して現実に監護の権利を行使していたと認められる場合を除く。），(c)申立人が当該連れ去りの前若しくは当該留置の開始の前にこれに同意し，又は当該連れ去りの後若しくは当該留置の開始の後にこれを承諾したこと，(d)常居所地国に子を返還することによって，子の心身に害悪を及ぼすことその他子を耐え難い状況に置くこととなる重大な危険があること，(e)子の年齢及び発達の程度に照らして子の意見を考慮することが適当である場合において，子が常居所地国に返還されることを拒んでいること，(f)常居所地国に子を返還することが日本国における人権及び基本的自由の保護に関する基本原則により認められないものであること。

(注50)　前掲（注45）依田（家判12号28頁・29頁）では，5号（前掲（注49）(e)）に該当するがハーグ実施法28条1項ただし書の適用が問題とされる事例として，拒否事由を認定し，申立てを却下した場合に，兄弟が分離されてしまうこととなる事案が紹介されている。

(注51)　前掲（注45）依田（家判12号30頁～36頁）。本書では，1号の返還拒否事由（前

(ⅲ)　ハーグ実施法28条１項３号の返還拒否事由の判断（事前の同意又は事後
の承諾）

　　ハーグ実施法28条１項３号は，申立人の相手方による連れ去り又は留
置についての事前の同意，又は事後の承諾があることを返還拒否事由と
しているものである。立法担当者はいずれも明示であるか黙示であるか
を問わないとしている。[注52]

　　３号の同意及び承諾については，一般的に，紛争の経緯の中で表明さ
れた意見自体が多義的であったり，変遷したり，双方の認識に隔たりが
あることも多いため，認定には慎重さが求められる。[注53] 決定例上，３号
の返還拒否事由である同意又は承諾があるというためには，申立人にお
いて，（子が一時的に日本に滞在するに留まらず）定住等，子が新たな居住
地に相当長期間にわたり居住することを承認し，子の返還を求める権利
を放棄したことが客観的証拠により認定される必要があるとされている。[注54]

(ⅳ)　ハーグ実施法28条１項４号の返還拒否事由の判断（重大な危険）

　　ハーグ実施法28条１項４号の「重大な危険」の判断に際しては，ハー
グ実施法28条２項に掲げる事情その他の一切の事情を考慮するものとさ
れている。[注55] なお，立法担当者は，「重大な危険」とは，子を耐え難い

掲（注49）(a)）につき，ほとんどの事案は１年を経過する前にされているため１号には
該当しにくく，２号の返還拒否事由（前掲（注49）(b)）につき，申立人（子を連れ去ら
れた親）が監護権を有しながら連れ去りの時点又は留置の開始時点で現実に行使してい
なかったということは，あまり想定されないため該当しにくい旨が説明されている。ま
た，６号の返還拒否事由（前掲（注49）(f)）は，人権の保護に関する基本原則により認
められないことを挙げるが，常居所地国が基本的人権や自由を不当に制限する法制度を
採用する場合や激しい内戦状態にあり法秩序が保たれていない場合等極めて限定的に解
釈されている旨も説明されている。
(注52)　『金子・一問一答（ハーグ）』138頁参照
(注53)　前掲（注45）依田30頁・31頁。
(注54)　前掲（注45）依田30頁・31頁。東京高決平27・８・17判タ1450号102頁，大阪高
　　　決平29・９・15判タ1451号132頁も同様の基準を掲げた上で，３号の返還拒否事由の主
　　　張を排斥している。
(注55)　(a)常居所地国において子が申立人から身体に対する暴力その他の心身に有害な影
　　　響を及ぼす言動（次号において「暴力等」という。）を受けるおそれの有無（１号），(b)
　　　相手方及び子が常居所地国に入国した場合に相手方が申立人から子に心理的外傷を与え
　　　ることとなる暴力等を受けるおそれの有無（２号）及び(c)申立人又は相手方が常居所地

第4章　国際的な子の返還及び面会交流（ハーグ条約）

状況に置くこととなる何らかの危険が生ずる可能性が大きいことを意味するものではなく，子に生ずる危険の内容が重大であることを意味するとしている。[注56] この返還拒否事由の有無は，(a)子が常居所地国に返還された後にどのような危険が生じ得るのか，(b)常居所地国において，その危険から子を保護するための措置によって，その危険が低減されるのかという2点から検討を要すると考えられている。[注57]

　ハーグ実施法28条2項1号は，常居所地国において子が申立人から「暴力等」を受けるおそれの有無を挙げるが，ここで「暴力等」の具体的内容については，児童虐待防止法2条各号に掲げる行為が参考になるとされている。[注58] 暴行に関しては，暴行の継続性，程度，[注59] 返還先国での暴力を抑止する公的制度（常居所地国による保護的措置）の有無，内容及び実効性等[注60] が判断要素となる。子の返還を拒む親の感情を直截的に表現する条項であり，争われることの多い条項であるが，多くの事案では，供述のみで暴力等の有無を認定することには慎重である。[注61]

　国において子を監護することが困難な事情の有無（3号）が判断要素とされている。

（注56）　『金子・一問一答（ハーグ）』139頁

（注57）　東京高決平27・7・14判タ130頁・131頁解説参照。

（注58）　『金子・一問一答（ハーグ）』145頁では，児童虐待の例示とは，(a)児童の身体に外傷が生じ，又は生じるおそれのある暴行を加えること，(b)児童にわいせつな行為をすること又は児童をしてわいせつな行為をさせること，(c)児童の心身の正常な発達を妨げるような著しい減食又は長時間の放置，保護者以外の同居人による前二号又は次号に掲げる行為と同様の行為の放置その他の保護者としての監護を著しく怠ること，(d)児童に対する著しい暴言又は著しく拒絶的な対応，児童が同居する家庭における配偶者に対する暴力（配偶者（婚姻の届出をしていないが，事実上婚姻関係と同様の事情にある者を含む。）の身体に対する不法な攻撃であって生命又は身体に危害を及ぼすもの及びこれに準ずる心身に有害な影響を及ぼす言動をいう。）その他の児童に著しい心理的外傷を与える言動を行うことである。

（注59）　前掲（注45）依田33頁では，子を連れ去られた親による「暴力等があったといえるには，一定の強度の暴力等が継続的又は恒常的に行われていたことが必要とされる傾向にある」としている。

（注60）　東京高決平27・3・31判タ1450号113頁，大阪高決平29・9・15判タ1451号132頁，最一小決平29・12・21判タ1449号94頁（ハーグ実施117条1項事例）参照。

（注61）　前掲（注45）依田32頁参照。ハーグ実施法28条1項4号の返還拒否事由を認めなかった事例として，大阪高決平29・9・15判タ1451号132頁及び大阪高決平29・7・12判タ1454号73頁，ハーグ実施法28条1項4号の返還拒否事由を認め，原決定を取り消した事例として，東京高決平27・7・14判タ1457号130頁参照。裁判のみならず，ADRや

兄弟姉妹の分離等を「重大な危険」の有無の判断要素と位置づける決定も存在する。[注62]

(v) ハーグ実施法28条1項5号の返還拒否事由の判断（子の異議）

　ハーグ実施法28条1項5号は，「子の年齢及び発達の程度に照らして子の意見を考慮することが適当である場合において，子が常居所地国に返還されることを拒んでいること」を子の返還拒否事由としている。これは，子の利益を確保するためには，子の意思を尊重することが重要であるため設けられた返還拒否事由であるが，子は，親その他の第三者から影響を受けやすいので，表明された意思が子の本心とは認めがたい場合もあり得ることから，「子の年齢及び発達の程度に照らして子の意見を考慮に入れることが適当である場合」を要件に加えられている。ここで「子の意見を考慮することが適当である場合」について，立法担当者は，子の発達の程度については，個人差があるため，一律に定めることは困難であるとしても，概ね10歳程度としている。[注63]

　決定例としては，異議の内容・性質・強度を要件として掲げ，11歳の子につき，子はその意見を考慮に入れることが適当な年齢及び成熟度に達しており，異議の内容を検討した上で，異議を強いものとして認めた上でハーグ実施法28条1項5号の返還拒否事由を認めたもの，[注64] 異議の継続性（一貫して返還を拒絶する意思）を5号の該当要素として認めたものがある。[注65] 前掲注44で記載したように，子の異議の認定には，家裁調査官の調査の対象事項であり，家裁調査官の調査が重要な役割を果たす。

調停でも，暴力に関する主張は，誇大なものも含め多くなされるが，過度に誇大な主張が行われた場合，当事者の不和を増長してしまうことも存在する。特に，ADRや調停のような話合いの場では，当事者が将来にわたり，子の監護について，事実上の話合いを行うという観点から，代理人側でも事実を綿密に検討した慎重な対応が必要とされる事項でもある。

(注62)　最一小決平29・12・21判タ1449号94頁～98頁（ハーグ実施117条1項事例）
(注63)　『金子・一問一答（ハーグ）』152頁
(注64)　大阪高決平28・8・29判タ1455号79頁
(注65)　最一小決平29・12・21判タ1449号94頁～98頁（ハーグ実施117条1項事例）

第4章　国際的な子の返還及び面会交流（ハーグ条約）

㈦　和解，審理終結及び決定

　子の返還申立ての手続に際しては，和解による解決も可能である（ハーグ実施100条）。子の監護に関する事項，夫婦間の協力扶助に関する事項及び婚姻費用の分担に関する事項も和解の対象とできるが（ハーグ実施100条2項・3項2号），離婚及び離婚に伴う親権者の指定については和解をすることができるとはされていない。[注66]

　子の返還申立ての決定が行われた際，終局決定は当事者及び子に対し，相当と認める方法で告知されなければならず，告知することによってその効力を生ずる（ハーグ実施93条。ただし，子（手続に参加した子を除く。）に対しては，子の利益を害すると認める場合はこの限りでない。）。終局決定には，理由の要旨では足りず，理由の記載まで必要である（ハーグ実施94条）。

　当事者のみでなく，子も即時抗告を行うことができる（ハーグ実施101条2項）。また，終局決定確定後の事情変更による決定の変更（ハーグ実施117条）が認められていることも特徴的である。[注67]

(4)　子の返還決定後の対応

①　子の返還決定後の中央当局の対応

　裁判所により，子の返還決定が確定した場合には，中央当局は，返還後の現地における生活支援・保護・福祉等のサービスに関する情報の提供，査証取得等の側面支援，子の返還後の在外公館における相談対応等を行うことができる。[注68]子の返還の際には，中央当局は児童心理専門家

（注66）　『金子・一問一答（ハーグ）』235頁。本来的に家事審判事項（家事39条）である子の監護に関する事項，夫婦間の協力扶助に関する事項及び婚姻費用の分担に関する事項について，和解ができることと特則的に定めているのに対し，離婚については定められていないのは，離婚については家事事件の手続又は人事訴訟の訴訟手続において解決すべきものであり，迅速性が求められている子の返還申立事件において解決するのは相当でないと説明されている。

（注67）　前掲（注29）山本文献では，「これは，子の利益を判断の中心におく以上，その点について決定後に事情変更があった場合には，決定を維持することは相当でないことによる」と説明されている。実際にハーグ実施法117条1項の規定により終局決定が変更された事例として最一小決平29・12・21判タ1449号94頁が存在する。

（注68）　前掲（注4）外務省ウェブサイト参照。子を日本に連れ去った親及び子が現地に

144

等を活用し，側面支援を行う。

② 子の返還執行手続

実施法上は，子の返還の執行手続についても，民事執行法の特則を設けている。子の返還の執行手続については，民事執行法の子の引渡しの強制執行に関する規律の明確化とあわせ，令和1年5月17日改正案が公布され，1年以内に施行予定である。変更点は概要以下のとおりである。(注69)

㋐ 間接強制の前置に関する規律の見直し

子の返還の強制執行（代替執行。以下同じ。）の申立ては，改正前は間接強制（債務者が債務を履行しない場合，執行裁判所が一定期間内に履行しないときに一定額の金銭を債務者に支払うよう命じ，債務者を心理的に強制して履行させる執行方法（民執172条））と代替執行（債務者が債務を履行しない場合に，執行裁判所の命令により，債務者に代わって債務者以外の者にその行為を行わせて，それに要した費用を債務者から強制的にとりたてる執行方法（民執171条））の併用が原則とされていたが（改正前ハーグ実施134条。間接強制前置），改正後は，間接強制の前置が必須ではなくなった。その上で，子の返還の強制執行の申立ては，(a)間接強制の決定が確定して2週間を経過したとき，(b)間接強制を実施しても，債務者が子の監護を解く見込みがあるとは認められないとき，(c)子の急迫の危険を防止するため直ちに強制執行をする必要があるときにできるものとし，子の利益への配慮の観点から，直接的な強制執行の必要性，相当性が認められる場合にのみに申立てを限定している（改正後ハーグ実施136条）。

㋑ 債務者審尋の緩和

子の利益への配慮の判断をする執行機関を，執行官ではなく，執行裁判所とした上で，子に急迫した危険のあるときや，強制執行の目的を達

居住していた事案が多数であるため，実際上情報提供が行われることが多いのは，DVについての恐怖が存在する場合のDVシェルターの紹介等である。
(注69) より詳細な立法趣旨は，浅野匡男「民事執行法及びハーグ条約実施法の一部を改正する法律案」参議院常任委員会調査室・特別調査室『立法と調査』411号30頁参照（参議院，2019）。以下，②子の返還執行手続の記載は引用のない限り，上記論文によっている。

第4章　国際的な子の返還及び面会交流（ハーグ条約）

することができないとき[注70]は，例外的に審尋が不要とされている（改正後ハーグ実施138条2項）。

（ウ）　**子と債務者の同時存在の要件の見直し**

改正前ハーグ実施法140条3項は，子が債務者と共にいることが，執行官が子の監護を解くための要件とされていたが，当該条項は削除された。債権者の出頭は必要である（改正後民執175条5項，ハーグ実施140条）。債務者による抵抗，子への働きかけ等により，子に葛藤が生じ，子の心身に悪影響を及ぼすおそれがあることや債務者が恣意的に執行の場に立ち会わないことで執行を不能にするなどの懸念による改正である。[注71]立会いなしで執行されるかもしれないという心理的効果により，任意的な返還が進むことができると期待できるのではないかという指摘も存在する。[注72]

（エ）　**その他**

執行官が，子の監護を解くために，必要な行為をするに際し，抵抗を受けるときは，その抵抗を排除するために，執行官の威力の行使を可能とし（改正後ハーグ実施140条2項），執行裁判所及び執行官の責務として，子の年齢及び発達の程度その他の事情を踏まえ，できる限り，当該強制執行が子の心身に有害な影響を及ぼさないように配慮しなければならないことを明文化している（改正後民執176条，ハーグ実施140条1項）。

③　**DVが疑われるケースへの対応**[注73]

（ア）　**申立段階での対応**

外国返還援助申請又は日本国面会交流援助申請の申請者からの暴力（DV）が認められるような場合には，申請者に対して子や子と同居して

（注70）　前掲（注69）浅野36頁・37頁では，子への虐待等がうかがわれるような場合（子への重大な危険），子の所在を変更するなどして執行妨害を図ることが見込まれる場合（強制執行の目的を達することができない場合）を例として挙げている。

（注71）　前掲（注69）浅野37頁

（注72）　令和元年6月10日ハーグ条約締結5周年記念シンポジウム「ハーグ条約と日本〜子ども中心の国際家事手続に向けて〜」における黒田愛発言。

（注73）　『金子・一問一答（ハーグ）』47頁〜49頁，81頁〜83頁，222頁・223頁

いる者の住所又は居所を明かすことにとって，これらの者の生命及び身体を危険にさらすことにもなりかねない。そこで，ハーグ実施法では，中央当局は，申請者が，日本の裁判所に子の返還の申立て又は子との面会交流の定め若しくはその変更を求める家事調停若しくは家事審判の申立てをするために子と同居している者の氏名の開示を求める場合には，当該氏名に限って情報の提供を行うことができるとしている（ハーグ実施5条4項1号）。

なお，中央当局は，子の返還に関する事件，子との面会交流に関する事件，子の返還の強制執行に関する事件，子との面会交流の強制執行に関する事件が係属している裁判所から，手続を行うために，子及び子と同居している者の住所又は居所の確認を求められた場合には，当該住所又は居所をこれらの裁判所に開示することができることとされている（ハーグ実施5条4項2号）。

また，中央当局は，日本国内に所在する申請に係る子が虐待を受けているおそれがあると信ずるに足りる相当な理由があるときは，市町村，都道府県の設置する福祉事務所又は児童相談所（以下「市町村等」という。）に対し，その旨を通告しなければならないが，その際，子及び子と同居していると思料される者の氏名及び住所又は居所を通知することができる（ハーグ実施5条4項3号）。

中央当局は国の情報機関や地方公共団体の長等に対して情報提供を求めて調査をしても，子及び子と同居している者の所在を特定することができない場合には，都道府県警察に対し，行方不明者発見活動を依頼することができるが，その際には，都道府県警察による行方不明者発見活動が正確かつ効率的に行われるため，国の行政機関や地方公共団体の長等から提供された情報を都道府県警察に対して提供することができるとされている（ハーグ実施5条3項）。

(イ) 相手方の陳述聴取における対応

実施法は，当事者の陳述の聴取の方法として，審問の期日を開くことを義務付けていないため（ハーグ実施85条1項），申立人の相手方に対す

第 4 章　国際的な子の返還及び面会交流（ハーグ条約）

る暴力（DV）が疑われる事案においては，必要に応じて，家裁調査官
による当事者の陳述聴取や書面照会により行われる。

　また，審問の期日を開いて当事者の陳述を聴取する場合には，他の当
事者は，原則として当該期日に立ち会うことができるとされているが
（ハーグ実施85条 2 項本文），申立人の相手方に対する暴力（DV）が疑わ
れ，相手方の審問期日に申立人が立ち会うことにより，相手方が精神的
圧迫を受け，自身の認識，意見，意向等を表明することができないおそ
れがあると認められる場合には，申立人を当該期日に立ち会わせないこ
とができるほか（ハーグ実施85条 2 項ただし書），テレビ会議システムを
利用して審問を行うこともできる（ハーグ実施75条 1 項）。また，このよ
うな事案では，審問の期日終了後に申立人が相手方の後をつけて相手方
の居所が申立人に明らかになるおそれがあるため，申立人の審問と相手
方の審問を異なる日に設定する，あるいは，やむを得ず同日になる場合
には時間帯をずらすなどの配慮をすることなどが考えられる（ハーグ実
施85条 2 項ただし書）。また，当事者の審問期日を通知することによって
事実の調査に支障を生ずるおそれがあると認められるときは，相手方の
審問の期日を申立人に通知しないことも考えられる（ハーグ実施規則45
条ただし書）。

(ウ)　記録の閲覧等における対応

　裁判所は，中央当局から開示された相手方又は子の住所又は居所の情
報が記載され，又は記録された部分（以下「住所等表示部分」という。）
については，① 相手方の同意があるとき，又は② 子の返還を命ずる終
局決定が確定した後に強制執行のために必要があるときを除き，閲覧等
の許可をしないこととされている（ハーグ実施62条 4 項本文・133条・143
条・149条）。

　また，申立人の相手方に対する暴力（DV）が疑われる事案では，当
事者又は第三者の私生活又は業務の平穏を害するおそれがあるものとし
て，閲覧等の許可をしないこととされている（ハーグ実施62条 5 項。利害
関係を疎明した第三者からの閲覧の請求については，同条 6 項。）。

第2 ハーグ条約に基づく子の返還申立て

2 子が日本から，ハーグ条約締約国である外国へ連れ去り又は留置された場合（ハーグ実施11条～15条）（アウトゴーイング事案）

　子が日本から，ハーグ条約締約国である外国へ連れ去られた場合，又は日本に居住していた子がハーグ条約締約国である外国に留置された場合に（アウトゴーイング事案），子を当該外国から日本へ返還することに関する援助を行うことを日本の中央当局に対し求めることができる。この申請を日本国返還援助申請という。外国返還援助の場合と同様，申請の際には却下事由に該当しないかの確認が必要である。(注74) また，申請は申請書を日本の中央当局に提出することで行う。(注75)

　日本国返還援助申請が決定されると，日本の中央当局（外務省ハーグ条約室）から，外国の中央当局（条約上の義務を履行するために締約国各国により指定された当局（ハーグ条約6条））に対し，申請書が送付される（ハーグ実施14条）。(注76) 外国の中央当局は，申請書を審査の上，子の所在を特定し（ハーグ条約7条1項a），協議による解決を促し（ハーグ条約7条1項c），協議による解決が難しく子の返還に係る裁判が行われ，返還決定がなされた場合は，子

(注74)　申請却下事由の詳細については，前掲（注13）及びハーグ実施法13条1項参照。(a)子が16歳に達していること，(b)子の所在国又は地域が明らかでないこと，(c)申請に係る子が日本又は他の条約締約国以外の国や地域に所在していることが明らかであること，(d)申請に係る子の所在地及び申請者の住所又は居所が同一の条約締約国にあることが明らかであること，(e)子の常居所地国が日本でないことが明らかであること，(f)子の連去時又は留置開始時に申請に係る子が所在していると思料される国や地域が条約締約国でなかったこと，(g)日本国の法令に基づき，申請者が申請に係る子についての監護の権利を有していないことが明らかである，又は申請に係る子の連れ去り若しくは留置により当該監護の権利が侵害されていないことが明らかであることが却下事由となっている。

(注75)　前掲（注12）参照。申請書記載の際の手引及び申請書の様式は，日本国返還援助申請の場合も外国返還援助申請の場合も同一である。

(注76)　外国当局は，英語又は現地語でしか申請書を受け付けていないが，申請書は，日本国返還援助を行った場合は，日本の中央当局側で翻訳を行ってもらうことが可能である（詳しくは，外務省「翻訳支援について」参照（https://www.mofa.go.jp/mofaj/files/000414018.pdf））。ただし，翻訳には一定程度の時間を要するので，外務省のウェブサイト）には，英語で受付を行っている国については，最初から英語で申請書を作成する方が便利である旨の注記がある（外務省「日本から連れ去られた子の返還を希望する方へ」(https://www.mofa.go.jp/mofaj/fp/hr_ha/page22_000867.html)）。どの国が英語の申請書を受け付けているかについても，同ウェブサイト参照。

149

第4章　国際的な子の返還及び面会交流（ハーグ条約）

の安全な返還を支援する（ハーグ条約7条1項h）等，条約7条に中央当局の義務として定められた事項に従い，手続をすすめることが一般的である。各締約国の手続についての詳細は，ハーグ国際司法会議ウェブサイト上の「カントリープロファイル^(注77)」から，外国判例や法制度については外務省ウェブサイト「ハーグ条約関連資料^(注78)」から，それぞれ参照することができる。日本の中央当局側は，外国の中央当局や裁判所に，子の社会的背景に関する情報（子の日本国内における心身，養育及び就学の状況その他の生活及び取り巻く環境の状況に関する情報）を必要に応じ提供する（ハーグ実施15条）。

　アウトゴーイング事案において申請を行うメリットは，①申請書の送付等の外国政府への連絡を行ってもらえること，②申請書及び，場合によっては，その後の外国での裁判手続における提出書面につき，翻訳の費用扶助を受けることができること，③外国判例や法制度についての情報提供を受けることができることなどがある。

第3｜ハーグ条約に基づく面会交流の確保

1 子が日本へ連れ去られ又は留置された場合

(1) 中央当局への日本国面会交流援助

　日本にいる子との面会交流を希望する場合も，中央当局に対し，子との面会交流を実現するための援助（日本国面会交流援助）の申請を行うことができる。^(注79)この場合も，ハーグ実施法18条1項の却下事由^(注80)に該当しないこ

（注77）　HCCH "28: Convention of 25 October 1980 on the Civil Aspects of International Child Abduction"（https://www.hcch.net/en/instruments/conventions/publications1/?cid=24&dtid=42）

（注78）　外務省（https://www.mofa.go.jp/mofaj/ca/ha/page22_001672.html#section2）

（注79）　申請書様式及びフォームについては，外務省ウェブサイト参照（外務省「面会交流援助申請」（https://www.mofa.go.jp/mofaj/fp/hr_ha/page22_000944.html））

（注80）　(a)申請に係る子が16歳に達していること，(b)申請に係る子が日本国内に所在していないことが明らかであり，かつ，申請に係る子が所在している国又は地域が明らかでないこと，(c)申請に係る子が条約締約国以外の国又は地域に所在していることが明らか

150

第3　ハーグ条約に基づく面会交流の確保

〈図8　日本国面会交流手続図〉

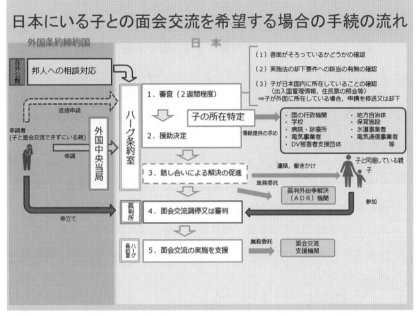

（出典：外務省ホームページ）

との確認が必要である。

　手続の概要は上記の図のとおりである。

(2) **面会交流の申立て**

　(ア)　**概　要**

　　　面会交流の場合，ハーグ実施法には，子の返還手続の場合のように，

であること，(d)申請に係る子の所在地及び申請者の住所又は居所が同一の条約締約国内にあることが明らかであること，(e)申請者が日本国内に住所若しくは居所を有していることが明らかであり，又は日本国以外の条約締約国に住所若しくは居所を有していないことが明らかであること，(f)申請者が申請に係る子と面会交流をすることができなくなる直前に申請に係る子が常居所を有していた国又は地域が条約締約国でないこと，(g)申請者が申請に係る子と面会その他の交流をすることができなくなる直前に申請に係る子が常居所を有していた国若しくは地域の法令に基づき申請者が申請に係る子と面会その他の交流をすることができないことが明らかであり，又は申請者の申請に係る子との面会その他の交流が妨げられていないことが明らかであることが申請却下事由となる。

第4章　国際的な子の返還及び面会交流（ハーグ条約）

手続全体について包括的に特別な手続を定める作りにはなっておらず，現行の家事事件手続法の面会交流を求める家事審判（家事150条以下）又は家事調停（家事244条以下）の申立てを行うこととなる。[注81]　一度決まった面会交流であっても，その後に事情の変更があった場合（子の年齢，状況等に相当変化があった場合など）には，面会交流の内容，方法等の変更を求める調停（審判）を申し立てることもできる。[注82]

実施法上は，管轄に関する特則（ハーグ実施148条）及び記録の閲覧等の特則（ハーグ実施149条）が存在する。

管轄については，家事事件手続法上の管轄裁判所が原則であるが，外務大臣から実施法による外国返還援助決定若しくは日本国面会交流援助決定を受けている場合，あるいは，子の返還の申立てをした場合には，東日本の場合には東京家裁，西日本の場合には大阪家裁にも申立てを行うことができる（ハーグ実施148条）。子の返還申立事件との一括処理を図るためである。[注83]

記録の閲覧に関しても特則が存在する。子の住所や居所等の情報を保護し，情報を厳格に管理するという実施法の趣旨を貫徹するためである。[注84]

申立てをした際，裁判所から送る決定書等は，申立人が指定した場所が送達場所となるが，この場所が外国となる場合，書類の送達等に時間がかかるため，代理人の事務所を送達場所とすることが望ましいとされる。[注85]

（注81）　申立ての際の申請書や，申立ての相手方となった場合の書類は，裁判所ウェブサイトからダウンロードできる。裁判所「面会交流の調停等申立手続の書式について」（http://www.courts.go.jp/tokyo-f/saiban/hague/hague_moushitate_menkaikouryu/index.html）。申立ての費用についても上記に記載がある。令和元年7月8日時点では，対象となる子（未成年）1人につき1200円であり，これに加え連絡用の郵便切手等が別途必要である。
（注82）　外務省「ハーグ条約実施法による面会交流調停（審判）の申立てをされる方へ」
（注83）　前掲（注29）山本33頁
（注84）　『金子・一問一答（ハーグ）』295頁～299頁
（注85）　東京家庭裁判所「ハーグ条約実施法による面会交流調停（審判）の申立てをされる方へ」7(2)（http://www.courts.go.jp/tokyo-f/vcms_lf/H290601-k5.pdf）

第3　ハーグ条約に基づく面会交流の確保

㈏　調　停

　子との面会交流の在り方をどうするかについても，当事者相互の話合いによって合意の上で決めることが望ましい。実際に面会交流を実現するに際しても，合意により決定する事項の方が実現し易く，当事者の生活実態に即した，より子の利益に資するものとなると考えられるからである。最初から面会交流の審判が申し立てられた場合でも，裁判官の職権により調停手続に付されることが多い（家事274条１項）[注86]。

(3)　面会交流決定後の対応

　協議，和解，調停及び審判によって面会交流を実施することが決定した場合，中央当局より，面会交流支援機関[注87]の紹介や，支援機関を利用する際の費用の一部負担を受けることができる。

　外国で面会交流等を行うことを想定する場合には，常居所地国の法律上効力を有するかにつき，調査が必要である。

2　子が外国へ連れ去り又は留置された場合

　外国にいる子との面会交流を希望する場合も，中央当局に対し援助申請（外国面会交流援助申請）を行うことができる[注88]。却下事由はハーグ実施法23条１項のとおりである[注89]。

（注86）　連れ去られた親の気持ちを一旦おさめ，当事者の合意形成に資するために，調停の第１回期日において，面会の場を設ける方法がとられることもある。

（注87）　外務省「面会交流支援機関リスト」(https://www.mofa.go.jp/mofaj/files/000033396.pdf) に支援機関が掲載されている。例えば，公益社団法人家庭問題情報センターによる面会交流支援では，面会交流の際の援助者の付添い，子の受渡し，連絡調整等の援助を受けることができ，中央当局による支援開始決定後は，最大４回目の面会交流まで外務省による費用負担の援助を受けることができる（Rules for 公益社団法人家庭問題情報センター，"Implementation of FPIC Support"(http://www1.odn.ne.jp/fpic/docs/en_fpic.pdf)）。

（注88）　申請書等は外務省ウェブサイトからダウンロード可能である。前掲（注79）参照。

（注89）　却下事由は，(a)外国面会交流援助申請において面会その他の交流を求められている子が16歳に達していること，(b)申請に係る子が所在している国又は地域が明らかでないこと，(c)申請に係る子が日本国又は条約締約国以外の国若しくは地域に所在していることが明らかであること，(d)申請に係る子の所在地及び申請者の住所又は居所が同一の

第4章 国際的な子の返還及び面会交流（ハーグ条約）

第4 ハーグ実施法と扶助制度

　ハーグ条約26条では，条約に基づく申請に係る手数料や，弁護士等の参加にかかる費用を申請者に要求することができないとされているが，日本は留保の宣言を行っているため，(注90) 手続費用は自費負担が原則である。ただし，第2①(1)，第2②及び第3①(3)記載したように，ADRの利用，翻訳費用の補助及び面会交流援助の利用等一定の場合につき，当局からの金銭的援助が得られる。

　また，ハーグ条約案件の当事者については，これまで民事法律扶助制度の対象となっていなかったが，ハーグ実施法153条により外国に居住する外国人であっても，ハーグ条約締約国の国民又は締約国に常居所を有する者は総合法律支援法（平成16年法律第74号）が拡張的に適用されることとなった。扶助の対象範囲は，日本の裁判所での子の返還手続，出国禁止命令，強制執行，子との面会交流手続等（示談交渉，ADR手続を含む。）における代理人費用，実費である。そのためADR手続における代理人費用と実費もこの制度を利用し立て替えることができる（ただし，給付制ではなく無利子の立替制である。）。中央当局の援助決定を受けていること及び弁護士が選任されていることが要件となる。(注91)

条約締約国内にあることが明らかであること，(e)申請者が日本国内に住所又は居所を有していないことが明らかであること，(f)申請者が申請に係る子と面会その他の交流をすることができなくなる直前に申請に係る子が常居所を有していた国又は地域が条約締約国でないこと，(g)申請者が申請に係る子と面会その他の交流をすることができなくなる直前に申請に係る子が常居所を有していた国若しくは地域の法令に基づき，申請者が申請に係る子と面会その他の交流をすることができないことが明らかであり，又は申請者の申請に係る子との面会その他の交流が妨げられていないことが明らかであることである。

(注90)　HCCH "Status Table"（https://www.hcch.net/en/publications-and-studies/en/instruments/conventions/status-table/?cid=24）
(注91)　詳細については，法テラス「ハーグ条約事件と民事法律扶助」（https://www.houterasu.or.jp/houterasu_gaiyou/mokuteki_gyoumu/minjihouritsufujo/hague/index.html）参照。

第4　ハーグ実施法と扶助制度

〈例14　子の返還申立書〉

申　立　書

令和　　年　　月　　日

○○家庭裁判所　御中

申立人手続代理人　　○○　　○○

子の返還申立事件

貼用印紙額　金○○○○円

第1　申立ての趣旨

　1　相手方は，子○○○○^(注92)（平成○年○月○日生まれ，国籍○○（及び△△），本籍○○）を△△△国（※2）に返還せよ。

　2　手続費用は各自の負担とする。

との決定を求める。

第2　申立ての理由

　1　申立人は，○○国籍で，△△国△△州□□市に居住している。

　　相手方は，日本国籍で，平成○年○月○日に申立人と△△国で婚姻し，婚姻生活を送っていたが，現在は日本国内で居住している。

　　申立人が返還を求める子○○○○は，申立人及び相手方の子である。現在，○○は，□歳であり（甲1），相手方と共に日本国内に住んでいる（甲2）。

　2　法第27条各号に掲げる事由（子の返還事由）

　　⑴　子が16歳に達していないこと（法第27条1号）

　　⑵　子が日本国内に所在していること（同2号）

　　⑶　当該連れ去り又は留置が申立人の有する子についての監護の権利を侵害するものであること（同3号）^(注93)

（注92）　日本名が無い場合には，外国名をカタカナで表記する。

（注93）　外務省ウェブサイト（https://www.mofa.go.jp/mofaj/ca/ha/page 22_001672. html#section2）には，関連する主要条約締約国の法令上の親権・監護権の解説を記載した資料が存在する。「常居所地国」である外国の法令を参照すべき際にはこれを調査の手始めとして利用することが一般的である。

第4章　国際的な子の返還及び面会交流（ハーグ条約）

　　(4)　当該連れ去り又は留置の開始時に常居所地国が条約締結国であった
　　　こと
　3　予想される争点及び当該争点に関する重要な事実
　(1)　事前の同意又は事後の承諾の有無
　(2)　重大な危険の有無
　(3)　子の異議の有無
　4　外務省の返還援助決定を受けていること
　5　関連審判事件が係属している裁判所及び当該審判事件の表
　　　　○○家庭裁判所平成○年（家）第○○号
　　　　子の監護者指定申立事件

証拠方法

1　甲第1号証の1　　○○○○
2　甲第1号証の2　　甲1の1の訳文

（その他，証拠とすべき書面を追加）

附属書類

1　申立書の写し　1通
2　甲号証の写し　各1通
3　証拠説明書　1通
4　委任状　1通

以上

（別紙）

当事者目録

（申立人）
氏名
国籍（本籍）
住所
（相手方）
（申立人手続代理人）

第4 ハーグ実施法と扶助制度

〒○○○-○○○○　東京都○○○○

○○○○法律事務所（送達場所）

申立人手続代理人○○○○

国籍（本籍）

住所

（子）

国籍（本籍）

住所

〈例15　答弁書〉

令和○年（家ヌ）第○○号　子の返還申立事件

申立人　○○○○

相手方　○○○○

答　弁　書

令和　年　月　日

○○家庭裁判所　御中

相手方手続代理人○○○

〒○○○-○○○○　東京都○○○○

○○○○法律事務所（送達場所）

第1　申立ての趣旨に対する答弁

1　申立人の申立てを却下する。

2　手続費用は申立人の負担とする。

との決定を求める。

第2　申立ての理由に対する認否

（申立ての理由の各項目に対する認否【認める・否認する・不知（知らない）】を訴状の記載に対応するように記載。）

（例）1　申立ての理由第1項の事実は認める。

2　申立ての理由第2項の事実は知らない。

第4章　国際的な子の返還及び面会交流（ハーグ条約）

第3　相手方の主張

　1　申立ての理由に対する反論

　（申立ての理由に対する認否について，認めない部分がある場合には，認めない理由を主張を裏付ける事情や根拠も含めて具体的に記載）

　2　法第28条各号に掲げる事由（子の返還拒否事由）

　（以下の返還拒否事由のうち，該当するものを記載。）

【返還拒否事由】

　　①　連れ去り又は留置開始の時から1年以上経過した後に裁判所に申立てがされ，かつ，子が新たな環境に適応している場合

　　②　申立人が連れ去り又は留置開始の時に現実に監護の権利を行使していなかった場合（当該連れ去り又は留置がなければ申立人が子に対して現実に監護の権利を行使していたと認められる場合を除く。）

　　③　申立人が連れ去り若しくは留置の開始の前に同意し，又は事後に承諾した場合

　　④　常居所地国に返還することによって，子の心身に害悪を及ぼすこと，その他子を耐え難い状況に置くこととなる重大な危険がある場合

　　⑤　子の年齢及び発達の程度に照らして子の意見を考慮することが正当である場合において，子が常居所地国に返還されることを拒んでいる場合

　　⑥　常居所地国に子を返還することが人権及び基本的自由の保護に関する基本原則により認められない場合

　3　関連審判事件が係属している裁判所及び当該審判事件の表示
　　　○○家庭裁判所平成○年（家）第○○号
　　　子の監護者指定申立事件

証拠方法

1　乙第1号証の1　　○○○○
2　乙第1号証の2　　乙1の1の訳文

　（その他，証拠とすべき書面を追加）

附属書類

（附属書類を記載）

以上

ひとり親家庭

第1 はじめに

　離婚届を提出した後は，各種手続を行う必要がある。特に，ひとり親家庭の場合，自身の手続のみならず，子に関する手続も行う必要があり，効率的に手続を進めるためには，事前に必要な手続を理解し，準備をしておくことが重要である。

　また，国や各自治体は，ひとり親家庭の生活を支援するため，様々な支援制度を設けている。各自治体により，支援内容や手続が異なることから，自身の住所地の市区町村の支援制度について，市区町村のホームページや窓口において確認した上で，自身に必要な制度を取捨選択し，できる限り活用することが望ましい。

第2 離婚後の手続

1 戸籍と氏の変更(注1)

(1) 氏の変更

　夫婦が離婚した場合，婚姻により氏を変更しなかった夫又は妻は，離婚をしても氏の変更はなく，従前の氏を称することになる。

　これに対して，婚姻により氏を変更した夫又は妻は，離婚をすると，婚

(注1)　夫婦は婚姻届をする際に夫と妻のいずれの氏を称するのかを選び（民750条，戸籍74条），その氏を称する夫又は妻を筆頭者とした戸籍を新たに編製する（戸籍14条1項・16条1項）。そして，夫婦の間に子が出生したときは，その子も同一の戸籍に入籍することになる（戸籍18条1項）。

第5章 ひとり親家庭

姻前の氏（旧姓）に戻ることになる（民767条1項）。

　もっとも，婚姻時の氏を離婚後もそのまま称することを希望する場合には，離婚の日から3か月以内に，「離婚の際に称していた氏を称する旨の届」を本籍地又は住所地の市区町村役場に提出することにより，婚姻時の氏を称することができる（民767条2項，戸籍77条の2）。

　つまり，婚姻によって氏を変更した夫又は妻は，離婚をする際に旧姓に戻ることも，婚姻時の氏をそのまま称することもできるということである。

　この届出には，元配偶者の承諾は不要である。また，婚姻前の氏を離婚後もそのまま称することを希望する場合，法律上は，離婚の日から3か月以内に届出をすることになるが，実際には，一旦旧姓に戻ることを避けるため，自身が離婚届を提出する場合には，離婚届と同時に届け出るケースが多い。

(2) 戸籍の変更

　婚姻により氏を変更しなかった夫又は妻の戸籍は，離婚後も従来のままである。

　これに対して，離婚によって旧姓に戻った夫又は妻の戸籍は，原則として，婚姻前の戸籍に戻ることになる（戸籍19条1項本文。これを「復籍」という。）。ただし，① 婚姻前の戸籍が除籍されている場合，② 新戸籍編製の申出をした場合，[注2] ③ 婚姻時の氏を称するために婚氏続称の届出を行った場合には，新戸籍を編製して，その戸籍に入ることになる（戸籍19条1項ただし書・3項）。

　新戸籍を編製するに当たり，本籍地は自由に選ぶことができるが，利便性を重視して，離婚した後の住所地を本籍地とするケースが多い。一般的には，離婚届を提出してから数日～1週間程度で離婚後の戸籍謄本を取得することができる。

（注2）　同じ戸籍に記載されるのは親子二世代までで，夫婦とその孫が同じ戸籍に入ることは認められていない（戸籍6条本文）。したがって，婚姻前の戸籍に戻って復籍した場合，三世代目に相当する自身の子を同じ戸籍に入れることはできないため，新戸籍を編製する必要がある。

第2　離婚後の手続

(3)　子の氏の変更許可申立てと入籍届

夫婦が離婚しても，子の戸籍及び氏に変動はない。したがって，例えば，父が戸籍の筆頭者であり，父の氏を称する婚姻であった場合，母が離婚により復籍すれば，母と子の氏が異なるという事態が生じる。これは，母が親権者であっても同じである。

このように親と子の氏が異なる場合には，子は，親と同じ戸籍に入ることができない。親と子を同じ戸籍にするためには，まず，①　子の氏の変更許可申立てを子の住所地を管轄する家庭裁判所に行い（民791条1項），その後，②　住所地の市区町村役場に入籍届を届け出る必要がある（戸籍98条1項）。

なお，離婚後の母が婚姻中の氏を称する場合には，母と子の氏は形式的には同じであるが，法律的には異なるものとして扱われる。したがって，母と子の戸籍を同じにしたい場合は，やはり子の氏の変更許可の申立てを行う必要がある。

①　子の氏の変更許可申立て

子の住所地の家庭裁判所に申し立てる。提出書類に不備がなければ，子の氏の変更許可審判書が即日発行されるところもあるが，後日郵送される場合もある。郵送を希望する場合には，連絡用の郵便切手を提出する必要がある。

「子の氏の変更許可申立書」は，家庭裁判所で入手することができるが，裁判所のホームページからダウンロードすることもできる。[注3]

②　入籍届

家庭裁判所で子の氏の変更の許可を得た後，子の本籍地又は親権者の住所地の市区町村役場に入籍届を提出する。これにより，子は，親と同じ戸籍に入り，親と子の氏も同じとなる。

なお，「子の氏の変更許可申立書」と「入籍届」の申立手続は，子（入

（注3）　裁判所ホームページ「子の氏の変更許可」（http://www.courts.go.jp/saiban/syurui_kazi/kazi_06_07/）

第5章　ひとり親家庭

籍者本人）が15歳未満であるときは，法定代理人である親権者が子に代わって届け出ることができ，子が15歳以上の場合には子本人が届け出る（民791条3項）。

〈図9　戸籍・氏に関する手続〉

	手　続	必要書類の例	申請先	備　考
親に関する手続	戸籍	【復籍する場合】 離婚届の「婚姻前の氏に戻る者の本籍」のチェック欄の「もとの戸籍にもどる」にチェックする。 【復籍せずに新戸籍を編製する場合】 ①　婚姻前の氏に戻り，新しい戸籍をつくる場合 離婚届の「婚姻前の氏に戻る者の本籍」のチェック欄の「新しい戸籍をつくる」にチェックする。 ②　婚姻中の氏を称して，新しい戸籍をつくる場合 自身が離婚届を提出する場合には，離婚届と同時に「離婚の際に称していた氏を称する届」を提出するケースが多い。この場合，「婚姻前の氏にもどる者の本籍」のチェック欄は空欄とし，「その他」の欄に「離婚の際に称していた氏を称する届を離婚届と同時にに提出する」旨を記載する。	親の住所地又は本籍地	戸籍謄本取得には，離婚の届出をしてから数日～1週間前後かかる場合が多い。
	離婚の際に称していた氏を称する届（婚氏続称の場合）	・離婚の際に称していた氏を称する届 ・戸籍謄本（本籍地の場合，不要） ・印鑑		離婚の日から3か月以内
子に関する手続	子の氏の変更許可の申立て	・申立書 ・子の戸籍謄本 ・子が入る予定の親の戸籍謄本 ・収入印紙（子一人につき800円） ・連絡用郵便切手（裁判所に確認）	子の住所地を管轄する家庭裁判所	―
	入籍届	・氏の変更許可の審判書謄本 ・入籍届 ・子どもの戸籍謄本 ・入籍する親の戸籍謄本 ・印鑑	子の本籍地か子又は親の住所地の市区町村役場	提出先の市区町村に本籍がある場合には，戸籍謄本の提出は不要。

※　必要書類については，各自治体により異なる場合があるため，詳しくは各自治体窓口へ問合せを要する。

2 健康保険

(1) 自身の健康保険

　婚姻中，元配偶者を世帯主とする国民健康保険又は健康保険に入っていた場合には，離婚に伴い，被保険者又は被扶養者の資格を喪失するため，離婚後に自身を世帯主とする国民健康保険か健康保険に加入する必要がある。

　その手続は，婚姻中，元配偶者の国民健康保険の被保険者又は健康保険の被扶養者であったかどうか，新たに加入する健康保険が国民健康保険か健康保険かなど，婚姻中及び離婚後の生活状況により異なる。

〈図10　離婚後の健康保険に関する手続〉

婚姻中
元配偶者が会社員等で元配偶者の勤務先の健康保険の被扶養者だった場合

離婚

国民健康保険に加入する場合 （離婚後すぐに就職しない場合）	自身の勤務先の健康保険に加入する場合 （離婚後すぐに就職する場合）
① 元配偶者を通じて健康保険証を返却し，資格喪失証明書を取得する。 ② 新たに自身を世帯主にした国民健康保険に加入する（離婚後14日以内）。 【申請先】住所地の市区町村役場 【必要書類の例】 ・資格喪失証明書 ・国民健康保険被保険者取得届 ・本人確認書類 　　　　　　　　　　　　　　　　など	勤務先に加入手続を行ってもらう。

婚姻中
元配偶者が自営業者等で国民健康保険に加入しており，国民健康保険の被保険者だった場合

離婚

国民健康保険に加入する場合 （離婚後すぐに就職しない場合）	自身の勤務先の健康保険に加入する場合 （離婚後すぐに就職する場合）

第5章 ひとり親家庭

住民票の異動に伴い自動的に自身が世帯主である国民健康保険に変更となる場合もあるが，子の年齢等にもよるため，詳しくは自治体への問合せを要する。	勤務先に加入手続を行ってもらい，自身で国民健康保険の脱退手続を行う（資格を喪失してから14日以内）。 【申請先】住所地の市区町村役場 【必要書類の例】 ・国民健康保険被保険者資格喪失届 ・国民健康保険被保険者証 ・勤務先の健康保険被保険者証 　又は資格取得証明書 ・マイナンバーが分かる書類 ・身分証明書　　　　　　　　　など
婚姻中 自身を世帯主とする国民健康保険 に加入していた場合	婚姻中 自身の勤務先の健康保険に加入していた場合

　離婚　　　　　　　　　離婚

氏の変更がある場合には，氏の変更手続を行う。	原則，届出は不要。

※　必要書類については，各自治体により異なるため，各自治体窓口へ問合せを要する。

　なお，国民健康保険は，他の医療保険制度に加入していない者を被保険者の対象としている（国保6条参照）。したがって，元配偶者の会社の健康保険に被扶養者として加入していた場合において，離婚後に国民健康保険に加入する場合には，元配偶者の会社の健康保険の被扶養者の資格を喪失したことを証する資格喪失証明書を取得し，これを住所地の市区町村役場に提出する必要があるので留意が必要である。

　資格喪失証明書は，元配偶者の会社の健康保険組合が発行するもので，請求しないと取得できないことが多い。そのため，元配偶者を通じて元配偶者の会社の健康保険組合に健康保険証を返却し，資格喪失証明書の取得を依頼することになる。[注4] そして，資格喪失証明書を取得した後，自身の

(注4)　この資格喪失証明書の取得に関しては，当事者の感情的対立が激しい場合などにおいては，元配偶者の協力が得られない場合もある。後日，資格喪失証明書を取得すれば，取得日に遡って，国民健康保険の加入日として取り扱うことになるが，国民健康保険の加入手続を行うまでの間に医療機関を受診した場合には，一旦は全額自己負担として支払い，国民健康保険の加入手続後に，自身の住所地の市区町村役場で還付の手続を行うことになる。元配偶者が資格喪失証明書の取得に非協力的な場合には，元配偶者

第2　離婚後の手続

住所地の市区町村役場にこれを提出し，自身を世帯主とする国民健康保険加入手続を行うと，保険証が交付される。

また，国民健康保険の届出は，資格の取得・喪失の日から14日以内に住所地の市区町村役場へ届け出る必要がある（国保規3条，国保6条）。同期間を過ぎると全額自己負担となる可能性があることから，留意が必要である。

速やかに手続を進めるためには，離婚が成立する見込みとなった時点で，あらかじめ元配偶者を通じて資格喪失証明書の取得を会社に依頼をしておくことが望ましい。

(2)　子の健康保険

新たに自身が加入する健康保険に子を加入させる場合には，子についても加入手続が必要となる。子を国民健康保険に加入させるのであれば市区町村役場において，自身の勤務先の健康保険に加入させるのであれば勤務先での手続がそれぞれ必要となる。

また，従前，元配偶者の健康保険の被扶養者であった場合に，新たに国民健康保険へ加入させるためには，自身の場合と同じく子の資格喪失証明書が必要となるので，元配偶者に併せて取得を依頼する。

婚姻中に子が元配偶者の健康保険の被扶養者であった場合，離婚後においても，被扶養者の条件を満たす場合（例えば，養育費の支払などにより，扶養の実態が認められる場合など）において，元配偶者が同意する場合は，子を，離婚後も元配偶者の健康保険の被扶養者とすることもできる。子を，自身の健康保険に加入させると，保険料がその分高くなるため，子を元配偶者の健康保険の被扶養者とすることに経済的なメリットはあるが，一方で，諸手続を行う際に，元配偶者と連絡を取る必要がある場合もあり，この点も考慮の上，子の健康保険の加入先を検討することが望ましい。

これに対して，国民健康保険には，被扶養者という概念がなく，住民票

の会社を管轄している年金事務所への問合せや住所地の市区町村役場に相談を行うとよいであろう。

165

第5章　ひとり親家庭

の世帯単位で加入するものであることから，子が元配偶者の国民健康保険の被保険者であった場合において，離婚により，元配偶者と子が別世帯になると，原則として従前の国民健康保険に加入することはできなくなる。したがって，そのような場合には，子を，自身を世帯主とする国民健康保険に加入させることになる。

(3)　国民健康保険料の減免制度

　　国民健康保険には，減額（軽減），減免，全額免除という3種類の国民健康保険料の減免制度がある。国民健康保険料の支払が困難な場合には，住所地の市区町村役場へ相談すると良いであろう。

3 年　金

(1)　年金の種別変更

　　婚姻中に自身が第1号被保険者（自営業，農林漁業，学生，無職の人及びその配偶者など）や第2号被保険者（厚生年金に加入している会社員や公務員など厚生年金や共済組合に加入している人）であった場合には，離婚をしても年金の種別に変わりはないため，特に年金の種別変更にかかる手続を行う必要はない。

　　これに対して，婚姻中に第3号被保険者（第2号被保険者に扶養されている配偶者だった人で年収が130万円未満の人）であった場合には，離婚により，この第3号被保険者の資格を喪失するため，第1号被保険者又は第2号被保険者に変更する手続を行う必要がある。第1号被保険者に変更する場合には，まず，元配偶者である第2号被保険者の勤務先を通じて，「被扶養者（異動）届」を日本年金機構に提出し，その後，自身の住所地の市区町村役場の年金窓口に「国民年金被保険者種別変更（第1号被保険者該当）届」を提出する。

　　婚姻中，第3号被保険者であった場合，婚姻中は，配偶者が加入する年金制度が保険料を負担するため，本人による保険料負担はないが，離婚後，第1号被保険者又は第2号被保険者となった場合には，その当月分から保

険料の支払義務が発生する。就職して第2号被保険者となれば，給与から天引きされて納付することになるが，第1号被保険者の場合には，自身で国民年金を納付する必要があるので，留意が必要である。

(2) **国民年金保険料を納めることが経済的に困難な場合**

国民年金保険料を納めることが経済的に困難な場合，申請により，保険料の納付が免除される。免除される額は，全額免除と一部免除（4分の3，半額，4分の1）の4種類がある。国民年金保険料の支払が困難な場合には，住所地の市区町村役場に相談するとよいであろう。ただし，全額免除や一部免除を受けると，将来受け取る年金額が少なくなる点には，留意が必要である。

〈表4　年金に関する手続〉

手　続	必要書類の例	申請先	期　限
年金の種別変更・加入	① **第3号被保険者⇒第1号被保険者** ・国民年金被保険者種別変更届 ・本人確認書類 ・年金手帳 ・離婚日の分かる書類 （離婚が反映された戸籍謄本や離婚届受理証明書） ・扶養から外れたことが分かる書類 （健康保険資格喪失証明書等）　　など	住所地の市区町村役場又は最寄りの年金事務所	当該事実があった日から14日以内
	② **第3号被保険者⇒第2号被保険者** ・年金手帳	勤務先	―

※　必要書類については、各自治体により異なるため、詳しくは各自治体窓口へ問合せを要する。
※　年金に関する手続としては、その他に年金分割がある。

4 住民票

離婚届を提出すると，離婚届を受理した自治体が住民登録をしている自治体へ通知することになっており，住民票上の氏は，自動的に離婚後の氏に変更される。したがって，婚姻中に別居を開始し，離婚前に住民票を異動していた場合には，特に手続を行う必要はない。

これに対して，婚姻中に同居していた場合において，離婚後，自身が転

第5章　ひとり親家庭

居・転出する場合には，住民票の異動手続が必要となる。その際，通常の引っ越しと同様に，現在の住民票がある市区町村内で転居する場合には転居届を，他の市区町村へ引っ越す場合には転出届を提出する。同じケースで，離婚後，世帯主であった元配偶者が転居・転出し，自身は同じ場所に住み続ける場合には，世帯主が不在となり，自動的に自身が世帯主となる場合もあるが，子の年齢等にもよるため，詳しくは，自治体への問合せを要する。

〈表5　住民票に関する手続〉

手　続	必要書類の例	申請先	期限
自身が転居・転出する場合	①　**転居・転出届** ・転居届・転出届 ・本人確認書類	住所地の市区町村役場	事実が発生した日から14日以内
	②　**転入届** ・転入届 ・転出証明書 ・本人確認書類 ・転入する全員分のマイナンバー通知カード又はマイナンバーカード 　　　　　　　　　　など	転居先の市区町村役場	
元配偶者が転居・転出する場合	世帯主が不在となり，自動的に自身が世帯主となる場合もあるが，子の年齢等にもよるため，詳しくは，自治体への問合せを要する。	住所地の市区町村役場	

※　必要書類については、各自治体により異なるため、詳しくは各自治体窓口へ問合せを要する。

5　子に関する手続

(1)　児童手当の受給者変更

①　児童手当とは

　　児童手当とは，日本の社会保障制度の一環として，児童の養育者に児童手当を支給することにより，家庭等における生活の安定に寄与するとともに，次代の社会を担う児童の健やかな成長に資することを目的とす

第2　離婚後の手続

る制度である（児童手当法1条）。[注5]

② 支給対象

中学校卒業まで（15歳の誕生日の最初の3月31日まで）の児童の養育者が対象である。

③ 支給額

原則として，毎年6月，10月，2月に，それぞれの前月分までの手当が支給される。支給額は，以下の通りである。

〈表6　児童手当の支給額（令和元年9月現在）〉

児童の年齢	児童手当の額（一人当たり月額）
3歳未満	一律15,000円
3歳以上 小学校修了前	10,000円 （第3子以降は15,000円）
中学生	一律10,000円

※　児童を養育している方の所得が所得制限限度額以上の場合は，特例給付として月額一律5,000円を支給する。
※　「第3子以降」とは，高校卒業まで（18歳の誕生日後の最初の3月31日まで）の養育している児童のうち，3番目以降をいう。

④ 離婚後の手続

児童手当については，離婚後，父又は母のいずれが子を養育するかにより，必要な手続が異なる。

例えば，父が受給者であり，離婚後も父が子を養育する場合には，特に手続は必要ない。

これに対して，父が受給者であったところ，離婚後に母が子を養育する場合には，変更手続が必要となる。具体的には，元の受給者であった父は，住所地の市区町村役場に「児童手当・特例給付　受給事由消滅届」を提出する。そして，新しい受給者である母は，住所地の市区町村

（注5）　平成22年に「子ども手当」に名称変更されたが，平成24年に再び児童手当という名称に戻っている。

169

第5章　ひとり親家庭

役場に「児童手当・特例給付　認定請求書」を提出する。その際，受取口座の名義は，離婚後に氏が旧姓に戻る場合には，銀行口座の名義変更も行っておく必要がある。

その後，母の元に「児童手当（特例給付）認定通知書」が届き，同通知書に記載されている支給開始年月から，児童手当を受給できることになる。

なお，児童手当が支給されるのは毎年6月，10月，2月である。変更手続が遅れると，支払いが遅れたり，児童手当が元の受給者である父の口座に振り込まれてしまう可能性があるため，離婚後は早急に手続を行う必要がある。また，父の口座に入金された分は，父に請求することになるので留意が必要である。(注6)

(2)　その他の手続

子に関するその他の手続として，後述する児童扶養手当の申請，児童育成手当の申請，ひとり親家庭の医療費助成の申請のほか，転入学する場合には，転入学の手続などが挙げられる。

6　日常生活に関する手続

日常生活に関しても，運転免許証やパスポートの名義変更など，様々な手続が必要となる。これらの手続の際に，住民票の写し，戸籍全部事項証明書（戸籍謄抄本）などの提出が必要となる場合があることから，申請先に対し，

(注6)　児童手当は，原則として，児童を養育している人が複数いる場合には，「生計を維持する程度が高い人」（一般的には父母のうち所得が高い人）に支給される。

別居中の両親が生計を同じくしていないような場合（離婚または離婚協議中につき別居している場合）については，同居している人が児童を養育していると考えられることから，児童と同居している人に支給される。（内閣府ホームページ，https://www8.cao.go.jp/shoushi_jidouteate/ippan.html）

従って，例えば，婚姻中に母が離婚を前提に子を連れて別居した場合，所定の要件を満たせば，離婚前であっても児童手当の支給先を自身に変更することは可能である。この場合は，離婚をしても支給先の変更手続は不要となる。もっとも，支給先変更に必要な書類は，自治体により異なる場合があり，詳細は，自治体への問合せを要する。

170

第3 ひとり親家庭への支援制度

必要書類を確認の上，あらかじめ証明書を取得しておくと良いであろう。

〈表7　日常生活に関する手続〉

手続	申請先
印鑑登録の廃止・新登録	市区町村役場
マイナンバーカード，通知カード，住民基本台帳カードの表面記載事項変更	市区町村役場
運転免許証記載事項の変更	住所地の警察署又は運転免許センター
パスポートの氏名変更	最寄りの旅券センター
預貯金通帳の氏名・住所の変更	各金融機関
クレジットカードの氏名・住所・請求先等の変更	クレジットカード会社
生命保険・損害保険の名義・住所変更	各生命保険会社，損害保険会社
公共料金（水道，ガス，電気）の名義・請求先変更	各会社
電話，携帯電話の名義・請求先等の変更	各会社
不動産の名義変更	管轄の法務局
自家用自動車の名義変更	管轄の運輸支局
郵便物の転送届（引っ越しをした場合）	郵便局
賃貸住宅（離婚後も婚姻中の賃貸住宅に住み続ける場合）	不動産会社，家主等
NHK受信料の請求先変更	NHKの受信料窓口
株式の名義変更	会社，信託銀行，証券会社等

第3　ひとり親家庭への支援制度

1　ひとり親家庭への経済的支援制度

　母子のみにより構成される母子世帯は約75万世帯，父子のみにより構成される父子世帯は約8万世帯に及ぶ（平成27年国勢調査）。[注7] 特に母子世帯の母

（注7）　厚生労働省「平成28年度全国ひとり親世帯等調査結果報告」（平成28年11月1日現在）によれば，母子世帯の母自身の平成27年の平均年間収入は243万円，母自身の平均就労年収は200万円，母子世帯の平均年間収入（平均世帯人員3.31人）は348万円である。父子世帯の父自身の平成27年の平均年間収入は420万円，父自身の平均年間就労収入は398万円，父子世帯の平均年間収入は573万円である。なお，「平均収入」とは，生

171

第5章　ひとり親家庭

親は，非正規雇用の割合が高く，相対的に収入も低いことから，経済的支援の必要性は高い[注8]。

そのため，国や自治体は，ひとり親家庭を経済的に支援する各種制度[注9]を設けており，その代表的なものが，以下の児童扶養手当と児童育成手当である。これらの手当は，児童手当と共に離婚後の子育てを支える手当であることから，支給要件を満たす場合には，速やかに申請をすることが望ましい。

(1)　児童扶養手当

①　児童扶養手当とは

離婚によるひとり親家庭などの生活の安定と自立の促進に寄与することにより，その家庭において養育されている子どもの福祉の増進を図ることを目的として支給される手当である（児童扶養1条）。以前は，父子家庭には，児童扶養手当は支給されていなかったが，父子家庭であっても，経済的支援を必要とする家庭はあるため，児童扶養手当法の改正により，平成22年8月1日から，父子家庭も支給対象に拡大された。

②　支給対象・要件

離婚等により，18歳になった最初の3月31日までの児童（中程度の傷

活保護法に基づく給付，児童扶養手当等の社会保障給付金，就労収入，養育費，親からの仕送り，家賃・地代などを加えた全ての収入の額である。「自身の収入」とは，母子世帯の母自身又父子世帯の父自身の収入，「世帯の収入」とは，同居親族の収入を含めた世帯全員の収入である。

(注8)　厚生労働省「平成28年度全国ひとり親等世帯調査結果報告」（平成28年11月1日現在）における「ひとり親の困っていることに関するアンケート」では，母子世帯の場合，「家計」が50.4％を占めている（父子世帯の場合は「家計」が38.2％である。）。

(注9)　国は，母子家庭の急増等の新しい時代の要請に対応するため，2002（平成14）年11月に改正された「母子及び寡婦福祉法」（2003（平成15）年4月から施行），それに基づき策定された「母子家庭及び寡婦の生活の安定と向上のための措置に関する基本的な方針」（平成19年厚生労働省告示第248号（廃止），改正：平成27年10月2日厚生労働省告示第417号）などに基づき，(1)保育所の優先入所，日常生活支援事業等の「子育て・生活支援策」，(2)母子家庭等就業・自立支援センター事業，母子家庭自立支援給付金等の「就業支援策」，(3)養育費相談支援センター事業の設置などの「養育費の確保策」，(4)児童扶養手当の支給，母子寡婦福祉貸付金の貸付け等の「経済的支援策」を4本柱とした総合的な自立支援策を展開している。国の上記基本方針を踏まえて，地方公共団体がひとり親の「自立促進計画」を定め，これを推進している。

第3　ひとり親家庭への支援制度

害がある場合には，満20歳未満の子）を監護等している父若しくは母又は児童を養育する人が対象である（児童扶養3条1項・4条）。

　申請者と扶養義務者（申請者と同居している父，母，兄弟姉妹，祖父母，子ども，孫などの親族である。）に所得制限があり，同居している親族（対象児童を除く。）は，住民票上別世帯であっても扶養義務者となる。また，以下の場合には，児童扶養手当は支給されない（児童扶養4条2項）。

(a)　児童が日本国内に住所を有しないとき

(b)　児童が里親に委託されているとき

(c)　父と母が生計を同じくしているとき

(d)　父又は母の配偶者に養育されているとき

(e)　父母又は養育者の住所が国内にないとき

③　所得制限

　所得制限は，以下の表の通りである（令和元年9月現在）。扶養親族数等などにより，所得制限があり，所得額に応じて全部支給又は一部支給となる。

　児童扶養手当は，受給資格者本人の所得が全部支給の所得制限限度額以上の場合は，一部支給となる。また，受給資格者本人の所得が一部支給の所得制限限度額以上の場合，又扶養義務者等の所得が所得制限限度額以上の場合は支給停止となる。

〈表8　児童扶養手当の所得制限限度額〉

扶養人数	受給資格者本人		扶養義務者・配偶者等の養育者
	全部支給の所得制限限度額	一部支給の所得制限限度額	
0人	49万円（122万円）	192万円（311.4万円）	236万円
1人	87万円（160万円）	230万円（365万円）	274万円
2人	125万円（215.7万円）	268万円（412.5万円）	312万円
3人	163万円（270万円）	306万円（460万円）	350万円

※　（　）内は収入額ベース。政令上は所得額で規定されており，ここに掲げた収入額は，給与所得者を例として，給与所得控除額等を加えて表示した額である。

第5章　ひとり親家庭

④　支給額

支給額は，以下の表のとおりである（令和元年9月現在）。

〈表9　児童扶養手当の支給額〉

児童数	全額支給	一部支給
児童1人のとき	42,190円	42,900円～10,120円
児童2人のとき	10,140円を加算	10,130円～5,070円を加算
児童3人以上のとき	3人目以降1人につき 6,080円を加算	6,070円～3,040円を加算

　児童扶養手当は，原則として申請した月の翌月分から支給される。これまでは，4か月分ずつを年3回支給されていたが，令和元年11月からは，奇数月に年6回，各2か月分を受け取ることになる。児童扶養手当の額は，物価の変動等に応じて毎年額が改定される（物価スライド制）。

〈図11　児童扶養手当の申請手続〉

【申請先】住所地の市区町村役場
【必要書類の例】
・本人確認書類
・申請者の口座番号がわかるもの（通帳，キャッシュカード等）
・申請者の戸籍謄本（交付日から1か月以内の原本，離婚事由が記載されているもの）
・マイナンバーがわかるもの（申請者，支給対象児童及び扶養義務者）
・年金手帳
・児童の戸籍謄本
・印鑑

など

※　必要書類については，各自治体により異なるため，詳しくは各自治体窓口へ問合せを要する。

(2)　児童育成手当

① 児童育成手当とは

　児童育成手当とは，地方自治体が設けている制度[注10]で，支給要件を

(注10)　児童扶養手当は，受給者の所得制限のほか同居の扶養義務者についても所得制限

満たせば，児童扶養手当とは別に支給される。その金額や所得制限その他の条件は，自治体により異なる。以下は，東京都渋谷区の例である。[注11]

② 支給対象・要件（東京都渋谷区の場合）

離婚等により，18歳に達した日の属する年度の末日以前の児童の保護者が対象である（渋谷区児童育成手当条例4条1項）。

もっとも，以下の場合には，児童育成手当は支給されない（渋谷区児童育成手当条例4条2項）。

(a) 保護者の前年の所得が一定金額以上の場合であるとき

(b) 児童が施設に措置入所しているとき

(c) 児童を里親に預けているとき

(d) 父又は母が事実上の婚姻状態にあるとき（事実上の婚姻状態とは，原則，異性と同居している状態をいうが，住民票が同住所にある場合や異性からの定期的な訪問や生活費の補助を受けている場合を含む。）

③ 支給額（東京都渋谷区の場合）

月額13,500円である（令和元年9月現在）。原則として，申請した月の翌月分から毎年6月，10月，2月にそれぞれの前月分までの4か月分が受給者名義の金融機関の口座へ振り込まれる。

〈図12 児童育成手当の手続〉

【申請先】住所地の市区町村役場
【必要書類の例】
・本人確認書類
・申請者の口座番号がわかるもの（通帳，キャッシュカード等）
・申請者の戸籍謄本（交付日から1か月以内の原本，離婚事由が記載されているもの）

制限が設けられており（児童扶養9条1項，児童扶養令2条の4第1項ないし5項），また，養育費を受け取っている場合はその8割が受給者の所得として算入されるが（児童扶養9条2項，児童扶養令2条の4第6項），児童育成手当は，一般的に受給者のみに所得制限が設けられており，限度額は児童扶養手当よりも高く設定されている。また，同居の扶養義務者の所得制限や養育費の所得算入はない。

(注11) 渋谷区役所ホームページ「ひとり親家庭―手当・助成」（https://www.city. shibuya.tokyo.jp/kodomo/teate/hitorioya/hitorioya_teate.html）

第5章　ひとり親家庭

> ・マイナンバーがわかるもの（申請者，支給対象児童及び扶養義務者）
> ・年金手帳
> ・児童の戸籍謄本
>
> など

※　必要書類については，各自治体により異なるため，詳しくは各自治体窓口へ問合せを要する。

⑶　ひとり親家庭等への医療費助成

　離婚等により，18歳になった直後3月31日までの児童（中度以上の障害がある場合は20歳未満）を養育している父又は母か養育者とその児童に医療費（保険内診療の自己負担分）の一部を助成する制度である。

　所得が限度額以上の場合などは対象外となるが，これらの要件は，自治体により異なることがあるため，住所地の市区町村役場に確認を要する。認定されると，医療証（「ひとり親家庭等医療証」や「ひとり親家庭医療費受給資格者証」など，自治体により名称が異なる。）が発行され，医療機関に受診する際に健康保険証と共に提示することにより助成を受けることができる。

〈図13　ひとり親家庭医療助成制度の申請手続〉

> 【申請先】住所地の市区町村役場
> 【必要書類の例】
> ・申請者の戸籍謄本
> ・児童の戸籍謄本
> ・申請者の健康保険証
> ・児童の健康保険証
> ・住民税課税（非課税）証明書
> ・児童扶養手当を受給している場合は，児童扶養手当証書
> ・個人番号（マイナンバー）が確認できる書類　　　　　　　　　など

※　必要書類については，各自治体により異なるため，詳しくは各自治体窓口へ問合せを要する。

⑷　母子父子寡婦福祉資金貸付金

　ひとり親家庭の父母等が，就労や児童の就学などで資金が必要となった

第3　ひとり親家庭への支援制度

ときに，都道府県，指定都市又は中核市から貸付けを受けられる資金で，ひとり家庭の父母の経済的自立を支援するとともに生活意欲を促進し，その扶養している児童の福祉を増進することを目的としている制度である（母子及び父子並びに寡婦福祉法1条）。

満20歳未満の子を養育しているひとり親家庭の母子及び父子を対象に，所定の貸付要件を満たす場合，① 事業開始資金，② 事業継続資金，③ 修学資金，④ 技能習得資金，⑤ 修業資金，⑥ 就職仕度資金，⑦ 医療介護資金，⑧ 生活資金，⑨ 住宅資金，⑩ 転宅資金，⑪ 就学仕度資金，⑫ 結婚資金の貸付けをする制度である。実施主体は，都道府県，指定都市，中核市であり，平成28年度においては，22.6パーセントの自治体で実施されている。

〈図14　母子父子寡婦福祉資金貸付金の申請手続〉

【申請先】住所地の福祉事務所・市区町村役場など
【必要書類の例】
・貸付申請書
・戸籍謄本（母又は父及び児童又は子の戸籍が分かるもの）
・世帯の全員に係る住民票記載事項証明書又は住民票の写し
・借受人・連帯借受人・連帯保証人の印鑑登録証明書
・母又は父及び連帯保証人の収入を明らかにする書類
・生活費収支内訳
・資金の種類に応じ必要な書類
・その他借受人等の状況や申込みの内容により必要な書類　　　　　など

※　必要書類については，各自治体により異なるため，詳しくは各自治体窓口へ問合せを要する。

② 就業支援・自立支援制度

母子家庭の母及び父子家庭の父の自立のため，就業機会の確保は極めて重要であるが，母子家庭の母等の就業情報や経験の不足，雇用する側の理解不足など母子家庭の母等を取り巻く就業環境は厳しい状況にある。そこで，国は，就業支援を柱とした母子家庭等に対する総合的な自立支援策を平成15年

第5章　ひとり親家庭

度から本格的に展開している。その一環として，都道府県・指定都市・中核市が実施主体（母子福祉団体等への委託が可能）となり，母子家庭の母等に対して，就業相談から就業支援講習会の実施，就業情報の提供等一貫した就業支援サービスの提供を行うとともに，弁護士等のアドバイスを受け養育費の取決めなどの専門的な相談を行う「母子家庭等就業・自立支援センター事業」を実施している。(注12) また，その他にも，求職活動の準備が整い，具体的な就職希望を有する女性等を対象に，利用しやすい環境を整備したマザーズハローワーク事業のほか，就業に有利な資格の取得を目指すひとり親家庭の親に対する自立支援教育訓練給付金，高等職業訓練促進給付金や，高等職業訓練促進資金貸付などの支援制度も設けられている。

〈表10　ひとり親家庭の就業支援関係の主な事業〉

事業名	支援内容	実施率等
母子家庭等就業・自立支援センター事業	母子家庭の母等に対し，就業相談から就業支援講習会，就業情報の提供等まで一貫した就業支援サービスや養育費相談など生活支援サービスを提供する。	・平成29年度自治体実施率：97.4％（112／115） ・相談件数：7万5,537件 ・就職実人数：5,497人
マザーズハローワーク事業	子育てをしながら就職を希望している方に対して，キッズコーナーの設置など子ども連れで来所しやすい環境を整備し，担当者制（ご相談の中で予約が可能）による職業相談，地方公共団体等との連携による保育所等の情報提供，仕事と子育ての両立がしやすい求人情報の提供など，総合的かつ一貫した就職支援を行っている。	【マザーズハローワーク】 札幌市，仙台市，さいたま市，千葉市，渋谷区，荒川区，立川氏，横浜市，相模原市，新潟市，静岡市，名古屋市，京都市，大阪市，堺市，神戸市，岡山市，広島市，福岡市，北九州市，熊本市の21か所に設置されている。 【マザーズコーナー】 マザーズハローワーク未設置地域であっても，県庁所在地等中核的な都市のハローワーク内にマザーズコーナーが設けられている（全国181か所）。
母子・父子自立支援プログラム策定事業	個々の児童扶養手当受給者の状況・ニーズに応じ自立支援計画を策定し，ハローワーク等と連携のうえ，きめ細やかな自立・就労支援を実施する。	・平成29年度自治体実施率：64.4％（582／904） ・プログラム策定数：6,702件

(注12)　「母子家庭等就業・自立支援事業の実施について」（平28・3・31雇児発0331第21号厚生労働省雇用均等・児童家庭局長通知）

第3　ひとり親家庭への支援制度

自立支援教育訓練給付金	地方公共団体が指定する教育訓練講座（雇用保険制度の教育訓練給付の指定教育訓練講座など）を受講した母子家庭の母等に対して，講座終了後に，対象講座の受講料の6割相当額（上限，修学年数×20万円，最大80万円）を支給する制度。	・平成29年度自治体実施率：94.5％（854／904） ・支給件数：1,965件 ・就職件数：1,619件
高等職業訓練促進給付金	看護師，准看護師，保育士，介護福祉士等など，経済的自立に効果的な資格を取得するために1年以上養成機関等で修学する場合に，生活費の負担軽減のため高等職業訓練促進給付金（月額10万円（住民税課税世帯は月額7万500円），上限4年，課程修了までの最後の12か月は4万円加算）を支給する。	・平成29年度自治体実施率：96.5％（872／904） ・総支給件数：7,312件（全ての修学年次を合計） ・資格取得者数：2,585人 　（看護師989人，准看護師1,154人，保育士132人，介護福祉士43人等） ・就職者数：1,993人 　（看護師873人，准看護師765人，保育士111人，介護福祉士31人等）
ひとり親家庭高等職業訓練促進資金貸付事業	高等職業訓練促進給付金を活用して就職に有利な資格の取得を目指すひとり親家庭の自立の促進を図るため，高等職業訓練促進資金（入学準備金50万円，就職準備金20万円）を貸し付ける。	【平成29年度貸付件数】 ・入学準備金：1,977件 ・就職準備金：821件
高等学校卒業程度認定試験合格支援事業	ひとり親家庭の親又は児童が高卒認定試験合格のための講座を受け，これを終了した時および合格した時に受講費用の一部（最大6割，上限15万円）を支給する。	・平成29年事業実施自治体数：29.4％（266／904） ・平成29年支給実績：事前相談201件，支給件数50件

※　厚生労働省子ども家庭局家庭福祉課「ひとり親家庭等の支援について」（平成31年4月）

3　ひとり親家庭への子育て・生活支援

　ひとり親家庭への子育て・生活支援のため，各自治体において様々な優遇制度が設けられている。各自治体により制度が異なり，また，支給要件や申請手続も異なるため，住所地の市区町村役場や保健福祉事務所などに問い合わせる必要がある。東京都におけるひとり親家庭への子育て・生活支援制度の例は，以下のとおりである。

第5章　ひとり親家庭

〈表11　ひとり親家庭への子育て・生活支援制度の例（東京都）〉

		概要	支援内容	問合せ窓口
修学支援・貸付の例	高等学校等修学支援金（公立）	都立学校（都立高等学校，都立中等教育学校の後期課程及び都立特別支援学校の高等部）に在学する生徒を対象に，最大36か月（定時制及び通信制の課程においては48か月）にわたり，授業料を国が支援する制度。	・全日制課程：月額9,900円 ・定時制課程（単位制による課程以外の課程）：月額2,700円 ・定時制課程（単位制）：月額（1単位あたり）145円×履修単位数 ・通信制課程：月額（1単位当たり）28円×履修単位数 ・特別支援学校高等部（本科）：月額100円	教育庁都立学校教育部高等学校教育課経理担当 電話：03-5320-6744 FAX：03-5388-1727
	受験生チャレンジ支援貸付金	学習塾，各種受験対策講座，通信講座，補習教室の受講料や，高校や大学などの受験料の捻出が困難な一定所得以下の世帯に必要な資金の貸付を行うことにより，将来の自立に向けて意欲的に取り組む子どもたちが高校や大学への進学を目指し，受験に挑戦することを支援する制度。	・学習塾等受講料の貸付限度額：20万円 ・受験料（中学3年生又はこれに準じる方）：2万7400円 ・受験料（高校3年生又はこれに準じる方）：8万円	市区町村
割引や減免の例	都営交通無料乗車券（都電，都バス，都営地下鉄，日暮里・舎人ライナー）	児童扶養手当を受けている方又はその方と生計を同じくする方（1世帯1名）などが対象。児童扶養手当証書を持参して，住所地の市区町村の福祉関係の窓口で磁気式の都営交通無料乗車券の発行を申し込む。	都営交通無料乗車券が支給される。	都営交通お客様センター 電話　03-3816-5700 （午前9時～午後8時，年中無休）， FAX　03-3812-7640
	上下水道の減免制度	児童扶養手当を受給している場合には，上下水道料金の減免を受けることができる。	【水道料金】 基本料金と1月当たり10㎥までの従量料金の合計額に100分の108を乗じた得た額 【下水道料金】 1月あたり8㎥までの料金	東京都水道局の受持ちの営業所
	粗大ごみ等処理手数料の減免制度	申請により，粗大ごみの収集にかかる手数料が免除される。 　収集日までに所定の申請書に児童扶養手当証書の写しを添付し，清掃事務所に申し込む。	千代田区・港区・新宿区・板橋区・世田谷区・江戸川区・杉並区・品川区その他，各区市役所，町村窓口へ問い合わせる。	各市区町村
住まいについて	都営住宅への入居優遇措置	ひとり親世帯等については，当選率が一般より優遇されている。	ひとり親世帯等に対して書類審査や実態調査をしたうえで，住宅に困っている度合いの高い人から順に，募集戸数分の方を入居予定者として登録する募集方法がある（ポイント方式）。	JKK東京（東京都住宅供給公社）都営住宅募集センター 03-3498-8894（代表）
子育て支援	ホームヘルパー派遣	20歳に満たない児童のいるひとり親家庭のうち家事や育児の日常生活に支障をきたしている世帯にホームヘルパーを派遣する。	所得に応じて自己負担がある。	市区町村，福祉事務所

※　上記は一例である。自治体により内容が異なるため，詳しくは各市区町村窓口への問合せを要する。

第3　ひとり親家庭への支援制度

4　自治体における特色ある支援制度

　上記のほか，自治体によっては，ひとり親家庭に対して，特色ある支援制度を設けている場合がある。

(1)　東京都八王子市の例 [注13]

　八王子市では，生活困窮者自立支援制度の学習支援事業と連携し，生活保護受給世帯と児童扶養手当の全部支給の家庭の中学生を対象として，市内の8箇所にて無料の「学習支援教室」（はち☆スタ）を開講している。

　また，ひとり親家庭のうち，仕事が忙しくて子どもの塾の送迎ができない父母や，子どものクラブの活動等で塾の時間が合わない，集団生活が苦手で参加できない等，「学習支援教室」に通うことが困難な中学3年生に対し，基礎学力及び学習意欲向上の促進，高校進学を目的として，平成28年度から学習支援教室に通うことが困難な中学3年生に家庭教師派遣を行う取組「ゆめ★はち先生」を行っている。

(2)　新潟県の例 [注14]

　新潟県では，新潟県外から新潟県へU・Iターンしたひとり親家庭等であって，新潟県外から新潟県内の市町村に転入して住民登録する場合などに，最大15万円の引っ越し費用を補助している。また，新潟県外から親子等で新潟県にU・Iターンしたひとり親家庭等の子であって，県内に在住して大学，短期大学，専修学校（専門課程）又は高等学校に入学する者に対して，無利息奨学金の特別貸与枠を設けている（高校生なら月額最大30,000円，大学生なら月額最大44,000円）。その他，表参道と有楽町に，新潟県への移住に関するワンストップ窓口を設け，県内に移住する方への市町村や県の支援策等について案内している。

（注13）　「ひとり親家庭支援担当課職員向け　ひとり親家庭支援策の実態に関する事例集」34頁（平成29年3月　厚生労働省雇用均等・児童家庭局家庭福祉課）
（注14）　新潟県ホームページ「にいがたU・Iターン総合サイト」「新潟県はひとり親家庭等のU・Iターンを総合的に支援します！」

おひとりさま高齢者と自治体

　平成26年に，東京にある有名外資系企業でバリバリ働く独身女性Aから，中国地方で寝たきりとなって入院していた統合失調症等を患う遠縁B（当時89歳。Aの母Cの妹Dの夫Eの姉）が転院を求められているところ，転院先の病院から，AはBの家族ではないので各種手続ができないと言いわたされ困っているとの相談を受けた。

　聞けば，Aは，実の両親ではなく母の妹夫婦D，Eに物心ともに支えられて大学進学や留学をしたことで現在の自分があると感謝し，EのであるBの扶助をすることは当然だと考えていた。Bは子どものころから病弱で無資力に近かったため，D，Eが早期に他界した後は，Aが，長年にわたり，仕送りや送金を続け，医療費や一時入居していた老人保健施設の費用等の面倒をみてきたという。そのため，Bは行政サービスをほぼ利用していなかった。

　筆者は，Bに成年後見の申立てをすることを検討した。Aは4親等内の親族ではないため成年後見の申立てができない（民7条）ことから，老人福祉法32条及び精神保健及び精神障害者福祉に関する法律51条の11の2を使うことにした。

　具体的には，Aを甲市「成年後見制度利用支援事業実施要領5条」に定める「日常生活の援護者」として，Bの住む自治体甲市長に対し，「後見等開始の審判の申立要請書」及び添付資料（Bの診断書，戸籍謄本・住民票，申立事情書，後見人等候補者事情説明書，財産目録，収支状況報告書，財産及び収支に関する資料等）を提出し，家庭裁判所にAを成年後見人候補者として成年後見審判を申し立てるよう要請した。

　なお，「登記されていないことの証明書」はAが入手することは出来ないものの，自治体が取得する場合には，登記手数料令19条により手数料が無料となることから，甲市による取得を求めた。

　少し細かい話ではあるが，自治体では，申立費用や鑑定費用の負担の検討を巡って時間が掛かる可能性があったため，筆者は，一旦全てAが立て替え，後に成年後見人に請求することを提案した。

　甲市では成年後見の市町村長申立ての経験がないに等しいということだったが，複数回に及ぶ甲市職員との協議や面会等を行い，柔軟な協力を得るに至った。要請から7か月後に，甲市長が家庭裁判所にBを成年被後見人・Aを成年後見人候補者として後見開始の審判を申し立て，Aは1回の期日の出

頭で，（甲市長による）申立てから2か月後に，希望通りの内容で審判が確定した。

審判確定後に，Aが「私もね，おひとりさまだから。」と笑顔で言った。

この事案は，決してAの美談ではない。「おひとりさま」が増加する現代高齢化社会における自治体の役割の重要性を示している。また，深刻化している成人無戸籍者の救済に関しても応用していくことが可能であろう。

（高取　由弥子）

第 *2* 編
戸籍に関する問題―無戸籍

CHAPTER 第1章 無戸籍とは

1 はじめに

　無戸籍者とは，戸籍に記載のない者をいう。

　戸籍は，「人が，いつ誰の子として生まれて，いつ誰と結婚し，いつ亡くなったかなどの親族的身分関係を登録し，その人が日本人であることを証明する唯一のもの」[注1] であり，戸籍法に基づいて編製される。

　日本人であれば戸籍に記載がなされるはずであるにもかかわらず，現実には多数の無戸籍者が存在する。そして，無戸籍者は，今なお社会生活において様々な不利益を受けながら日々の生活を送っているのである。

　こうした無戸籍者が直面する問題は，裁判例においても，「無戸籍児問題（子の出生の届出をすると民法上の嫡出推定により血縁上の父ではない元夫の子として戸籍に記載されるために，出生の届出がされず，戸籍に記載されない子が存在するという問題）」（東京地判平30・3・13ウエストロー）として取り上げられている。

　無戸籍問題は，平成18年末に毎日新聞が報道した2歳の無戸籍女児の事例[注2] を皮切りに，海外への修学旅行に行くために旅券発給を求める無戸籍の女子高生の事例[注3] 等，民法772条による無戸籍児の母親を中心とする当事者らが声をあげ，平成19年1月以降報道機関が一斉に取り上げたことが契機となった。当時の無戸籍児は，乳幼児医療や予防接種を受けられず，健康保険にも加入できず，児童手当や児童扶養手当の受領もできず，保育所に入ることもできない実態があり，母子共に極めて過酷な状況に置かれていた。

（注1）　法務省ホームページ（http://www.moj.go.jp/MINJI/minji04_00034.html）
（注2）　毎日新聞平成18年12月24日朝刊31社会面。
（注3）　朝日新聞平成19年1月26日朝刊第2社会面，毎日新聞平成19年2月2日朝刊29社会面等。

また，平成19年２月には，大阪地方検察庁が，民法772条２項を失念したことで，誤って，協議離婚成立後300日以内に出生した子を前夫の子とする出生届を提出した女性を平成18年10月に公正証書原本不実記載罪で起訴したことが問題となった。[注4]

　国会では，当時の民主党などの野党が取り上げ，与党においてプロジェクトチームが組織されたが，[注5]同時期に問題となっていた民法733条の再婚禁止期間規定改正に関して保守系議員の抵抗を受け，民法772条までもが同様の抵抗により改正には至らなかった。[注6]

　その後，後述（第１章③）する各省庁の通知・通達等による救済措置がとられることにより，平成21年には無戸籍問題は，国の対応として一応の収束をみた。

　しかし，結局，同年以降も前記通知・通達等では救われない無戸籍者が増え続け，平成26年５月にNHKの特集番組[注7]で成人無戸籍者が取り上げられたことで，再び社会問題となった。また，支援団体からは，前記通知・通達等が自治体職員に浸透していないため，無戸籍者が前記通知・通達等に基づく行政サービスを受けられないことや，役所内部でたらいまわしにされることなどが深刻な問題として指摘された。[注8][注9]

２　無戸籍者の現況

　法務省が令和元年８月10日時点で把握する無戸籍者の累積数（平成26年９

（注4）　毎日新聞平成19年２月17日（東京本社版）朝刊１面。なお，地検は平成19年２月に起訴を取り消し，謝罪した。
（注5）　朝日新聞平成19年３月20日夕刊１面等。プロジェクトチームは公明党（民法772条問題対策PT）と自民党（民法772条見直しプロジェクトチーム）にそれぞれ作られた。
（注6）　高取由弥子「無戸籍問題の実情と憲法上の諸問題」（憲法研究第４号201頁（信山社，2019年））
（注7）　NHKクローズアップ現代「戸籍のない子どもたち」平成26年５月21日放送。
（注8）　『井戸日本人』84頁～86頁，『井戸』37頁・38頁
（注9）　前掲（注6）高取「諸問題」202頁

第1章　無戸籍とは

月10日から）は2512人^(注10)とされる。しかし，この情報は，自治体の戸籍課等が「把握した」と回答した者を集計したものに過ぎず，^(注11)かつ，この調査は，平成30年9月5日の補佐官事務連絡^(注12)の発出までは最大のボリュームゾーンを占めるはずの1歳未満の乳児が含まれていなかった。^(注13)

　また，総務省によれば，自治体が無戸籍者等に対して住民票を発行した数は，平成20年7月に「出生届の提出に至らない子に係る住民票の記載について」と題する通知（平20・7・7総行市第143号総務省自治行政局市町村課長通知。**資料1**）を発出してから平成29年度までの間に6296人に上り，平成29年度に限っても812人であったとされる。^(注14)

　よって，法務省の無戸籍者情報は，無戸籍者の実数を必ずしも正確に把握したものとはいえず，その背後には把握されていない多数の無戸籍者がいるものと思われ，実際には少なくとも1万人はいるとの推定もなされている。^(注15)

3　無戸籍者が被る不利益

　日本では，法律上の家族は民法に基づいて成立するが，その法律上の家族は戸籍法に基づいて戸籍に記載されるため，法律上，父子関係を推定する民法の嫡出推定制度（民772条〜778条）と戸籍とは密接不可分の関係にある。

　子が出生した場合，出生の届出がなされ，それに基づいて子が戸籍に記載されるが，何らかの事情で出生の届出がされない場合には，その子の戸籍が作られず，無戸籍状態となる。

　戸籍は親族法上の身分関係を公示する機能を有するため，親子関係を戸籍に反映することで身分関係の法的安定が初めて確保されることになるが，無

（注10）　法務省作成「無戸籍者の情報について」
（注11）　自治体の回答率は2割にすぎないという（『井戸』4頁）。
（注12）　平成30年9月5日付け法務省民事局民事第一課補佐官事務連絡「戸籍に記載がない者に関する情報の把握及び支援について」
（注13）　前掲（注6）高取「諸問題」200頁
（注14）　平成30年7月13日付け公明党無戸籍問題等プロジェクトチーム「無戸籍問題対策に向けた提言」
（注15）　『井戸』5頁

戸籍の場合には，その子の母や父が誰であるかといった親族法上の身分関係やその子が日本人であることを戸籍によって証明することができなくなる。それのみならず，行政サービスを十分に受けられないなど，社会生活上の不利益を被る。^(注16)

　無戸籍者が被る具体的な不利益は，次のとおりである。^(注17)近時，各省庁の通知・通達等により，無戸籍者は一部の行政サービスが受けられるようになった。しかし，これらの通知・通達等の要件を満たす前提として，戸籍を取得するための裁判所を通した法的手続を講じている必要があるとされるものも存するため，依然として，行政サービスを受けるためのハードルは高い。加えて，こうした制度が用意されたとしても，それが適切に運用されなければ無戸籍者の不利益救済にはつながらないが，必ずしも適切な運用がなされているとはいえないのが現実である。^(注18)

(1)　住民票への記載

　生まれた子の住民票の記載がなされるためには，原則として出生届の受理が必要であるため，無戸籍である子については住民票に記載がなされない。これは，住民基本台帳事務と戸籍事務の一元的処理により，住民票の記載と戸籍の記載の不一致を防止し，住民票の正確性を保持するため，出生・死亡等による居住関係の発生・消滅，婚姻・離婚等による身分関係の変動，転籍等による戸籍の異動に伴う住民票の記載事項の変更については，戸籍に関する届書，申請書その他の書類を受理等をしたとき，市町村長の職権で記載等がなされるからである（住基令12条２項）。^(注19)

　しかし，総務省の平20・７・７総行市第143号総務省自治行政局市町村

（注16）　法務省ホームページ「無戸籍でお困りの方へ」（http://www.moj.go.jp/MINJI/minji04_00034.html）

（注17）　法務省民事局「無戸籍の方の戸籍をつくるための手引書」17頁・18頁も参照。

（注18）　「制度的に『できる』と実際に『できる』は違う。機会を行使するためには幾重にも条件がつく。一つひとつ，一回一回が『交渉』となる。この『できる』を，役所の窓口では『できない』として行政指導される場合が実に多い。むしろそれが通常なのである。」（『井戸』44頁）

（注19）　東京都市町村戸籍住民基本台帳事務協議会・住民基本台帳事務手引書作成委員会編著『９訂版　住民記録の実務』（日本加除出版，2018年）467頁

第1章 無戸籍とは

課長通知（**資料1**，平20・7・8総行市第145号総務省自治行政局市町村課長
通知，平24・7・25総行住第74号総務省自治行政局住民制度課長通知（**資料2**）
も参照。）により，一定の要件を満たせば，無戸籍でも住民票の作成が可
能となった。ここで，一定の要件とは，①民法772条の規定に基づく嫡出
推定が働くことに関連して，出生届の提出に至らない者であること，②認
知調停手続など外形的に子の身分関係を確定するための手続が進められて
いることであり，(a)出生証明書，(b)認知調停手続，親子関係不存在確認調
停手続などの家庭裁判に対する申立てに係る受理証明書（具体例には，家
庭裁判所が発行する「事件係属証明書」）の提出等が必要である。

　また，総務省は，平30・10・2総行住第162号総務省自治行政局住民制
度課長通知（**資料3**）で，住民票交付の対象となる範囲を就籍等の法的手
続にも拡大した。就籍の場合には，①日本国籍を有する親の子であるこ
とが，一定程度確認できること，②二重の住民票作成の防止対策を図る
ことが要件とされ，前者につき，(a)就籍許可等手続の家庭裁判所に対する
申立てに係る受理証明書（具体的には，家庭裁判所が発行する「事件係属証
明書」），(b)出生証明書（やむを得ない理由により提出できないときは，⑦母子
健康手帳（母及び子の氏名の記載等親子関係が確認できるものに限る。），④本
人と父又母とのDNA鑑定書，⑦父又は母の氏名及び本人との続柄が記載された
学齢簿・指導要録等のいずれかの書類）の提出が必要であり，後者につき，
本人あての郵便物等申出人が現に当該氏名により居住している本人である
ことを示す書類等の提出が必要である。

　なお，強制認知や親子関係不存在確認などの法的手続をとっていたとし
ても，判例の外観説[注20]によって嫡出推定（民772条）を外すことが結果と
してできなかった場合には，作成された住民票が消除される可能性がある。

　このように，無戸籍者であっても，一定の要件を満たせば住民票に記載
されるための手当てがなされたのであるが，住民票の記載等は，本来的に
は，地方公共団体の自治事務（地方自治法2条8項）である。自治事務に

────────────────

（注20）　本編第2章[2]（202頁）参照。

ついては，地方公共団体の自主的な判断が尊重され，国等の関与は制限される。住民基本台帳法施行令においても，住民票を記載等すべき場合において，届出がないことを知ったときは，当該記載等をすべき事実を確認して，職権で住民票の記載等をしなければならないと規定されている（住基令12条1項）。実際，東京都足立区^(注21)及び新宿区^(注22)において無戸籍者が住民票に記載された事例が報告されている。このように，総務省通知によらずとも，自治事務として住民票に記載をすることは可能である。

(2) 児童福祉行政上の扱い

　厚生労働省は，平成19年に「戸籍及び住民票に記載のない児童に関する児童福祉行政上の取扱いについて」（平19・3・22厚生労働省雇用均等・児童家庭局総務課事務連絡。**資料4**）と題する事務連絡を発出し，無戸籍児が児童福祉等の行政サービスを受けるうえで支障が生じないように地方公共団体に指示した。

　具体的には，① 児童手当，② 児童扶養手当，③ 保育所，④ 母子保健（母子健康手帳の交付，保健指導，新生児の訪問指導，健康診査等）が対象となっている。

　しかし，それでもなお無戸籍児が児童福祉行政上のサービスを享受できない事態が続いていたため，厚生労働省は，平成28年に改めて「無戸籍の児童に関する児童福祉等行政上の取扱いについて」（平28・10・21厚生労働省雇用均等・児童家庭局総務課，内閣府子ども・子育て本部参事官（子ども・子育て支援担当），内閣府子ども・子育て本部児童手当管理室，厚生労働省社会・援護局障害保健福祉部企画課事務連絡）と題する事務連絡（**資料5**）を発出して，周知徹底を図った。

　これにより，無戸籍児は，特別児童扶養手当，障害児福祉手当，障害児通所給付費等の支給対象にもなり得るとされた。

　これらの行政サービスは，原則として，戸籍及び住民票に記載がなくて

(注21)　平成19年2月27日毎日新聞夕刊1面，毎日新聞社会部『離婚後300日問題　無戸籍児を救え！』（明石書店，2008年）65頁〜71頁
(注22)　2018年6月28日公明党ニュース

第1章　無戸籍とは

も，当該児童が管轄市区町村に居住している実態が確認できれば享受できるとされている。しかし，現実には，これらの児童福祉行政上のサービスを必ずしもスムーズに享受できていない状況にある。[注23]

(3)　国民健康保険

　厚生労働省は，平成19年に「離婚後300日以内に出生した子につき，出生届がなされない等の事情により戸籍及び住民票に記載のない児童に関する国民健康保険資格の取扱いについて」（平19・3・23厚生労働省保険局国民健康保険課通知。**資料6**）と題する事務連絡を発出し，国民健康保険の被保険者資格の要件である住所の認定について，住民基本台帳への記載の有無は住所の認定に当たっての有力な根拠であるが，住民基本台帳への記載がないことのみをもって被保険者資格を判断すべきではなく，事実の調査の結果，出生証明書に記載されている母親と同一の住所地において住所が認定され，国民健康保険法上の欠格事由がない場合には，国民健康保険の被保険者資格を取得するとしている。

　もっとも，この扱いは，「当該児童の健康，福祉への配慮の観点から，やむを得ず国民健康保険担当課において住民基本台帳の記載に基づかず住所の認定を行わなければならない場合の短期間の特例として行うべきものであり，特段の理由もなく出生届を行わないなど特例を認めるべきでないと判断される場合は，出生届を先に行うよう教示すべきこと。」（平19・3・23厚生労働省保険局国民健康保険課通知。**資料6**）とされている。

　このように，無戸籍児が国民健康保険の利益を享受できる地位は，あくまで短期間の特例であり，法的に確固としたものとはいえない。実際に，無戸籍であるがゆえに国民健康保険が使えなかった事例も報告されている。[注24]

(4)　小・中学校への就学

　市町村の教育委員会は，住民基本台帳に基づいて学齢簿を編製し（学校教育法施行令1条1項・2項・2条），保護者に対し，小学校又は中学校の

（注23）　『井戸』37頁
（注24）　信濃毎日新聞平成28年2月21日朝刊3面等

入学期日を通知する（同5条1項）。したがって，住民票がなければ，この入学通知書が届かない。文部科学省によれば，平成27年3月10日時点で，法務省が把握した無戸籍の学齢児童生徒142名について，無戸籍のために「就学していない」者が1名おり，未就学期間のある者が6名（4.3％）存在したとのことである（未就学期間の最長は7年6か月）[注25]実際，義務教育を受けられなかった無戸籍者の事例も決して少なくない。[注26]

こうした実態を踏まえ，文部科学省は，平成27年7月8日付け「無戸籍の学齢児童・生徒の就学の徹底及びきめ細かな支援の充実について」と題する通知（27初初企第12号。**資料7**）を発出し，「戸籍の有無にかかわらず，学齢の児童生徒の義務教育諸学校への就学の機会を確保することは，憲法に定める教育を受ける権利を保障する観点から極めて重要」であると指摘した上で，戸籍や住民基本台帳に記載されていない学齢児童生徒が域内に居住している事実を把握したときは，直ちに当該児童生徒に係る学齢簿を編製するとともに，対面により丁寧に就学の案内を行うなど，戸籍や住民基本台帳に記載されていない学齢児童生徒が就学の機会を逸することのないよう取組を徹底するよう，各都道府県教育委員会教育長等に指示した。これにより，無戸籍児が発見されれば就学できるように支援が受けられるようになった。

平成30年5月10日時点でも，法務省が把握した無戸籍の学齢児童生徒190名について，無戸籍のために「就学していない」者はいないとされているものの，未就学期間のある者が6名（3.2％）存在している。[注27]近時，公立の夜間中学に，無戸籍，不就学の若者が入学しているが，彼らが大人になって救い出されても，通常の社会生活を送れるようになるまでの道のりは険しいと指摘されている。[注28]

（注25）　文部科学省「無戸籍の学齢児童生徒の就学状況に関する調査結果」（調査時点：平成27年3月31日）参照。
（注26）　『井戸日本人』62頁以下参照。
（注27）　文部科学省「無戸籍の学齢児童生徒の就学状況に関する調査結果」（調査期間：平成30年7月13日〜8月31日）参照。
（注28）　朝日新聞平成26年7月8日朝刊2面

第1章　無戸籍とは

(5)　就　職

　　就職するに当たっては本人確認を求められることになるが，無戸籍ゆえに住民票がない場合，本人確認が困難となるため，就職することが妨げられる。

　　とりわけ，行政手続における特定の個人を識別するための番号の利用等に関する法律（平成25年法律第27号）が平成27年10月5日に施行され，マイナンバー（個人番号）が導入されてからは，雇用契約を締結するに当たってマイナンバーの提示を求められるようになった。その結果，無戸籍者は，厳格な本人確認を要しない職業，あるいは，条件の苛酷な職場で働かざるを得ず，経済的な基盤を得られない，又は失うという深刻な問題が生じている。

(6)　生活保護

　　生活保護制度においては，戸籍や住民票の有無は保護の要件とされてないので，戸籍や住民票がない者であっても生活保護を受けることは可能である（生活保護法24条1項・2項，生活保護法施行規則1条3項〜6項参照）。無戸籍者が享受できる行政サービスの中で，最も手続が簡素だとされている[注29]

　　また，日本司法支援センター（法テラス）は，資力の乏しい方について，民事裁判等における弁護士による代理，弁護士による書類作成等に関する弁護士費用を立て替える民事法律扶助を行っているが，生活保護受給者については，立替金の返還が猶予又は免除されることがある[注30]

(7)　選挙権

　　日本国民で年齢満18年以上の者は，衆議院議員及び参議院議員の選挙権を有し（公職選挙法9条1項），加えて，引き続き3か月以上市区町村の区域内に住所を有する者は，その属する地方公共団体の議会の議員及び長の選挙権を有する（同条2項，地方自治法18条）。

　　選挙権を行使するためには，市区町村の選挙人名簿に登録されていなけ

(注29)　『井戸』39頁・40頁
(注30)　前掲（注17）「手引書」20頁

れば投票することはできない。この選挙人名簿の登録は，引き続き3か月以上その市区町村の住民基本台帳に記録されている満18歳以上の日本国民が登録される（公職選挙法21条1項）。

したがって，無戸籍ゆえに住民票がなければ，選挙権を行使することはできない。

(8) 婚姻届

婚姻の要件は，日本人の場合，実質的要件として，①当事者間に婚姻の意思があること（民742条1号），②婚姻障害事由が不存在であること（婚姻適齢に達していること（民731条），配偶者のないこと（民732条），待婚期間を過ぎていること（民733条），近親婚でないこと（民734条〜736条），未成年者は父母の同意があること（民737条）），形式的要件として，戸籍法に基づく届出がなされること（民739条）が必要である。

法務省は，「戸籍に記載がない者を事件本人の一方とし，戸籍に記載されている事件本人の他方の氏を夫婦が称する氏とする婚姻の届出の取扱いについて」と題する通知（平26・7・31民一第819号法務省民事局民事第一課長通知（**資料8**））により，無戸籍者ではない相手方の氏を夫婦が称する氏とする届出であって（自らの氏を称する婚姻の届出はできない。），婚姻要件を満たすときは，婚姻の届出は受理されることを改めて周知した。[注31]

しかし，現実には，無戸籍者の婚姻届が受理されるには困難を極め，支援団体によれば，無戸籍者と相手方双方に婚姻の意思がありながらも結果的に婚姻できず，その後破綻に至ったケースが無数にあったという。無戸籍のままで婚姻するための過程は，戸籍を得る過程と同等，あるいはそれ以上に困難を極めるとされる。[注32]

(9) 運転免許証

運転免許証を取得するに当たっては個人の特定が必要となるが，無戸籍

(注31)　毎日新聞平成20年6月12日付朝刊1面によれば，無戸籍のため事実婚を余儀なくされ続けた女性が子どもを出産したため，子どもも無戸籍となることが懸念されたが，自治体は，医師による出生証明書で女性の身分事項が証明できたことから，女性が無戸籍のままで法律婚を認め，子どもの夫の戸籍への記載を認めた。
(注32)　『井戸』41頁

第1章　無戸籍とは

ゆえに住民票がない場合は，個人の特定が難しく，住民票のない無戸籍者の運転免許証の取得は，事実上困難である。[注33]

⑽　パスポート

　旅券の発給の申請をするためには，原則として，戸籍謄本又は戸籍抄本の提出が必要である（旅券法3条1項2号）。無戸籍ゆえにパスポートを取れず，通っている高校の修学旅行に行けなかった女性の事例もある。[注34]

　しかし，その後，外務省は，旅券法施行規則を一部改正し（旅券法施行規則の一部を改正する省令（平成19年外務省令第9号），2007（平成19）年6月1日施行），親子関係不存在確認や強制認知等の手続を行っていることの疎明資料その他必要書類を提出することによって旅券の発給を受けることができるとし，戸籍謄本又は抄本の提出を要しない場合を認めた（旅券法3条2項2号，旅券法施行規則1条5項7号）。ただし，「人道上やむを得ない理由により，戸籍への記載を待たずに渡航しなければならない特別の事情があると認められるときに限る。」との限定が付されており，ハードルが非常に高い。また，旅券発給の条件として，「（母親の）前夫の氏」を名乗ることとなってしまうという問題がある。

⑾　銀行口座の開設

　銀行口座を開設するに当たっては，犯罪による収益の移転防止に関する法律（平成19年法律第22号）により本人確認が厳格に義務づけられるため（同法4条，犯罪による収益の移転防止に関する法律施行規則6条・7条），住民票，運転免許証，マイナンバーカード（個人番号カード），旅券，国民健康保険の被保険者証，国民年金手帳，その他の公的証明書による本人確認ができない場合には，銀行口座の開設ができない。無戸籍者の場合，これらの公的証明書を取得するのが難しいため，事実上，銀行口座の開設は困難である。

（注33）　NHK 2014（平成26）年9月18日NEWS WEB（母が前夫のDVを避けて別居中に生まれたため32歳まで戸籍がなく，運転免許の取得やアパートの賃借ができなかった女性の事例）。
（注34）　前掲（注3）参照。

196

⑿　その他の契約行為

　無戸籍ゆえに住民票がない場合，本人確認が困難となるため，携帯電話の契約，インターネット契約，不動産賃貸借契約などにおいて事実上，契約に支障が生じる場合がある。(注35)

志

　「無戸籍者を支援する活動をしよう。」そう思ったのは，平成26年5月に放送されたNHKクローズアップ現代「戸籍のない子どもたち」がきっかけだった。

　当時は，無戸籍問題を専門的に取り扱うことができる弁護士がほとんどいなかったため，増え続けた無戸籍者は，ほぼ唯一と言っても過言ではない支援団体（「民法772条による無戸籍児家族の会」代表　井戸正枝氏）に集中し，支援団体側も受入れの限界を迎えつつあった。

　無戸籍者や母親は困窮している場合も少なくないが，当時の無戸籍者等は，法テラスの支援が受けにくく，弁護士費用どころか家庭裁判所への申立費用やDNA鑑定費用などの実費すらも負担できない中で，家庭裁判所における法的手続の困難さもあいまって，無戸籍を脱するための法的手続に踏み出すことができない悪循環にいた。

　同番組を製作したNHKの記者は，この状況の打開を訴え，東京の複数の弁護士会に直談判した。

　ところが，当時の弁護士会の反応は鈍いばかりか，内部で法律相談の弁護士費用を巡って議論となり，膠着状態に陥った。

　筆者は，無戸籍者は同じ我が国の国民でありながら最低限の生活すらできず，差別を受け，幸福を追求する機会を著しく奪われているが，これは我が国の根幹を揺るがす重大な人権問題であるから，弁護士が早急に大量の事案を組織的に受任して問題解決にあたるべきと考えていた。

　そこで，人権問題の専門家で当時の日本弁護士連合会事務次長の神田安積弁護士に無戸籍者を支援する弁護士団体を作りたいと相談したところ，子どもの人権の専門家である関哉直人弁護士を紹介された。筆者と関哉弁護士に，尾野恭史弁護士が加わり，3人で，「無戸籍問題を考える若手弁護士の会」

(注35)　前掲（注33）参照。

第1章　無戸籍とは

（以下，「若手弁護士の会」という。）を立ち上げた。

　若手弁護士の会は，個別事件を大量に組織的に受任して情報収集し，解決のノウハウを構築した上で，あるべき制度を提案し，制度的解決を求めることを志向した。無戸籍問題の解決には，民法や戸籍法といった立法上の問題だけでなく，家裁の窓口問題や前夫の関与（取下げ勧告）問題を含めた司法による人権問題，法テラスの運用問題，自治体内部等でのたらいまわし，各種通知に基づく行政サービスが受けられないことなどの行政の問題を，国会議員・最高裁・政府の三権に指摘し，これらの改善を求めることになる以上，弁護士会とは一線を画し，一定の思想や制約にとらわれずに，横串を刺しながら専門的かつ自由に動くことにした。

　これまでに，超党派の国会議員による「無戸籍問題を考える議員連盟」（会長　野田聖子衆院議員，会長代行　大口善徳衆院議員），自由民主党（政務調査会司法制度調査会），公明党（公明党無戸籍問題等プロジェクトチーム・同法務部会合同会議），法務省を中心とした政府の無戸籍者ゼロタスクフォース（第3回，平成27年9月29日），日本弁護士連合会，日本司法書士連合会，早稲田大学等で講演・シンポジウム等を行い，平成27年10月には無戸籍児とその両親による憲法訴訟も提起し，制度的解決を訴え続けた。脱稿日現在，志を共にする若手弁護士の会のメンバーは43名となった。

　この若手弁護士の会の設立と活動にあたっては，全国犯罪被害者の会（あすの会）の代表を務められた弁護士の岡村勲先生の活動をモデルにさせていただいた。

　筆者は，偶然なのか運命なのか，平成19年6月，犯罪被害者等の支援活動に取り組む米田龍玄弁護士に誘われて，岡村先生の同行者の一人となる機会を得て，国会で，犯罪被害者等の権利利益の保護のための刑事訴訟法等の改正（被害者参加制度，損害賠償命令制度，公判記録の閲覧・謄写等）の動きを目の当たりにした。

　後に判明したことであるが，岡村先生も，偶然，平成26年5月のクローズアップ現代を視聴し，無戸籍者への支援の必要性を感じられていたという。

　無戸籍問題の制度的解決には様々な壁が立ちはだかるが，今や当たり前となった，犯罪被害者等の権利に関する刑事訴訟法等の改正等も，当時は様々な抵抗にあいながらも成し遂げられている。

　岡村先生からは，折に触れて薫陶を受けてきた。なかなか民法改正の理解が得られず落胆しかけていたとき，岡村先生からいただいた「常識で考えておかしくない制度であれば，できあがれば誰も反対しない。」との言葉に，

198

まさに目から鱗の思いがした。

　岡村先生が犯罪被害者等の権利のために提言された「司法の扉　被害者に開け」（読売新聞平成10年12月10日朝刊25頁）とのタイトルは，無戸籍者の状況にもそのままあてはまる。

　現在，法制審議会で検討されている民法の嫡出推定制度の改正は，無戸籍問題の根本的解決に向けて，今，まさに関係者の志が問われている。

【参考文献】
岡村勲「犯罪被害者と裁判所」法の支配№194 134頁〜147頁
拙稿「無戸籍の連鎖を断つために」戸時731号51頁〜56頁
拙稿「無戸籍問題の実情と憲法上の諸問題」憲法研究第4号（2019年5月）
　199頁〜212頁

（高取　由弥子）

第2章 嫡出推定制度と「推定の及ばない子」の創設

1 民法の嫡出推定制度の概観

(1) 現行民法の規定

　民法は,「妻が婚姻中に懐胎した子は,夫の子と推定する。」(民772条1項)とし,「婚姻の成立の日から200日を経過した後又は婚姻の解消若しくは取消しの日から300日以内に生まれた子は,婚姻中に懐胎したものと推定する。」(同条2項)として,いわゆる2段階の推定を置いている。

　これは,嫡出子であることの証明は必ずしも容易ではないため,民法772条は,まず,婚姻中は夫が妻との性的関係を独占できるという蓋然性の大きさに基づいて1項の推定を行い,続いて医学的知見に基づいて2項の推定を置いたものと理解されている。(注1)

　そして,この嫡出推定制度を覆すために民法が定めているのが嫡出否認の訴え(民774条)である。この嫡出否認の訴えの提訴権者は夫のみであり,手続は訴えによること(民775条),(注2) また,提訴期間も夫が子の出生を知った時から1年以内(民777条)との厳しい制限がある。

　提訴権者の制限は,沿革的には夫の名誉を守ることが重要な根拠とされたが,今日では,第三者が家庭の平和を破壊することを防ぐ点に求めるべきであろうとされている。また,提訴期間の制限は,父子関係の早期安定に根拠があるとされる。(注3)

(注1) 内田貴『民法Ⅳ　補訂版　親族・相続』(東京大学出版会,2004年) 169頁・170頁
(注2) ただし,調停前置主義がとられている(家事257条)。
(注3) 前掲(注1) 170頁。

200

明治民法における嫡出推定に関する規定

　現行の民法の嫡出推定制度に関する規定は，特に議論がなされることなく，明治民法の嫡出制度に関する規定がそのまま踏襲された。

① 旧民法の規定

　旧民法（人事編　明治23年法律第98号）は，嫡出推定について，「婚姻中ニ懐胎シタル子ハ夫ノ子トス」（91条1項）とし，懐胎時期の推定について，「婚姻ノ儀式ヨリ180日後又ハ夫ノ死亡若クハ離婚ヨリ300日内ニ生マレタル子ハ婚姻中ニ懐胎シタルモノト推定ス」（同条2項）とし，婚姻儀式より180日後又は離婚等より300日内に出生した子を婚姻中の懐胎と推定した。

　嫡出否認権については，「否認訴権ハ夫ノミニ属ス但子ノ出生後ニ非サレハ之ヲ行フコトヲ得ス」（100条）として夫のみが有することを規定し，その提訴期間については，「夫カ子ノ出生ノ場所ニ在ルトキハ出生ヨリ3个月ノ期間内ニ限リ否認訴権ヲ行フコトヲ得但夫カ婦ト住家ヲ異ニシ又ハ婦カ子ノ出生ヲ夫ニ隠秘シタルトキハ此期間ハ子ノ出生ヲ知リタル日ヨリ起算ス」（102条1項）とし，「若シ夫カ遠隔ノ地ニ在ルトキハ訴権ノ期間ヲ4个月トシ子ノ出生ヲ知リタル日ヨリ起算ス」（102条2項）として，夫婦同居の有無等により起算点及び期間を区々とした。

② 明治民法の規定

　明治民法（明治31年法律第9号）では，嫡出推定は反証を許すものであるから，「夫ノ子トス」を「推定ス」に改め，「妻カ婚姻中ニ懐胎シタル子ハ夫ノ子ト推定ス」（820条1項）とし，現行民法772条1項と同じ規定となった。懐胎時期の推定については，「婚姻成立ノ日ヨリ200日後又ハ婚姻ノ解消若クハ取消ノ日ヨリ300日内ニ生レタル子ハ婚姻中ニ懐胎シタルモノト推定ス」（820条2項）とし，婚姻成立日から200日後又は離婚等の日から300日以内に出生した子を婚姻中の懐胎と推定した。

　嫡出否認については，「第820条ノ場合ニ於テ夫ハ子ノ嫡出ナルコトヲ否認スルコトヲ得」（822条）とし，否認権の行使手続として，「前条ノ否認権ハ子又ハ其法定代理人ニ対スル訴ニ依リテ之ヲ行フ但夫カ子ノ法定代理人ナルトキハ裁判所ハ特別代理人ヲ選任スルコトヲ要ス」（823条）とし，行使期間については，「否認ノ訴ハ夫カ子ノ出生ヲ知リタル時ヨリ1年内ニ之ヲ提起スルコトヲ要ス」（825条）とした。

第2章　嫡出推定制度と「推定の及ばない子」の創設

　　このように，現行民法772条，774条，775条，777条は，明治民法の規定がそのまま踏襲されている。
③　懐胎時期の推定について
　　明治民法の修正案理由書では，「本条第2項ハ懐胎期ヲ定メタルモノナリ抑モ懐胎期ニ関シテハ学説及ヒ立法例其軌ヲ一ニセス仏民法ニ於テハ子ノ出生前300日ヨリ180日マテヲ懐胎期ト定メタリ而シテ仏民法ノ解釈家ハ此期間外ニ生シタル子ハ之ヲ嫡出子ト推定シ只容易ニ其推定ヲ覆ヘスコトヲ得ルモノト為セリ今専門家ノ言ヲ聞クニ懐胎ノ時ヨリ300日以後ニ生ルル者全ク之ナキニ非ス而シテ懐胎後200日以内ニ生レタル子ノ生育スルハ極メテ稀ナリト云ヘリ本条第2項ニ於テハ夫ノ利益ヲ保護センカ為メ稀有ノ場合ヲ度外視シ最短期ヲ200日トシ最長期ヲ300日トセリ」とし，夫の利益保護の観点から懐胎期間の推定を定めたことが明らかにされている。

（尾野　恭史）

(2)　嫡出推定規定の制度趣旨

　　現行民法の嫡出推定規定の趣旨については，妻の婚姻中の懐胎子も夫の子でない場合がありうることを当然に予想しつつも，一応これを全て夫の子として取り扱うこととし，夫が父子関係を否定しようとする場合のみ，これを否定することができるが，その期間を制限することで，可及的速やかに父子関係を確定し，身分的法律秩序の安定を図ることを目的としたものと解されている。[注4]

2 「推定の及ばない子」の創設─判例法理による外観説

(1)　推定の及ばない子

　　現行の嫡出推定制度は，父子関係を否定するかどうかを，夫の意思のみにかからせるものであり，子にとっては，不本意でも，真実（血縁上）の父でない夫の子とされ，真実の父を探求しえないという場合が生じうるという点で，過酷な制度である。

（注4）　『最高裁民事篇44年度』292頁

202

そこで，判例・通説は，外観説を採用し，民法の規定にかかわらず，父子関係が推定されない，「推定の及ばない子」の概念を創設した。

これは，夫婦間に通常の一見平穏な家庭生活が営まれていないような場合（例えば，夫婦間に事実上離婚が成立して別居している場合）など，夫の子を懐胎しえないことが明白な事実があり，父子関係を否定しうる場合に，それにもかかわらずなお真実に反する父子関係を維持しなければならないとすることは，可及的に真実の血縁関係に合致した法律上の父子関係を形成しようという法律の基本的な理想からは，まったく容認しがたいものだからである，と説明されている。[注5]

(2)　外観説の概説

ア　最一小判昭44・5・29民集23巻6号1064頁

この判決は，母と前夫との婚姻解消の日から300日以内に出生した子について，母と前夫との「夫婦関係は，右離婚の届出に先だち約2年半以前から事実上の離婚をして爾来夫婦の実態は失われ，たんに離婚の届出がおくれていたにとどまるというのであるから」，子は「実質的には民法772条の推定を受けない嫡出子というべく」，子は夫からの嫡出否認を待つまでもなく，実の父に対して認知の請求ができると判示した。いわゆる外観説を採用した最初の判例である。[注6]

この判例は，父子関係を否定するための嫡出否認権が，夫にしか認められておらず（民774条），しかも，夫が子の出生を知った時から1年以内に（民777条），訴訟を提起（民775条。家事257条による調停前置）することによって行わなければならないという厳格なものであるため，解釈

（注5）　前掲（注4）293頁
（注6）　「昭和44年判例の理解に当たってまず注意されるべきは，その事案が子の認知請求であった点であり，現行法が子に否認権を認めていないことから生ずる問題がそこでの主題であったと見る余地もあることである。」，この判決の手法は，「子が，嫡出推定制度の提供する嫡出子としての法的地位よりも，認知請求によって得られる法的地位を希望する場合に，これを可能とするものである。」（判時1655号115頁，判タ986号163頁：外観説を踏襲した最二小判平10・8・31裁判集民189号437頁の匿名解説）と説明されている。この判例評釈は，子からの認知請求であることに着目し，実質的には子の否認権が行使されたと捉えることができる旨を示唆するものといえる。

第2章　嫡出推定制度と「推定の及ばない子」の創設

によってその厳格さを緩和しようとする試みにほかならず，むしろ立法
的解決を妥当とする過渡的な解決とみるべきと評されている。(注7)

　その後，最高裁は，最二小判平10・8・31裁判集民189号437頁〜497
頁，最三小判平12・3・14裁判集民197号375頁，最一小判平26・7・17
民集68巻6号547頁・裁判集民247号79頁でも，外観説を踏襲している。

イ　最三小判平12・3・14裁判集民197号375頁

　この判決は，「妻が子を懐胎すべき時期に，既に夫婦が事実上の離婚
をして夫婦の実態が失われ，又は遠隔地に居住して，夫婦間に性的関係
を持つ機会がなかったことが明らかであるなどの事情」がある場合には，
嫡出推定が及ばないと判示した。最高裁がいわゆる「推定の及ばない
子」について採用する外観説の適否の判断基準を初めて明確に示したも
のである。言い換えると，平成12年までは，最高裁のよってたつ外観説
の基準すら判然としていなかった。

ウ　最一小判平26・7・17民集68巻6号547頁，裁判集民247号79頁

　夫と嫡出推定を受ける子との間に，DNA鑑定により生物学上の父子
関係が認められないことが明らかであるなどの事情がある場合における
親子関係不存在確認の訴えの許否が争われた事案において，「夫と子と
の間に生物学上の父子関係が認められないことが科学的証拠により明ら
かであり，かつ，夫と妻が既に離婚して別居し，子が親権者である妻の
下で監護されているという事情があっても，子の身分関係の法的安定を
保持する必要が当然になくなるものではないから，上記の事情が存在す
るからといって，同条による嫡出の推定が及ばなくなるものとはいえず，
親子関係不存在確認の訴えをもって当該父子関係の存否を争うことはで
きない」と判示し，外観説を改めて確認した。

　この判決は，DNA鑑定による血縁関係の証明(注8)や子の監護の状況な

(注7)　前掲（注4）293頁・294頁
(注8)　白木勇裁判官が，「近年，科学技術の進歩にはめざましいものがあり，例えば
　DNAによる個人識別能力は既に究極の域に達したといわれている。検査方法によって
　は，特定のDNA型が出現する頻度は約4兆7000億人に一人となったとされる。世界の
　人口は約70億人と推定されるから，確率的には，同一DNA型を持つ人間は地球上に存

204

２　「推定の及ばない子」の創設─判例法理による外観説

どの事情によって嫡出推定を及ぼさない場面を広げるという考え方をとらないことを明らかにした。もっとも，この判決は第一小法廷において３対２の僅差で法廷意見が形成されており，微妙な判断であることを示している。(注9)

白木勇裁判官は，多数意見が引用する最一小判昭44・5・29民集23巻6号1064頁以下三つの最高裁判決により，外観説に基づき，実質的に民法772条1項の父子関係の推定を受けない場合があるとしてきたことについて，「このことは，民法の規定する制度がもはや本来の姿のままでは維持できない事態に至っていることを意味するというべきであろう。」として，772条の嫡出推定規定の改正の必要性を示唆している。

在しない計算になる。この技術により，父子間の血縁の存否がほとんど誤りなく明らかにできるようになったが，そのようなことは，民法制定当時にはおよそ想定できなかったところであって，父子間の血縁の存否を明らかにし，それを戸籍の上にも反映させたいと願う人情はますます高まりをみせてきているといえよう。」（最一小判平26・7・17民集68巻6号547頁）と述べているように，DNA型鑑定を用いることは，国民感情にも合致するといえよう。

(注9)　近時，嫡出推定に関わる民集登載の重要判決・決定が相次いでいるが，いずれも３対２という僅差での判断である。上記最一小判平26・7・17民集68巻6号547頁のほか，血縁上の父子関係がないことを知りながら子を認知した父が，子に対し，認知無効の訴えを提起した事案で，不実認知者の無効主張を認めた最三小判平26・1・14民集68巻1号1頁などである。

これらの判例については，「法的安定性の基礎となる現行法制度自体の合憲性や，立法目的・手段の合理性の点では，いずれも，立法論的にも，解釈論的にも多くの課題を残すこととなった。……今後の立法的解決を目指して，最高裁大法廷としての判断が待たれるところであり，これらの判例を憲法学の視点から再検討することが必要かつ有効となると思われる。……いずれにしても，立法的解決が図られることが急務であるが，それに至らない場合に，これらの解釈論的課題を克服することは容易でない。そのように解決困難な状況にあっては，解決の指針として，憲法13条の個人の尊重，人格権（とくに，子どもの人権），14条1項の差別禁止（ないし実質的平等保護，子や妻の保護），24条1項の婚姻の自由と夫婦同権，同2項の『個人の尊厳と両性の本質的平等』などの憲法的価値の基本に立ち戻ることが肝要であると考える。」（辻村みよ子『憲法と家族』（日本加除出版，2016年）317頁）と評されている。

第3章 無戸籍が生じる原因

1 無戸籍の発生原因

(1) 無戸籍が生じ得る要因

無戸籍が生じる要因について、一般的には次の五つの要因があるとされている。(注1)

(a) 「民法772条」が壁となっているケース

民法772条の嫡出推定の規定により、前夫を子の父とすることを避けるために、出生届を出さない、あるいは出せない状態となっているケースである。

(b) 「ネグレクト・虐待」が疑われるケース

親が子どもを出産しても、出生届を出すことまで意識が至らないか、意図的に登録を避けるケースである。親の住居が定まらなかったり、貧困その他の事情を抱えている場合が多いとされる。

(c) 「戸籍制度そのものに反対」するケース

親が戸籍制度そのものに反対であることを理由に、子の出生届提出を拒むケースである。

(d) 「身元不明人」のケース

認知症等で自らの名前や住所の記憶がなくなったまま家を出てしまい身元の確認ができないケースである。

(e) 戦争・災害で戸籍が滅失したケース

空襲等により戸籍の原本・副本ともに消失したり、津波等の災害により流され、あるいは破損し、復活することができないケースである。

(2) 無戸籍が生じる主たる要因

法務省によれば、令和元年8月10日時点での無戸籍者822名のうち638名

(注1) 『井戸』6頁・7頁

（約78％）が，前夫の嫡出推定を避けるためであるとされる。[注2]

　法務省の調査結果によれば，離婚後300日以内に出生した子の総数は年間3000人近く存在する可能性があるところ，前夫と別居後知り合った，又は旧知の男性と親しくなり，その男性の子を懐胎したと認められる事案が多く，別の男性の子を懐胎した時期に，前夫と同居していたり，性的関係が継続していたと認められる事案は，1割程度に過ぎないとされている。[注3]別居事案の典型例としては，前夫からDVや嫌がらせ，ストーカー被害を受けるなどし，命からがら逃げているような状況などが挙げられる。

2 戸籍制度[注4]—住民票との違い

　日本国民であれば出生し，届出がされれば戸籍を取得し（戸籍18条），外国人が帰化すれば，新たに称する氏名及び本籍を選定し，戸籍がつくられる（戸籍102条の2）。[注5]

　戸籍には，戸籍内の各人について，①本籍，②氏名，③出生の年月日，④戸籍に入った原因及び年月日，⑤実父母の氏名及び実父母との続柄，⑥養子であるときは，養親の氏名及び養親との続柄，⑦夫婦については，夫又は妻である旨，⑧他の戸籍から入った者については，その戸籍の表示，⑨その他法務省令（戸籍規30条）で定める事項が記載される（戸籍13条）。

　また，婚姻，離婚，養子縁組，離縁などの身分関係が変動した際にもその旨が戸籍に記載される。

　したがって，戸籍は，親子，兄弟姉妹，夫婦などの親族的身分関係や人の

（注2）　法務省「無戸籍者の情報について」
（注3）　法務省民事局「民法第772条第2項に関する調査結果の概要」
（注4）　わが国では，明治4年に戸籍法が制定された（明治4年太政官布告第170号）。最初は徴兵制度との関連が強かったといわれる。その後，明治31年民法（明治31年法律第9号）の施行とともにこれに応じた戸籍法（明治31年法律第12号）が制定され，大正3年に全面改正（大正3年法律第26号）がなされた後，戦後の民法改正に伴って新法（昭和22年法律第224号）に改められ，現在に至っている（『親族』423頁参照）。
（注5）　戸籍の記載は，届出，報告，申請，請求若しくは嘱託，証書若しくは航海日誌の謄本又は裁判によってなされる（戸籍15条）。

第3章　無戸籍が生じる原因

出生から死亡までの経緯を公証し，また，日本国民であること証明するものである。

　これに対し，住民基本台帳法（昭和42年法律第81号）に基づく住民基本台帳や住民票は，住民の居住関係を公証するものとされており（住基1条），現実の共同生活に即応するものとされている点で，戸籍とは異なる。

3 同一の戸籍に記載される者の範囲

　戸籍法は，「戸籍は，市町村の区域内に本籍を定める一の夫婦及びこれと氏を同じくする子ごとに，これを編製する。」と規定する（戸籍6条本文）。婚姻すれば，夫婦について新戸籍が編製されるので（戸籍16条本文），同一の戸籍に記載されるのは，原則として，夫婦と未婚の子ということになる（なお，婚姻せずに，非嫡出子又は養子をもてば，その親と子のために独立の戸籍がつくられる（戸籍17条）。）。

　したがって，戸籍法によれば，同一の戸籍に記載される者について，次のように整理される。[注6]

　(a)　同一の戸籍に記載されるのは，氏が同一の者に限られる。

　(b)　夫婦は必ず独立の戸籍を持つ。

　(c)　同籍し得るのは，夫婦のほかには，親子関係にある者に限られる。

　(d)　祖父母と孫というような三世代に及ぶ者は同籍し得ない。

4 出生に係る戸籍法の規定等

　子が生まれた場合，14日以内（国外で出生があったときは3か月以内）に出生の届出しなければならない（戸籍49条1項）。出生の届書には，やむを得ない事由があるときを除き，医師又は助産師等が作成した出生証明書を添付しなければならない（戸籍49条3項）。

（注6）　『親族』424頁・425頁

5 推定される嫡出子，推定の及ばない子，推定されない嫡出子の戸籍実務における取扱い

　出生の届出は，(a)嫡出子については父又は母（子の出生前に父母が離婚をした場合には母）が，(b)非嫡出子については母が，(c)届出をすべき者が届出をすることができない場合には，第1に同居者が，第2に出産に立ち会った医師，助産師又はその他の者が，それぞれ行う（戸籍52条）。

　出生の届出がなされた場合，子は，父母の氏を称する子は，父母の戸籍に入り（戸籍18条1項），それ以外のときには，父の氏を称する子は父の戸籍に入り，母の氏を称する子は母の戸籍に入る（同条2項）。

　正当な理由なく期間内にすべき届出等をしなかった場合は，5万円以下の過料に処せられる。[注7]

5 推定される嫡出子，推定の及ばない子，推定されない嫡出子の戸籍実務における取扱い

(1) 推定される嫡出子

　婚姻成立日から200日経過後又は婚姻解消又は取消し日から300日以内に生まれた子は民法772条2項により，婚姻中に懐胎したものと推定され，同法772条1項により，夫の子と推定される。このような推定される嫡出子の場合，父又は母は，父欄には夫を記載した出生届を提出しなければならず，母が父欄に血縁上の父を記載した出生届や，同欄を空欄とする出生届を提出することは認められていない。

(2) 推定の及ばない子

　民法772条の嫡出推定が形式的に及ぶが，裁判手続により嫡出推定が及ばないとされた「推定の及ばない子」については，その裁判書の謄本を添付することによって，嫡出でない子又は後婚の嫡出子としての出生の届出

（注7）　前夫からの暴力をおそれて，子の出生届を33年間提出できなかった母親が，子の実父に対する強制認知手続が確定したことから，出生届を提出したところ，藤沢簡易裁判所は，母親を5万円の過料に処した（藤沢簡裁平成27年(ア)第69号）。母親の即時抗告に対し，横浜地裁は，出生届を提出しなかったことには正当な理由があると認め，藤沢簡裁の決定を取り消した（横浜地裁平成27年(ソ)第1001号，NHK NEWS WEB平成28年1月19日，朝日新聞DIGITAL平成28年1月20日，毎日新聞平成28年1月20日朝刊）。この件を契機に，法務省は，平成29年3月に失期通知に関する補佐官事務連絡を発出したが，今なお，過料による制裁の問題は残っている。

第3章　無戸籍が生じる原因

を受理することととされ（昭40・9・22民事甲第2834号民事局長電報回答），また，既に夫の子として出生の届出がされている場合には，裁判書の謄本を提出することによって，戸籍の記載を訂正することができる（戸籍116条）。

さらに，婚姻の解消又は取消し後300日以内に生まれた子であっても，婚姻中に懐胎したものでないことが，医師の作成した証明書により確認できる場合には，裁判手続によらなくても，戸籍窓口において，嫡出でない子又は後の夫の嫡出子とする出生届を受理するものとされている（平19・5・7民一第1007号民事局長通達（**資料9**））。

⑶　推定されない嫡出子

婚姻成立後200日以内に出生した子は，民法772条2項により婚姻中に懐胎されたとは推定されないが，父母の認知手続を経ずに出生と同時に当然に嫡出子たる身分を取得する（大判昭15・1・23大民集19巻54頁）。これを受けて，戸籍実務では，戸籍事務担当者に実質的な審査権がないため，一律に嫡出子としての出生届を提出することが認められている（昭15・4・8民事甲第432号民事局長通牒，昭15・6・14民事甲第731号民事局長回答，昭15・8・24民事甲第1087号民事局長回答）。

また，婚姻成立後200日以内に出生した子について，妻は，夫の子として出生の届出をすることができるほか，婚姻中の懐胎ではなく，民法772条の推定を受けないのであるから，嫡出でない子としての出生届をすることもできる（昭26・6・27民事甲第1332号民事局長回答）。

第4章 進まない無戸籍の解消

1 無戸籍状態の解消は進んでいない

　法務省が令和元年8月10日時点で把握する無戸籍者の累積数2512人のうち，無戸籍状態が解消されたのは約67パーセント（1690人）に過ぎない。また，依然として無戸籍である者のうち，住民票が作成されたのも約59パーセントにすぎず(注1)，戸籍への登録や住民票取得等は困難を極めている。

　そして，その理由として，救済手続の煩雑さが挙げられており，「救済手続の煩雑さや周知不足が無戸籍解消の足かせになっているようだ」，「手続を知らなかったり，知っていても裁判は金銭面を含め負担が大きい」などと報じられている。(注2)

2 無戸籍状態の解消が進まない原因

　父子関係は個人のアイデンティティの根幹をなす最も身近で重要な法律関係であるにもかかわらず，嫡出推定の例外である外観説が明文化されていないため，そもそも，嫡出推定が及ばないことがあり得ること自体を知ることが困難である。(注3)

（注1）　法務省「無戸籍者の情報について」
（注2）　読売新聞平成29年8月20日朝刊1面記事
（注3）　昭和初期に立案されつつあった人事法案95条において，現行民法772条1項，2項とほぼ同旨の規定に続けて，「前二項ノ規定ハ子ノ出生前200日乃至300日ノ間妻ガ夫ノ子ヲ懐胎スルコト能ハザル事情アル場合ニハ之ヲ適用セズ」とし，昭和初期の時点で，既に立法的な解決を図ろうとされていた（『親族』225頁）。また，法制審議会民法部会身分法小委員会が昭和34年6月に作成した仮決定及び留保事項（その2）でも，第20条㈠乙案として，「更に，夫の子の懐胎を不可能とする顕著な事情があるときは，右の訴え（嫡出否認の訴え：引用者注）によることを要しないものとする案」が掲げられていた。

211

第4章　進まない無戸籍の解消

　また，戸籍を得ようとして何らかの手続をとろうとしても，嫡出否認手続，親子関係不存在確認手続，強制認知手続などの裁判手続，あるいは，平19・5・7民一第1007号民事局長通達をはじめとする諸通達の該当性といった，複雑な手続選択を迫られる。(注4) 現行民法の規定を前提とすると，嫡出推定が及ぶか否かにより，父子関係を否定するためにとるべき手続が異なるからである（嫡出推定が及ぶ場合の嫡出否認手続，外観説の適用により嫡出推定が及ばない場合の親子関係不存在確認・強制認知手続）。

　そして，当事者が強制認知手続をとると決めたとしても，強制認知調停（・審判）の申立てを受け付けないという家裁の窓口問題(注5)などに翻弄される。

　さらに，強制認知の調停（・審判）の審理に入ることができたとしても，外観説に基づき，夫と妻との間における「性的交渉の機会」の不存在など困難な事実関係の主張立証を余儀なくされる。

　こうした手続に関する問題が，真の家族関係の構築を望む当事者に非常に大きな負担となっている。

 ある自治体の課長が流した大粒の涙

　無戸籍者やその家族には，テレビドラマの世界を凌駕する，壮絶な苦しみと歴史がある。

　筆者は，関与形態は様々ではあるものの，これまでに100件を超える無戸籍事案に接してきた。

　その中でも，忘れられない出来事がある。

　平成27年に，30歳まで無戸籍であった男性とその母親が，地元の自治体を訪問して出生届を提出する場面に立ち会ったときのことである。

　この事案は，母親が前夫から激しいDVを受けて命からがら逃げ出したものの，十数年間も離婚がままならず，別居から数年経って別の男性との間に男の子が生まれたが，身の危険を感じる中，前夫への嫡出推定を避けるために，30年もの間，出生届を提出せず，息をひそめて暮らさざるをえなかった

(注4)　前掲（注2）平成29年8月20日読売新聞朝刊1面
(注5)　本書214頁参照

212

ケースである。男の子は成人となったが，無戸籍であるがゆえの艱難辛苦を
味わい尽くした。常に不安感を抱き，精神も安定しなかった。何とか職をみ
つけたものの，戸籍が無いことで雇用主から足元をみられ，劣悪な労働環境
にいた。70歳を目前にした母親は，息子への罪悪感に苛まれ続け，自殺を考
えていた。

　息子は，3年前に愛する女性ができ，交際を開始した。その女性との結婚
を決意し，一日も早く戸籍が欲しいと切望して母親と共に筆者のもとに法律
相談に訪れた。

　調査の結果，前夫はすでに死亡していた。時の経過により，多くの証拠も
失われていた。母子と話し合い，早期に戸籍をつくるために，出生届を提出
して嫡出推定が及ぶ前夫の戸籍に一旦入籍した上で，家庭裁判所で氏の変更
許可審判（戸籍107条1項）を得て，現在の氏で単独戸籍をつくるという苦
渋の決断をした。

　この方法では，母親が出生届の「父」欄に前夫の名前を記入した上で提出
する必要があったが，母親が，自治体が用意した会議室で「父」欄を記入し
ようとしたその瞬間，過去の苦しみがフラッシュバックしてこれまでの苦難
に思いを馳せたためか，手が大きく震え出し，なかなか書くことができず，
わずか数文字ではあるが30年も抗い続けた事実に反する内容を数分かけて書
き入れることになった。

　筆者を含めその場にいる誰もが沈痛な面持ちで見守っていたが，ただ一人，
その母親の姿を見て，大粒の涙をぽろぽろ流しながら号泣する男性がいた。

　無戸籍者本人ではない。

　数人立ち会った自治体職員のうち，中央にいた50代くらいの課長だ。

　実は，自治体側はこの母子の存在を長年把握しており，この課長は，若手
時代にこの母子からの相談を受けたことがあったという。

　自治体側も，母子と共に悩みを共有し，法務局に相談するなどして，母子
の希望に沿う戸籍をつくる方法がないか何度も模索し続けたが，制度の壁に
阻まれていた。よく見ると，他の職員達も涙ぐんでいた。

　現に，平成14年には，自治体の戸籍の窓口担当者でつくる団体「全国連合
戸籍事務協議会」が，民法772条の改正や運用の見直しを法務省に求めてい
たが，法務省はこれに「応じがたい」と回答していた（毎日新聞平成19年2
月4日朝刊1面）。

　そう，無戸籍問題は，決して最近の問題ではなく，少なくとも数十年間は，
国も把握し，制度上の問題を認識しつつ放置していた問題なのだ。

第 4 章　進まない無戸籍の解消

　　筆者の経験では，無戸籍問題に積極的に取り組んできた明石市，滋賀県，
　足立区（東京都）等一部の自治体を除き，決して少なくない自治体で，つい
　最近まで，無戸籍者があたかも犯罪者のように扱われ，関係部署や関係機関
　をたらい回しにされ，受けられるはずの行政サービスを受けられないとの回
　答をされ，あろうことか追い返されたなどという相談が絶えなかった。
　　そのため，無戸籍者を支援する弁護士としては，法的手続の代理だけでな
　く，自治体側の偏見や無理解との闘いをも余儀なくされ，自治体側の理不尽
　な対応や言い分に忸怩たる思いをすることが多かった。
　　帰り際，この課長から「先生，ありがとうございました。これからも宜し
　くお願いします。」と挨拶され，職員達も一斉に頭を下げた。
　　この課長の大粒の涙は，無戸籍者や住民に真に寄りそう自治体の姿として
　筆者の心に強く残るものとなったと同時に，無戸籍問題の制度的解決の重要
　性を痛感する出来事となった。

　　　　　　　　　　　　　　　　　　　　　　　　　　（高取　由弥子）

3　家裁における取扱上の問題

　　法務省や裁判所のホームページには，無戸籍解消のための法的手続として，
親子関係不存在確認と（強制）認知の法的手続を共に並列的に掲載されてい
る。[注6]

　　前夫からDV被害を受けた母親や前夫から嫌がらせを受けていた母親は，
子の戸籍をつくるため，前夫を当事者としない強制認知の法的手続を希望し，
実際に申し立てるのが実情である。

　　しかし，家庭裁判所では，当事者が希望する強制認知手続を遂行できない
事態が生じている。

(1)　家裁の窓口問題

　　まず，第 1 に，当事者が強制認知手続を選択したにもかかわらず，家庭
裁判所の窓口で，申立ての受付を拒否され，前夫を相手方として親子関係

（注6）　法務省「民法772条（嫡出推定制度）及び無戸籍児を戸籍に記載するための手続
　　等について」（http://www.moj.go.jp/MINJI/minji175.html），裁判所「無戸籍の方に関
　　する手続」（http://www.courts.go.jp/saiban/syurui_kazi/kazi_05_4/index.html）

214

不存在確認調停を申し立てるよう求められる問題である。

こうした取扱いがなされた結果，無戸籍の固定化（前夫の嫌がらせ等を恐れて母子が法的手続による戸籍取得を断念し，そのまま無戸籍者の高齢化が進むと，最終的に，ハードルの高い就籍手続しか選択できなくなるおそれ）や家裁から事件係属証明書を入手できないために，平成20年の総務省通知（**資料1**）に基づく住民票交付に必要な要件を充足できず，無戸籍者が本来取得できるはずの住民票を入手できないという弊害を招来した。

(2)　前夫の関与問題

第2に，強制認知手続が受理されたとしても，その手続上，家裁から，一律に前夫の関与（前夫への意見照会）を求められ，これに応じない場合に取下げ勧告がなされる問題である。無戸籍児やその母親は，前夫からの襲撃や報復を恐れ，家裁に求められるがまま取下げ手続に応じてしまうことが少なくない。この論拠は「前夫の手続保障」とされるが，事実認定に不可欠な場合であればともかく，これが欠けた場合の法的効果や取りうる法的手続が明確でないばかりか，そもそも外観説を認める判例法理においても言及されていない，無戸籍児やその母親にとって過酷な要求であるといわざるを得ない。

こうした取扱いがなされることにより，取下げに応じた当事者は，総務省の通知に基づき一旦作成された住民票が当事者の帰責性なくして消除されるおそれが生じる。

(3)　最一小判平26・7・17民集68巻6号547頁の影響

最一小判平26・7・17は，DNA鑑定を「推定が及ばない子」の立証に用いることを否定した。これにより，無戸籍者や母親は，外観説の要件である「性的関係の機会」を持つことの不存在の事実を立証しなければならず，同判決以前と比して，当事者はより一層立証の負担が重くなっている。とりわけ，成人無戸籍者にとっては，自らに何ら責任の無い，時の経過による証拠の散逸による不利益を一身に背負うことになった。数十年前の事実関係の立証（しかも，自身が胎児以前に前夫と母親との間に発生した事実経過や事実の不存在の立証）など不可能に近い。それにもかかわらず，自ら

第4章　進まない無戸籍の解消

のDNAが外観説に基づく「推定の及ばない子」とする証拠として認められないため，法的手続を断念することになりかねない事態が生じている。

 認知，嫡出否認及び親子関係不存在確認の各調停事件数の推移

　司法統計によると，認知，嫡出否認及び親子関係不存在確認の各調停事件の各年度新受総数は，平成15年から29年までの15年間，概ね2,700〜4,400件程度で推移している。直近10年間（平成20〜29年）の平均は2,871件であり，その前5年間（平成15〜19年）の平均3,870件と比べると，約1,000件程度減少している。

　各年度新受総数の内訳をみると，認知事件の各年度の申立ての平均件数は，平成15年から19年までが792件であるのに対し，平成20年から29年までが1,205件と約52％の大幅増加となっている。

　嫡出否認調停事件の各年度の申立ての平均件数は，平成15年から19年までが557件であるのに対し，平成20年から29年までが421件であるので，約24％減少している。

　親子関係不存在確認調停事件の各年度の申立ての平均件数は，平成15年から19年までが2,522件であるのに対し，平成20年から29年までは1,245件と約51％の大幅減少である。

　このように，直近10年間で認知調停事件の申立件数が大幅に増加したのに対し，嫡出否認・親子関係不存在確認は，これに反比例する形で減少している。これは，平成19年に無戸籍問題が公となり，立法府，行政機関及び司法機関が強制認知手続の存在を明らかにしたことの影響があると考えられる。

　取下率（各年度の取下件数／新受件数）を見ると，認知調停事件では，各年の取下率は，平成15年から20年の平均で34.9％，平成20年から29年の平均で31.4％となっている。これは，嫡出否認調停事件の同平均10.0％〜12.2％，親子関係不存在確認調停事件の同平均11.3％〜16.4％に比べ，突出して高い比率となっている。家裁の前夫の関与問題による影響を表しているものとも考えられる。

（尾野　恭史）

3 家裁における取扱上の問題

〈表12 認知、嫡出否認、親子関係不存在確認の各調停事件の各年度新受件数・取下件数推移表〉

	H15年	H16年	H17年	H18年	H19年	左記5年平均	H20年	H21年	H22年	H23年	H24年	H25年	H26年	H27年	H28年	H29年	直近10年平均
〈認 知〉																	
新受件数	844	875	887	656	696	792	920	1,126	1,090	1,207	1,201	1,235	1,258	1,192	1,448	1,370	1,205
取下件数	265	262	300	268	286	276	325	366	355	338	405	409	432	365	402	381	378
取下率	31.40%	29.90%	33.80%	40.90%	41.10%	34.90%	35.30%	32.50%	32.60%	28.00%	33.70%	33.10%	34.30%	30.60%	27.80%	27.80%	31.40%
〈嫡出否認〉																	
新受件数	696	668	556	494	372	557	365	406	370	354	398	369	432	547	477	490	421
取下件数	67	52	51	62	47	56	42	50	53	40	52	49	50	62	52	65	52
取下率	9.60%	7.80%	9.20%	12.60%	12.60%	10.00%	11.50%	12.30%	14.30%	11.30%	13.10%	13.30%	11.60%	11.30%	10.90%	13.30%	12.20%
〈親子関係不存在確認〉																	
新受件数	2,887	2,881	2,798	2,271	1,771	2,522	1,500	1,431	1,472	1,362	1,365	1,288	1,267	1,042	916	808	1,245
取下件数	282	320	319	260	240	284	213	242	210	200	228	200	243	183	176	149	204
取下率	9.80%	11.10%	11.40%	11.40%	13.60%	11.30%	14.20%	16.90%	14.30%	14.70%	16.70%	15.50%	19.20%	17.60%	19.20%	18.40%	16.40%
認知、嫡出否認、親子関係不存在確認の各年度の新受数合計	4,427	4,424	4,241	3,421	2,839	3,870	2,785	2,963	2,932	2,923	2,964	2,892	2,957	2,781	2,841	2,668	2,871

(注)・各年度の数値は、司法統計年報家事編第4表「家事調停事件の受理、既済、未済手続別事件数─全家庭裁判所」のうち、認知、嫡出否認、親子関係不存在確認の各調停事件の各年度における新受件数・取下件数を抜粋したもの。
・各年度の取下率は、取下件数を同年度新受件数で除した数値である。

嫡出推定制度に関する民法改正の動向

1 法制審議会の動き

　法務大臣は，2019年6月20日，諮問機関である法制審議会に対し，「嫡出推定」規定の見直しを諮問した。これを受けて，法制審議会は，2019年7月29日，民法（親子法制）部会の初会合を開き，無戸籍者の原因となっている「嫡出推定」の見直しの検討に着手した。一部報道[注1]によれば，法務大臣への答申を経て，法務省は，2022年までに民法改正案を国会に提出する見通しであるとされている。

2 嫡出推定制度を中心とした親子法制の在り方に関する研究会

　法務省は，2018年10月18日，「嫡出推定制度を中心とした親子法制の在り方に関する研究会」を立ち上げた。この研究会は，2019年7月16日まで計13回開催され，同年7月22日，「嫡出推定制度を中心とした親子法制の在り方に関する研究会報告書」を公表した。この研究会報告書は，法制審議会でも配布されており，法制審議会では，この報告書の内容を踏まえて検討が進められるものと考えられている。

3 研究会報告書の提言骨子

　研究会は，嫡出推定制度について，大要，次のとおり，提言している。

（注1）　時事ドットコムニュース（https://www.jiji.com/jc/article?k=2019072900834&g=soc）

（1） 嫡出の推定（民772条）について

① 婚姻成立日から200日以内に生まれた子についても，夫の子と推定する。

② 離婚日から300日以内に生まれた子は，その出生時に母が前夫以外の男性と婚姻していたときは，母の前夫の子と推定されない。

③ 子の出生時に母が前夫以外の男性と婚姻していない場合にも同様とするかについては，引き続き検討。

（2） 嫡出否認の提訴権者（民774条）について

① 子を否認権者とし，親権者である母による代理行使を許容する。

② 母を否認権者とすることについては，引き続き検討。

（3） 嫡出否認の訴えの出訴期間（民777条）について

① 夫，母，親権者による否認権行使期間

第1案 子の出生を知った時から10年間又は否認権行使することができることを知った時から［1年又は2年］間のいずれか短い期間内。

第2案 子の出生を知った時から［3年又は5年］以内。

② 子自身による否認権行使期間

上記①の期間が経過している場合であっても，子が［成年／15歳］に達した後一定期間はなお可能とする。

（4） 当事者の合意により父子関係を否定する方策

子，法律上の父［及び子の母］の合意により，父子関係を否定することができるものとすることについては，引き続き検討。

4 民法772条の改正について

研究会が，嫡出否認の訴えの提訴権を母や子に認める民法改正を提言するのみならず，嫡出推定を定める民法772条の改正まで提言した。研究会が，前夫が関与することなく，また，裁判手続を経ることのない出生段階で，嫡出推定を及ぼさない範囲を拡大する提案をしたことについては，一定の評価

第5章　嫡出推定制度に関する民法改正の動向

をなし得る。

　しかし，研究会提言では，嫡出推定を及ぼさない例外について，子の「出生時に母が前夫以外の男性と婚姻していたとき」に限定しており，母が前夫以外の男性と婚姻していない場合については，引き続き検討するとしている。

　科学技術の発展に伴いDNA鑑定が普及した現在においては，出生届の段階で，DNA鑑定結果を提出することにより，子が夫以外の子であることが立証されるときは，裁判所を通した法的手続を経なくても嫡出推定を及ぼさないとすることも十分検討に値すると思われる。

　加えて，研究会提言では取り上げないこととされたが，母親による嫡出でない子としての出生届を認めること[注2]は，無戸籍者の救済に資する。また，母親が父を空欄にした出生届を提出すれば夫や前夫の推定が及ばないとする通達を出すことも可能だとする意見もある。[注3]

　現実的には，母親が過酷なDV被害やストーカー被害を受けていた事例であればあるほど，母親は身一つで逃げるだけで精一杯であり，後の裁判のための証拠収集をする余裕などなく，家庭裁判所が満足する証拠が残されていない事例が多い。[注4]したがって，法改正がなされるのであれば，DVやストーカーの被害者である母親と無戸籍児の身の安全の確保という実務上重要な視点を持ちつつ，証拠の収集が困難であるという現実を直視した上で，最善の（法的）手続を行えるような制度構築がなされなければならない。

　いずれにせよ，嫡出推定制度についての民法改正がなされた後には，本書に記載した無戸籍の解消に必要な手続は変わる可能性がある。民法改正を踏まえた無戸籍の解消手続については，本書の改訂作業に委ねることとしたい。

（注2）　水野紀子「嫡出推定・否認制度の将来」ジュリスト1059号115頁
（注3）　二宮周平・毎日新聞平成27年10月9日朝刊コメント。
（注4）　水野紀子教授は，DV被害に関し，わが国には「逃げる自由」しかないと警鐘を鳴らし続けてこられた（水野紀子「家庭の自由と家族への国家介入」法律時報1115号（2017年）53頁）。

220

無資格者による無効な出生届の届出

　申立人が出生した際、申立人母と婚姻関係にあった申立外Aが、申立人の血縁上の父親でもないにもかかわらず、申立人の父として出生届を提出した。当時、申立人母と申立外Aは既に別居状態にあった。

　申立人母と申立外Aの婚姻中の申立人の戸籍の身分事項欄の届出人欄には、「父」と記載されていたものの、申立人母と申立外Aが離婚し、その後、申立人と申立外Aとの間で親子関係不存在確認がなされたことに伴い、届出人欄の記載が「父」から「申立外A」に訂正された。身分事項欄は、いわゆる移記事項であることから、本籍地を移す等しても、申立人の戸籍には届出人の記載がついて回ることとなる。そこで、届出人欄の記載に訂正するために、戸籍法113条に基づく戸籍訂正の申立てを行った。

　戸籍法52条は、届出義務者を①嫡出子の場合は父母、②嫡出子でない場合は母、③同居人又は出産に立ち会った医師等、④法定代理人と定めている。申立外Aは、申立人の父でもなく、また、同居人でもないことから、申立外Aは無資格者である。無資格者による届出は無効であるから、本来、その場合には、無効の届出によって記載された子については、その記載を全部消除し、改めて届出義務者から出生の届出をすべきことになる。

　しかし、申立人は既に成人間近であり、戸籍の記載も複雑になっていたことから、当初、代理人は、戸籍の訂正箇所を最低限に抑えようと、申立外Aが申立人母の使者であったとして、届出人の記載を「申立外A」から「母」へ訂正するよう申立てを行った。

　しかし、家庭裁判所から申立外Aを使者とする構成は困難であるとの見解が示されたため、代理人は、やむを得ず、申立人の戸籍の記載を全部消除するとの申立ての趣旨に変更をせざるを得なかった。

　もっとも、家庭裁判所からは、申立人の戸籍の記載を全部消除し、届出義務者から改めて出生届出を提出し直したとしても、申立人が直ちに申立人父母の戸籍に入籍するわけではなく、前回の出生届提出時同様に嫡出推定が働き、最初は申立外Aが筆頭者の戸籍に入籍する可能性があるとの考えが示された。しかし、そうなってしまっては再度、親子関係不存在確認の申立てを行わざるを得ず、また、申立人らは申立外Aと関与しない方法での解決を望んでいたため、代理人としてはその方法はとり得なかった。

　代理人は、審判で就籍を求めることも検討したが、最終的には、申立人懐

第5章　嫡出推定制度に関する民法改正の動向

胎時に，申立人母と申立外Aは既に別居中であったこと等を立証（親子関係不存在確認の審判において申立人母と申立外Aが申立人懐胎当時別居中であったこと，DNA鑑定により申立外Aが申立人の生物学上の父である確率が0パーセントであることが認定されていた。）し，申立人は嫡出子でない子であり，申立外Aが無資格者であったと認定されたことから，無資格者による申立人の出生届の届出は無効であるとして，申立人の過去の戸籍を全部抹消する審判を得ることができた。そして，届出義務者である申立人母に新たに出生届を提出させることで，申立人父母の戸籍に，「届出人」を「母」として，入籍させることができた。

　本件は，あまり前例がない事案であり，家庭裁判所と法務局による調整等が必要であったため，申立てから審判まで1年以上の時間を要した。

（小倉 拓也）

第6章 解決方法

〈図15 無戸籍状態を解消するための手続〉

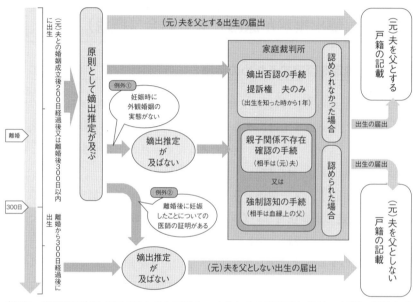

(出典：法務省民事局「無戸籍の方の戸籍をつくるための手引書」(図1　戸籍の記載を求める方法))

第1 はじめに

平成19年以降政府が都度発出した通知・通達等により、無戸籍者が被る不利益はその一部が解消されつつある(本編第1章③(188頁)参照)ものの、無戸籍者は年齢を重ねるにつれて人生の選択肢が極端に狭まり過酷な状況に置かれる[注1]ため、一日も早くこれを解消する必要がある。

(注1) 成人無戸籍の女性が病気で死亡した際、70代の内縁の夫が「戸籍がない女性と

第 6 章　解決方法

　無戸籍を解消する方法は発生原因ごとに異なる。この点，本編第 3 章①(2)（206頁・207頁）で述べたとおり，無戸籍が生じる主たる要因の約78パーセントが嫡出推定を避けるためとされることから，本書では，嫡出推定が原因となる場合の解決方法から順次解説することとする。

第 2 ｜ 嫡出推定が原因となる場合（概説）

1 嫡出推定を否定するための手続

　婚姻成立日から200日経過後又は婚姻解消又は取消日から300日以内に生まれた子は，たとえ血縁上は夫あるいは離婚等が成立している場合は前夫（以下「前夫等」という。）の子でなかったとしても，法律上は前夫等の子として扱われる（嫡出推定，民772条）。

　そして，民法上，父子関係を争う方法は，前夫等からの嫡出否認手続（民774条）の規定しか存在しないため，嫡出否認の手続によらなければ父子関係を争えないことが原則となる。

　嫡出否認の手続では，前夫等のみが，子の出生を知った時から 1 年以内に限り，嫡出否認の訴えを提起して行わなければならない（民774条・775条・777条）。訴えの範囲は厳しく制限され，母子は自ら嫡出否認の手続を講ずることはできない。[注2]

　ただし，実務上，「推定の及ばない子」（本編第 2 章②（202頁），第 3 章⑤(2)（209頁）参照）等であれば，大別して，下記二つの方法により，嫡出否認の手続によることなく，子を戸籍上前夫等の子としない取扱いが可能とされる。

　第 1 に，戸籍事務の担当者に，離婚後に子を懐胎したことを直接証明（平

──────────

長年暮したことが問題になる」等と考え女性の遺体を放置して逃げたとして死体遺棄罪に問われた事案（西日本新聞平成30年12月16日電子版，西日本新聞平成30年12月26日電子版，毎日新聞平成30年12月26日電子版）等。
(注 2)　ただし，脱稿日現在，法制審議会民法（親子法制）部会において母子の嫡出否認権等について民法改正が検討されている（本編第 5 章③（218頁・219頁）参照）。

第2　嫡出推定が原因となる場合（概説）

19・5・7民一第1007号民事局長通達，**資料９**）できた場合である。

　第2に，子に嫡出推定が及ばない事情を裁判手続で立証した場合である。具体的には，① 前夫等を相手方として父子関係がないことの確認を求める親子関係不存在確認の手続，② 血縁上の父を相手方として子であると認めることを求める強制認知の手続のいずれかを講じて行う。なお，強制認知の手続と親子関係不存在の手続は選択的であり，優劣関係はないため，強制認知の手続を行う前提として親子関係不存在確認手続を経る必要はない。(注3)(注4) これは「家裁の窓口問題」や「前夫の関与問題」(注5)との関係で重要となる（本編第４章③(1)(2)及び第７章参照）。

2 調停前置主義

　嫡出否認・親子関係不存在確認・強制認知の裁判手続のいずれにおいても，公開の法廷で行われる人事訴訟の前に，話合いの手続としての非公開の調停手続をとることとされている（調停前置主義。家事257条・244条参照）。その理由は，親子関係では家庭内のプライバシー等を扱い，その性質上訴訟による解決になじまない面があるため，第一次的には家庭裁判所における話合いとしての調停による解決を図ることが妥当とされたことにある。

（注3）　裁判所ホームページ参照（http://www.courts.go.jp/saiban/syurui_kazi/kazi_05_4/index.html，最終閲覧日2019年９月５日）。

（注4）　法務省ホームページ　Q4-3の回答参照（http://www.moj.go.jp/MINJI/minji04_00047.html，最終閲覧日2019年９月５日）。

（注5）　平成20年７月７日総行市第143号総務省自治行政局市町村課長通知を発出した当時，国はこのような事態を想定していなかったであろう。これらの問題に関し，最高裁は，平成20年５月の衆議院法務委員会，平成21年２月の公明党法務部会，平成27年９月の無戸籍者ゼロタスクフォース等で指摘を受けてきた。平成27年11月，最高裁は親子関係不存在確認と強制認知は選択的である旨を記載した通知（平成27年11月５日最高裁判所事務総局家庭局第二課長）を全国の家庭裁判所に発出し，法務省も平成30年３月には同通知をもって解決済みとした（渡邊ゆり法務省民事局民事第一課長「講演」戸時特別増刊号760号14頁）。ところが，その後も問題事例が相次いだため，平成30年７月，公明党の政策提言（本書188頁（注14）参照）で対応を求められた。そこで，法務省は同年８月，最高裁は平成31年１月に，各ホームページや書式を改訂するに至った。「家裁の窓口問題」と「前夫の関与問題」はいまだ解決していない。

第6章　解決方法

そのため，上記各手続のいずれにおいても，まず家庭裁判所に調停を申し立てなければならない。[注6]

嫡出推定を否定するための裁判手続の概要は以下のとおりである。

〈図16　嫡出推定を否定するための裁判手続の概要〉

	申立人／原告[※1]	相手方／被告[※2]	手続的要件
嫡出否認の手続	前夫等（子の父と推定される者）	子又は親権を行使する母	前夫等が子の出生を知ったときから1年以内
親子関係不存在確認の手続	子➡ 前夫等➡ 血縁上の父➡	前夫等 子 前夫等及び子	嫡出推定が及ばないこと
強制認知の手続	子又は母	血縁上の父	嫡出推定が及ばないこと

（※1）　当事者について，調停の場合には申立人—相手方，訴訟の場合には原告—被告という。

（※2）　当事者について，例を挙げたものに過ぎず，全ての場合を網羅していない。

（出典：法務省民事局「無戸籍の方の戸籍をつくるための手引書」6頁を基に作成）

3 合意に相当する審判

嫡出否認・親子関係不存在確認・強制認知の手続のいずれにおいても，調停の際に，① 当事者間に申立ての趣旨どおりの審判を受けることについて合意が成立すること，② 当事者間に父子関係の存否に関する事実関係に争いがないことに加えて，③ 家庭裁判所が必要な事実の調査を行った上で①の合意を正当と認めたこと，これら全ての要件を充足した場合には，家庭裁判所から申立ての趣旨に沿った審判がなされる（合意に相当する審判。家事277条）。

（注6）　調停を申し立てずに訴えを提起した場合には，家庭裁判所が職権で調停に付すことになる（家事257条2項本文）。ただし，家庭裁判所が調停に付すことが相当でないと認めるとき（相手方が行方不明等）には例外として扱われることがある（家事257条2項ただし書）。

第2　嫡出推定が原因となる場合（概説）

本来，嫡出否認・親子関係不存在確認・強制認知の対象となる親子の身分関係は当事者のみによる任意処分ができず人事訴訟で解決すべき性質の事項（人訴2条参照）ではある。しかし，紛争性のない場合にも人事訴訟を強制することは必ずしも適切ではなく，調停前置主義（家事257条）を採用する法の趣旨も尊重すべきである。家事事件手続法は，これらの事件は調停で当事者間に合意が成立しても調停が成立したものとせず（家事268条・277条1項），家庭裁判所が必要な事実を調査した上で，調停委員の意見を聴き，①の合意を正当と認めるときに，合意に相当する審判[注7]（家事277条）をすることができるとした。

したがって，上記①から③のいずれかを欠く場合には，調停は不成立となる。この場合，嫡出否認・親子関係不存在確認・強制認知の手続のいずれにおいても，申立人は家庭裁判所に訴えを提起することができ，その後は原則公開の法廷による人事訴訟手続の中で審理されることになる。

4 本書における解説の順序

嫡出推定が問題となり無戸籍となった場合に想定されるケースとしては，大別すると，

ア　母と前夫は，現在離婚済み。別の男性との子は母と前夫の別居後婚姻中に懐胎して（離婚前に）出産した事案。

イ　母と前夫は，現在離婚済み。別の男性との子は母と前夫の別居後婚姻中に懐胎したが離婚後300日以内に出産した事案。

ウ　母と前夫は，現在離婚済み。別の男性との子は母と前夫の離婚後300日以内に懐胎して出産した事案。

エ　母と前夫は，現在離婚済み。別の男性との子は母と前夫が同居中に懐胎し，離婚前又は離婚後300日以内に出産した事案。

（注7）　なお，当事者及び利害関係人は合意に相当する審判に対し家庭裁判所に異議を申立てることができる（家事279条）。

第6章　解決方法

オ　母と夫は今なお婚姻中。別の男性との子は母と夫の別居中に懐胎し出産した事案。

となろう。

　本編第3章①(2)で述べたとおり，嫡出推定が原因となる事案のうち，別の男性の子を懐胎した時期に，前夫と同居していたり，性的関係が継続していたと認められる事案は1割程度にすぎず，残りの9割の多くは別居後に懐胎して離婚前又は離婚後300日以内に出産した子の事案（上記ア及びイ）と推定されている。

　また，現実的には，嫡出推定が原因となる場合の無戸籍児（者）の母は，前夫からDV被害や嫌がらせを受けたこと等を理由に，生命・身体等の安全のために子の存在を前夫に知られたくないとして，前夫を当事者とする法的手続（嫡出否認・親子関係不存在確認）を回避し，血縁上の父の協力を得ながら [注8] 強制認知の手続を講ずることを希望することが少なくない。

　そこで，本書では，以下，前夫等が当事者とはならず血縁上の父を相手方とする強制認知の手続，前夫を相手方とする親子関係不存在確認の手続，前夫が申立人となる嫡出否認の手続の順で解説する。

　これらの手続選択等においては，① 子の懐胎時期，② 子の出生時期，③ 母の離婚の有無・時期，④母と前夫等の別居の有無・時期が重要となるため，無戸籍者やその母から相談を受ける場合には，この4点を意識しながら解決方法を検討しなければならない。

5　母の離婚との関係

　嫡出否認・親子関係不存在確認・強制認知のいずれかの手続で子が夫の子ではないと認定されたとしても，夫と妻がいまだ離婚していなければ，妻が産んだ子は夫婦の戸籍に記載されることになる（前記④のオのケース）。

　つまり，嫡出でない子は母の氏を称し（民790条2項），母の氏を称する子は

（注8）　血縁上の父親の協力が得られなくとも強制認知の申立ては可能である。

母の戸籍に入る（戸籍18条２項）ことから，夫婦が離婚していない以上は嫡出でない子として母の婚姻中の戸籍（夫婦の戸籍）に記載されることになる。[注9][注10]

真実の父子関係のみを戸籍に反映させたい場合，夫と離婚して母の新戸籍が編製されている状態でなければ，いずれかの裁判手続で夫の子でないと認定された裁判結果を添付した出生届を提出しても，子を夫婦の戸籍に記載させない取扱いはなされないことに注意が必要である。[注11]

また，母が前夫と離婚した場合，離婚後300日以内に出生した別の男性との子を一旦前夫の子として出生の届出をした後，いずれかの裁判手続をしたときには，必要書類を添付して戸籍法116条による戸籍訂正申請をすることで，子が前夫の戸籍から消除されて母の戸籍（離婚後の戸籍）に記載される。ただし，この場合の「消除」とは，戸籍から子の父に関する前夫の記載が一切なくなることを指すのではなく，訂正された記録（履歴）は記載される。

第3 嫡出推定が原因となる場合（各論）

1 強制認知の手続（血縁上の父を相手方とする手続）

(1) 手続の概要

子（又は母）が，家庭裁判所に，血縁上の父を相手方として，「子が血縁上の父の子であることを認知する」旨の調停を申し立てる。合意に相当する審判が成立しない場合には，調停は不成立となって終了する。この場

(注9) ただし，嫡出否認・親子関係不存在確認・強制認知の手続を経たことで，子は夫婦の戸籍に記載はされつつも，子の父欄の記載に手続結果が反映される。嫡出否認と親子関係不存在確認の手続を経た場合は子の父欄が空欄となり，強制認知の手続を経た場合には子の父欄に血縁上の父の名前が記載される。
(注10) 母の離婚後，出生届未了の子の血縁上の父である母の後夫から，裁判の謄本を添付して子について戸籍法62条の規定による届出がなされた場合には，子は直ちに母の後夫の戸籍に入籍する（昭48・10・17民二第7884号民事局長回答）。
(注11) 子を夫婦の戸籍に一旦入籍した後離婚して，単に子の氏の変更の許可審判（民791条１項）を経て子を母の戸籍に記載させる（移す）ことも可能であるが，この場合は，子の法律上の父は前夫のままである。

第6章　解決方法

合，調停の申立人は家庭裁判所に強制認知の訴えを提起することができる。

　なお，血縁上の父が死亡している場合には，調停を経ずに，その死亡の日から3年以内に限り（民787条ただし書），検察官を被告として（人訴12条3項）強制認知の訴えを直接提起することができる。

〈表13　強制認知の訴え〉

申立人	子，子の法定代理人（母）
申立て先	相手方の住所地の家庭裁判所又は当事者が合意で定める家庭裁判所[注12]
申立てに必要な費用	・収入印紙1200円分 ・連絡用の郵便切手（申立てを行う家庭裁判所への確認が必要）
申立てに必要な書類	(1)　申立書1通と相手方用の写し (2)　標準的な申立添付書類 　・出生届未了の子の出生証明書の写し 　・母の戸籍謄本（全部事項証明書） 　・血縁上の父の戸籍謄本（全部事項証明書）

（最高裁判所ホームページを基に作成）

(2)　推定が及ばない事情

　本編第2章②（202頁以下）で詳解したとおり，最高裁は「妻が子を懐胎すべき時期に，既に夫婦が事実上の離婚をして夫婦の実態が失われ，又は遠隔地に居住して，夫婦間に性的関係を持つ機会がなかったことが明らかであるなどの事情」がある場合には，子に嫡出推定が及ばないと判示した（外観説。最三小判平12・3・14裁判集民197号375頁）。

　そのため，強制認知の手続においては，上記事情を明らかにして，「推定の及ばない子」であると主張立証しなければならない。

　しかし，当該事情は具体的に特定されていない概念（規範的要件）であることから，当事者からすれば，何をどの程度主張立証すればよいかがわ

（注12）　血縁上の父親の協力を得て行う場合には，合意管轄の活用により，母子の負担を軽減できることになるため有益である。

230

第3 嫡出推定が原因となる場合（各論）

かりにくい。公開された判例が少ない上に，調停前置主義により調停は非公開で処理され，通常の審判例は簡潔な内容となっている。[注13]

推定が及ばない事情には，夫が長期間行方不明（熊本地判昭31・8・14下民7巻8号2210頁），出征（最二小判平10・8・31判時1655号128頁），受刑，長期の海外出張，夫婦が不和のために長期間別居（東京地判昭23・11・26判例総覧民事編2巻114頁，最一小判昭44・5・29民集23巻6号1064頁）等がある。

実務上問題となる事例は前夫等と別居中に出産した子のケースである。重要な点は，まずは①別居の事実を客観的に立証できるか否かである。次に，別居期間そのものよりも，②別居後の夫婦の実態（子の懐胎時に外観上夫婦の婚姻の実態がないこと）となる。別居後数か月で子を懐胎したとしても外観上夫婦の婚姻の実態がなかったと認定された事例は複数ある。

(3) **別居事案における申立て例と注意点**

以下，母が前夫からDV被害を受けて別居中に別の男性との間で懐胎して婚姻中又は離婚後300日以内に出産した子について，前夫との離婚後に，子が血縁上の父の協力を得て，血縁上の父を相手方として強制認知の調停を申し立てる場合における申立て例を解説する（本編第8章事案1，同事案2，認知調停申立書（277頁）参照）。

まず，無戸籍者の母と前夫の婚姻日・離婚日・同居期間（証拠資料例：戸籍・離婚届記載事項証明書等）を明らかにし，婚姻生活において前夫から加えられたDVや嫌がらせ等婚姻生活が破たんした経緯（証拠資料例：診断書・写真・SNSのやりとり等）に加え，夫婦間における最終の性交渉の時期を示す。

続いて，別居開始日（時期），別居の方法，双方の同居時と別居後の居所（証拠資料例：住所を異動した住民票・戸籍の附票・別居先での母の単身の賃貸借契約書・転送された郵便物・SNSのやりとり等），離婚成立までの経緯を示す。

(注13)　本編第8章事案1審判（例16），同事案2審判（認知申立事件，例18）参照。

第6章　解決方法

　次に，血縁上の父との交際時期，経緯，性交渉の時期，子の出生時の関係，子の出生以降の養育状況を明らかにする。母が妊娠に気づいた時期，出産日，医学的計算に基づいて算出された懐胎時期を具体的に示す（証拠資料例：母子健康手帳・出生証明書・懐胎時期に関する証明書[注14]等）。

　これらにより，「妻が子を懐胎すべき時期に」，「既に夫婦が事実上の離婚をして夫婦の実態が失われ」，「夫婦間に性的関係を持つ機会がなかったことが明らか」であり，子の父は血縁上の父であると結論付ける。

　重要なポイントは，①別居に関する客観的な証拠資料と②別居後における前夫との交流の有無である。

　交流があった場合には，どういう方法か（面会，電話，SNSのやりとり等），面会した場合には，いついかなる場所（公園や駅等公の場所か，閉じられた空間か）で何のために何回交流したのか（前夫との間の嫡出子の面会交流，荷物の引渡し等），その際第三者は立ち会ったのか等を具体的に示し，別居に加え，もはや夫婦の実態等なく性交渉を持つことなどあり得ない（その機会はなかった）ことを具体的に説明できなければ，家庭裁判所から「子を懐胎すべき時期に」，「既に夫婦が事実上の離婚をして夫婦の実態が失われ」ておらず「夫婦間に性的関係を持つ機会」があったとされるおそれがある。

　また，別居開始日から子の懐胎時期が近接しているときには，夫婦の婚姻生活が破たんに向かった経緯，別居直前の夫婦関係，別居のきっかけ，別居開始日，別居場所，別居時の離婚に関する話合い，別居後に前夫と交流がなかったこと，別居後に第三者を通して離婚協議をしていたこと等当時の状況を詳細に示す必要があろう。

　東京家庭裁判所では，調停委員から，定型のシートに基づいて，関係者全員の血液型，子の名づけ親，出産費用は誰が負担したのか等の質問や母子手帳の確認が求められる等の運用がなされているため，これらにもあらかじめ対応しておくとよい。

(注14)　**資料9**参照。

第3 嫡出推定が原因となる場合（各論）

　なお，家庭裁判所は申立ての受理から第1回調停期日の設定前に前夫への意見照会を行うことが多いため，申立人が前夫の手続関与を避けたい場合(注15)には，申立段階で，申立人の意向について申立書等(注16)に明記した方がよい。そして，前夫の手続関与を可能な限り避けるためには，申立て段階で，前夫から受けたDVや嫌がらせを含めた「推定の及ばない事情」を，可能な限り全て提出しておくことが望ましい。申立て後に追加するつもりで見切り発車して調停の申立てを行うことで，申立て直後に家庭裁判所から前夫の手続保障や審理のために必要である等として，前夫への意見照会を強行されかねないからである。(注17)

　最後に，強制認知の手続において，血縁上の父の協力が得られない事案の場合には，申立書類の記載をどこまで詳細に書くかについて慎重な考慮が必要になる。調停手続の進行についてもハードルが高くなりうるので注意されたい。

(4)　DNA鑑定

　最一小判平26・7・17民集68巻6号547頁（本編第2章②(2)ウ）はDNA鑑定を「推定が及ばない子」の立証に用いることを否定したため，理論的には，推定が及ばない子の証拠としては用いられていない。しかし，実務上は，推定が及ばない事情の他に，認知にかかる父子関係を確認するためとして家庭裁判所においてDNA鑑定を行うことを当事者に求め，関係性確率（生物学上の父である確率）を99.99パーセントとするDNA鑑定結果に

(注15)　前夫の手続関与により母子の生命・身体に危険が発生すると認められる場合に，家裁が，申立書の現住所の記載を厳格に求めない運用をしたり，調停期日において出頭時間を時間差にしたり待合室の階を違える等といった措置を講ずることがある。しかし，この措置によっても，子の存在を知った前夫から現住所を調査されるおそれや，母子が待ち伏せや追跡される等裁判所の建物外での危険は残ることから，前夫の関与については慎重に検討すべきであろう。

(注16)　家裁から別途提出を求められる「進行に関する照会回答書」に記載する方法でも良い。

(注17)　なお，推定が及ばない事情の有無を審理するに当たり不可欠である場合を除き，家裁が前夫の手続保障名目で強制認知の手続に前夫の関与を求めることは相当でない。判例が求める外観説の要件を超えており，かつ前夫の手続保障が欠けた場合の法的効果や法的手続が明らかではないため法的な予見可能性を欠き，母子にとって過酷な要求ともいえるからである。

233

第 6 章　解決方法

関する報告書を確認した後で，合意に相当する審判を行う運用がなされることが通常である。[注18]

(5)　審判や判決取得後の注意点

前夫と母が離婚している場合，[注19] 出生届・強制認知の審判書（又は判決書）の謄本・確定証明書[注20][注21]・裁判認知の届出書を市区町村の戸籍窓口に提出することで，無戸籍の子は母の戸籍に直接記載され，かつ子の父欄には血縁上の父の氏名が記載される。

この点，すでに母と前夫が離婚して母が婚姻前の氏に戻っているものの，母と前夫が婚姻中に別の男性との子を出産していた場合において，その無戸籍の子を直接母の戸籍に記載させる[注22] ためには，出生届の提出前に，強制認知の手続の他に，別途，家庭裁判所で子の氏の変更許可の審判[注23]（民791条1項）を得る必要がある。子の氏の変更許可審判を経ずに，強制認知の審判書（又は判決書）の謄本と確定証明書を添えて市区町村の戸籍窓口に出生届を提出してしまうと，子の氏は出生時の母の氏とされ，子は出生時の母の戸籍に入ることが原則であることから（民790条2項，戸籍18条2項），前夫の戸籍に記載されてしまうためである。このように，子を母の戸籍に直接入籍させるためには，子の氏の変更許可審判書の謄本も出生届に添付して提出する必要がある（昭46・2・17民事甲第567号民事局長

（注18）　未婚の母が産んだ未成年の子に対する任意認知は，母子の承諾がなくとも，父が一方的に届出を行うことで成立する（民779条，戸籍60条）。この点，無戸籍の解決方法としての強制認知の手続では，血縁上の父の協力が得られる事案が多い。この場合，そもそも母子と血縁上の父の間に争いはなく，形式的に対立構造の法的手続を利用しているにすぎない。最高裁がDNA鑑定を推定が及ばない事情の立証に用いることを否定している中，その他の資料で推定が及ばない事情の立証をさせた上で，さらに当事者にDNA鑑定を求める家裁の運用は，任意認知が父の一方的な届出のみで成立することや家裁で行われるDNA鑑定費用（約4万円〜10万円台）の負担が大きいことに鑑みれば，過大な要求ではないかとも思える。

（注19）　夫婦が離婚していない場合には本章第2⑤（228頁）参照。

（注20）　合意に相当する審判は審判から2週間で確定する。

（注21）　事件を担当した家庭裁判所の書記官が当事者の申請により発行する。

（注22）　昭40・9・22民事甲第2834号民事局長回答参照。

（注23）　子の住所地の家庭裁判所に，子本人（15歳未満の場合は，親権者）が申立人となって行う。

第3　嫡出推定が原因となる場合（各論）

回答参照）。

　なお，母が前夫との離婚後に子の血縁上の父と再婚した場合，血縁上の父（母の後夫）が裁判の謄本等を添付した子の出生届（戸籍62条）等を提出することで，子の氏の変更許可を得ないで，直ちに血縁上の父と母との戸籍に入籍させることができる。[注24]　[注25]

2　親子関係不存在確認の手続（前夫を相手方とする手続）

(1)　手続の概要

　この手続は申立人や相手方について様々なパターンが想定できるが，例えば，子が，家庭裁判所に，前夫を相手方として，「子と前夫との間に親子関係がないことを確認する」旨の調停を申し立てる場合が典型例である。合意に相当する審判が成立しない場合には，調停は不成立となって終了する。[注26]　この場合，調停の申立人である子は親子関係不存在確認の訴えを提起することができる。

　なお，母の前夫が死亡している場合には，調停を経ずに，検察官を被告として親子関係不存在確認の訴えを直接提起することができる（人訴12条3項。ただし，強制認知と違い期間制限はない。）。

〈表14　親子関係不存在の手続〉

申立人	子，前夫等
申立て先	相手方の住所地の家庭裁判所又は当事者が合意で定める家庭裁判所
申立てに必要な費用	・収入印紙1200円分

(注24)　昭40・9・22民事甲第2834号民事局長回答，昭41・3・14民事甲第655号民事局長回答，昭48・10・17民二第7884号民事局長回答，昭62・10・1民二第5000号民事局長通達参照。
(注25)　本編第8章事案2参照。
(注26)　感情的な対立等により最後まで前夫の協力が得られないものも2割程度あるとされる（法務省民事局「民法第772条第2項に関する調査結果」）。この場合調停は不成立に終わる。

235

第6章　解決方法

	・連絡用の郵便切手（申立てを行う家庭裁判所への確認が必要）
申立てに必要な書類	(1)　申立書1通と相手方用の写し (2)　標準的な申立添付書類 　・出生届未了の子の出生証明書の写し 　・母の戸籍謄本（全部事項証明書） 　・前夫等の戸籍謄本（全部事項証明書）

（最高裁判所ホームページを基に作成）

(2)　推定が及ばない事情

　本編第2章②（202頁以下）で詳解したとおり，最高裁は「妻が子を懐胎すべき時期に，既に夫婦が事実上の離婚をして夫婦の実態が失われ，又は遠隔地に居住して，夫婦間に性的関係を持つ機会がなかったことが明らかであるなどの事情」がある場合には，子に嫡出推定が及ばないと判示した（外観説。最三小判平12・3・14裁判集民197号375頁）。

　そのため，親子関係不存在確認の手続においても，上記事情を明らかにして，「推定の及ばない子」であると主張立証しなければならない。

　しかし，当該事情は具体的に特定されていない概念（規範的要件）であることから，当事者からすれば，何をどの程度主張立証すればよいかがわかりにくい。公開された判例が少ない上に，調停前置主義により調停は非公開で処理され，通常の審判例は簡潔な内容となっている。[注27]

　推定が及ばない事情には，夫が長期間行方不明（熊本地判昭31・8・14下民7巻8号2210頁），出征（最二小判平10・8・31判時1655号128頁），受刑，長期の海外出張，夫婦が不和のために長期間別居（東京地判昭23・11・26判例総覧民事編2巻114頁，最一小判昭44・5・29民集23巻6号1064頁）等がある。

　実務上問題となる事例の多くは前夫等と別居中に出産した子のケースである。重要な点は，まずは① 別居の事実を客観的に立証できるか否かである。次に，別居期間そのものよりも，② 別居後の夫婦の実態（子の懐胎

（注27）　本編第8章事案3審判（例19）参照。

236

第3　嫡出推定が原因となる場合（各論）

時に外観上夫婦の婚姻の実態がないこと）となる。

(3)　別居事案における申立例と注意点

　以下，母が前夫からDV被害を受けて別居中に別の男性との間で懐胎して婚姻中又は離婚後300日以内に出産した子について，前夫との離婚後に，子が前夫を相手方として親子関係不存在確認の調停を申し立てる場合における申立て例を解説する（本編第8章事案3参照）。

　まずは，無戸籍者の母と前夫の婚姻日・離婚日・同居期間（証拠資料例：戸籍・離婚届記載事項証明書等）を明らかにし，婚姻生活が破たんした経緯に加え，夫婦間における最終の性交渉の時期を示す。

　この際，血縁上の父の協力を得て行う強制認知の調停申立ての場合と異なり，前夫から受けたDV被害や嫌がらせを申立書や主張書面，陳述書等に詳細に記載することにより，これらを読んだ前夫が手続に協力しなくなることや前夫から母子への危険が生じることも想定され得るため，婚姻生活が破たんした経緯を申立書等にどこまで具体的に記載するかについては事案に応じた適切な検討が必要となる。

　続いて，別居開始日（時期），別居の方法，双方の同居時と別居後の居所（証拠資料例：住所を移動した住民票・戸籍の附票・別居先での母の単身の賃貸借契約書・転送された郵便物・SNSのやりとり等），離婚成立までの経緯を示す。

　なお，血縁上の父についてどこまで具体的に示すかについても，事案に応じた適切な検討が必要となる。血縁上の父を明らかにしなかったとしても認められた事例もある。

　子に関しては，子の出生時の前夫との関係，子の養育状況，妊娠に気づいた時期，出産日，医学的計算に基づいて算出された懐胎時期を具体的に主張する（証拠資料例：母子健康手帳・出生証明書・懐胎時期に関する証明書等）。

　これらにより，「妻が子を懐胎すべき時期に」，「既に夫婦が事実上の離婚をして夫婦の実態が失われ」，「夫婦間に性的関係を持つ機会がなかったことが明らかで」あり，父子関係がないと結論付ける。

237

第6章　解決方法

　　なお，強制認知の手続と同様に，別居後における前夫との交流の有無が
問題とはなるものの，前夫が自ら別居後に交流したことはない等と認める
ことで，一定程度補完されうる。その意味では，前夫が手続に協力的な場
合には，有益な申立てとなる。

⑷　DNA鑑定

　　最一小判平26・7・17民集68巻6号547頁（本編第2章②⑵ウ）はDNA
鑑定を「推定が及ばない子」の立証に用いることを否定したため，理論的
には，推定が及ばない子の証拠としては用いられていない。しかし，実務
上は，推定が及ばない事情の他に，父子関係がないことを確認するためと
して，家庭裁判所においてDNA鑑定を行うことを当事者に求め，(注28) DNA
鑑定結果に関する報告書を確認した後で，合意に相当する審判を行う運用
がなされることが少なくない。

⑸　審判や判決取得後の注意点

　　親子関係不存在確認の手続に関しては，前夫等が出頭しないなどして調
停手続に協力しない場合もままある（前夫が嫌がらせ目的等で積極的に自分
の子であると主張する場合はまた別である）。その場合，諦めずに，人事訴訟
を提起することも検討すべきである。なぜなら，前夫が調停の申立書類や
人事訴訟における訴状・書証等を受領した上で出頭せず，主張立証もしな
いのであれば，原告の言い分を黙認していると評価されうるため，裁判所
が職権で証拠を調べる職権探知主義（人訴20条・19条1項参照）が採用され
ており，推定の及ばない事情に関する原告側のその他の客観証拠の有無に
もよるものの，家庭裁判所が最終的に原告の請求どおりの判決を下す可能
性があるからである。(注29)

　　また，調停申立て以降に母子が前夫から新たなDVや嫌がらせ等を受け
ることもありうることから，手続選択の是非や内容，将来的な対策も含め，
事案に応じて慎重な事前検討を行う必要があろう。

───────────────

(注28)　前夫等が調停期日には出頭してもDNA鑑定までは行いたくないと拒否した結果，
調停が不成立に終わる例もある。
(注29)　判決（280頁〜281頁）参照。

238

第3 嫡出推定が原因となる場合（各論）

審判後，前夫と母が離婚している場合(注30)，出生届・親子関係不存在確認の審判書（又は判決書）の謄本・確定証明書(注31)(注32)を市区町村の戸籍窓口に提出することで，無戸籍の子は母の戸籍に直接記載され，父欄は空欄になる。

この点，すでに母と前夫が離婚して母が婚姻前の氏に戻っているものの，母と前夫が婚姻中に別の男性との子を出産していた場合において，その無戸籍の子を直接母の戸籍に記載させる(注33)ためには，出生届の提出前に，親子関係不存在確認の手続の他に，別途，家庭裁判所で子の氏の変更許可の審判(注34)（民791条1項）を得る必要がある。子の氏の変更許可審判を経ずに，親子関係不存在確認の審判書（又は判決書）の謄本と確定証明書を添えて市区町村の戸籍窓口に出生届を提出してしまうと，子の氏は出生時の母の氏とされ，子は出生時の母の戸籍に入ることが原則であることから（民790条2項，戸籍18条2項），前夫の戸籍に記載されてしまうためである。このように，子を母の戸籍に直接入籍させるためには，子の氏の変更許可審判書の謄本も出生届に添付して提出する必要がある（昭46・2・17民事甲第567号民事局長回答参照）。

なお，母が前夫との離婚後に子の血縁上の父と再婚した場合，血縁上の父（母の後夫）が裁判の謄本等を添付した子の出生届（戸籍62条）等を提出することで，子の氏の変更許可を得ないで，直ちに血縁上の父と母との戸籍に入籍させることができる。(注35)

(注30) 夫婦が離婚していない場合には本章第2⑤参照。

(注31) 合意に相当する審判から2週間で確定する。

(注32) 事件を担当した家庭裁判所の書記官が当事者の申請により発行する。

(注33) 昭46・9・22民事甲第2834号民事局長回答参照。

(注34) 子の住所地の家庭裁判所に，子本人（15歳未満の場合は，親権者）が申立人となって行う。

(注35) 昭40・9・22民事甲第2834号民事局長回答，昭41・3・14民事甲第655号民事局長回答，昭48・10・17民二第7884号民事局長回答，昭62・10・1民二第5000号民事局長通達参照。

第6章 解決方法

3 嫡出否認の手続（前夫が申立人となる手続）

　子の父と推定される前夫等が，家庭裁判所に，子又は親権を行う母を相手
方として，「子が前夫等の嫡出子であることを否認する」旨の調停を申し立
てる。合意に相当する審判（家事277条）が成立しない場合には，調停は不成
立となって終了する。この場合，調停の申立人は嫡出否認の訴えを提起する
ことができる。

〈表15　嫡出否認の手続（前夫が申立人となる手続）〉

申立人	前夫等
申立て先	相手方（子又は親権を行う母）の住所地の家庭裁判所又は当事者が合意で定める家庭裁判所
申立てに必要な費用	・収入印紙1200円分 ・連絡用の郵便切手（申立てを行う家庭裁判所への確認が必要）
申立てに必要な書類	(1)　申立書1通と相手方用の写し (2)　標準的な申立添付書類 　・前夫等の戸籍謄本（全部事項証明書） 　・出生届未了の子の出生証明書の写し 　・母の戸籍謄本（全部事項証明書）

（最高裁判所ホームページを基に作成）

　DNA鑑定（や血液証明書）を証拠資料とすることができる利点があり，前
夫等がすでに子の出生を知っており，子の扶養義務を負いたくないとか子を
自己の相続人にしたくない等の理由から嫡出否認の手続に積極的であれば有
益な方法である。

　しかし，母子は申立てができず，前夫等しか申立てができないため，結局，
前夫等の意向次第で母子が不安定な立場に置かれる問題がある。[注36]

（注36）　本編第8章事案1参照。

240

第3　嫡出推定が原因となる場合（各論）

4　離婚後に懐胎したことの証明

　離婚後300日以内に出生した子であっても，医師の作成した証明書を提出することにより，婚姻の解消又は取消し後の懐胎（いわゆる「離婚後懐胎」）であることを証明できた場合には，「妻が婚姻中に懐胎した子」（民772条1項）にあたらないため推定が及ばないものとして，医師が作成した「懐胎時期に関する証明書」[注37]を出生届とともに，戸籍事務の担当者に提出することで，前夫を父としない出生の届出が受理される（平19・5・7民一第1007号民事局長通達）。

　同通達では，離婚後懐胎であるかどうかは，「懐胎時期に関する証明書」記載の「懐胎の時期」の最も早い日が婚姻の解消又は取消し後であるかによって判断するとされている。すなわち，その最も早い日が婚姻の解消又は取消しの日より後の日である場合に限り，離婚後懐胎と認めるとし，その最も早い日が婚姻の解消又は取消しの日以前の日である場合は，離婚後懐胎と認めないとするのである。

　しかし，この通達では，医師が懐胎時期を算出するにあたって，原則として懐胎時期の期間を懐胎推定日に前後各14日間ずつ加算した合計29日間もの長期[注38]とされるため，救済される対象者が限定され，効果的な解決策まではなっていない問題がある。[注39]

（注37）　**資料9**参照。
（注38）　通常女性体内における精子の生存期間はおよそ72時間とされている。
（注39）　法務省の当時の推計では，離婚後300日以内に出生する子は毎年約3000人とされるが，この通達により救済される割合は全体の1割（法務省民事局「民法第772条第2項に関する調査結果」）以下であり，離婚前出産が含まれないため，救済範囲は限定的となる。法務省によれば，実際に同通達が適用されたのは平成19年から平成29年3月末までの累計で2965件という（渡邊ゆり「無戸籍者に対する法務省民事局の取組〜無戸籍者の方へ　あきらめないで」戸時954号5頁）。

241

第6章　解決方法

> ## 第4 | 出生証明書を紛失等したため母子関係の認定が必要な場合（母との間の親子関係存在確認の手続）

　母子関係は分娩の事実から明らかになる（最二小判昭37・4・27民集16巻7号1247頁）。そのため，出生届には原則として出生証明書を添付する必要がある（戸籍49条3項）。

　そこで，親が出生証明書を紛失する等産院からも再発行が受けられない場合[注40]やそもそも助産師等の立会者なくして一人で自宅出産した場合等が問題となる。

　この場合には，家庭裁判所で，子を申立人・母を相手方として（本編第8章事案2や事案4のように逆もある。），「子と母との間に親子関係があることを確認する」旨の親子関係存在確認の手続を経る必要がある。

　親子関係存在確認の手続においても，調停前置主義により，まず調停を申し立てる必要があり，合意に相当する審判が成立しない場合には，調停は不成立となって終了する。この場合，調停の申立人は親子関係存在確認の訴えを提起することができる。なお，母が死亡している場合には，調停を経ずに，検察官を被告として親子関係存在確認の訴えを直接提起することができる（人訴12条3項）。しかし，この場合には，無戸籍者は証拠の乏しさによる立証困難に陥る可能性が高く，家庭裁判所調査官による調査の有無にも鑑み，後述する就籍の手続を選択するべきであろう。

　母子の親子関係確認の手続において，事実上の決め手となる証拠資料はDNA鑑定である。

　また，親子関係存在確認の手続に特有の問題として，子の誕生日（出生日）が問題となることがある。母子健康手帳が残っていれば良いが，そうでない場合には，出生当時の日付入りの写真，幼稚園・学校機関等に通っていた場合には卒業証書の記載等の学校関係の記録や書類，産院関係者の証言等が証

――――――――――――――――――――

（注40）　本編第8章事案2，事案4参照。

242

拠資料となる。

　母子関係が認定された場合には，市区町村の戸籍窓口に，就籍届出書・親子関係存在確認の審判書（又は判決書）の謄本・確定証明書(注41)を提出することで，無戸籍の子が出生した時の母の戸籍（夫と婚姻中であったならば夫婦の戸籍）に記載される。

　なお，さらに，その無戸籍の子について前夫の推定が及ばない子であるとして母の現在の戸籍に直接記載させたい等の場合には，母子関係に関する親子関係存在確認の手続に加え，本章第3①・②で述べた強制認知や親子関係不存在確認の手続等を講ずる必要がある。(注42)

第5　身元不明，身元が判明していても証拠が乏しい場合（就籍許可の手続）

　就籍とは，日本国籍を有しながら，我が国の戸籍に記載されていない人がその記載を受けることをいう。

(1)　**手続の概要**

　日本国籍者であり，無戸籍又は本籍不明と思われる者は，家庭裁判所に，就籍許可の審判を申し立てることで，就籍が可能となる。

〈表16　就籍許可の手続〉

申立人	本籍を有しない者（戸籍110条1項）
申立て先	就籍しようとする地の家庭裁判所（家事226条2号，同法別表第1の123）
申立てに必要な費用	・収入印紙800円分 ・連絡用の郵便切手（申立てを行う家庭裁判所への確認が必要）

(注41)　家庭裁判所の書記官が当事者の申請により発行する。
(注42)　本編第8章事案2参照。

第6章　解決方法

申立てに必要な書類	(1)　申立書1通 (2)　標準的な申立添付書類^(注43) 　　・写真 　　・申立人が日本国民であることを証する資料

(2)　就籍の要件

　① 日本国籍を有すること（大11・5・16民事第3236号民事局長回答参照），
② 本籍を有しないこと（戸籍110条1項）である。

　日本国籍者であるかは国籍法の規定による。国籍法上は，子が，(i)出生
の時に父又は母が日本国民であるとき，(ii)出生前に死亡した父が死亡の時
に日本国民であったとき，(iii)日本で生まれた場合において父母がともに知
れないとき又は国籍を有しないときに，日本国民とするとしている（国籍
法2条）。

　この(iii)の要件に関連し，最高裁は国籍「法2条3号にいう『父母がとも
に知れないとき』とは，父及び母のいずれもが特定されないときをいい，
ある者が父又は母である可能性が高くても，これを特定するには至らない
ときも，右の要件に当たるものと解すべきである」とし，また，国籍の取
得を主張する者が，「出生時の状況等その者の父母に関する諸般の事情に
より，社会通念上，父及び母がだれであるかを特定することができないと
判断される状況にあること」を立証した場合には，国籍法2条3号にいう
「父母がともに知れないとき」に当たると一応認定することができ，国籍
の取得を争う者が，反証によって，「ある者がその子の父又は母である可
能性が高いことをうかがわせる事情が存在すること」を立証しても，父又
は母であると特定するに至らない場合には，右認定を覆すことはできない
とする（最二小判平7・1・27民集49巻1号56頁）。

　そのため，父母に関する何らかの情報があったとしても特定するに至ら
ない場合には「父母がともに知れないとき」に該当するとして日本国籍の

(注43)　その他本人であることを示す資料として，例えば，学校の指導要録，卒業証書台
　　帳，学齢簿，母子健康手帳，手紙，従前に親と行ったDNA鑑定，写真等が考えられる。

244

第5　身元不明，身元が判明していても証拠が乏しい場合（就籍許可の手続）

取得が認められる。

(3)　審理の特徴

　　家庭裁判所が就籍の要件（① 日本国籍であること，② 本籍を有しないこと）等について家庭裁判所調査官に調査を命じる等により職権で事実の調査を行う点に特徴がある。就籍の要件の一つである日本国籍を有する者であることについては十分な審理を尽くさなければならないとされている（東京高決昭37・10・25家月15巻３号136頁）。家庭裁判所調査官がこれらの調査を行う過程で，無戸籍者本人では収集が困難であった有利な証拠資料が入手できる場合もある。

　　就籍許可の審判において，就籍の要件が満たされていない場合には家庭裁判所が申立てを却下する。これに対して申立人は即時抗告をすることができる（家事231条３号）。

　　就籍許可の審判が認容され申立人に告知された場合には，申立人は10日以内に就籍の届出をしなければならない（戸籍110条１項）。具体的には，申立人が，市区町村の戸籍窓口に，就籍届出書と就籍許可審判書の謄本を提出することで就籍する（確定証明書は不要）。父母が認定されていない事案の場合には新戸籍が編製され，戸籍の父母欄は空欄となる。家庭裁判所に許可された氏を称する。父母が認定された場合には原則として父母の氏を称し，その戸籍に入籍する[注44]（昭25・８・16民事甲第2206号民事局長回答）。

(4)　住民票

　　総務省は，平成30年10月，無戸籍者への住民票記載の対象となる法的手続を従来の嫡出否認・親子関係不存在確認・強制認知の手続に加え，就籍許可の審判や親子関係存在確認の手続に拡大した。[注45] 就籍許可審判の手続は家庭裁判所調査官による調査がなされ慎重に判断されることから，一般的に審理に時間がかかることが多いが，この通知により，審理の間，一定

（注44）　ただし，就籍者が成年に達しているときは，父母の戸籍に入籍せず，新たに単独で新戸籍を編製することができる（昭27・６・５民事甲第782号民事局長通達，昭36・８・５民事甲第1915号民事局長回答）。本編第８章事案５参照。

（注45）　平30・10・２総行住第162号総務省自治行政局住民制度課長通知，**資料３**。

245

第6章 解決方法

の要件を満たした無戸籍者は，住民登録され日常生活の不利益が一部改善された上で，審理に臨むことができることになった。

今後，父母が他界する等して残された証拠が乏しい成人無戸籍者の事案[注46]や母の協力が得にくい事案等に積極的に就籍許可審判[注47]の手続を活用すべきであろう。

第6 その他

1 母が出生届を提出して前夫の戸籍に一旦記載させた後に，離婚後の母の戸籍に移す等する場合

母が，（嫡出推定にしたがった）出生届を提出し，無戸籍者を前夫の戸籍に一旦記載させた上で，子の氏の変更許可審判（民791条1項）のみを経て，子の氏を変更し，離婚後の母の戸籍に記載を移す手続である。成人後の氏の変更許可審判（戸籍107条1項）を経て単独戸籍をつくる方法もある。戸籍上の父は前夫となる。

これらは簡便ではあるが，子が前夫の戸籍に記載されることで，前夫に子の存在を知られ，前夫に母子の現住所が知られてしまうことが想定できるため，慎重な検討を経て行う必要がある。

2 何らかの事情で母が出生届を提出することができない（又はしない）ため，無戸籍者が自ら母の前夫を父とする戸籍の記載を求める場合[注48]

無戸籍者が，母子関係を証する書面[注49]を法務局に提出し，法務局による

(注46) 本編第8章事案5参照。
(注47) その他には国籍確認訴訟で確定判決（戸籍111条）を得て就籍届を行う方法がある。
(注48) 「戸籍に記載がない者を戸籍に記載するための手続等について」（平26・7・31民一第818号民事第一課長通知）。
(注49) 具体的には，出生証明書，母子健康手帳，無戸籍者が出生した事実を知っている関係者の申述書，無戸籍者が幼稚園・保育園等に入園していたときの記録，小学校等の在学証明書，無戸籍者の出生の事実を親族等に知らせた手紙等，無戸籍者が母と共に

無戸籍者及び母等の聴取を経て，法務局において母子関係が認められれば，無戸籍者が出生事項記載申出書を提出し，法務局が前夫の本籍地の市区町村長にこの申出書を送付し，送付を受けた市区町村から母に対して無戸籍者に係る出生の届出を市区町村に提出するよう2度催告し（戸籍44条1項2項），それでも出生の届出がされない場合には，前夫の本籍地の市区町村長が，法務局長の許可を得た上で，職権で無戸籍者を前夫の戸籍に記載する（戸籍44条3項・24条2項）。この場合，無戸籍者は前夫の氏を称し，その父欄には前夫の氏名が記載される。

しかし，この方法は，法務局において母子関係の調査及び母子関係の認定が行われるため，法的手続を経ないとはいえ，必ずしも容易ではない。

第7 無戸籍解消後の問題

上記の解決方法により，無戸籍者が戸籍を取得した後でも，成人無戸籍者には特有の問題がある。戸籍取得日以前の消滅時効にかかっていない住民税（納期限から5年。地方税法18条1項），国民健康保険料（2年。国保110条），国民年金保険料（納付期限から2年。国民年金法102条4項）の請求が一気に行われるためである。

無戸籍を解消して戸籍を取得できたとしても，本人は社会生活上被り続けた不利益から貧困と隣り合わせであることが多く，これらの支払能力が十分でない場合も往々にしてあるため，実務においては，事案に応じて分割払いや免除申請等速やかに交渉し，柔軟な対応を得られるよう検討すべきである。

写っている写真等をいう。

# Q&A

Q1
前夫を相手方とする親子関係不存在確認の手続でなく，血縁上の父親を相手方とする強制認知の手続を行うことはできるか。

できる。

「推定の及ばない子」に関する親子関係不存在確認と強制認知の手続は選択的な関係にあり，優劣関係にはないことから，親子関係不存在確認の手続を経ずして，直接，強制認知の手続を行うことに何ら問題はない。特に，前夫からの嫌がらせや生命・身体へ危害が加えられる危険がある場合には，積極的に強制認知の手続を活用すべきである。

参 考

■法務省ホームページ「民法772条（嫡出推定制度）及び無戸籍児を戸籍に記載するための手続等について」Q4-3（http://www.moj.go.jp/MINJI/minji175.html#q4-3）

> Q4-3 親子関係不存在確認の手続を経ずに強制認知の手続をとることは可能ですか。
> A4-3 親子関係不存在確認の手続と強制認知の手続は選択的であり，優劣関係にはないことから，親子関係不存在確認の手続を経ずに強制認知の手続をとることは可能です。

■最高裁ホームページ「無戸籍の方に関する手続」（http://www.courts.go.jp/saiban/syurui_kazi/kazi_05_4/index.html）

※親子関係不存在確認調停と認知調停は，いずれも利用することができ，どちらかの手続を先にしなければならないということはありませんので，親子関係不確認の手続を経ずに認知調停の申立てをすることができます。

強制認知の調停の申立てを行おうとしたところ，家庭裁判所の窓口で，親子関係不存在確認の調停を先に申し立てるように求められ，強制認知の調停申立書を受け付けてもらえない場合，どうすればよいか。あるいは，一旦強制認知調停の申立ての受付はされたものの，担当書記官から親子関係不存在確認の手続を先に行うように求められた場合にはどうすればよいか。

A　Q1の参考で示した法務省のホームページ（「民法772条（嫡出推定制度）及び無戸籍児を戸籍に記載するための手続等について」Q4-3）及び裁判所ホームページ（「無戸籍の方に関する手続」）を当該家裁の窓口又は担当書記官に示して，両手続間に優劣関係が無いことを指摘する。

解　説

「家庭裁判所の窓口問題」（本編第4章③(1)）は深刻な問題である。家庭裁判所において，親子関係不存在確認と強制認知に優劣があるとの誤解のもと，当事者に強制認知の申立ての前に前夫を相手方とする親子関係不存在確認の申立てを行うよう誤導する問題が長年発生していた。無戸籍者やその母親が前夫からの嫌がらせや生命・身体への危害を加えられることを恐れ，戸籍取得のための法的手続を断念してしまったというケースは少なくない。

実務上は，この問題に対する緊急避難的措置として，当事者間であえて管

第7章　Q&A

轄合意をして，受付拒否を行わない家庭裁判所に強制認知を申し立てるという手法が講じられてきた。当事者に無用な交通費等が発生し，大きな不利益が生じていた。

　この問題への直近の対応策として，法務省は平成30年8月末にホームページに「民法772条（嫡出推定制度）及び無戸籍児を戸籍に記載するための手続等について」を追加し，最高裁も平成31年1月に「無戸籍の方に関する手続」に関するホームページを新設した（前記Q1【参考】参照）。

Q3

　　強制認知の調停の申立てをしたところ，担当書記官を通じて，前夫に意見照会をすると言われ，これに応じなければ手続を進めることはできないとして第1回調停期日の指定を受けられず，調停の申立てを取り下げるよう求められた場合，どうすればよいか。

A

　　まず，前夫への意見照会を必要とする理由を確認する。「推定の及ばない子」か否かに関する事実関係の確認のために不可欠であるのか，「前夫の手続保障」のために必要としているのかなどを確認し，前者でない限り，拒否した上で，手続を進めるよう求める。ただし，前者であっても，他の証拠で「推定の及ばない子」に関する事実関係を補足立証できないか十分検討する必要があるし，家裁が作成した意見照会書の内容を事前に確認させるよう求め，必要以上の個人情報を記載しないよう意見を述べるべきである。

解説

　「家裁の窓口問題」同様，一旦強制認知調停を受け付けた後に，一律に前夫の関与（意見照会）を求め，当事者がこれに応じない場合に取下げ勧告を行う「前夫の関与問題」（本編第4章③(2)）も同様に問題となってきた。これ

250

を受け，無戸籍者やその母親は，前夫からの嫌がらせや生命・身体への危害を加えられることを恐れ，戸籍取得のための法的手続を断念してしまったというケースも少なくない。

　この問題への直近の対応策として，最高裁は平成31年1月に「無戸籍の方に関する手続」に関するホームページを新設し，認知調停の書式中に「認知調停の申立ての場合，事実認定等の審理のため必要があるときは，子の母の夫又は元夫に本件手続への関与を求める場合があります。」と記載し，前夫の関与を求める場合を明記した。

　前夫への意見照会は「推定の及ばない子」か否かの事実認定に不可欠な場合に限られるべきである。

■法務省ホームページ「民法772条（嫡出推定制度）及び無戸籍児を戸籍に記載するための手続等について」Q4-4（http://www.moj.go.jp/MINJI/minji175.html#q4-4）

> Q4-4　嫡出否認の手続以外の裁判手続をとる場合にも，必ず（元）夫に関与してもらわなければならないのですか。
> A4-4　強制認知の調停手続においては，子又は母と血縁上の父が当事者となり，（元）夫は当事者ではないため，（元）夫の調停出席が必要となるわけではありません。もっとも，家庭裁判所が，嫡出推定が及ばない事情があるか否かを審理するため等に必要と考えれば，（元）夫に手続への関与を求めることがあり得ます。

外国居住の子による認知請求

　子が実父に認知を求めているにもかかわらず，実父が認知をせず，調停における話合いでも解決がつかない場合，認知訴訟で裁判所の判断を求めることになる。

　認知訴訟において，実父がDNA鑑定に応じない場合，子側の代理人とし

ては，子の母親と実父との同居の有無や生活状況，子の出生時及び出生後の
メール等のやりとりなど，周辺事情から子が実父の子であることを立証する
ことになる。これらの立証活動においては，メール等の客観的証拠はもちろ
んであるが，子の母親の裁判所における証言も大変重要である。この点につ
いて，母親が外国籍で外国居住である場合，母親の入国手続の進捗状況に
よって立証が困難になるケースがある。例えば，母子の国籍と居住地がフィ
リピンの場合，裁判所の事件係属証明書や出廷が必要な理由を記載した書面，
日本における滞在と帰国費用を保証する人の証明書など添付して，短期滞在
を在留資格としてビザ（査証）の発給を求めることになるが，そもそも日本
に居住している保証人を探すのが難しい場合が多く，また，仮に，保証人を
みつけることができても，ビザの発給は申請人の居住国の日本大使館又は総
領事館で申請することになるが，審査の過程で面接が行われたり，追加書類
の提出が求められるなど，その判断に広い裁量権が認められるため，果たし
てビザを取得することができるのか（一般的に短期滞在ビザの目的は「観
光」や「商用」が多いため，認知請求のための立証活動が渡航目的として認
められるかどうか明らかではなく，また，仮に不許可になった場合には6か
月間再申請をすることができない。）が不明であり，また，仮に，短期滞在
ビザを取得できたとしても，在留期間が「15日」「30日」「90日」の3種類し
かないため，代理人による立証活動に支障が生じるケースも多い。

　子が外国籍の場合，日本国籍取得の前提として認知請求がなされている
ケースがあるが，認知による国籍取得は子（日本国民であったものを除く。）
が20歳未満であることが要件とされているため，認知事件のスケジュール管
理は特に注意が必要である。

（岸本　有巨）

事例対応

事案1

概要

　子の母が前夫に対し、嫡出否認手続を依頼したところ、前夫から手続協力金として100万円相当を支払うよう求められた事例。弁護士に相談して初めて強制認知手続の存在を知り、家裁に同手続を申し立てたが、書記官から前夫を相手方とする親子関係不存在確認調停や（前夫からの）嫡出否認の申立てを先に行うように誤導されるとともに、前夫の関与を執拗に求められた。代理人弁護士が申入書を提出するなどして抗議すると、一転、前夫の関与なく手続が進められた。

事実経緯と解決方法

　母は平成24年4月に前夫と婚姻した。平成25年4月に前夫が一方的に離婚届を置いて前夫自ら自宅を出て別居を開始したが、離婚協議は条件面でなかなか進まなかった。

　平成26年11月に母が現夫と交際を開始し、平成27年1月には前夫に自宅のライフラインを一方的に止められたため、母も自宅を出て単身者向けアパートで一人暮らしを開始し、住民票も異動した。遅くとも同年1月以降、母と前夫は直接会ったことは無かった。

　平成27年3月にようやく協議離婚（郵送でのやり取り）が成立したため、同年10月に母が現夫と再婚し、同年12月に子が出生した。子の懐胎時期は同年3月であった。

　母は、子の出産に当たり、民法の条文を調べたところ、嫡出否認の手続しか規定されていなかったため、本件でも取り得る手続は嫡出否認しかないと

253

第8章　事例対応

誤解し，前夫に連絡をして嫡出否認の申立てを講じて欲しい旨懇願したところ，前夫は手続協力費用名目で100万円相当を支払うよう不当な金銭要求するとともに，忙しいので手続を行うのはいつになるか分からないと言う等嫌がらせを始めた。

　困惑した母と母の両親が，支援団体の紹介で，代理人弁護士に相談して初めて「推定が及ばない子」の場合における強制認知手続の存在を知り，家裁に同調停を申し立てることにした。

　家裁の窓口で一旦は受付拒否されたが，なんとか認知調停の申立ての受付はされたものの，担当書記官から，前夫を相手方とする親子関係不存在確認手続を先に行うように誤導された。代理人弁護士が抗議したところ，親子関係不存在確認手続を先行させる要求は撤回したものの，嫡出否認を先行させるかどうかを判断するためとして，申立人の意思に関係なく前夫への意見照会手続を行うためその手続が終了するまで調停期日は設定しない旨通告された。

　代理人弁護士は，即座に「推定の及ばない子」に関する外観説の判例に違反する旨の異議を述べた申入書を提出し，裁判官との面会を申し入れた。

　裁判官との面会時に，裁判官から前夫への照会書面案を入手したところ，照会書面の質問事項が事実認定に必要とはいえず，かえって前夫に伝える必要のない母の個人情報や最終面会の時期に関する質問内容が申立書と異なる等の問題があったため，これらを指摘した2度目の申入書を提出した。

　約1か月後に，担当書記官から前夫への照会を行わないことが告知され，さらに約1か月後に第1回調停期日が指定された。同日までの間に追加の証拠提出をすることもなく，1回のみ期日が開催され，DNA鑑定を経て，申立てから約4か月後に現夫の子であるとの審判が出た。

解説

　ポイントは，判例の外観説等と対比した前夫への意見照会の位置づけである。本件は，まず自宅から前夫が転居し，続いて母が単身者向けアパートに転居して，住民票も異動していた。計算上の子の懐胎時期も離婚届提出の数

254

日前であった。約2年の別居期間を経て離婚する夫婦が，離婚届提出直前に性交渉を持つことは通常では考えられない。また，本件は，申立て前に前夫が嫡出否認手続を行う名目で不当な金銭要求をしていたため，嫌がらせのためだけに「子は自分の子である」などと意見照会に回答する可能性もあった。子が「推定の及ばない子」であることが明らかな本件において，あえて前夫へ意見照会をする必要性がないことは明らかであろう。

〈例16　審判（認知申立事件）〉

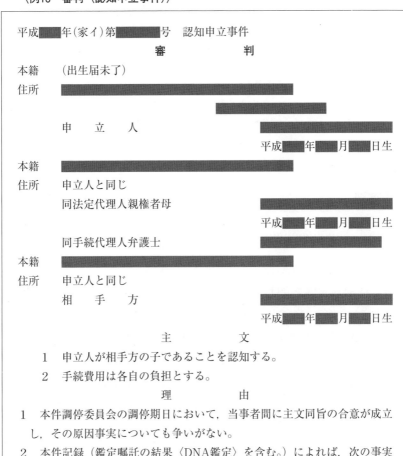

第8章　事例対応

(1)　申立人法定代理人親権者母（以下「母」という。）と███████（以下「███」という。）は，平成███年███月███日に婚姻したが，平成███年███月███日に離婚した。

(2)　母と███は，平成███年███月███日ころ，別居を開始し，それ以降，性的関係を持っていない。

(3)　母と相手方は，平成███年███月ころから交際を開始して，性的関係を持つようになり，平成███年███月███日，婚姻した。

(4)　母は，平成███年███月███日に申立人を出産した。

(5)　相手方は，申立人の生物学的父親である。

以上によると申立人は相手方の子であることが明らかである。

よって，当裁判所は，調停委員会を組織する家事調停委員の意見を聴いた上，当事者間に成立した主文同旨の合意を正当と認め，家事事件手続法277条により主文のとおり審判をする。

　　　平成███年███月███日
　　　███家庭裁判所家事第███部
　　　　　裁判官　　███████████████

事案2

概要

　無戸籍の兄弟（当時Aは38歳，Bは36歳）の事例。

　前夫からDV被害を受けた母が，別居中に知り合った男性Cと交際をしてAを出産したが，前夫の嫡出推定を避けるためにAの出生届を提出しなかったため兄Aは無戸籍となった。その後，母と前夫は離婚した。母と男性Cとの間にBが生まれ，弟Bも無戸籍となった。母から兄弟それぞれに対し母子関係を確認する親子関係存在確認の手続と兄から血縁上の父Cを相手方とする強制認知手続を行い，ABを両親（母とC）の戸籍に記載して無戸籍を解消した事例。

事実経緯と解決方法

　母は，昭和44年に前夫と婚姻した。その後，母は前夫からのDVに耐え切れず前夫に別居を切り出したところ，昭和50年ころ，突然，前夫が家を出て行った。別居後，母は，前夫と直接連絡を取ることは一切なかった。

　昭和52年頃に，母はCと出会い，交際を開始した。

　昭和53年，母はCとの間にAを出産したが，出生届を提出すると，前夫がAの存在を知ることで，母子の身に危険が生じる恐れがあると心配し，嫡出推定を避けるためにAの出生届を提出しなかった。

　昭和54年，突然前夫から母に記入済みの協議離婚届が送り付けられてきたため，急遽，母と前夫との協議離婚が成立した。

　昭和55年，母はCとの間に弟Bを出産した（前夫との離婚後300日経過後の子であり，前夫の嫡出推定は及んでいない）。母は兄Aを不憫に思い，兄同様に弟Bの出生届を提出せず弟Bも無戸籍となった。

　母が奔走した結果，無戸籍ではあったが，兄弟はいずれも義務教育を受けることができ，高校にも進学した。

　兄Aは中学卒業後，バイクの免許を取るために住民票を取得する目的で，市役所を訪問した際に，自分と弟Bが無戸籍であることが判明した。弟Bも帰宅した兄Aから聞いて初めて自分が無戸籍であると知った。

　母は，兄弟が幼少のころから，無戸籍を解決するために，何度も自治体に相談したものの，関係機関をたらい回しにされ，弁護士による人権相談や法律相談でも具体的なアドバイスは受けられず，結局，解決方法が分からないままであった。

　兄弟は，成人になるにつれて無戸籍による様々な不利益を被り，特に兄Aは，結婚を互いに誓いあった恋人と婚姻ができず，最終的に別れざるをえなくなり，辛い思いをした。兄弟は日常生活に限らず就職や仕事の場面においても，苦難を強いられてきた。

　また，母が出生証明書を紛失し，産院からも出生証明書の再発行が受けられなかった。

第8章　事例対応

本申立ての数年前に，法務局の指導により，兄弟は，本人申立てにより，家裁に就籍許可審判の申立てを行った。

約１年経過後，家庭裁判所調査官から母が存命である以上就籍手続は認められないとの意見が出された。その後，家裁からの取下げ勧告を受けて，兄弟は就籍申立てを取り下げた。

悩み続けた母が，ニュースで見た支援団体に連絡し，支援団体から代理人弁護士を紹介されて，本申立てに至った。

解決手続としては，母から兄Ａ，弟Ｂへそれぞれ親子関係存在確認調停，兄Ａから血縁上の父Ｃへの強制認知調停を同時に申し立て，３件について事実上の併合審理が認められ，同日に調停期日が開催されて審理が進められた。

関係者の調停期日への出頭は１回のみであった。

申立てから約３か月で，兄Ａの親子関係存在確認審判と強制認知審判，弟Ｂの親子関係存在確認審判が出て，ＡＢは夫婦となった両親（母とＣ）の戸籍に入籍した。

解　説

ポイントは，本ケースで適切な手続選択は何かである。

また，兄Ａについて，母子関係に関する親子関係存在確認の手続を父子関係の先決問題として順番に審理される場合には，審理に倍近くの期間を要する可能性が高かったため，訴訟経済の観点から，家庭裁判所に意見書を提出して同時に進行させるよう求めた。

さらに，DNA鑑定については，本件の裁判所におけるDNA鑑定ではその費用が１回あたり４万4000円[注1]必要となるところ，申立ての形式からは，進行次第で，母と兄Ａで１回，母と弟Ｂで１回，兄Ａと血縁上の父Ｃで１回の合計３回必要であると家庭裁判所から指示される可能性があったため，まとめて行うべきだと主張し，① 母と兄Ａと血縁上の父Ｃで１回，② 母と弟

(注1)　東京家庭裁判所の場合である。家裁によって費用（約４万円～10万円台）は異なる。なお，当事者が私的に行ったDNA鑑定結果については，家裁は否定的な見解を示すことが少なくなく，家裁で改めてDNA鑑定を行うよう求められることがある。

258

Bとで1回として，合計2回のDNA鑑定を行うことになり，DNA鑑定費用の節約を図ることができた。

兄Aが「推定の及ばない子」であることが認められたのは，最終的に自ら出て行った前夫がその後遠方で生活していたこと，前夫がそこに住民票を異動していたことが決め手となった。

〈例17 審判（親子関係存在確認申立事件）〉

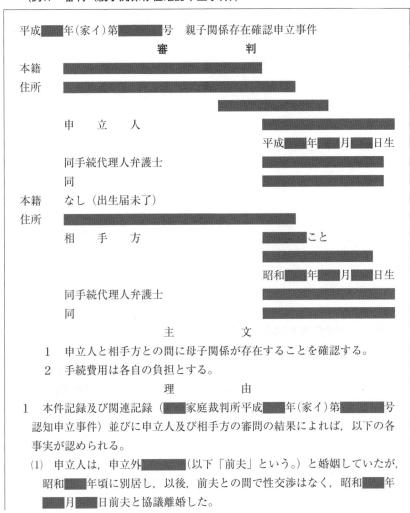

(2) 申立人は，昭和■■年頃に申立外■■■■■と知り合ってその後交際を始め，昭和■■年■月■日に相手方を出産した。
(3) DNA鑑定の結果によれば，申立人が相手方の生物学上の母である確率は99.99パーセントである。
2 本件調停期日において，当事者間に主文第1項同旨の合意が成立し，その原因事実についても争いがない。そして，前記認定事実によれば，申立人と相手方との間に母子関係が存在することは明らかである。
3 よって，当裁判所は，調停委員会を組織する家事調停委員の意見を聴いた上，当事者間に成立した主文第1項同旨の合意を正当と認め，家事事件手続法277条に基づき，主文のとおり審判する。

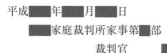

〈例18 審判（認知申立事件）〉

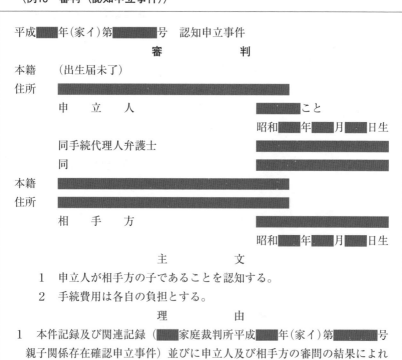

ば，以下の各事実が認められる。

(1) 申立人の母である████（本籍████████████████　住所████
████████████），昭和██年██月██日生。以下「申立人母」
という。）は，申立外██（以下「前夫」という。）と婚姻していたが，
昭和██年頃に別居し，以後，前夫との間で性交渉はなく，昭和██年
██月██日，前夫と協議離婚した。

(2) 申立人母は，昭和██年頃に相手方と知り合ってその後交際を始め，
昭和██年██月██日に申立人を出産した。

(3) DNA鑑定の結果によれば，申立人が相手方の生物学上の父である確
率は99.99パーセントである。

2 本件調停期日において，当事者間に主文第1項同旨の合意が成立し，そ
の原因事実についても争いがない。

そして，本件においては，前記1のとおり，申立人母は，申立人を出産
した当時，前夫と婚姻関係にあったが，当時既に同人と別居しており，性
交渉もなかったことが認められるところ，このような事実関係の下におい
ては，申立人には前夫の嫡出推定は及ばないから，申立人は，相手方に対
し認知請求をすることができるというべきである（最高裁判所昭和44年5
月29日第一小法廷判決・民集23巻6号1064頁参照）。

3 よって，当裁判所は，調停委員会を組織する家事調停委員の意見を聴い
た上，当事者間に成立した主文第1項同旨の合意を正当と認め，家事事件
手続法277条に基づき，主文のとおり審判する。

　　　　平成██年██月██日
　　　　████家庭裁判所家事第██部
　　　　　　　裁判官　████████████████

事案3

概　要

前夫からDV被害を受けて，別居をした母が，離婚がままならず，別居後
交際した男性との間で子を出産した。その後，母と前夫との離婚が成立した。
子が，前夫に対する親子関係不存在確認手続を講じ，子の氏の変更許可審判

第8章　事例対応

を経て，子を母の戸籍に直接記載し，子の無戸籍を解消した事例。

事実経緯と解決方法

　母は，前夫と平成14年に婚姻した。

　母は前夫によるDV行為に耐え切れなくなり，平成24年春から別居を開始した。その後，母と前夫は第三者の立会いの下で2度面会している。

　母は別居後まもなく代理人弁護士を選任して，前夫に離婚等を求めたが，前夫が復縁を求めたためこれらを断念した。

　母は，別居後に知り合った男性と交際を開始して平成25年春に妊娠し，平成25年末に子を出産したが，母は，母子の身に危険が生じる恐れがあることを心配し，前夫の嫡出推定を避けるために子の出生届を提出しなかった。

　子の出生から半年後に，突然，前夫が離婚を求めてきたことで，離婚協議が整い，母と前夫は離婚した。

　その後，母は子が小学校に入る前に無戸籍を解消したいと考え，子を申立人，前夫を相手方として，親子関係不存在確認の調停を申し立てた。2回の調停期日が開催され，子側は手続代理人のみ出頭した。なお，前夫は1回目の調停期日を欠席した。

　子は，家裁の要請に応じ，審理の過程で母子の血液型証明書を追加で提出した。

　前夫も調停期日において自らの血液型を家裁に申告し，かつ自分の子ではないと認めたことで，申立てから約2か月で親子関係不存在確認審判が行われた。

　確定後，母は速やかに子の氏の変更許可審判を得た。

　母が，出生届，親子関係不存在確認審判の謄本，確定証明書，子の氏の変更許可審判の謄本を自治体に提出し，子は母の戸籍に直接記載された。

解説

　DV事案で，前夫を相手方とする親子関係不存在確認を取らざるをえなかった理由は，血縁上の父の協力が得にくかったためである。本件では血縁

262

上の父については申立書においても調停期日でも明らかにしなかった。

本申立て時には、前夫が子の存在を知ることで、母子の生命身体に危険が及ぶ可能性あったことから、慎重を期し、申立書類の記載は最低限に留め、現住所も母の実家を記載した。申立て時の提出資料は、① 母の陳述書、② 懐胎時期の証明書、③ 出生証明書のみとした。これに調停期日で家裁から提出要請があった、④ 血液型証明書を加えた四つの証拠資料以外は、審判までの間、一切提出していない。おそらく強制認知の手続であれば、この程度の主張立証では「推定の及ばない子」とは認められなかったであろう。本件では、前夫の血液型と子の血液型の違いに加え、前夫による「自分の子ではない」という供述が重視されたと推測している。

しかし、家裁からの呼出状とともに、別居後に母が生んだ嫡出でない子の存在を知った前夫の心の内は分からない。

現状、母子の生命身体に直接的な危険は発生していないものの、前夫からの母や母の親族に対する嫌がらせ行為は続いている。

子の無戸籍が解消できたことで全て終了とはいかない事案の例であろう。

〈例19　審判（親子関係不存在確認申立事件）〉

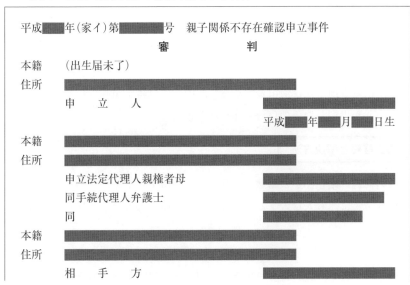

第8章　事例対応

主　　　　文

　1　申立人と相手方との間に親子関係が存在しないことを確認する。
　2　手続費用は各自の負担とする。

理　　　　由

　平成■■年■■月■■日の調停委員会の調停において，当事者間に主文1項と同旨の審判を受けることについての合意が成立し，また，申立人の母■■■■■■■が申立人を懐胎した当時，相手方の子を懐胎する可能性がなかったことについて争いがない。そこで，当裁判所は，本件について必要な事実を調査した上，調停委員■■■■■■及び同■■■■■■の意見を聴いたところ，当事者間に成立した合意は正当と認められる。

　よって，家事事件手続法277条1項及び同法第28条1項の規定により，主文のとおり審判する。

　　　　平成■■年■■月■■日
　　　　■■■家庭裁判所■■支部
　　　　　　　　裁判官　　■■■■■■■■■■■■■■

事案4

概　要

　母が出生届を提出しなかったため無戸籍となり，無戸籍のまま成人し，妊娠中の女性A（当時32歳）が，母子関係に関する親子関係存在確認の手続により，出産直前1か月前に審判を得て，両親の戸籍に記載されて無戸籍を解消し，Aが出産した子の戸籍も作られた事例。[注2]

事実経緯と解決方法

　Aの両親は昭和40年に婚姻し，5人の子が出生した。

　昭和57年に，6人目の子としてAが，その後7人目の子としてBが出生した。

（注2）　高取由弥子「無戸籍の連鎖を断つために」戸時731号51頁～56頁参照。

264

事案4

　Aより上の5人の子については出生届が提出されており，両親の戸籍に記載されていた。しかし，Aの出生当時，家計が苦しかったため，両親はAの出産費用を産院に支払えなかった。産院側は，出生証明書は出産費用と引換えだとしてAの両親に金策をするよう求め，出生証明書をAの母に渡さなかった。

　Aの母は自治体に相談に行ったが，まともに相談に応じてもらえず，かえって，母は，出産費用を未払にしていることが犯罪行為に該当し逮捕されるかもしれないと誤解するに至り，以後，産院に出生証明書の交付を求めることも自治体に再び相談に行くことも断念してしまった。これにより，Aは小学校や中学校に通えず，義務教育を受けられなかった。また，後に生まれたBについても，Bの出生届を提出することで姉妹の順番が異なってしまいAが不憫だと考えた母が出生届を提出しなかったために無戸籍となり，A同様に義務教育を受けられなかった。

　A，Bは無戸籍であることの不利益を受け続けた。

　Aは成人し，男性Cと出会い交際することに至った。数年間の交際と同棲を続ける間に，何度もプロポーズを受けたが，AはCに自らが無戸籍であることを言い出せず，苦しみ続けた。

　そうした中で，Aは妊娠し，愛する男性と結婚したい，生まれてくる子も無戸籍となることを避けたいと切望して，無戸籍を解消するための手続をとることを決意し，支援団体の紹介で，代理人弁護士のもとに母とAが相談にきた。

　調査の結果，産院が既に廃業していたため，出生証明書の再発行は受けられなかった。なお，Bの出生証明書はあったため，Bについては出生届の提出により既に無戸籍を解消していた。

　調停申立てから3か月余り，Aが子Dを出産する1か月前に審判が出た。

　しかし，審理途中で，申立て前に申請していたAの婚姻届が無戸籍のままで受理[注3]され，Aの氏が変更したことまでは審判書で認められなかった。

（注3）　無戸籍者の婚姻に関しては，本編第1章③(8)（195頁）及び**資料8**参照。

また，本件では親子関係存在確認調停の申立ての前に住民票を作成できたが，[注4]他方でAの子Dの出生届が戸籍窓口でなかなか受理されない等，法的手続以外の面での課題が多かった。

母子関係に関する親子関係存在確認の手続であり，基本的にはDNA鑑定の結果で決することになるため，手続自体は比較的容易であったが，Aによる無戸籍のままでの出産が近いことから，Aが出産する子への無戸籍の連鎖を断つために，審判手続を急ぐ必要があった。

親子関係存在確認調停の期日においては，裁判官から，DNA鑑定を母子間だけではなく父子間においても行うよう求められた。

代理人弁護士からは，本件は母子関係の確認であるから父子間の鑑定は必要性がない旨反対意見を述べ，最終的に回避できた。その直後にAの父が倒れて危篤となった。反対意見を述べて回避しなかった場合には，審判はAの出産に間に合わなかったであろう。

また，本件では，審判前のAの住民票の作成，Cとの無戸籍のままでの婚姻，Aの出生届や戸籍の記載内容，Aの子の出生届の受理等を巡って自治体との交渉が必要な場面が多かったが，無戸籍問題の事件処理に当たっては，代理人弁護士として，法的手続だけでなく，関連する通知や通達等を正確に把握して使いこなす必要がある。

〈例20　審判（親子関係存在確認申立事件）〉

```
平成　　年(家イ)第　　　　号　親子関係存在確認申立事件
                審　　判
本籍
```

(注4)　総務省が正式に親子関係存在確認の場合にも住民票の作成を認める通知（平30・10・2総行住第162号総務省自治行政局住民制度課長通知，**資料3**）を発出したのは平成30年10月ではあるが，住民票の作成は本来自治事務である。本件のほかにもわずかではあるが，総務省の通知がなくとも住民票が作成された例はある（191頁参照）。

事案4

本籍　なし（出生届未了）
住所　▇▇▇▇▇▇▇▇▇▇▇▇▇▇▇▇▇▇
　　　相　手　方　▇▇▇▇▇▇▇▇▇▇▇▇
　　　　　　　　　　　　　　昭和▇▇年▇▇月▇▇日生

主　　文

1　申立人と相手方との間に母子関係が存在することを確認する。
2　手続費用は各自の負担とする。

理　　由

1　本件調停期日において，当事者間に主文と同旨の合意が成立し，その原因事実についても争いがない。
2　一件記録及び審問の結果によれば，以下の事実が認められる。
　(1)　申立人は，昭和▇▇年▇▇月▇▇日，▇▇▇▇▇▇（昭和▇▇年▇▇月▇▇日生）と婚姻し，両名の間には，昭和▇▇年▇▇月▇▇長女▇▇，昭和▇▇年▇▇月に長男▇▇，昭和▇▇年▇▇月に二男▇▇，昭和▇▇年▇▇月に三男▇，昭和▇▇年▇▇月に二女▇▇が生まれた。
　(2)　申立人は，昭和▇▇年▇▇月▇▇日，▇▇▇▇▇▇所在の医院で相手方を出産したが，生活苦のために出産費用を支払うことができず，そのことを理由に上記医院から出生証明書を交付してもらえなかったため，相手方の出生届を提出することができなかった。
　(3)　申立人は，昭和▇▇年▇▇月▇▇日，相手方の妹になる▇▇を出産したが，▇▇の出生届を提出すると，相手方との間で出生の順番が異なってしまうことなどから，▇▇の出生届も提出しなかった。
　(4)　上記の経緯から，相手方及び▇▇は，就学することができなかった。申立人は，■の希望により，平成▇▇年▇▇月▇▇日，■の出生届を提出した。これによって，■は，申立人と■■との間の三女として戸籍に記載されている。
　(5)　相手方は，出生以来，申立人と同居して生活していたが，数年前に家を出て，現在は■■と同居して生活している。相手方は，■と婚姻する

第8章　事例対応

予定であり，平成███年███月に出産予定である。

(6)　申立人と相手方との間の母子関係について，DNA鑑定を実施したところ，申立人は相手方の生物学的母親である確率はかなり高い（関係性確率99.99％）との結果が得られた。

3　以上によれば，申立人と相手方との間に親子関係が存在することは明らかというべきである。

4　よって，当裁判所は，調停委員会を組織する家事調停委員の意見を聴いた上，本件申立てを相当と認め，家事事件手続法277条により，主文のとおり，当事者間の合意に相当する審判をする。

　　　　　　　平成███年███月███日
　　　　　　　███家庭裁判所家事第█部
　　　　　　　　裁判官　　　███████████████

事案5

概　要

　母が出生届を提出しなかったため無戸籍となった男性A（当時50歳）の事例。両親は判明していたもののすでに死亡していた。Aは，職場が求めるマイナンバーカードの提出ができないため，仕事ができず，やむなく生活保護を受けることにして宿泊施設で生活せざるをえなくなった。Aは，一日も早く生活保護を脱し，自ら働くことを切望した。就籍許可審判を経て，無戸籍を解消した事例。

事実経緯と解決方法

　申立人は，甲自治体において，父Bと母Cとの間に出生した。

　その後，Aは両親とともに乙自治体で暮らし，幼稚園，小学校，中学校，高等学校にも進んだ。

　卒業後は就職して生活していたところ（玉掛技能講習を修了），23～24歳の頃に自動車の運転免許を取得しようとする段階になって初めて，自身が父であるBを筆頭者とする戸籍に記載されていないことを知るに至った。

268

Aは乙自治体において，無戸籍の理由が出生届の未了であるのではないかとの指摘を受けたため，両親に対して，Aの戸籍の有無の確認及び戸籍を得るための然るべき対応を求めたものの，状況は変わらなかった。

　父Bは十数年前，母Cは数年前に，既に他界していた。

　Aはいくつか職を変えながら生活してきたが，Aは，職場が求めるマイナンバーカードがないため，仕事ができなくなり失望した。

　自殺も頭によぎった中で，丙自治体から生活保護を受けることになり，宿泊施設で生活せざるをえなくなった。

　Aは働きたい，アパートを借りて自活したいと切望していた。

　支援団体の紹介で，代理人弁護士に相談し，親子関係存在確認手続ではなく就籍許可審判手続により戸籍をつくることにした。

　A本人は，両親の本籍地ではなく，本人の希望する地を本籍地とするよう求めた。

　申立て後，家庭裁判所調査官の調査により，新たな証拠資料も収集でき，家庭裁判所調査官からは就籍許可相当である旨の意見が出された。

　他方で，家庭裁判所調査官からは，既に両親が他界し除籍されているために対応の検討が必要としながらも，父を筆頭者とする戸籍に就籍すべきとの意見が出された。担当裁判官も，当初は同様の心証を示していた。

　そこで，代理人の意見書を提出し，一般の就籍において，成年に達した子が就籍するときはその意思により父母と同籍することなくその者のみの就籍戸籍を編製することができること（昭36・8・5民事甲第1915号民事局長回答），就籍手続が利用されている中国残留孤児に関する事案においても成人に達している子の就籍に関して本人の意思を尊重する例があること（浦和家審昭61・1・20家月38巻4号106頁），既に除籍された両親の戸籍を復活させた上で入籍させれば時間がかかることは避けられず，無戸籍の解消が大幅に遅滞してしまい，Aが早急に生活保護を脱して働きたいと切望していることなどを主張した。

　最終的に，申立てから約4か月後に申立人の希望どおりの内容での審判がなされ，Aの希望する地に戸籍が新たに編製された。

第8章 事例対応

解説

　ポイントは，①無戸籍者の両親が判明している事案であっても就籍許可の手続が認められたこと，②無戸籍者本人が希望する地を本籍地とすることが認められたことにある。なお，Aが希望した本籍地とは，丙自治体が，マイナンバーカードを提出できないために働けず人生を諦めかけたAを保護し，早期に生活保護の手続を行った場所である。

　本件では，家庭裁判所調査官の調査により，無戸籍者本人では入手できなかった有利な証拠が新たに発見されたことも大きく寄与した。

　本件は，平成30年10月に総務省が発出した，無戸籍者の住民票作成の対象となる法的手続を就籍許可の審判や親子関係存在確認の手続等に拡大した通知（平30・10・2総行住第162号総務省自治行政局住民制度課長通知，**資料3**）の契機となった事案でもある。

　無戸籍事案に就籍手続を積極的に活用できる参考例になるであろう。

〈例21　就籍許可審判申立書〉

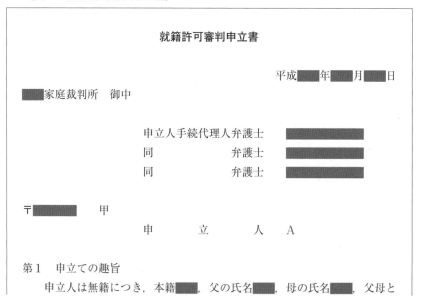

270

の続柄長男，筆頭者氏名A，生年月日████として就籍することを許可する
との審判を求める。

第2　申立ての理由
　1　本件の概要
　　⑴　申立人は，昭和███年███月███日，父を████，母を███として，
　　　███で出生した。

　　　　出生後は両親とともに乙で暮らし，乙市立幼稚園，乙市立小学校，
　　　乙市立中学校，乙県立高等学校で学んだ。これらの教育機関に対し，
　　　弁護士会照会により申立人の在籍の事実の有無を問い合わせたところ，
　　　各教育機関より申立人が在籍していた旨の回答が得られた（甲第4号
　　　証ないし甲第7号証）。これらの回答は，申立人がAとして人生を歩
　　　んできたことを如実に示すとともに，申立人の陳述書（甲第1号証）
　　　の信用性が高いことを裏付けている。

　　　　申立人は，その後，就職をして生活していたところ（平成███年██
　　　██月には，玉掛技能講習を修了している（甲第9号証）），23〜24歳の
　　　頃に自動車の運転免許を取得しようとする段階になって初めて，自身
　　　が父である███を筆頭者とする戸籍に記載されていない（甲第2号証
　　　及び甲第3号証）ことを知るに至った（甲第1号証）。

　　⑵　申立人は，役所において，無籍の原因が出生届の未了であるのでは
　　　ないかとの指摘を受けたため，出生届の届出義務者である父及び母
　　　（戸籍法52条1項）に対して，申立人の戸籍の有無の確認及び戸籍を
　　　得るための然るべき対応を求めたものの，████████████████
　　　████████████████現在に至るまで戸籍に記載のない無籍者で
　　　ある（甲第1号証）。

　　　　また，父及び母は，それぞれ平成███年███月███日，平成███年
　　　███月███日に死亡しており（甲第2号証），現在は出生届の届出義
　　　務者が存在しないうえ，申立人は，出生届等の出生関係を証明する資
　　　料についても有していない。

　　⑶　このため，申立人が戸籍に記載を得るには就籍によるしかなく，同
　　　許可の審判を求めるものである。
　2　就籍の要件を充足していること
　　⑴　就籍については，①日本国籍を有する者であること（大正11年5月
　　　16日民事3236号回答参照），及び②本籍を有しない者であること（戸

第8章　事例対応

籍法110条1項）が要件とされている。

(2)　日本国籍を有する者であること（上記①）について，国籍法2条は，「出生の時に父又は母が日本国民であるとき」（同1号）に「子は」「日本国民とする」としている。

　この点，申立人の特に幼少期から成人に至るまでの生活実態（甲第1号証）に照らせば，■■が申立人の父であり，■■が申立人の母であることは明らかであり，申立人が出生した昭和■■年■■月■■日において，両名はいずれも日本国籍を有していたのであるから（甲第3号証），国籍法の定める日本国民としての要件を充たす。

　したがって，申立人が日本国籍を有する者であることは明らかである。

(3)　本籍を有しない者であること（上記②）について，無籍者とは，出生届未了のうちにその届出義務者が死亡し，又は行方不明となり，他に出生届をすることができる者がなく，しかも出生に関する資料が得られないため，職権による戸籍記載手続をとることもできない者と解されている。

　ア　まず，上述したように，出生届の届出義務者である申立人の父及び母は，出生届未了のうちに死亡している。また，その他の届出義務者である「同居者」（戸籍法52条3項第1）はおらず（甲第1号証），「出産に立ち会った医師，助産師又はその他の者」（同条項第2）については，出生した病院も不明であるうえ（甲第1号証），■■■年以上も前のことであり，これらの者もいないか，又はいたとしても連絡する相手方も分からない（甲第1号証）。

　イ　次に，出生に関する資料については，かつて申立人は出生した病院に関する資料の存在を確認していたものの，■■■■■■■■■■■■■■■■■所在不明となってしまっており，現在，申立人は有していない（甲第1号証）。また，■■が晩年を過ごした老人ホーム■■■に弁護士会照会したものの，同施設は，同人の遺物は現存していない旨回答した（甲第8号証）。このような事情及び出産のあった病院が不明であることからして，出生に関する資料は得られないというべきである。

　なお，申立人の生活実態に照らすと，父■■を筆頭者とする戸籍に記載がない以上，他の戸籍に記載があるとは考えられない。

　したがって，申立人は本籍を有しない者であることは明らかであ

事案5

る。

(4) 以上より，就籍の要件は充たされている。

3 なお，申立人は，父母の戸籍ではなく，■■■に本籍をおき，自らを筆頭者とする新戸籍の編成を希望している。

よって，申立人につき，就籍を許可する審判を求める。

証　拠　方　法

1　甲第1号証　陳述書

2　甲第2号証　除籍全部事項証明書

3　甲第3号証　除籍謄本

4　甲第4号証　弁護士会照会の回答書（幼稚園）

5　甲第5号証　弁護士会照会の回答書（小学校）

6　甲第6号証　弁護士会照会の回答書（中学校）

7　甲第7号証　弁護士会照会の回答書（高等学校）

8　甲第8号証　弁護士会照会の回答書（老人ホーム）

9　甲第9号証　弁護士会照会の回答書（技能講習修了証明書発行事務局）

添　付　書　類

1　甲号証　　　　　各1通

2　資料説明書　　　1通

3　手続代理委任状　1通

4　写真　　　　　　4枚

〈例22　審判（就籍許可申立事件）〉

■■■家庭裁判所

家事第○部

裁判所書記官　■■■■■■■■■■■■■

平成■■■■■■■■■■■■号　就籍許可申立事件

審　　　判

本　籍　　不明

住　所　　■■■■■■■■■■■■■

　　　　　申立人　　　　　　■■■■■■■■■

　　　　　同手続代理人弁護士　■■■■■■■■■

第8章　事例対応

　　　　　同　　　████████████
　　　　　同　　　████████████

主　　文

1　申立人が次のとおり就籍をすることを許可する。

　　　本　　籍　████████████
　　　筆　頭　者　████████████
　　　氏　　名　████████████
　　　生年月日　████████████
　　　父の氏名　████████████
　　　母の氏名　████████████
　　　父母との続柄　████████████

2　手続費用は申立人の負担とする。

理　　由

第1　申立の趣旨
　主文1項同旨
第2　当裁判所の判断
　1　本件記録及び家庭裁判所調査官の調査結果によれば，次の事実が認められる。

　(1)　申立人は，昭和██年██月██日，父████████日生）及び母████████日生）の長男として，████████で出生したが，出生届が提出されなかった。申立人には他にはきょうだいはいない。

　(2)　申立人は，3，4歳頃から████████に転居し，同所で暮らし始めた。申立人は，同市立の小学校，中学校をそれぞれ卒業し，██県内の高等学校に進学した（ただし，中途退学している。）が，学校生活上，特段支障が生じることはなかった。

　(3)　申立人が会社に就職した後，23歳か24歳のとき，会社から運転免許を取得するよう言われ，市役所に住民票を取りに行ったところ，戸籍がないことが判明した。申立人は，父母に確認したが，出生届が出されていない理由については明らかにならなかった。その後，自宅のタンス内から，出生した病院に係る資料が見つかり，申立人は，同病院に問い合わせをするなどしたが，対応してもらえず，その後上記資料の所在も分からなくなったため，申立人は，自らの出生に係る事実を明らかにする方法がなくなってしまった。

274

(4) その後，申立人は，種々の仕事に従事してきたが，次第に身分証明
書がないまま働くことが困難となり，日々の生活に困るようになった
ことから，無戸籍の状態を解消するための方法を探し，平成29年10月
頃，法務局や███区役所に相談したところ，無戸籍問題に取り組む団
体を紹介され，███福祉事務所███████課から生活保護を受けること
ができることになった。その後，上記団体から申立人代理人らを紹介
された。
(5) 申立人は，平成██████日，本件申立てをした。なお，申立人は，
███区内の宿泊所に空き室がなかったことから，現在，██████内の
簡易宿泊所で生活しているが，本件申立てが認められた場合は，███
区内のアパートに転居する意向を示している。███████████████
████████████████████████████████████

2　検討
　申立人の就籍を許可するためには，申立人が日本国籍者であることが
前提となるところ，前記のとおり，申立人が日本国籍を有する父母の子
であると認められるから，申立人は日本国籍を有すべき者である。
　そして，本件で就籍を認めるためには，申立人が本籍を有しないこと
が必要であるところ，申立人の本籍を確認することはできない。
　そこで，本件の就籍すべき内容について検討するに，前記認定事実に
よれば，本籍以外の事項については，主文1項記載のとおり認めるのが
相当である。
　次に，本籍について検討するに，前記のとおり，申立人の父母が███
█████及び████████であることが明らかであって，申立人が幼少期から█
███████を生活の本拠として生活をしてきたことも踏まえると，本来であ
れば，父████████を筆頭とする戸籍（本籍地「████████████████
██」）に就籍することが実態に適合するものと考えられる。しかしなが
ら，申立人の父母は既に死亡し，父████████を筆頭者とする戸籍は除籍
されて既に実態を失っていること，戸籍の筆頭に記載した者及びその配
偶者以外の者で，成年に達した者は，分籍をすることができ（戸籍法21
条1項），分籍に当たり自ら選択した本籍で新戸籍を編製することがで
きることに鑑みると，就籍しようとする者が成年に達しているときは，
就籍に当たって父母の戸籍に入籍せず，単独で新戸籍を編製し，それに
併せて本籍を自ら選択したものとすることも許容されるというべきであ
る。そして，本家に顕れた事情に照らすと，本件申立てにおいて，申立

第8章　事例対応

　　人が本籍として選択した地が不相当とはいえない。
　　したがって，本件では，申立人に対して主文1項のとおりの内容で就籍を
　許可することが相当である。
　3　よって，主文のとおり審判する。
　　　　平成■年■月■日
　　　　　　■家庭裁判所家事第■部

　　　　　　　　　　　　　　　　　裁判官　　　■■■■■■■■■

276

事案5

◎ その他資料
〈例23 認知調停申立書〉

第2編 戸籍に関する問題—無戸籍

この申立書の写しは、法律の定めにより、申立ての内容を知らせるため、相手方に送付されます。
この申立書とともに相手方送付用のコピーを提出してください。

受付印	〈無戸籍の方用〉
	□ 親子関係不存在確認
	■ 認知　　　　　**調停申立書**
	（この欄に収入印紙１、２００円分を貼ってください。）
収入印紙　　　　円	
予納郵便切手　　円	（貼った印紙に押印しないでください。）

家庭裁判所 御中 平成　年　月　日	申　立　人 （又は法定代理人など） の　記名押印	

添付書類	（審理のために必要な場合は、追加書類の提出をお願いすることがあります。） 申立人母及び相手方の戸籍謄本　各１通　　申立人母の除籍謄本　１通 申立人母と申立人の住民票　　１通　　　　資料証明書　２通 申立人の出生証明書（写し）　１通 甲号証　各２通	準 口 頭

申 立 人	本　籍 （国　籍）	（出生届未了）	
	住　所		
	フリガナ 氏　名		昭和 平成 令和　年　月　日生 （　　歳）

申立人法定代理人 親権者母	本　籍 （国　籍）	（戸籍の添付が必要とされていない申立ての場合は、記入する必要はありません。）	
	住　所		
	フリガナ 氏　名		大正 昭和　年　月　日　生 平成 （　　歳）
相 手 方	本　籍	（戸籍の添付が必要とされていない申立ての場合は、記入する必要はありません。）	
	住　所		
	フリガナ 氏　名		大正 昭和　年　月　日　生 平成 （　　歳）

（注）　太枠の中だけ記入してください。□の部分は、該当するものにチェックしてください。

1

第8章　事例対応

この申立書の写しは、法律の定めにより、申立ての内容を知らせるため、相手方に送付されます。
この申立書とともに相手方送付用のコピーを提出してください。

申 立 て の 趣 旨
申立人は相手方に対し、申立人が相手方の子であることを認知するとの調停及び合意に相当する審判を求めます。

申 立 て の 理 由
1　申立人母と申立外Aとの婚姻と同居 　　申立人法定代理人親権者母B（以下「申立人母」という。）は、申立外A（以下「申立外A」という。）と平成20年2月×日に婚姻し、同日から東京都渋谷区で同居を開始した。 2　申立外Aによる申立人母への暴力行為などによる婚姻生活の破たん 　　申立人母と申立外Aは、申立外Aの浪費癖や借金などが原因で夫婦関係が徐々に悪化していったが、同時に、申立外Aが申立人母に対してたびたび暴力を振ったことが原因で、遅くとも平成22年夏には家庭内別居状態となった。申立人母は、申立外Aの暴力が原因で、平成22年7月以降数度の傷害を負って、医療機関の診察・治療を受けたことがある（甲1：診断書）。 　　そのため、申立人母は、平成22年7月以降たびたび申立外Aに離婚の申出をするようになった。申立人母と申立外Aが最後に性交渉を行ったのは平成22年6月である。 3　申立人母と申立外Aの別居開始時期 　　申立人母は、平成23年1月、神奈川県内にマンスリーマンションを借りて避難しつつ申立外Aと別居することにした（甲2：入居証明書）。 　　この申立人母と申立外Aとの別居にあたっては、同年1月×日に申立外Aに事前に告げることなく決行した。同日以降、申立人母の身の安全のために、申立人母の両親が申立外Aとの交渉や窓口を担った。同日の別居開始以降、申立人母は申立外Aと直接会ったことは一切ない。 　　なお、申立人母は申立外Aの捜索から逃れるために、住民票を異動することはしなかった。 4　申立人母と相手方の交際 　　申立人母は、マンスリーマンションに引っ越して9か月経過後の平成23年10月ころ、相手方と知り合った。 　　相手方は、心身ともに疲弊した申立人母の相談に親身になって応じ、次第に惹かれあうようになり、平成24年1月下旬に交際を開始し性交渉を行うようになった。

2

事案5

第2編　戸籍に関する問題——無戸籍

この申立書の写しは、法律の定めにより、申立ての内容を知らせるため、相手方に送付されます。
この申立書とともに相手方送付用のコピーを提出してください。

5　申立人母と申立外Aとの離婚

　申立人母は、平成23年4月には代理人弁護士を選任し、平成23年6月に申立外Aに離婚調停を申し立てた。

　しかし、申立外Bが離婚に応じなかったために離婚調停は不調に終わり、申立人母は離婚訴訟を提起した。平成24年11月×日に申立人母が勝訴し、同月×日に判決は確定した。

6　申立人の妊娠と出産

　申立人母は、平成24年4月ころ、申立人の妊娠に気づき、平成24年11月×日に満37週×日で申立人を出産した。

　医師の懐胎証明によれば、懐胎時期は平成24年2月×日から同年3月×日までと推定されている（甲3：医師の懐胎証明書）。

　上記のとおり、申立人母は、申立外Aとは平成23年1月×日の別居開始以降一切会っていない。

　したがって、申立人は申立人母と相手方の子であり、民法772条による「推定が及ばない子」であることは明白である。

7　相手方について

　相手方は、平成24年5月以降現在まで、申立人及び申立人母と現住所地にて同居している。相手方は、申立人が自らの子であることを認めており、子の出生以降申立人母と共に養育し、本件審理にも全面的に協力する意向である。

8　補足

　なお、申立外Aが申立人母の住所や申立人の存在を知ると生命身体の安全に重大な危険に晒されるおそれがあることから、御庁において申立人母の同意なくして、申立外Aに連絡・意見照会されることがないよう厳重に申し入れる。

3

第8章　事例対応

〈例24　判決（親子関係不存在確認）〉

平成■年■月■日判決言渡　同日原本受領　裁判所書記官
平成■年（家ホ）第■号　親子関係不存在確認請求事件
口頭弁論終結日　平成■年■月■日

判　　　決

本　籍　████████████

住　所　██████████████

原　　　　　告　██████████

本　籍

住　所　原告と同じ

同法定代理人親権者母　██████████

同訴訟代理人弁護士　██████████

同　██████████

同　██████████

同　██████████

本　籍　原告と同じ

住　所　██████████████

被　　　　　告　██████████

主　　　文

1　原告と被告との間に親子関係が存在しないことを確認する。

2　訴訟費用は被告の負担とする。

事実及び理由

第1　請求

　　主文同旨

第2　請求原因

1　原告法定代理人親権者母（以下「原告の母」という。）は，平成■年■月■日に被告と婚姻したが，平成■年■月初旬頃の喧嘩をきっかけに被告と別居し，平成■年■月■日に被告と離婚した。なお，原告の母と被告は，平成■年■月以降，性交渉を持っていない。

2　他方，原告の母は，平成■年■月頃から現在の配偶者である██████（以下██という。）と交際を開始して性交渉を持つに至り，同年■月頃に妊娠が発覚し，平成■年■月■日，██の子である原告を出産した。

3　以上によれば，原告の母が原告を懐胎した当時，被告とは別居してお

事案5

り，原告が被告の子であることはあり得ないため，原告と被告との間に親子関係が存在しないとの確認を求める。

第3　当裁判所の判断

1　甲1，2，4，弁論の全趣旨によれば，請求原因1及び2の各事実が認められ，これに反する事情は見受けられない。

以上によれば，原告には嫡出の推定が及ばず，また，原告と被告との間には生物学上の親子関係がないと認められる。なお，被告も，原告と被告との間の親子関係が不存在であることについては特段争っていない。

2　以上によれば，原告の請求は理由があるので，これを認容することとし，主文のとおり判決する。

███家庭裁判所家事第█部

裁　判　官　████████████████

これは謄本である。

平成█年█月█日

███家庭裁判所家事第█部

裁判所書記官　██████████████

第*3*編
子どもに関する問題

子どもの犯罪被害

第1 児童虐待

1 児童虐待とは

(1) 児童虐待の4類型

　児童虐待は，子どもの心身の成長及び人格の形成に重大な悪影響を及ぼす人権侵害行為である。平成12年11月に施行された「児童虐待の防止等に関する法律」（以下「児童虐待防止法」という。）第2条は，「児童虐待」とは，保護者がその監護する児童（18歳に満たない者をいう。以下同じ。）について行う次に掲げる4種類の行為をいうと定めている。

(a) 児童の身体に外傷が生じ，又は生じるおそれのある暴行を加えること（身体的虐待）。

(b) 児童にわいせつな行為をすること又は児童をしてわいせつな行為をさせること（性的虐待）。

(c) 児童の心身の正常な発達を妨げるような著しい減食又は長時間の放置，保護者以外の同居人による前二号（(a), (b)）又は次号（(d)）に掲げる行為と同様の行為の放置その他の保護者としての監護を著しく怠ること（ネグレクト）。

(d) 児童に対する著しい暴言又は著しく拒絶的な対応，児童が同居する家庭における配偶者に対する暴力（配偶者（婚姻の届出をしていないが，事実上婚姻関係と同様の事情にある者を含む。）の身体に対する不法な攻撃であって生命又は身体に危害を及ぼすもの及びこれに準ずる心身に有害な影響を及ぼす言動をいう。）その他の児童に著しい心理的外傷を与える言動を行うこと（心理的虐待）。

第1 児童虐待

　代表的な具体例を挙げると，以下のようなものが前記(a)～(d)に該当する
とされている。(注1)

(a)　身体的虐待

- ●打撲傷，あざ（内出血），骨折，頭蓋内出血などの頭部外傷，内臓損傷，刺傷，たばこなどによる火傷など。
- ●首を絞める，殴る，蹴る，投げ落とす，激しく揺さぶる，熱湯をかける，布団蒸しにする，溺れさせる，逆さ吊りにする，異物をのませる，食事を与えない，冬戸外に閉め出す，縄などにより一室に拘束するなど。
- ●意図的に子どもを病気にさせる。

(b)　性的虐待

- ●子どもへの性交，性的暴行，性的行為の強要・教唆など。
- ●性器を触る又は触らせるなどの性的暴力，性的行為の強要・教唆など。
- ●性器や性交を見せる。
- ●ポルノグラフィーの被写体などに子どもを強要する。

(c)　ネグレクト

- ●子どもの健康・安全への配慮を怠っているなど。例えば，家に閉じこめる（子どもの意思に反して学校等に登校させない。），重大な病気になっても病院に連れて行かない（いわゆる医療ネグレクト），乳幼児を家に残したまま度々外出する，乳幼児を車の中に放置するなど。
- ●子どもにとって必要な情緒的欲求に応えていない。
- ●食事，衣服，住居などが極端に不適切で，健康状態を損なうほどの無関心・怠慢など。例えば，適切な食事を与えない，下着など長期間ひどく不潔なままにする，極端に不潔な環境の中で生活をさせるなど。
- ●親がパチンコに熱中している間，乳幼児を自動車の中に放置し，熱中症で子どもが死亡したり，誘拐されたり，乳幼児だけを家に残して火災で子どもが焼死したりする事件も，ネグレクトという虐待の結果である。
- ●子どもを遺棄する。

（注1）　厚生労働省「子ども虐待対応の手引き」（https://www.mhlw.go.jp/bunya/kodomo/dv12/00.html）。

第3編　子どもに関する問題

285

第1章　子どもの犯罪被害

● 祖父母，きょうだい，保護者の恋人などの同居人が前記(a)，(b)又は(d)の行為と同様の行為を行っているにもかかわらず，それを放置する。

(d)　心理的虐待

● 言葉による脅迫など。

● 子どもを無視したり，拒否的な態度を示すことなど。

● 子どもの心を傷つけることを繰り返し言う。

● 他のきょうだいとは著しく差別的な扱いをする。

● 子どもの面前で配偶者やその他の家族などに対し暴力をふるう。

(2)　改正法による体罰禁止の明文化

児童虐待に該当するかどうかは，親の気持ち・意図ではなく，子どもにとって有害かどうかによって判断されるべきである。しかし，「教育のため」，「しつけのため」といったことを口実にして児童虐待をする親権者は後を絶たない。このような問題点を踏まえ，令和元年6月成立（令和2年4月施行予定）の改正児童虐待防止法は，親権者は，児童のしつけに際して，体罰を加えることその他民法820条の規定による監護・教育に必要な範囲を超える行為により児童を懲戒してはならないと定め，体罰を加えることが懲戒権の範囲を逸脱することを明確に示した。また，同改正法では，親権者の懲戒権（民822条）自体についても，改正法の施行後2年をめどにその在り方について見直しなど必要な措置を講ずることとされた。

(3)　児童虐待に対する刑事罰

児童虐待の多くは，刑事罰の対象として犯罪に該当するものである。例えば，身体的虐待は暴行罪（刑208条）に該当するし，ネグレクトは，保護責任者遺棄罪（刑218条）に該当し得る。また，性的虐待については，監護者わいせつ・監護者性交等罪（刑179条）や児童福祉法違反等に問われる可能性があり，この点は，本章第4に詳述する。

これら虐待により児童が傷害を負ったり死に至った場合は，傷害罪（刑204条），傷害致死罪（刑205条），保護責任者遺棄致死傷罪（刑219条），監護者わいせつ・監護者性交等致死傷罪（刑181条）が適用される。死に至った具体的な事実関係によっては殺人罪（刑199条）を適用すべき事案もあ

第1 児童虐待

るだろう。

　なお，傷害罪における「傷害」にはPTSD（心的外傷後ストレス障害）も含まれると考えられるので，心理的虐待であっても傷害罪が適用される場合がある。

　このように児童虐待は，刑事罰にも該当し得る重大な違法行為なのである。

2 公的機関による対応

(1) 通　告

① 通告対象・通告先

　児童虐待を受けたと思われる児童を発見した者は，速やかに，これを市町村，都道府県の設置する福祉事務所若しくは児童相談所又は児童委員を介して市町村，都道府県の設置する福祉事務所若しくは児童相談所に通告しなければならない（児童虐待6条1項）。

　平成16年に同法が改正されるまでは，「児童虐待を受けた児童」が対象とされていたが，国民が通告をより行いやすくし，児童虐待が早期に発見されるよう，同改正によって「児童虐待を受けたと思われる児童」に対象が拡大された。この文言からすれば，後に通告が事実誤認に基づくものであったことが判明したとしても，基本的には民事・刑事上の責任を問われることはないと考えられている。

　また，通告の方式について特段の定めはなく，電話やメール，直接訪問しての相談など様々な方式による通告が可能である。匿名での通告もできる。児童相談所は，平成27年に全国共通の短縮通報ダイヤル「189（いちはやく）」を設け，児童虐待の早期発見を目指している。

② 通告者の義務

　児童虐待防止法6条1項の「通告しなければならない」という文言のとおり，通告は国民の義務とされている。

　弁護士や医師等職務上守秘義務を負う者であっても，通告義務の遵守を妨げるものではないとされている（児童虐待6条3項，児福25条2項）。

第3編　子どもに関する問題

第1章　子どもの犯罪被害

③　通告者情報の秘匿

　　通告を受けた機関の職員は，通告者を特定させる情報を漏らしてはならない（児童虐待7条）。これは，通告者が保護者の逆恨みを心配せずに通告ができるようにするためである。

(2)　**通告受理後の対応**

　　市町村，都道府県の設置する福祉事務所又は児童相談所が通告を受けた場合は，速やかに安全確認の措置を講じなければならない（児童虐待8条）。

　　通告・相談を受けた者は，単独で判断せずに速やかに責任者に報告し，虐待相談・通告受付票（**例25**）に記入した後緊急受理会議を開催して，初期対応を検討すべきこととされている。[注2]

　　緊急受理会議において，虐待内容の確認を踏まえた安全確認の実施時期，方法等の対応方針及び担当者が決定される。安全確認は，児童相談所職員又は児童相談所が依頼した者により，子どもを直接目視することにより行うことを基本とし，原則として48時間以内に実施するのが望ましいとされている。[注3]各自治体はこれに従い時間ルールを定めており，24時間以内とする自治体もある。

　　ただし，令和元年6月に起きた札幌市女児死亡事件では，児童相談所がこの48時間ルールを遵守していなかったと報道された。厚生労働省は，令和元年6月7日付けで，児童虐待防止のためのルール遵守を徹底するようにという通知を出している。[注4]

　　児童の安全確認は，まず家庭や学校を訪問することによって実施されるが，保護者が児童相談所職員との面談や自宅への立入りを拒否することもある。そのような場合に備え，法は次のような手続を認めている。

（注2）　前掲（注1）
（注3）　厚生労働省「児童相談所運営指針」第3章第3節3.「調査の開始」，平19・1・23雇児発第0123002号厚生労働省雇用均等・児童家庭局長通知「児童相談所運営指針等の改正について」
（注4）　令元・6・7子発0607第4号厚生労働省子ども家庭局長通知「児童虐待防止対策におけるルールの徹底について」

第1　児童虐待

〈例25　虐待相談・通告受付票〉

受理年月日		令和　　　年　　　月　　　日（　　　）　午前・午後　　　時　　　分	
子ども	ふりがな 氏　　名		
	生年月日	昭和・平成・令和　　　年　　　月　　　日生　（　　　）歳　男・女	
	住　　所		
	就学状況	未就学　／　保・幼・小・中・高校　　　年　　　組　担任名（　　　　　） 出席状況：　良好　　欠席がち　　不登校状態	
保護者	ふりがな 氏　　名		
	職　　業		
	続柄年齢	続柄（　　　）　年齢（　　　歳）	続柄（　　　）　年齢（　　　歳）
	住　　所		電話
虐 待 内 容		・誰から ・いつから ・頻度は ・どんなふうに	
虐 待 の 種 類		（主◎　従○：身体的／性的／ネグレクト／心理的）	
子どもの状況		・現在の居場所： ・保育所等通園の状況：	
家 庭 の 状 況		・家族内の協力者　（　　　　　　　） ・家族以外の協力者（　　　　　　　） ・きょうだいの有無　有　・　無 ・同居家族 ・ＤＶ被害等	
情報源と 保護者の了解		・通告者は　　　実際に目撃している・悲鳴や音等を聞いて推測した ・通告者は　　　関係者（　　　　　　）から聞いた ・保護者は　　　この通告を（　承知・拒否・知らせていない　）	
通告者	氏　　名		
	住　　所		電話
	関　　係	家族・近隣・学校・保育所・病院・保健所・児童委員・警察	
	通告意図	子どもの保護　・　調査　・　相談	
	調査協力	調査協力（　諾　・　否　）　当所からの連絡（　諾　・　否　）	
通告者への対応		・自機関で実態把握する ・その他（　　　　　　　　　　　　　　　　　　　　　　　　　　　）	
決　　　裁		年　　　月　　　日	

（出典：厚生労働省「子ども虐待対応の手引き」第3章表3－1を基に作成）

① 出頭要求

　児童虐待のおそれがあり，児童の安全確認のため訪問をしても子ども

第1章　子どもの犯罪被害

に会えない場合は，保護者に対し，当該児童を同伴して出頭することを求め，必要な調査・質問を行うことができる（児童虐待8条の2）。

② 立入調査

保護者がこの出頭要求を拒否した場合や，緊急性が高く出頭要求をしている時間的余裕がない場合は，児童の住居・居所に立ち入り，必要な調査・質問をすることができる（児童虐待9条）。

③ 再出頭要求

児童虐待のおそれがあり，保護者が正当な理由なく立入調査を拒んだ場合は，再び，当該児童を同伴して出頭することを求め，必要な調査・質問を行うことができる（児童虐待9条の2）。

④ 臨検・捜索

出頭要求又は立入調査が拒否された場合において，児童虐待がなされている疑いがあり，安全確認・確保のために必要なときは，裁判所の許可状により，当該児童の住居・居所を臨検し，当該児童の捜索を行うことができる（児童虐待9条の3）。これは保護者が立入りを拒否しても強制的に鍵を壊すなどして立ち入ることができる強力な権限である。従前，この制度の要件として，再出頭要求の拒否が必要であったが，それでは迅速性に欠けるという指摘があり，平成28年の児童虐待防止法改正により，再出頭要求は臨検・捜索の要件ではなくなった（臨検・捜索手続の簡素化は平成28年10月1日施行。その他全面施行は平成29年4月1日）。

⑤ 警察署長への援助要請

立入調査や臨検，(3)の一時保護を行おうとする場面では保護者との葛藤が生じやすいことから，都道府県知事や児童相談所長は，警察署長への援助要請を求めることができ，また，子どもの安全確認・確保のため，必要に応じ，迅速かつ適切に警察署長に対し援助を求めなければならない（児童虐待10条）。

(3) 一時保護

児童相談所長又は都道府県知事は，児童の安全を迅速に確保し適切な保護を図るため，又は児童の心身の状況，その置かれている環境その他の状

第1　児童虐待

〈図17　一時保護決定に向けてのアセスメントシート〉

① 当事者が保護を求めている？	□ はい	□ いいえ
□ 子ども自身が保護・救済を求めている □ 保護者が、子どもの保護を求めている	＊ 情報	
② 当事者の訴える状況が差し迫っている？	□ はい	□ いいえ
□ 確認にはいたらないものの性的虐待の疑いが濃厚であるなど □ このままでは「何をしでかすか分からない」「殺してしまいそう」などの訴えなど		
③ すでに虐待により重大な結果が生じている？	□ はい	□ いいえ
□ 性的虐待（性交、性的行為の強要、妊娠、性感染症罹患） □ 外傷（外傷の種類と箇所：　　　　　　　　　　　　　） □ ネグレクト 　例：栄養失調、衰弱、脱水症状、医療放棄、治療拒否、（　　　）		
④ 次に何か起これば、重大な結果が生ずる可能性が高い？	□ はい	□ いいえ
□ 乳幼児 □ 生命に危険な行為 　例：頭部打撃、顔面攻撃、首締め、シェーキング、道具を使った体罰、 　　　逆さ吊り、戸外放置、溺れさせる、（　　　　　　　　　） □ 性的行為に至らない性的虐待、（　　　　　　　　）		
⑤ 虐待が繰り返される可能性が高い？	□ はい	□ いいえ
□ 新旧混在した傷、入院歴、（　　　　　　　　） □ 過去の介入 　例：複数の通告、過去の相談歴、一時保護歴、施設入所歴、「きょう 　　　だい」の虐待歴（　　　　　　　　） □ 保護者に虐待の認識・自覚なし □ 保護者の精神的不安定さ、判断力の衰弱		
⑥ 虐待の影響と思われる症状が子どもに表れている？	□ はい	□ いいえ
□ 保護者への拒否感、恐れ、おびえ、不安、（　　　　　） □ 面接場面での様子 　例：無表情、表情が暗い、鬱的体の緊張、過度のスキンシップを求め 　　　る、（　　　　　　　　） □ 虐待に起因する身体的症状 　例：発育・発達の遅れ、腹痛、嘔吐、白髪化、脱毛、（　　　　）		
⑦ 保護者に虐待につながるリスク要因がある？	□ はい	□ いいえ
□ 子どもへの拒否的感情・態度 　例：拒否、愛情欠如、差別など不当な扱い、望まない妊娠出産、母子 　　　健康手帳未発行、乳幼児健診未受診、 　　　（　　　　　　　　） □ 精神状態の問題 　例：鬱的、精神的に不安定、妊娠・出産のストレス、育児ノイローゼ、 　　　（　　　　　　　　） □ 性格的問題 　例：衝動的、攻撃的、未熟性、（　　　　　　） □ アルコール・薬物等の問題 　例：現在常用している、過去に経験がある、（　　　　　　　　） □ 児童相談所等からの援助に対し拒否的あるいは改善が見られない、改善 　するつもりがない □ 家族・同居者間での暴力（ＤＶ等）、不和 □ 日常的に子どもを守る人がいない		
⑧ 虐待の発生につながる可能性のある家庭環境等	□ はい	□ いいえ
□ 虐待によるのではない子どもの生育上の問題等 　例：発達や発育の遅れ、未熟児、障害、慢性疾患、（　　　　　　） □ 子どもの問題行動 　例：攻撃的、盗み、家出、徘徊、虚言、性的逸脱、退行、自傷行為、 　　　盗み食い、異食、過食、（　　　　　） □ 保護者の生育歴 　例：被虐待歴、愛されなかった思い、（　　　　　　　　） □ 養育態度・知識の問題 　例：意欲なし、知識不足、不適切、期待過剰、家事能力不足、 　　　（　　　　　　　　） □ 家族状況 　例：保護者等（祖父母、養父母等を含む）の死亡・失踪、離婚、妊娠・出産 　　　ひとり親家庭等（　　　　　　　　）		

（出典：厚生労働省ホームページ「子ども虐待対応の手引き」第5章「一時保護」表5‐2）

況を把握するため，必要と認めるときに，児童の一時保護を行い，又は適当な者に一時保護を委託することができる（児福33条）。

〈図18　一時保護に向けてのフローチャート〉

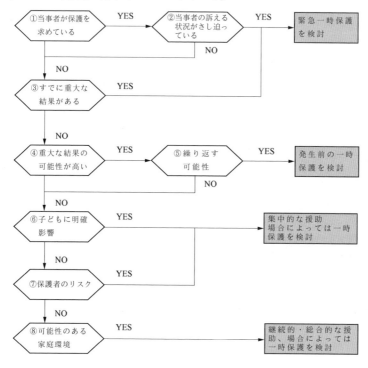

（解説）
A　①②③のいずれかで「はい」がある時　→　緊急一時保護の必要性を検討
B　④に該当項目がありかつ⑤にも該当項目があるとき　→　次の虐待が発生しないうちに保護する必要性を検討
C　①〜⑤いずれにも該当項目がないが⑥⑦のいずれかで「はい」がある場合
　　→　表面化していなくても深刻な虐待が起きている可能性
　　→　あるいは虐待が深刻化する可能性
　　→　虐待リスクを低減するための集中的援助。その見通しによっては一時保護を検討
　A〜Cのいずれにも該当がなく、⑧のみに「はい」がある場合
　　→　家族への継続的・総合的援助が必要。場合によっては、社会的養護のための一時保護の必要性を検討する

（出典：厚生労働省ホームページ「子ども虐待対応の手引き」第5章「一時保護」図5-2）

　一時保護は，迅速な対応が求められる児童虐待事案において，児童の安全確保等のために有効な制度であるが，その一方で，親子を分離するという重大な効果を有することにも留意しなければならない。そこで，一時保護の要否については的確な判断が求められ，厚生労働省は，「一時保護ガ

イドライン」（平30・7・6子発0706第4号厚生労働省子ども家庭局長通知別添）を策定しているほか，一時保護が適切な措置かどうか判断するための指針として図17及び図18のようなアセスメントシート及びフローチャート図を作成している。[注5]

① 子どもや保護者の同意の要否

児童相談所運営指針によれば，一時保護を行うに当たっては，子どもや保護者の同意を得ることが望ましいものの，そのまま放置することが子どもの福祉に反する場合には同意がなくても一時保護ができるし，子どもの安全確保のため必要な場合は躊躇なく一時保護すべきとされている。[注6]

② 一時保護の方法

児童相談所には，必要に応じ，一時保護所を設けなければならない（児福12条の4）。全国には平成30年6月1日現在，211か所の児童相談所があり，うち137か所に一時保護所が設けられている。[注7]原則として一時保護所が活用されることになるが，専門的な治療が必要な場合や乳児を保護する場合，一時保護所が遠方にあり直ちに保護ができない場合等には，適当な者への一時保護委託が利用される。委託先としては，医療機関，里親，児童福祉施設，警察署等が考えられ，個々の事情に応じて適切な委託先が選択される。

③ 一時保護の期間

一時保護の期間は原則として2か月を超えてはならない（児福33条3項）。ただし，必要があるときは引き続き一時保護を継続することができる（同条4項）。このように引き続き一時保護をすることが親権者又は未成年後見人の意に反する場合は，引き続き行おうとするときやその後2か月を経過するごとに，原則として家庭裁判所の承認を得ることが必要である（同条5項）。

(注5) 前掲（注1）
(注6) 平28・9・29雇児0929第1号厚生労働省雇用均等・児童家庭局長通知「児童相談所運営指針の改正について」，「一時保護ガイドライン」
(注7) 平成30年度全国児童福祉主管課長・児童相談所長会議資料

第1章　子どもの犯罪被害

④　一時保護の通知

　　一時保護を決定した場合は，保護者に対し，速やかに，一時保護開始日及び場所を文書で通知するとともに，[注8]行政庁の処分として不服申立てができることを教示する必要がある（行政不服審査法82条1項）。ただし，緊急の場合にはまず口頭で通知・教示を行い，事後的に速やかに文書で通知・教示を行うことも許される。[注9]

　　また，通知の際に児童を連れ戻すおそれがある等，児童の保護に支障を来すと認められる場合には，保護者に対し，児童の住所又は居所を明らかにしないことができる（児童虐待12条3項）。

(4)　**援助方針の決定**

　　児童相談所は，児童の安全がひとまず確認できると，その児童及び保護者についての援助方針を決定する。それに当たっては，児童福祉司による社会診断，心理職員による心理診断，医師による医学診断，一時保護所の児童指導員や保育士による行動診断等が行われ，それらの結果を踏まえて総合的な見地から援助方針が決定される。

①　在宅での指導

　　在宅のままの指導で足りる場合には，「措置によらない指導」又は「措置による指導」が選択される。前者の例としては，1回又は複数回の助言や指示，継続的なカウンセリング及び関係機関へのあっせん等があり，後者の例としては，訓戒，誓約書提出指示及び児童福祉司等による指導がある（後者につき児福27条1項1号及び2号）。

　　ただ，親子関係においてより大きな問題となり得るのは，次に述べるような親子を分離する措置である。

②　親子の分離

　㋐　児童福祉法27条1項3号の措置

　　　児童相談所は，児童を親のもとに戻すのが適当でない場合には，

───────────

(注8)　児童相談所運営指針
(注9)　「児童虐待等に関する児童福祉法の適切な運用について」（平9・6・20児発434号厚生省児童家庭局長通知）

児童養護施設や児童自立支援施設等への入所又は里親委託等の措置を
とることができる（児福27条1項3号・32条）。

ただし，そのためには親権者又は未成年後見人の意に反しないこと
が必要であるので（同条4項），親権者らが虐待を認めず児童の入所
に反対する場合等にはこの方法をとることができない。

(イ)　児童福祉法28条の措置

このような場合でも児童の福祉が害されないよう，児童福祉法28条
は，「保護者が，その児童を虐待し，著しくその監護を怠り，その他
保護者に監護させることが著しく当該児童の福祉を害する場合」にお
いて，親権者らが入所に反対の意思を示しているときは，家庭裁判所
の承認を得ることによって児童福祉法27条1項3号の措置をとること
ができることとした（いわゆる児童福祉法28条事件）。この児童福祉法
28条事件の申立権者は都道府県知事又はその委任を受けた児童相談所
長である（児福32条）。管轄裁判所は児童の住所地の家庭裁判所であ
る（家事234条）。

児童福祉法28条1項1号等によってなされる同法27条1項3号の措
置の期間は2年を超えることができないが，措置を継続しなければ著
しく当該児童の福祉を害するおそれがあるときは，家庭裁判所の承認
を得て期間を更新することができる（児福28条2項）。

家庭裁判所は，措置に関する承認の審判をする場合で，当該措置終
了後の家庭その他の環境の調整を行うため当該保護者に対する指導措
置をとることが相当であると認めるときは，都道府県に対し，当該指
導措置をとるよう勧告することができる（児福28条6項）。この家庭裁
判所からの勧告があることにより，児童相談所が保護者に対して指導
措置を行いやすくなるという効果がある。平成29年の児童福祉法改正
により，家庭裁判所は，措置に関する承認の申立てや期間更新の申立
てがなされた場合は，都道府県に対し，期限を定めて，当該申立てに
係る保護者に対する指導措置を講ずるよう勧告すること等ができるこ
ととなった（児福28条4項）。

第1章　子どもの犯罪被害

制度の運用状況であるが，平成30年における児童福祉法28条1項事件の新受件数は372件，同年中に終局したのは347件である。終局形態としては，266件が認容，7件が却下，72件が取下げ，2件がその他となっている。取下げで終局する事件が一定数あるが，これには，親権者から同意を得られることになり，申立てを維持していても却下される可能性が高いことから，家庭裁判所から取下げを促される場合が多く含まれる。また，2か月以内に16.2パーセント，4か月以内に65.5パーセントの事件が終局している。[注10]

(5)　一時保護中の親権等

児童相談所長は，一時保護中，児童に親権者がいない場合は親権を代行し，親権者がいる場合には監護，教育及び懲戒に関し必要な措置を採ることができる。後者の場合に，親権者は児童相談所長の措置を不当に妨げてはならないし，児童の生命・身体の安全確保のため緊急の必要があるときは，児童相談所長は親権者の意思に反して措置を採ることができる（児福33条の2）。

(6)　要保護児童対策地域協議会

要保護児童の早期発見や適切な保護を図るためには，学校，病院，保育所，警察，児童相談所など，地域における関係機関が情報を共有し，適切に連携して対応することが重要である。そこで，平成16年に改正された児童福祉法により，地方公共団体は，要保護児童及びその保護者に関する情報の交換や支援内容の協議を行う「要保護児童対策地域協議会」を置くよう努めることとされた（児福25条の2）。これにより，関係機関の連携によって早期に要保護児童を発見し，迅速に支援を開始することが期待される。また，要保護児童対策地域協議会での情報交換は個人情報の第三者提供の例外に該当するから，医師等の守秘義務を負う者も含め，円滑な情報交換を行うことが可能となった。

要保護児童対策地域協議会は，現在，ほぼ全ての市区町村に設けられて

(注10)　親権制限事件及び児童福祉法に規定する事件の概況（平成30年1月〜12月。最高裁判所事務総局家庭局）

第 1　児童虐待

おり，運営については，「要保護児童対策地域協議会設置・運営指針」（平17・2・25雇児発第0225001号厚生労働省雇用均等・児童家庭局長通知（最新改正：平29・3・31雇児発　0331第46号厚生労働省雇用均等・児童家庭局長通知）別添1）が参考とされる。

3 虐待する親の親権制限

児童福祉法28条事件の審判があったとしても，親権者の親権自体が奪われるわけではない。親権者が親権を主張し，それによって子どもの福祉が害される場合は，親権者の親権を制限することを検討する必要がある。

(1) 親権喪失

親権者喪失の審判は，親権を奪うという最も強い効果を持つ制度である（民834条）。「父又は母による虐待又は悪意の遺棄があるときその他父又は母による親権の行使が著しく困難又は不適当であることにより子の利益を著しく害するとき」は，家庭裁判所は，子や親族ら（民834条）又は児童相談所長（児福33条の7）の請求により，親権喪失の審判をすることができる。ただし，2年以内にその原因が消滅する見込みがあるときは親権喪失の審判はできない（民834条ただし書）。

親権喪失の審判は，全面的に親権を奪い，親子関係に非常に大きな影響を及ぼすことから，従前，利用されづらさが指摘されていた。そこで，平成24年4月1日施行の改正民法により，次に述べる親権の停止制度が導入され，以来，これらの制度が併せて活用されてきた。

(2) 親権停止

親権停止の審判の要件は「父又は母による親権の行使が困難又は不適当であることにより子の利益を害するとき」であり（民834条の2第1項），親権喪失の審判の要件に比べて緩やかである。申立権者は親権喪失の審判と同様である。

親権を停止できる期間は最大で2年間である（同条2項）。

共同親権者の一方の親権が停止された場合は他方のみが単独の親権者に

297

第1章　子どもの犯罪被害

なり，共同親権者の双方の親権が停止された場合は，未成年後見の開始事由となる（民838条1号）。

(3) **運用状況**^(注11)

平成30年における新受事件数は，親権喪失事件は145件，親権停止事件は246件であり，同年の既済事件はそれぞれ131件と236件である。これら事件数からは，制度導入以来，親権停止制度が積極的に利用されていることがうかがわれる。

終局理由の内訳であるが，親権喪失事件は，認容28件，却下19件，取下げ77件であり，親権停止事件は，認容79件，却下21件，取下げ130件である。このようにいずれの事件のおいても過半の事件が取下げで終局しているが，これは，親権の喪失や停止が親権自体を制限するという重大な効果を有することから，その申立てが契機になり，審理の過程で子の福祉を別の方法で図ることが模索された場合が少なからず含まれているとみられる。

(4) **未成年後見制度**

未成年者に対して親権を行う者がないとき，又は親権を行う者が管理権を有しないときは後見が開始する（民838条1号）。

未成年後見人になる者がいないときは，未成年者本人又はその親族らが請求人になって，家庭裁判所が未成年後見人を選任する（民840条）。

また，親権の喪失・停止を受けた父又は母は，それにより未成年後見人を選定する必要が生じたときは，遅滞なく未成年後見人の選任を家庭裁判所に請求しなければならない（民841条）。児童相談所長にも未成年後見人の選任請求義務がある（児福33条の8）。

(5) **養子縁組の解消**

虐待が養親によって行われている場合は，養親子関係の解消をすることも検討する必要がある。

普通養子縁組の場合，子どもは15歳以上であれば，自ら離縁の協議及び

(注11)　親権制限事件及び児童福祉法に規定する事件の概況（平成30年1月〜12月。最高裁判所事務総局家庭局）

第1 児童虐待

訴訟の提起をすることができる。また，子どもが15歳未満の場合は，離縁後に法定代理人となるべき者が離縁を協議し（民811条2項），また自ら離縁訴訟を提起することができる（民815条）。裁判上の離縁の要件は，「悪意で遺棄されたとき」や「縁組を継続し難い重大な事由があるとき」である（民814条）。離縁訴訟については，調停前置主義が採られている（家事257条）。

　他方，特別養子縁組の場合も解消はできるが，その要件は普通養子縁組と比べてかなり厳格になっている（民817条の10）。これは，次に述べるとおり，特別養子縁組という制度自体，家庭に恵まれない子に温かい家庭を提供するということを目的として強固な親子関係の形成を目指したものだからである。

4 里親制度

　里親制度は，児童虐待事案に限定して利用される制度ではない。しかし，児童は，里親制度の中で，家庭生活を基本としつつ，特定の大人との間で信頼関係を育みながら心身の成長を図ることができることから，児童虐待事案において，里親委託や一時保護委託といった形で活用がされている。里親には様々な種類があり，養育里親，養子縁組里親，親族里親に分類され，養育里親の中に専門里親という種類がある。

(1) 養育里親

　養育里親は，養子縁組を前提としない里親であり（児福6条の4），受け入れられる児童は4人まで（実子を含めて6人まで）である。養育里親のうち専門里親は，虐待された児童や身体的・知的障害を持つ児童など，特に支援が必要な児童についての里親である（児福規1条の36）。専門里親になるためには，養育里親として3年以上の養育経験を有するか，3年以上児童福祉事業に従事した者であって，都道府県知事が適当と認めた者であるであることといった要件が課されている（児福規1条の37）。また専門里親に委託できる児童の数は二人までである。専門里親に対する委託期間は2年間であり，必要に応じて延長も認められる（「里親が行う養育に関する

299

第 1 章　子どもの犯罪被害

最低基準」（平成14年 9 月 5 日厚生労働省令116号） 17条, 18条）。

(2)　養子縁組里親

　養子縁組里親は，養子縁組を前提とする里親で，普通養子縁組を行う場合と，通常の実子関係と同様の関係をもたらす特別養子縁組を行う場合がある。

　里親が養子縁組を希望する場合，子どもとの適合を見るために面会や外出等交流を重ね，里親の家族を含め，新しい家族となることの意思を確認することが必要である。[注12]

(3)　親族里親

　親族里親は，児童の保護者が死亡，行方不明，拘禁，入院や疾患などで養育できない場合に，児童の扶養義務者やその配偶者がなることができる里親である。扶養義務がある親族に養育を委ねたとしても，その親族が経済的に困窮するなど結果として施設への入所措置を余儀なくされる場合には，一般生活費等を支給しての親族里親制度の活用が検討される。[注13]

(4)　小規模住居型児童養育事業（ファミリーホーム）

　平成21年に創設された制度であり，住居ごとに，原則として二人の養育者（一つの家族）及び一人以上の補助者を置き，養育者はそこを生活の本拠とする必要がある（児福 6 条の 3 第 8 項, 児福規 1 条の14）。また，養育できる児童は 5 人又は 6 人までである（児福規 1 条の19）。このような特質から，ファミリーホームは，複数の児童がいる環境の方が適合しやすい子どもや，個人の里親には不安感を持つ保護者に対しては有用である。[注14]

5　特別養子縁組（令和元年改正について）

　特別養子縁組制度は，昭和62年の民法改正によって導入された制度であり，

（注12）　平23・ 3 ・30厚生労働省雇児発0330第 9 号厚生労働省雇用均等・児童家庭局長通知「里親委託ガイドラインについて」別紙「里親委託ガイドライン」
（注13）　前掲（注12）
（注14）　前掲（注12）

300

第1　児童虐待

家庭に恵まれない子に温かい家庭を提供してその健全な養育を図ることを目的として創設された，専ら子どもの利益を図るための制度である。このような目的から，通常の養子縁組とは異なり，実親子関係を終了させる効果を有している（民817条の9）。また，原則として実親の同意が必要とされてはいるものの，「父母による虐待，悪意の遺棄その他養子となる者の利益を著しく害する事由がある場合」は父母の同意が不要であることから（民817条の6），虐待を受ける子どもを保護する制度として活用される可能性を持った制度である。

　しかし，令和元年6月7日に成立した改正法（民法，家事事件手続法，児童福祉法）の施行以前は，必ずしも多くの事案で制度が利用されてきたわけではなかった。その理由はいくつかある。

　まず，特別養子制度を利用できる子どもは原則として6歳未満に限られており，6歳以上の子どもの虐待事例において利用することができなかった。そこで，令和元年改正では，特別養子縁組審判の申立時の上限年齢を原則として15歳未満とするとともに，例外的に，15歳になる前から養親候補者が引き続き養育していた場合及びやむを得ない事由により15歳までに申立てができなかった場合には，15歳以上での申立てもできることとした（改正後の民817条の5第1項・2項）。

　次に，令和元年の法改正前は，特別養子縁組の申立て後，実親の同意の有無や実親の養育状況を審理しつつ，同時に養親候補者による試験養育がなされていた。しかし，実親の同意は審判の確定まで撤回が可能であったことから，養親候補者は不安定な状況のもとで試験養育をしなければならず，手続の利用が進まない状況にあった。そこで，令和元年改正では，審判手続を，実親の同意の有無及び養育状況を確認する第1段階の審判と，養親子のマッチングを審理する第2段階の審判とに分けることにした上で，実親は，第2段階には関与できないこと，また第1段階でした同意は，2週間経過後は撤回できないこととした（改正後の家事164条・164条の2）。

　さらに，令和元年改正前は，申立人である養親候補者が実親の養育状況を主張立証する必要があった。しかし，令和元年改正により，児童相談所長が前記第1段階の手続の申立人又は参加人として主張立証をすることとされ，

第3編　子どもに関する問題

301

養親候補者の負担が軽減された（改正後の児福33条の6の2・33条の6の3）。

以上のような法改正により，特別養子制度は，子どもの利益を守るためにより広く活用されることが期待されている。施行時期は，改正法の施行日である令和元年6月14日から1年以内の政令で定める日である。

第2 学校における体罰

1 体罰の禁止

校長及び教員（以下「教員等」という。）は，児童，生徒及び学生（以下「児童生徒等」という。）に対して体罰を加えることができない（学教11条ただし書）。体罰の禁止については一切の例外がない。体罰は，違法行為であるのみならず，児童生徒等の心身に深刻な悪影響を与え，教員等及び学校への信頼を失墜させる行為である一方，体罰によって児童生徒等の正常な倫理観を養うことはできないばかりか，むしろ，児童生徒等に対して力による解決への志向を助長させ，いじめや暴力行為などの連鎖を生む恐れもあるからである(注15)。

もっとも，学校における児童生徒等の問題行動に関し，教員等が適切に対応し，児童生徒等に対する指導の一層の充実を図るため，適切な範囲の懲戒については認められている。すなわち，教員等は，児童生徒等に対し，学校教育法施行規則26条に基づいて，教育上必要があると認められるときに懲戒を加えることができるものとされている（学教11条本文）。

このように，体罰は例外なく禁止されている一方で，懲戒は教育上必要であると認められるときには許されている。そのため，両者を厳格に区別し，混同しないようにする必要性は高い。また，学校における体罰の問題は，残

（注15）「体罰の禁止及び児童生徒理解に基づく指導の徹底について（通知）」（平25・3・13文部科学省24文科初第1269号文部科学省初等中等教育局長,スポーツ・青少年局長通知（文部科学省ホームページ，http://www.mext.go.jp/a_menu/shotou/seitoshidou/1331907.htm））

念ながら現在進行形の問題であるといえるが，そのような状況から脱却するためにも，体罰とはどのようなものであるのかといったことについて再確認をするとともに，体罰の危険性について認識を改めておくことが重要である。

ところが，学校教育法11条では禁止される体罰の定義が明らかにされていないことなどもあり，どのような行為であれば正当な懲戒として許されるのか，反対にどのような行為は体罰として許されないのか，その区別の基準が明確ではないという問題が存在する。

そこで，以下では，懲戒と体罰の違いを確認するとともに，体罰とはどのような行為を指すのかについて検討していくこととする。

② 懲戒と体罰の違い

文部科学省「体罰の禁止及び児童生徒理解に基づく指導の徹底について（通知）」（平25・3・13文部科学省24文科初第1269号文部科学省初等中等教育局長，スポーツ・青少年局長通知。以下「通知」という。）は，「懲戒とは，学校教育法施行規則に定める退学（公立義務教育諸学校に在籍する学齢児童生徒を除く。），停学（義務教育諸学校に在籍する学齢児童生徒を除く。），訓告のほか，児童生徒に肉体的苦痛を与えるものでない限り，通常，懲戒権の範囲内と判断されると考えられる行為として，注意，叱責，居残り，別室指導，起立，宿題，清掃，学校当番の割当て，文書指導などがある。」と指摘している。

もっとも，「通常，懲戒権の範囲内と判断されると考えられる行為」であっても，具体的な当該行為が懲戒権の範囲内の行為として許されるか否かを判断するに当たっては，当該行為を個別に考察する必要があるが，このような判断をする際には通知の以下のような指摘が参考になる。

すなわち，通知は，「教員等が児童生徒に対して行った懲戒行為が体罰に当たるかどうかは，当該児童生徒の年齢，健康，心身の発達状況，当該行為が行われた場所的及び時間的環境，懲戒の態様等の諸条件を総合的に考え，個々の事案ごとに判断する必要がある。この際，単に，懲戒行為をした教員等や，懲戒行為を受けた児童生徒・保護者の主観のみにより判断するのでは

第1章　子どもの犯罪被害

なく，諸条件を客観的に考慮して判断すべきである。」としつつ，「その懲戒の内容が身体的性質のもの，すなわち，身体に対する侵害を内容とするもの（殴る，蹴る等），児童生徒に肉体的苦痛を与えるようなもの（正座・直立等特定の姿勢を長時間にわたって保持させる等）に当たると判断された場合は，体罰に該当する。」としている。

3 体罰及び懲戒の具体的事例

(1)　禁止されている体罰と許される懲戒とを区別するに当たっては，上記のとおり，通知の指摘を参考にして判断することができるといえるが，それでも具体的な行為が体罰にあたるのか否かの判断は時として困難を伴う。この点，文部科学省は，体罰として禁止される行為及び懲戒として許される行為の具体的な事例をとりまとめており参考になる。[注16]

(2)　すなわち，通常，体罰と判断されると考えられる行為については以下のように分類した上で，それぞれについて具体的な内容を整理している。

　(a)　「身体に対する侵害を内容とするもの」

　(b)　「被罰者に肉体的苦痛を与えるようなもの」

　　(a)については，

　　ⓐ　体育の授業中，危険な行為をした児童の背中を足で踏みつける。

　　ⓑ　帰りの会で足をぶらぶらさせて座り，前の席の児童に足を当てた児童を，突き飛ばして転倒させる。

　　ⓒ　授業態度について指導したが反抗的な言動をした複数の生徒らの頬を平手打ちする。

　　ⓓ　立ち歩きの多い生徒を叱ったが聞かず，席に着かないため，頬をつねって席に着かせる。

　　ⓔ　生徒指導に応じず，下校しようとしている生徒の腕を引いたところ，

(注16)　「体罰の禁止及び児童生徒理解に基づく指導の徹底について（通知）」別紙　学校教育法第11条に規定する児童生徒の懲戒・体罰等に関する参考事例（http://www.mext.go.jp/a_menu/shotou/seitoshidou/1331908.htm）

第2　学校における体罰

生徒が腕を振り払ったため，当該生徒の頭を平手で叩く。

ⓕ　給食の時間，ふざけていた生徒に対し，口頭で注意したが聞かなかったため，持っていたボールペンを投げつけ，生徒に当てる。

ⓖ　部活動顧問の指示に従わず，ユニフォームの片づけが不十分であったため，当該生徒の頬を殴打する。

(b)については，

ⓐ　放課後に児童を教室に残留させ，児童がトイレに行きたいと訴えたが，一切，室外に出ることを許さない。

ⓑ　別室指導のため，給食の時間を含めて生徒を長く別室に留め置き，一切室外に出ることを許さない。

ⓒ　宿題を忘れた児童に対して，教室の後方で正座で授業を受けるように言い，児童が苦痛を訴えたが，そのままの姿勢を保持させた。

(3)　他方で，通常懲戒権の範囲内として認められると考えられる行為（ただし，肉体的苦痛を伴わないものに限る。）については，以下の具体例を挙げている。

(a)　放課後等に教室に残留させる。

(b)　授業中，教室内に起立させる。

(c)　学習課題や清掃活動を課す。

(d)　学校当番を多く割り当てる。

(e)　立ち歩きの多い児童生徒を叱って席に着かせる。

(f)　練習に遅刻した生徒を試合に出さずに見学させる。

4　有形力の行使に関する裁判所の考え方

上記の文部科学省がまとめた事例のうち，懲戒権の範囲内の行為として通常認められると考えられるものは，児童生徒等に対する有形力の行使がなされていないことを前提としている。それでは，児童生徒等に対して有形力が行使された場合，当該行為は全て体罰に当たるのであろうか。この点については，以下のような裁判例が存在する。

305

第1章　子どもの犯罪被害

すなわち，平手及び軽く握った右手の拳で生徒の頭部を数回軽く叩いたという事案において，「いやしくも有形力の行使と見られる外形をもった行為は学校教育上の懲戒行為としては一切許容されないとすることは，本来学校教育法の予想するところではない」とするもの（東京高判昭56・4・1判タ442号163頁），あるいは，教師がボール紙製の出席簿で授業中離席していた生徒の頭を1回叩いたなどという事案において，「生徒の心身の発達に応じて慎重な教育上の配慮のもとに行うべきであり，このような配慮のもとに行われる限りにおいては，状況に応じ一定の限度内で懲戒のための有形力の行使が許容される」（浦和地判昭60・2・22判タ554号249頁）などとするものがある。

さらに，公立小学校の教員が，女子数人を蹴るなどの悪ふざけをした2年生の男子を追い掛けて捕まえ，胸元をつかんで壁に押し当てて大声で叱ったという事案において，最高裁判所は，「その目的，態様，継続時間等から判断して，教員が児童に対して行うことが許される教育的指導の範囲を逸脱するものではなく，学校教育法11条ただし書にいう体罰に該当するものではないというべきである。」と判示している（最三小判平21・4・28民集63巻4号904頁）。

このように，裁判所は，児童生徒等に対する有形力の行使の全てが体罰に当たるものとは考えていない。上記最高裁判所判例の基準によれば，当該行為の目的，態様，継続時間等から個別具体的に判断して，教育的指導の範囲を逸脱する場合には体罰として許されないが，教育的指導の範囲内であれば懲戒権の行使として有形力の行使も許容されるものと解される。

5 体罰の定義に関する異なった見解

国連子どもの権利委員会の一般的意見8号（2006年）「体罰その他の残虐なまたは品位を傷つける形態の罰から保護される子どもの権利」（以下「一般的意見8号」という。）では，上記の裁判所の考え方とは異なり，体罰に関して次のような見解が示されている。すなわち，「委員会は，「体」罰を有形

力が用いられ，かつ，どんなに軽いものであっても，何らかの苦痛または不快感を引き起こすことを意図した罰と定義する。」としている。

　また，一般的意見8号では上記に続けて「委員会の見解では，体罰はどんな場合にも品位を傷つけるものである。これに加えて，同様に残虐かつ品位を傷つけるものであり，したがって条約と両立しない，体罰以外の形態をとるその他の罰も存在する。これには，たとえば，子どもをけなし，辱め，侮辱し，身代わりに仕立て上げ，脅迫し，こわがらせ，または笑いものにするような罰が含まれる。」といった見解も示されている。

　体罰が禁じられる理由が，児童生徒等の心身に深刻な悪影響を与えるなどといった点にあることは既述のとおりである。そして，一般的意見8号で指摘されている「子どもをけなし，辱め，侮辱し，身代わりに仕立て上げ，脅迫し，こわがらせ，または笑いものにするような罰」もまた，同様の問題を有していることは否定し得ないであろう。児童生徒等に対する体罰が禁止される本質的な理由が，子どもに対する人権侵害行為を防止するという点にあることに鑑みれば，一般的意見8号が指摘する言葉の暴力を含めた上記の「罰」についても，体罰の一種として（あるいは，体罰と同様の不当な人権侵害行為であるとして），明確に禁じるための議論をこれからも深めていく必要があるものと思われる。

6 部活動における体罰

　近時，中学校や高等学校の部活動において多くの体罰が発生しているといった報告がなされている。部活動の際，顧問教員や指導員（以下「顧問教員ら」という。）が部員に対して暴力を振るい，あるいは，部員が体調を崩すほどの長時間の拘束等を強いるようなことがあり，このような部活動は「ブラック部活」などといわれることもある。顧問教員らが自らの感情の赴くままに行う体罰が許されないことは当然であるが，仮に顧問教員らが部員の能力向上を目指すとの考えに従って行うのであるとしても，体罰を厳しい指導として正当化することはできないのであって許されることではない。

第1章　子どもの犯罪被害

このような状況に鑑み，文部科学省は，平成25年5月27日に「運動部活動での指導のガイドライン」(注17)（以下「ガイドライン」という。）等をとりまとめた。

ガイドラインでは，「今後，各学校の運動部活動において適切かつ効果的な指導が展開され，各活動が充実したものとなるよう，指導において望まれる基本的な考え方，留意点を示しています。」とされ，肉体的，精神的な負荷や厳しい指導と体罰等の許されない行為とをしっかり区別することなどが求められている。そして，ガイドラインは，「学校教育の一環として行われる運動部活動では，指導と称して殴る・蹴ること等はもちろん，懲戒として体罰が禁止されていることは当然です。また，指導に当たっては，生徒の人間性や人格の尊厳を損ねたり否定するような発言や行為は許されません。体罰等は，直接受けた生徒のみならず，その場に居合わせて目撃した生徒の後々の人生まで，肉体的，精神的に悪い影響を及ぼすことになります。校長，指導者その他の学校関係者は，運動部活動での指導で体罰等を厳しい指導として正当化することは誤りであり決して許されないものであるとの認識をもち，それらを行わないようにするための取組を行うことが必要です。」として，顧問教員ら直接の当事者だけでなく，学校設置者や校長等の管理者を含めた学校関係者が一体となって体罰をなくすための取組を促している。

具体的には，教育委員会が体罰の防止に向けた研修や指導資料を作成すること，校長は教員が体罰を行うことのないよう，校内研修の実施などにより体罰に関する正しい認識を徹底させ，「場合によっては体罰もやむを得ない」などといった誤った考え方を容認する雰囲気がないかを常に確認させるなど，校内における体罰の未然防止に恒常的に取り組むこと，教員が周囲に体罰と受け取られかねない指導を見かけた場合には，教員個人で抱え込まず，積極的に管理職や他の教員等へ報告・相談をできるようにするなど，日常的に体罰を防止できる体制を整備することが必要である。そして，顧問教員ら自身

(注17)　文部科学省「運動部活動での指導のガイドライン」（http://www.mext.go.jp/sports/b_menu/sports/mcatetop04/list/detail/__icsFiles/afieldfile/2018/06/12/1372445_1.pdf）

第2　学校における体罰

は，決して体罰を行わないよう，平素からいかなる行為が体罰に当たるかについての考え方を正しく理解しておくこと，また，機会あるごとに自身の体罰に関する認識を再確認し，部員らへの指導の在り方を見直すことなどが必要である。(注18) 部活動における体罰を根絶するためには，体罰を顧問教員らと部員という当事者だけの問題とせず，各学校関係者において，体罰の発生を防止するという意識と仕組み作りが重要である。

体罰の撲滅に向けた尼崎市の取組

現在，尼崎市のホームページ（http://www.city.amagasaki.hyogo.jp/）には「体罰通報窓口」が設けられている（令和元年6月30日最終閲覧）。同ホームページによれば，「平成31年4月に発生した尼崎市立尼崎高等学校の体罰事案を受けて，今後このような事態を二度と繰り返すことのないよう，市長部局及び教育委員会事務局に通報窓口を設置しました。」とのことである。

そして，「体罰通報窓口」に関する共同通信社の記事（令和元年6月21日配信）には，「市によると，児童生徒や教員，一般市民ら誰でも見聞きしたことを報告でき，匿名と記名の選択制。通報先は市教育委員会と市長部局のどちらかを選ぶ。幅広く情報を集めるのが狙いで，具体性があれば詳しく調査するとしている。稲村和美市長は21日の定例記者会見で『市立尼崎高の問題は情報が市教委に上がらず問題があった。多くの情報を寄せてほしい。』と呼び掛けた。」といった内容が掲載された。

このような尼崎市の取組は，体罰の防止に寄与するだけでなく，悲しくも実際に体罰の被害に遭ってしまった市民（児童・生徒等）に対して，損害回復手段の一つとしても機能するものと思われる。今後，国や地方公共団体が体罰問題に対して取り組む際に参考となる施策の一つといえるであろう。

(吉村　実)

(注18)　前掲（注15）「体罰の禁止及び児童生徒理解に基づく指導の徹底について（通知）」（平25・3・13文部科学省24文科初第1269号文部科学省初等中等教育局長,スポーツ・青少年局長通知（文部科学省ホームページ参照））

第 1 章　子どもの犯罪被害

７　体罰に関する法的責任

(1)　体罰を行った者の法的責任

　既述のとおり，体罰は例外なく一切禁止されている。それでも，学校教育の現場においては，残念ながら，体罰が行われてしまうことがある。そこで，現実に体罰が行われた場合，関係者はどのような法的責任を負うことになるのかを検討する。

　体罰を行った教員等個人の民事上の責任を検討するに当たっては，当該教員等の所属する学校が私立学校の場合と国公立学校の場合とを分けて検討する必要がある。すなわち，私立学校の教員等の場合には民法709条，710条の不法行為責任の規定が適用されることになる。これに対し，国公立学校においては，教員等は公務員であり，かつ，公立学校における教師の教育活動が公権力の行使に該当することから，国家賠償法 1 条 1 項[注19]が適用されるものと解されている（最二小判昭62・2・6 裁判集民150号75頁）。そして，公務員の職務行為に基づく損害については，国又は公共団体が賠償の責を負い，職務の執行に当たった公務員は個人として被害者に対しその責任を負担するものではないとされている（最三小判昭30・4・19民集 9 巻 5 号534頁）ことも踏まえて，国公立学校の教員等が体罰を行ったとしても，国又は公共団体が責任を負う場合には，当該教員等は個人として責任を負わないものとされている。もっとも，体罰を行った際に故意又は重大な過失があった場合には当該教員等も責任を負う可能性はあるが，それは国又は公共団体から求償を受ける限度に過ぎない（国家賠償法 1 条 2 項[注20]）。ただし，平成16年 4 月 1 日に国立大学法人が設立され，[注21]国立大学の運営主体が国立大学法人に移行さ

(注19)　「国又は公共団体の公権力の行使に当る公務員が，その職務を行うについて，故意又は過失によつて違法に他人に損害を加えたときは，国又は公共団体が，これを賠償する責に任ずる。」

(注20)　「前項の場合において，公務員に故意又は重大な過失があつたときは，国又は公共団体は，その公務員に対して求償権を有する。」。なお，公務員の重過失を認め，県に対し，求償権の行使を命じたものとして，大分地判平28・12・22裁判所ウェブサイトがある。

(注21)　文部科学省ホームページ「国立大学法人法の概要」(http://www.mext.go.jp/a_

310

れたことにより，国立の小学校，中学校，高等学校等に勤務する教員等の民事上の責任に関しては，国家賠償法ではなく，民法が適用される可能性が生じている。適用される法条に関しては最高裁判所の判例が存在しないことから，未だ確立していない論点であるといえるが，近時は民法が適用されている下級審の裁判例も散見されている[注22]（国立大学法人の教授個人に対して民法709条の責任が肯定された事案につき神戸地姫路支判平29・11・27判タ1449号205頁等参照）。

　他方，体罰が暴行罪（刑208条），傷害罪（刑204条），過失傷害罪（刑209条）等の刑事法上の犯罪行為に当たる場合には，当該教員が私立学校の教員であるか国公立学校の教員であるかを問わず刑法が適用され，刑事上の責任を問われることとなる。なお，体罰を行った教員等が地方公務員である場合には，行政上の責任として，懲戒処分（戒告，減給，停職又は免職の処分）を受ける可能性もある（地方公務員法29条1項2号）。

(2) 学校設置者の法的責任

　体罰を行った教員が私立学校の教員である場合，当該教員個人だけでなく，学校設置者である学校法人も使用者等の責任（民715条）を負う場合がある。

　他方，体罰を行ったのが公立学校の教員の場合，上記のとおり，教員個人が被害者である生徒に対して原則として直接民事上の責任を負うことはないが，その反面，原則として学校設置者である地方公共団体が民事上の責任を負うこととなる（国家賠償法1条1項）。

---

menu/koutou/houjin/03052704.htm)
(注22)　ストップいじめ！ナビ　スクールロイヤーチーム『スクールロイヤーにできること』（平文社，2017年）22頁

第1章　子どもの犯罪被害

8 Q&A

Q1

　児童生徒等が体罰を受けた場合，被害を受けた児童生徒等及び保護者（以下「被害者側」という。）は，誰に対して，どのように交渉を行っていけばよいか。

A

　まずは校長，副校長（教頭）及び加害教員等（以下「学校」という。）と交渉することが多いものと思われる。その際，学校に対しては，事実関係の確認・報告，謝罪，再発防止策の実施，被害を受けた児童生徒等が精神的に不安定になっている場合や不登校になっている場合の環境調整，当該児童生徒等を今後不利益に扱わないことの確約（逆恨みの防止策），保護者説明会の開催及び加害教員に対する懲戒処分等を事案に応じて求めるとともに，損害賠償請求を行うことが考えられる。なお，学校との交渉の際に被害を受けた児童生徒等本人を同席させることの是非については一律に判断することが困難であり，体罰によって受けた傷の深さや精神状態などを考慮して，ケースバイケースで検討する必要がある。

解説

　上記のとおり，被害者側が交渉を行う相手としてまず挙げられるのは学校であるが，被害者側としては，学校との交渉に臨む前にできる限り体罰を受けたことに関する「証拠」を確保しておくことが望ましい。具体的には，体罰を受けた当日の日記やメモ（体罰の内容について，いつ，どこで，誰が，どのような状況で，どのような内容の体罰を行ったかなど，具体的に記載されていればなおよい。），その場を目撃していた児童生徒らの証言（証言内容をまとめた書面や録音データ等），身体の怪我や精神的に傷つけられた場合の診断書，投薬の記録等が考えられる。これらの証拠を提示しつつ学校に対する上記の各請求（要求）を行うことで，学校が曖昧な態度をとること等をけん制し，

312

第 2　学校における体罰

早期の問題解決につなげることが可能になるものと思われる。

Q2

被害者側が学校と交渉を行い，学校も問題解決のために真摯に対応することを一旦は約束した。しかし，学校は，実際には詳細な事実調査や結果報告を行わず，体罰の責任も認めようとはしない。このように，学校との直接交渉では問題解決の見通しが立たない場合，被害者側が次にとるべき手段（方法）としてどのようなものが考えられるか。

A 被害者側が学校と直接交渉を行ったとしても，例えば，学校が真摯に取り合おうとしない場合や体罰の存在自体を否定するような場合などにおいては，問題は解決に向かわない。そのようなとき，被害者側は，教育委員会（国公立学校の場合）又は各地方公共団体の主管部課（私立学校の場合）と交渉をすることが考えられる。

被害者側が教育委員会等と交渉をする場合，学校との間で行った交渉の内容（やり取り）や合意事項等に関する裏付け資料（連絡文書等の書面，FAX，Eメール等）を準備して教育委員会等に提出することで交渉が進めやすくなるものと思われる。なお，学校との交渉を経ずに直接教育委員会等と交渉を始めることも事案によっては考えられる。ただ，そのような場合，学校の態度が頑なになり，かえって真実の発見が困難になる可能性もある。もちろん，学校のこのような態度はあってはならないことであるが，事実上そのような可能性があることも考慮すると，学校との交渉を行わずに直接教育委員会等との交渉を求める場合には，事前に十分な検討を行っておく必要があろう。

参　考

各地方公共団体の主管部課については文部科学省ホームページ都道府県私立学校主管部課一覧参照（http://www.mext.go.jp/a_menu/koutou/

313

第 1 章　子どもの犯罪被害

shinkou/07021403/009/001.htm）。

Q3

被害者側が体罰問題に直面した場合に，相談のできる相手を具体的に教えて欲しい。

被害者側が学校や教育委員会等と交渉をするに際し，どのような手順で交渉を進めていくべきか，あるいは，学校や教育委員会等といった組織に対して被害者側が個人として交渉を進めていくためにはどのようにしたらよいのかなどといったことについては，専門家に相談して助力を得たいところである。

この点，「子どものための法律相談」（第一東京弁護士会）や「子どもの人権110番」（東京弁護士会）などといった各弁護士会が設置している子どもの人権に関する法律相談窓口を利用することが考えられる。各弁護士会の相談窓口は，日本弁護士連合会のホームページで確認することが可能である。

また，各地方公共団体には子どもの人権に関する相談窓口が設置されていることも多く，例えば，東京都福祉保健局では，「「いじめ」「体罰」「虐待」などから子供の権利を守るため，東京都児童相談センターが事務局となり，平成16年度から実施しています。「子供の権利擁護電話相談員」や「子供の権利擁護専門員」が，公正中立な第三者的立場として，子供自身からの訴えを受け止めるほか，家族や近隣の方などからのご相談にも対応します。常に子供の立場に立って相談に応じるだけでなく，いろいろな相談機関とも協力しながら活動します。」といった内容の子供の権利擁護専門相談事業を実施している。このような地方公共団体の設置する体罰に関する相談窓口は，電話や各地方公共団体のホームページからアクセスできることも多いため，相談先として利用することが比較的容易である。

314

第3　いじめ

> **参　考** ･･

(1)　日本弁護士連合会ホームページ「弁護士会の子どもの人権に関する相
　　談窓口一覧」(https://www.nichibenren.or.jp/activity/human/child_rights/
　　contact.html)

(2)　第一東京弁護士会ホームページ「子どものための法律相談」(http://
　　www.ichiben.or.jp/soudan/trouble/kodomo/kodomo3.html)

(3)　東京弁護士会ホームページ「子どもの人権110番」(https://www.
　　toben.or.jp/bengoshi/center/tel/children.html)

(4)　東京都福祉保健局ホームページ (http://www.fukushihoken.metro.
　　tokyo.jp/smph/jicen/annai/keriyougo.html)

第3 | いじめ

1 いじめの現状

　文部科学省の平成29年度児童生徒の問題行動・不登校等生徒指導上の諸課
題に関する調査結果[注23]によれば，学校における平成29年度のいじめの認知
（発生）件数は41万4378件と，前年度である平成28年度の認知（発生）件数か
ら9万件以上も増加し，過去最大となった。そして，学校における平成29年
度の1千人あたりのいじめの認知（発生）件数は30.9件となった。

　すなわち，1クラスの生徒が40人[注24]と想定すると，1クラスに1人はい
じめの被害を受けている計算となる。

　このようにいじめが顕在化した時代においては，各々がいじめに対する対

[注23]　平成29年度児童生徒の問題行動・不登校等生徒指導上の諸課題に関する調査結果
について「3　いじめ(3)いじめの現状〈参考1〉いじめの認知（発生）件数の推移，
〈参考3〉いじめの認知（発生）率の推移（1,000人当たりの認知件数）」，対象となる学
校は，小学校，中学校，高等学校，特別支援学校である (http://www.mext.go.jp/b_
menu/houdou/30/10/1410392.htm)。
[注24]　公立義務教育諸学校の学級編制及び教職員定数の標準に関する法律3条2項参照。

315

第1章　子どもの犯罪被害

策・対処法について心得ておく必要がある。

② 「いじめ」とは何か

　平成23年に起きた大津市中学生いじめ自殺事件を受け，いじめの問題が大きな社会問題となった。これを受け，平成25年6月28日に与野党の議員立法によって国会でいじめ防止対策推進法（以下「いじめ防止法」という。）が可決成立し，同年9月28日に施行された。

　いじめ防止法2条1項において，「いじめ」とは，「児童等に対して，当該児童等が在籍する学校に在籍している等当該児童等と一定の人的関係[注25]にある他の児童等が行う心理的又は物理的な影響を与える行為（インターネットを通じて行われるものを含む。）であって，当該行為の対象となった児童等[注26]が心身の苦痛を感じているものをいう。」と定義づけられた。

　この「いじめ」の定義からも分かるように，「いじめ」の判断は客観的要素によってのみ定まるものではなく，「児童等が心身の苦痛を感じているもの」としていじめの被害を受けている児童の主観的要素も重視される。

　もっとも，いじめ防止法が適用される「学校」とは，「学校教育法第1条に規定する小学校，中学校，義務教育学校，高等学校，中等教育学校及び特別支援学校（幼稚部を除く。）」[注27]とされているため，幼稚園や大学，高等専門学校は適用外となる。

③ いじめの判断

　いじめの判断に際して，被害を受けている児童の主観が重視されるとしても，具体的にはどのようなものがいじめにあたるのかが問題となる。

（注25）　「一定の人的関係」とは，学校の内外を問わず，同じ学校・学級や部活動の児童
　　　生徒や，塾やスポーツクラブ等当該児童生徒が関わっている仲間や集団（グループ）な
　　　ど，当該児童生徒と何らかの人的関係を指す。
（注26）　「学校に在籍する児童又は生徒」（いじめ防止2条3項）
（注27）　いじめ防止2条2項

316

第3　いじめ

　いじめ防止法11条1項に基づき文部科学省によって平成25年10月11日（最終改定：平成29年3月14日）策定された「いじめの防止等のための基本的な方針」[注28]では，いじめの具体的態様として，以下のような例を挙げている。

(a)　冷やかしやからかい，悪口や脅し文句，嫌なことを言われる。

(b)　仲間はずれ，集団による無視をされる。

(c)　軽くぶつかられたり，遊ぶふりをして叩かれたり，蹴られたりする。

(d)　ひどくぶつかられたり，叩かれたり，蹴られたりする。

(e)　金品をたかられる。

(f)　金品を隠されたり，盗まれたり，壊されたり，捨てられたりする。

(g)　嫌なことや恥ずかしいこと，危険なことをされたり，させられたりする。

(h)　パソコンや携帯電話等で，誹謗中傷や嫌なことをされる等

　もっとも，上記行為を一つでも行ったからといって直ちにいじめと判断されるわけではない。裁判例は，加害児童等の各行為が継続的かつ長期的に行われることにより被害児童等の心身に耐え難い精神的苦痛を与えているような場合は各行為が全体として違法になると判断している。

　例えば，千葉地判平13・1・24判例地方自治216号62頁は，以下のように判示し，個々の行為が些細なものであるとしても当該行為が全体として違法となるとしている。

　「しかしながら，一方で，ある行為が個別的に見てそれ自体としては些細なものと評価し得べき場合であっても，当該行為が全体として専ら特定の生徒に向けられたものであって，単数あるいは複数の生徒により，長期にわたって執拗に繰り返され，被害生徒の心身に耐え難い精神的苦痛を与えているような場合には，かかる行為が全体として違法になることはいうまでもない。」

(注28)　いじめの防止等のための基本的な方針（http://www.mext.go.jp/a_menu/shotou/seitoshidou/__icsFiles/afieldfile/2018/01/04/1400142_001.pdf）

第1章　子どもの犯罪被害

4　いじめの法的責任を負う者及び義務内容

⑴　**加害児童**

　　実際にいじめを行った加害児童等は，通常未成年者である。そのため，いじめを行った当時，加害児童等がいじめ行為の法律上の責任を弁識するに足りる能力（責任能力）を有していない場合には責任を問えない（民712条）。

　　一般的に概ね12歳以上であれば責任能力を有するとされている。

⑵　**加害児童等の両親**

　①　**責任能力のない加害児童等の場合**

　　　加害児童等に責任能力がない場合，加害児童等の両親は，民法714条1項に基づき，加害児童等の監督義務者として責任を負う。

　②　**責任能力のある加害児童等の場合**

　　　加害児童等に責任能力がある場合，当該児童が損害賠償義務を負うとしても，一般的に考えれば加害児童等には資力がない。この場合，加害児童等の両親は，民法709条に基づき監督義務懈怠による賠償責任を負うことがある（最二小判昭49・3・22民集28巻2号347頁）。

　　　民法709条に基づく両親の監督義務の具体的内容について，大阪地判平9・4・23判時1630号84頁は，「親権者は，中学生の子であっても，原則として子どもの生活関係全般にわたってこれを保護監督すべきであり，少なくとも，社会生活を営んでいく上での基本的規範の一として，他人の生命，身体に対し不法な侵害を加えることのないよう，子に対し，常日頃から社会的規範についての理解と認識を深め，これを身につけさせる教育を行って，中学生の人格の成熟を図るべき広汎かつ深遠な義務を負っている」と判示している。

⑶　**学校関係者**

　　次に，学校関係者としては誰がいじめについての責任を負うのかが問題となる。

　　この点，学校が公立学校か私立学校かによって適用される法律が異なってくる。

318

第3　いじめ

① 私立学校の場合

名古屋高判平24・12・25判時2185号70頁は，各学校関係者について，それぞれ以下の安全配慮義務を負うことを認めている。

(a) 学校の設置者（学校法人）

在学契約の債務不履行（民415条）及び教職員の使用者責任（民715条1項）

「在学契約に基づき，生徒に対し，施設，設備を提供し，所定の課程の教育を実施する義務を負うのみならず，その付随義務として，学校における教育活動並びにこれに密接に関連する生活関係における生徒の生命及び身体の安全を保護する義務を負」う。

〈具体的な義務内容〉

ⓐ　トラブルに関係した生徒及びその保護者等からの情報収集のほか，トラブルの当事者以外の生徒からの情報収集，クラスや学年全体に対するいじめについてのアンケート調査等より，事実関係を的確に把握する。

ⓑ　道徳の時間やホームルームの時間，部活動のミーティングの時間等にいじめの問題を取り上げるなどして，クラスの生徒全体や部の生徒全体に対していじめ問題についての指導を行う。

ⓒ　加害者側の生徒に対し，個別に，当該行為がいたずらや悪ふざけを超えていじめと評価すべきものになっていることを十分に認識，理解させ，直ちにやめるよう指導し，その後，いじめ行為がやんだか注意深く見守りを継続する。

ⓓ　各教諭をして生徒間でのトラブルやいじめが疑われる生徒の言動等を学年会に報告させ，学年会において指導方法や見守りについて協議をするなど，教員相互間の情報共有，共通理解を図って共同で指導に当たる。

ⓔ　いじめ問題に関する報告が，副校長から校長に，校長から理事長に適切になされ，必要な組織的対応が取れるような制度を整える。

第1章　子どもの犯罪被害

(b)　理事長

　　教職員の代理監督者責任（民715条2項）

　　学校法人に代わって事業を監督する者として，校長や所属の教員を監督する義務を負う。

(c)　校　　長

　　教職員の代理監督者責任（民715条2項）

　　理事長と同様に所属の教員を監督する義務を負う。

(d)　教職員

　　不法行為（民709条）

　　担当する職務に応じて学校法人が負う義務を具体的に履行する義務を負う。

〈具体的な義務内容〉

ⓐ　トラブルに関係した生徒及びその保護者等からの情報収集のほか，トラブルの当事者以外の生徒からの情報収集，クラスや学年全体に対するいじめについてのアンケート調査等より，事実関係を的確に把握する。

ⓑ　道徳の時間やホームルームの時間，部活動のミーティングの時間等にいじめの問題を取り上げるなどして，クラスの生徒全体や部の生徒全体に対していじめ問題についての指導を行う。

ⓒ　加害者側の生徒に対し，個別に，当該行為がいたずらや悪ふざけを超えていじめと評価すべきものになっていることを十分に認識，理解させ，直ちにやめるよう指導し，その後，いじめ行為がやんだか注意深く見守りを継続する。

ⓓ　いじめの連絡があった旨を学年会に報告して教諭間で情報を共有する。

②　公立学校の場合

　　公立学校の場合，国家賠償法1条1項が適用される。そのため，教職員や校長などの公務員は直接賠償責任を負わないのが特徴である。もっとも，教職員や校長などの公務員の義務内容は私立学校と概ね同じであ

320

第3 いじめ

る。

　公立学校における学校の設置者は地方公共団体であるが（学教2条2項），公立学校の管理を行っているのは，市又は県の教育委員会である。そのため，国家賠償法1条1項の「公共団体」として法的責任を負うのは市又は県の教育委員会となる。

5 いじめと損害の因果関係

　いじめの存在が認められたとしても，加害児童等によるいじめや学校関係者の安全配慮義務違反と，被害児童等が被った損害との間に相当因果関係が認められなければ，その賠償は認められないこととなる。

　東京高判平19・3・28判タ1237号195頁は，市立中学校に通う生徒が2年生の3学期頃からいじめを受けていたところ，3年生の2学期になり，被害生徒は登校拒否になり，うつ病に罹患し，その後自殺をした事案である。

　本件の特徴的な点は，被害生徒がうつ病に罹患した原因はクラスでのいじめによるものであり，被害生徒の自殺はいじめを主な原因とするうつ病によるものと判断したが，3年生の2学期以降は教職員に安全配慮義務違反がないことから，2学期以降に生じた被害生徒のうつ病への罹患及び自殺との間には因果関係がないと判断し，3年生の学期終了時までのいじめによる被害生徒の肉体的・精神的苦痛に対する損害の賠償のみ認めたことである。

　本件でいじめと被害生徒のうつ病への罹患及び自殺との因果関係を認めなかった理由は，以下のとおりである。
(a)　長期の夏期休暇期間が挟まれ，3年生の2学期には席替えにより嫌がらせを受けることがなくなったこと
(b)　加害生徒からプロレスごっこ等の遊びに藉口した暴行を受けることが減ったこと
(c)　あだ名でからかわれることもなくなり，3年生の1学期のような目立った事件が起きていないこと
(d)　被害生徒が登校しなくなった後は，教職員が頻繁に被害生徒宅を訪問

321

第1章　子どもの犯罪被害

し，被害生徒やその両親と面談していたこと

(e)　教職員が被害生徒に対するいじめについて調査し，生徒から詳しい事情を聴取し，被害生徒の様子を見て他の生徒がいない土曜日の午後に登校を促して作業を手伝わせていたこと

(f)　同級生に被害生徒宅の訪問を勧め，被害生徒に登校を促すよう依頼するなどし，登校についての被害生徒の抵抗感を減じようと努めていたこと

　すなわち，被害生徒が3年生の2学期に入ってからは，それほど目立ったいじめは行われていなかったことに加え，教職員においても上記いじめの状況に応じた安全配慮義務を尽くしていたと判断されたため，2学期に発生した被害生徒によるうつ病の罹患と自殺との因果関係が否定されたのである。

　また，3年生の1学期に被害生徒がいじめを受けていた当時，学校関係者には安全配慮義務違反が認められるものの，1学期当時のいじめの状況から学校関係者において被害生徒がうつ病に罹患することや自殺をすることについて予見することができたとはいえないと判断した。

　このように，いじめにより結果として被害生徒がうつ病に罹患したり自殺をしたとしても，学校関係者がその安全配慮義務を履行していた場合には，因果関係が認められないといえる。

6　いじめによる損害

(1)　いじめにより児童等が被る損害

　いじめにより，被害児童等は甚大な精神的苦痛を受ける。いじめが暴力等の直接的な攻撃による場合，被害児童等は傷害，ときには傷害による後遺症を負うこともある。さらには，精神病を発症したり，いじめを苦に自殺を図ることもある。

　この場合，被害児童等が加害者らに対して求めるものには，主に以下のものが考えられる。

(a)　慰謝料（入通院慰謝料を含む。）

第3 いじめ

(b) 入通院による治療費等

(c) 後遺障害慰謝料

(d) 逸失利益等

(2) 通常損害・特別損害

もっとも，いじめが存在していたとしても，これらの損害の賠償を求めるには，いじめにより生じた損害が通常損害・特別損害の範囲内にある必要である。

前掲（319頁）の名古屋高判平24・12・25判時2185号70頁は，賠償すべき損害の範囲について，以下のとおり判示している。

「本件いじめを放置したことについての過失の有無は，本件いじめの予見可能性及び回避可能性の存否によって判断されるべきものである。そして，上記過失が肯定される場合は，民法416条1項の適用又は類推適用により，本件いじめ及びその放置によって通常生ずべき損害（すなわち相当因果関係ある損害）の賠償義務があり，同条2項により，特別の事情によって生じた損害であっても，当事者がその事情を予見し，又は予見できたときは，その損害を賠償すべき義務を負う。」

7 ネットいじめ

(1) 「ネットいじめ」とは

近年では，インターネットの画期的な普及により，未成年者でも自由にインターネットにアクセスできるようになった。そのため，現在注目を集めているのがいわゆる「ネットいじめ」である。

「ネットいじめ」とは，インターネット上の掲示板などを利用して誹謗中傷を行うことである。

総務省行政評価局が行った平成28年度問題行動等調査によると，[注29]ネッ

(注29) 平成30年3月総務省行政評価局「いじめ防止対策の推進に関する調査結果報告書」

第1章　子どもの犯罪被害

トいじめである「パソコンや携帯電話等で，ひぼう・中傷や嫌なことをされる」の認知件数は，1万779件で，いじめの認知件数に占める割合は3.3パーセントとなっている。

いじめ防止法では，いじめの定義において「インターネットを通じて行われるものを含む。」（いじめ防止2条）と定めており，ネットいじめも対象となることを明確にしている。

(2)　**ネットいじめに対する対策**

ネットいじめの特徴は，直接のいじめ行為と異なり，いじめの加害者が特定しにくい点にある。そのため，ネットいじめの加害者を特定したり，児童等を誹謗中傷する記事を削除する必要がある。ネットいじめに対する対策としては以下の方法が考えられる。

①　**裁判外の対策**[注30]

㋐　**掲示板等の管理者に対する削除依頼**

掲示板等の各運営会社はそれぞれ利用規約を定め，誹謗中傷が記載された記事は削除するのが一般的である。そこで，掲示板等の利用規約を確認し，各運営会社が設置する規約違反サイト報告フォームや管理者へのメールにより，削除依頼を行う（**例27**）。

㋑　**掲示板等のプロバイダに対する削除依頼**

掲示板等の管理者に削除依頼しても削除されない場合や，管理者の連絡先が不明な場合は，特定電気通信役務提供者（以下「プロバイダ」という。）に対して削除依頼を行う。

㋒　**プロバイダ責任制限法**[注31]

ネットいじめの加害者を特定したり，記事を削除するには，特定電気通信役務提供者の損害賠償責任の制限及び発信者情報の開示に関する法律（以下「プロバイダ責任制限法」という。）に基づき，プロバイダに記事

（注30）　平成20年11月文部科学省「『ネット上のいじめ』に関する対応マニュアル・事例集（学校・教員向け）」参照。

（注31）　プロバイダ責任制限法ガイドライン等検討協議会「プロバイダ責任制限法　関連情報Webサイト」プロバイダ責任制限法に関するガイドラインや書式等が掲載されている（http://www.isplaw.jp/）。

を削除するよう依頼したり（送信防止措置），記事の投稿者に関する情報の開示（発信者情報開示請求）を請求したりすることができる。

(エ)　プロバイダの特定

プロバイダ責任制限法に基づき記事の送信防止措置等を行うには，まず，プロバイダを特定する必要がある。プロバイダは，ドメイン[注32]情報を検索サイト[注33]で調査することにより特定できる。

〈例26　プロバイダへの削除依頼〉

［件名］【削除依頼】誹謗・中傷の書き込み
［本文］
　URL　　　　：http://〜
　スレッド　　：
　書き込み№　：
　違反内容　　：（具体的な書き込みの内容）
　削除理由　　：

上記の掲示板内に，個人を誹謗・中傷する書き込みがあり，当人が大変迷惑しています。更に書き込みが行われると，犯罪に発展する可能性もあります。

貴サービスの利用規約等に基づき，当該書き込みの削除を行うようお願いいたします。

②　裁判上の対策[注34]

(ア)　裁判上の削除請求

(ⅰ)　侵害情報削除の仮処分

仮の地位を定める仮処分として，侵害情報削除の仮処分を申し立て

(注32)　ユーザー側から見たネット上の住所のようなものである。
(注33)　「aguse」や「WHOIS」などが挙げられる。
(注34)　久保健一郎「Ⅰ　インターネット上のトラブルの概観と解決法」東京弁護士会「インターネント法専門講座『インターネット上のトラブルの概観と解決法』」（LIBRA Vol.13　№9）4頁

第1章　子どもの犯罪被害

ることができる。

　被保全権利は，名誉・プライバシー侵害による人格権侵害に基づく妨害排除請求権となる。

(ii)　侵害情報削除の本訴請求

　一般的には仮処分によりプロバイダが任意に記事を削除することが多いが，プロバイダが削除に応じない場合は，本訴請求をすることとなる。

(イ)　裁判上の発信者情報開示請求

(i)　発信者情報開示仮処分命令の申立て

　掲示板等のプロバイダに対して，発信者情報の開示仮処分命令の申立てを行う。

　被保全権利はプロバイダ責任制限法4条に基づく発信者情報開示請求権となる。

　開示対象の情報は，プロバイダ責任制限法4条1項の発信者情報を定める省令（平成14年総務省令第57号）に定める内容となる。

(ii)　発信者情報の消去禁止仮処分命令の申立て

　発信者情報開示仮処分命令に基づき開示されたIPアドレスを基に，検索サイトで掲示板等の投稿に使用された接続プロバイダを特定し，接続プロバイダに対してIPアドレス，タイムスタンプの発信者情報の消去禁止の仮処分命令の申立てを行う。

　被保全権利はプロバイダ責任制限法4条に基づく発信者情報開示請求権となる。

　IPアドレスやタイムスタンプのアクセスログは，発信者を特定するためには必要不可欠な情報であるが，プロバイダによってアクセスログの保存期間が異なるため，アクセスログの保存は不可欠である。

(iii)　発信者情報開示の本訴請求

　接続プロバイダに対し，発信者の住所・氏名の開示請求訴訟を提起し，発信者を特定する。

326

第3　いじめ

　　ネットいじめと少し異なるが，中学時代にいじめを受けていた被害
者が，氏名不詳者によってネットの掲示板に被害者がいじめを受けて
いた事実を投稿されたことにより，プライバシーを侵害されたとして
プロバイダに対して投稿者の発信者情報開示請求訴訟を提起し，情報
開示が認められた裁判例がある（東京地判平30・12・10ウエストロー）。

8 相談窓口

　以上は，実際にいじめが発生し，被害児童等に重大な事態が生じた場合に
おける加害児童等や学校関係者の法的責任に関する記述である。

　しかし，実際には被害児童等に重大な結果が生じないようにするため，事
前に対応することがもっとも望ましいといえる。

　それでは，誰に被害を訴えればよいのかが問題となる。

(a)　学校関係者

　　前掲（319頁）の名古屋高判平24・12・25判時2185号70頁が判示する
ように，教職員はいじめの相談を受けたら，安全配慮義務に基づき，い
じめをなくすために適切な措置をとらなければならない。また，教職員
を通じて校長や理事長，教育委員会等に対していじめの相談を受けたこ
とを報告しなければならない。

　　したがって，まずは教職員に相談し，教職員が動かないようであれば，
校長や理事長，教育委員会等に直接申入れを行うことが考えられる。

(b)　警察，児童相談所，一般社団法人等

　　警察や児童相談所，一般社団法人等でもいじめの相談を受け付けてい
る。厚生労働省や法務省は，それぞれいじめに関する相談窓口の情報を
ホームページ上に掲載している（内閣府「児童虐待，いじめ，ひきこもり，
不登校等についての相談・通報窓口」https://www8.cao.go.jp/youth/
soudan/）。

327

第1章　子どもの犯罪被害

(c)　スクールロイヤー

　スクールロイヤーとは，学校で起こるいじめ等を法的に解決する弁護士である。学校内で問題が起きた際に，弁護士会と教育委員会の連携のもと，学校に弁護士が派遣される。主に学校関係者の相談窓口として，学校関係者が適切に安全配慮義務を履行できるようにアドバイスをしている。

(d)　弁護士会

　各弁護士会では，いじめを始めとする学校に関する様々な問題や，児童虐待などの親子関係や非行の問題など，子どもの権利に関する様々な相談 $^{(注35)}$ を受け付けている。

(e)　弁護士

　学校関係者や児童相談所等に相談に行っても，適切に対応されるとは限らない。そのような場合には，正当な権利行使を実現するため，弁護士に相談することが考えられる。弁護士が行う対応は，訴訟のみならず，被害児童等の立場に立ち，学校関係者に対して適切な対応をするよう申入れをしたり，交渉を行うことが可能である。また，学校にあるいじめに関する資料（例えば児童に対するアンケートなど）を情報公開条例等を使って開示請求を行い，証拠資料を収集することが考えられる。

第4 | 性暴力被害（児童ポルノ・児童買春）

1 子どもの対する性暴力被害

(1)　はじめに

　子どもに対する性暴力は，現代日本の極めて深刻な問題の一つである。身体能力や判断能力，言語能力の未発達ゆえに抵抗できず，発覚しにくい

(注35)　弁護士会の子どもの人権に関する相談窓口 (https://www.nichibenren.or.jp/activity/human/child_rights/contact.html#tokyo)

ことに乗じて敢行される悪質極まりないものである。性暴力が一般に潜在化しやすい上，家族や身近な者からの被害は特に明らかになりづらく，性犯罪の認知率及び検挙率の低さとあいまって相当数の性暴力加害者が何ら制裁を受けることがないまま，野に放たれている状態であるといっても過言ではない。

　強制性交（いわゆる強姦）や強制わいせつ行為だけでなく，判断能力が十分とはいえない子どもに対する買春やポルノ被害等の性的搾取，性的接触を含む性暴力（sexual violence）を根絶することが喫緊の課題である。

⑵　性暴力による被害

　性暴力は，被害者の心身に短期・長期に影響を与え，被害者の人生に甚大な影響を与える。被害が発覚したときには既に長期間に及んでいることが多いうえに，性被害の意味を知るにつれて，強い精神的ショックを受け続けることになる。性暴力による被害は，蝕むように被害者のその後の人生に暗い影響を及ぼす。

　幼少期の性暴力は，被害を被害として認識できない。小学校で性教育を受けるころになると被害のことを認識し始め，「汚されてしまった」，「恥ずかしい」という思いから他人に知られないよう沈黙する。家庭内での父親からの性暴力の場合，加害者の誘導で母親を裏切る「共犯者」と思わされ，罪悪感から母親にも言えないことがある（「ママに内緒の遊びをした」，「いけないことをした」，「ママに言ってはいけないようなことをした」など）。また，父親が家計を握って家庭を支配しているような場合には，自分が打ち明けることで家族の収入が絶たれ，家庭崩壊につながってしまう，家族の幸せを自分のわがままで壊してしまうのではないか，「自分さえ黙っておけば，自分だけが我慢すれば，家族は幸せでいられる」と考えることもある。

⑶　性暴力被害の支援

　性暴力に限らず被害に遭うことは，ひとりの人格として尊重されないことの最たるものである。日本において安全に暮らせるという安心感や，自身は価値ある存在として尊重されるべきであるという自尊心を打ちくださ

第1章　子どもの犯罪被害

れ，打ちのめされる。被害が深刻であればあるほど，精神的打撃による麻痺や喪失感から，自身を価値のない者であると考えて自暴自棄になったり，自傷行為に至ったりすることは，犯罪被害者を支援する立場にいるとしばしば経験することであり，特に，性暴力被害者には顕著である。

　周囲の支援者が被害者の尊厳を思いやり自己決定を尊重することで，被害者は，性暴力で傷つけられた自尊心を取り戻し，一個の尊重されるべき人間であると再認識し，ひいては自分を取り戻して立ち直る糧につながる。

　性被害の実情を知らない警察官や検察官，偏見に満ちた裁判官が事件に関与することによってかえって傷つくことがないよう，細心の注意が必要である。また，事案によっては，被害者の思うような結果にならない場合も多い。しかし，適切な支援があれば，被害者が自分の力で道を選択し一つ一つ法的手続を乗り越えていくことが被害回復につながることもある。我々弁護士を含む支援者は，被害者本人が納得できる選択をするために可能な限り判断材料となる情報を提供し，被害者の立ち直りに尽力することが求められる。

2 子どもに対する性暴力に対する刑罰類型

(1) 子どもの年齢と刑罰類型

　被害児童が13歳未満の場合には，暴行・脅迫の要件が不要であるから，性的行為が立証されれば強制性交等罪，強制わいせつ罪で立件されやすい（刑176条・177条）。性的行為の有無，日時の特定に関する被害児童の供述の信用性がポイントになる。

　他方，13歳以上の場合には，強制性交等，強制わいせつでの立件には，同意がないことや外形的な暴行・脅迫の事実が必要になる。これらの要件がネックになる場合には，18歳未満であれば児童福祉法違反，児童買春，児童ポルノ法違反，青少年健全育成条例違反などが考えられる。

　18歳以上になると『児童』としては保護されない。だからといって諦める必要はない。性暴力被害者は，長期間にわたり身体的，精神的虐待を受

第4　性暴力被害（児童ポルノ・児童買春）

け続けた結果，極度に畏怖し，加害者に対して無抵抗な状態にある。加害者のわずかな言動だけで，拒否すればさらなる虐待を加えられる「暴行」や「脅迫」であると感じ，加害者の機嫌をとるために迎合的行動をとる場合もある。個別具体的な状況をもとに，捜査機関に対し，強制性交等や強制わいせつ，又は準強制性交等や準強制わいせつでの立件を求めていくことが可能な場合もあろう。また，被害者が18歳未満であったとしても量刑や被害者参加のことも考えると，安易に児童福祉法違反や条例違反としての立件を求めるのではなく，強制性交等や強制わいせつでの立件の可能性も含めて求めていくことが考えられる。

(2)　**強制性交・強制わいせつ**

　平成29年6月に刑法が改正され（平成29年7月13日施行），「強姦」の名称が「強制性交等」に変わり，女性器（膣）への男性性器（陰茎）の挿入だけでなく，男女を問わず，強制的に口腔内，肛門内へ陰茎を入れる行為も強制性交等に該当することになった（刑177条）。強制性交等の法定刑は懲役5年以上20年以下の有期懲役であり，併合罪となるときの上限は30年の有期懲役である。強制わいせつの法定刑は，懲役6月以上10年以下の有期懲役である。

　未遂犯も処罰される（刑180条）。強制わいせつで人を死傷させた場合は，無期又は3年以上の懲役，強制性交等で人を死傷させた場合は，無期又は6年以上の懲役となる（刑181条）。さらに強盗が強制性交等を，又は強制性交等犯が強盗をした場合には無期又は7年以上の懲役となり，人を死亡させた場合は死刑又は無期懲役となる（刑241条）。

　法定刑は上記のとおりであるが，近年性犯罪の量刑は重く罰せられるようになり，平成21年5月に裁判員裁判が導入されたことで一段と重くなった。裁判員裁判では，強制性交等（改正前の強姦）で，被害者が1名の場合でも懲役7年，被害者数名では懲役10年，被害者10名程度の連続常習犯で懲役30年から無期懲役に至ることもある。背景には，従前はプライバシー保護などの観点から性犯罪があまり報道されず，社会一般に性被害の深刻さが浸透していなかったが，被害者の心情意見陳述や証言などによっ

第3編　子どもに関する問題

331

第1章　子どもの犯罪被害

て，被害の深刻さが法廷にあらわれるようになり，裁判員裁判による市民参加とあいまってより知られるようになったことがあると思われる。

　いずれの場合も，被害者参加（刑訴316条の33以下）や心情意見陳述（刑訴292条の2）が可能である。また，被害者として検察官及び裁判所に対し，記録の閲覧・謄写を求めることができる（被害者保護3条）。刑事損害賠償命令（被害者保護23条）を利用することもできる。

ア　13歳未満の強制性交等

　13歳未満の者に対する性交等やわいせつ行為は，暴行・脅迫がなくとも強制性交罪（刑177条），強制わいせつ罪（刑176条）となる。故意犯であり，加害者において被害者が13歳未満であることの認識が必要がある。被害者の年齢を推測させる犯行当時の持ち物や，被害者と加害者との会話内容などが加害者の認識の重要な証拠となる。被害者の同意があっても，犯罪の成否に影響しない。

イ　暴行・脅迫がある場合

　13歳以上の者に対し，暴行や脅迫を用いてした性交等は強制性交罪（刑177条），わいせつな行為は強制わいせつ罪（刑176条）に当たる。

㈠　暴行・脅迫の程度

　強制性交等の暴行・脅迫は，「相手方の抗拒を著しく困難ならしめる程度のものであることを以て足りる」（最三小判昭24・5・10刑集3巻6号711頁）。「暴行または脅迫の行為は，単にそれのみを取り上げて観察すれば右の程度には達しないと認められるようなものであっても，その相手方の年令，性別，素行，経歴等やそれがされた時間，場所の四囲の環境その他具体的事情の如何と相俟って，相手方の抗拒を不能にし又はこれを著しく困難ならしめるものであれば足りる」（最二小判昭33・6・6裁判集刑126号171頁）。

　被害者が性行為等に同意せず抵抗したのに，強引に行為に及ぶ行為が暴行に当たることは言うまでもないが，強制わいせつの暴行・脅迫については，明らかな抵抗がなくても，加害者が突然キスしたり，胸をつかむなど，加害者の言動に被害者が驚き，怯え，動揺し，抵抗す

第 4　性暴力被害（児童ポルノ・児童買春）

ることができないような場合には，わいせつ行為自体が暴行に当たる。また，先生と生徒，スポーツ指導者と選手，職場の上司と部下のような上下関係であるだけでは「暴行・脅迫」には当たらないが，そのような関係性を前提にした言動が当時の状況下において脅迫的言動となる場合もある。

(イ)　暴行・脅迫要件の認定

　この「抗拒を著しく困難ならしめる程度の暴行・脅迫」の認定は，個々の裁判官の「経験則」により，判断が左右されるのが実情である。平成29年刑法改正時の衆議院及び参議院の各附帯決議では，警察官，検察官，裁判官に対し，性被害に直面した被害者の心理等について研修を行うことが定められ，近年実際に研修が行われている。それでもなお近時においてすら国民が疑うような無罪判決が続出している現状は問題である。[注36]

　強制性交等や強制わいせつの構成要件から，現行法の暴行・脅迫要件をなくし，加害者に「被害者から明確で自発的な合意」を得たことの証明をさせるよう求めることや，「強制的な状況で行われたこと」を要件とするよう求める動きがある。このような法制度が採用されている国もあり，日本における今後の法改正の課題である。[注37]

(ウ)　被害者の同意

　強制性交等及び強制わいせつともに，被害者が同意していないことが要件であり，加害者がそのことを認識している必要がある。そのため，加害者側からは，しばしば被害者が同意していたとか，被害者が同意していると誤信したなどといった弁解がなされる。捜査機関は同意の不存在及び加害者が認識していたことを立証するために，当時の被害者の心境を示す客観的状況証拠を集めようとする。しかし，例え

(注36)　静岡地浜松支判平31・3・19LLI/DB判例秘書，名古屋地岡崎支判平31・3・26ウエストロー，静岡地判平31・3・28LLI/DB判例秘書など。
(注37)　平成29年刑法改正においては暴行・脅迫要件の撤廃は見送られた。今後，同改正の3年後見直しにおいて，議論がなされる予定である。

333

第1章　子どもの犯罪被害

ば，被害者に漫然と「なぜ抵抗しなかったのか」と，答えることができないような質問をしても被害者は黙ってしまうだけである。被害者にしてみれば，「自身の行動が悪かったから結果を招いた」と言われているように感じ，「非難されている」と受け止めることになって，二次被害となる。先の質問であれば，「抵抗したらどうなると思いましたか」と聞き方を変えてもよい。どうしても「なぜ」と聞く必要があるならば，「裁判になったときに加害者がこういう主張をしてくる可能性があるから」というように理由を前置きをするなど，非難されていると感じさせない工夫が必要である。

　また，強制性交等において，強度の暴力を受けた被害者が，姦淫に及ぼうとする加害者に対し「いいよ」と言ったり，また「コンドーム付けて」と発言したとしても，それらは多くの場合それ以上の暴行・脅迫や最悪の結果を免れるための自己防衛としての言動であり，真意の承諾とはならず，強制性交等罪が成立することは論をまたない。^{(注38)(注39)}

　近時，加害者が性的行為をした後に二人でいるところの笑顔の写真を法廷に提出することで被害者の承諾があった旨主張しようとする場

（注38）　遠藤邦彦「17　強姦の成否(1)―被害者の承諾の有無」小林充＝植村立郎『刑事事実認定重要判決50選〔補訂版〕上』（立花書房，2007年）225頁，東京高判昭43・11・28判タ223号190頁

（注39）　礒邊衛「強姦の成否」小林充＝香城敏磨『刑事事実認定(下)』（判例タイムズ社，1994年）135頁以下では，「その一は抵抗らしい抵抗ができなかったのは強い暴行脅迫の結果おそろしさの余り抵抗しようにも抵抗できる状況ではなかったという経過，態様のある場合があろう。その二として抵抗を全く諦めたという場合がある。……事案で被害者が犯人に避妊器具をつけさせた事例はまさに前者に当たる対応といってよい。判決はこの振舞を『被害者が抵抗を続けても，もう逃げられず暴力に耐えられない状態になったので，殺されたり失神状態で犯されるよりはせめて避妊器具をつけさせることで妊娠の危険だけでも避けたい』という被害者の心理状況の発現と認めたのであるが，このような挙動を承諾のあかしと主張されるのは犯行状況からみて不合理であるし，被害者の心情からすればまことに心外ということになろう。犯人の理不尽な暴行に対して『このうえ抵抗を続けて生命身体に危害を加えられるよりも被害を最小限度に止めようと切羽詰まったうえでのやむなき諦めの行動』と評すべきものであろう。」と紹介している。また，同138頁では，情交の際に被害者が被告人に対し膣内に射精しないよう要求したことを承諾したと誤信したことの根拠として主張した事案において，判決が「姦淫されることを観念した段階で被害者がそのように述べたとしても，これを以て性交を任意に同意したものとはなしえない」とした裁判例（東京高判昭58・6・7公刊物未登載）を紹介している。

334

第4　性暴力被害（児童ポルノ・児童買春）

合がある。飲酒や薬物の影響で判断能力が減退させられていた場合は
もちろん，暴行・脅迫が加えられ既に性的行為が終わった後の写真は，
性的行為について被害者の同意があったか否かとは関わりがなく，証
明しようとする事実と関連性がないものである。しかし，特に裁判員
裁判などでは，一般市民の目に触れることで「誤解」を生む可能性が
ある。多くの裁判体においては，弁護側からこうした証拠の採用申請
があっても実際に却下しており，被害者側からは，検察官を通じてそ
のように求めることが考えられる。

⑶　**準強制性交等・強制わいせつ**

　年齢に関わりなく，睡眠や泥酔，薬物の影響で意識がない，失神してい
る，知的障害等のため心神喪失状態にあるなど物理的，心理的に抗えない
状態にあることを利用したり，そういった状態にさせて性交等に及んだ場
合は準強制性交等罪となり，わいせつ行為をした場合は準強制わいせつ罪
に当たる。

　眠気や催眠により夫や恋人と誤信している場合，医療行為や整体・マッ
サージの施術を装ったり騙したりする場合，プロダクション経営者がモデ
ル志望の女子学生を全裸で撮影して陰部をなでる場合，行為に応じれば就
職させるなどと言って地位を利用して騙す場合などがそれに当たる。

　被害者参加（刑訴316条の33以下）や心情意見陳述（刑訴292条の2），記
録の閲覧・謄写（被害者保護3条）を求めることができ，刑事損害賠償命
令（被害者保護23条）を利用できることも，強制性交等と同様である。

⑷　**監護者強制性交等・強制わいせつ**

　平成29年刑法改正により，監護者が18歳未満の者に対し，監護関係にあ
ることによる影響力があることに乗じて性交等やわいせつ行為に及んだ場
合の監護者性交等罪，監護者わいせつ罪が創設された（刑179条）。

　監護者は，子どもに対し強い影響力を有しており，事実上の支配・被支
配関係によって被害児童は，性的強要を避けたり抵抗することができない
のが実態である。そのため加害者は暴行や脅迫の手段を用いるまでもなく
目的を達成することができる。ところが，従前は，暴行・脅迫がないと不

335

第1章　子どもの犯罪被害

処罰となっていたのである。

　これらの犯罪が成立するには被害者が18歳未満である必要がある。監護者とは，子どもと生活を共にし，子どもの身の回りの世話をする人をいう。父母だけでなく親に代わって生活を支えているような保護者（祖父母，義両親，兄姉，叔父叔母など）も監護者に該当する。

　監護関係は生活全般に及ぶ場合をいい，一部だけの監護，例えば，学校の先生やスポーツ指導者などは，監護者に当たらず，本罪は成立せず暴行・脅迫がある場合に強制性交等や強制わいせつが成立するだけである。

　被害者参加（刑訴316条の33以下）や心情意見陳述（刑訴292条の２），記録の閲覧・謄写（被害者保護３条）を求めることができ，刑事損害賠償命令（被害者保護23条）を利用することができることも，強制性交等と同様である。

(5)　児童福祉法違反

ア　犯罪成立要件

　何人も「児童に淫行をさせる行為」をしてはならない（児福34条１項６号）。

　「児童」とは，18歳未満の者をいう（児福４条１項）。児童の使用者については推定規定があり，無過失の場合を除き，児童の年齢を知らないことで処罰を免れることはできない。年齢確認は通常容易であり，児童が年齢を偽った場合であっても公的身分証で確認しなかったことが過失に当たる。

　「淫行」には，性交だけでなく口淫，手淫，肛門性交その他の性交類似行為を含む。また，淫行の相手方は，加害者自身であっても成立する（最三小決平10・11・２刑集52巻８号505頁）。直接か間接かを問わず，児童に事実上の影響力を及ぼし，児童の淫行を助長し促進する行為をいう（最二小決昭40・４・30裁判集刑155号595頁）。児童が単独で行う場合，例えば，中学教師が教え子の女子中学生に，バイブレーターを手渡し，面前で自慰行為をさせる行為もこれに当たる（前掲最三小決平10・11・２）。

イ　適用場面

　児童が性被害に遭った場合，13歳未満であれば強制性交等や強制わい
せつとなるが，13歳以上の場合，強制性交等や強制わいせつになるため
には，反抗を著しく困難にする程度の暴行・脅迫が必要である。親，
きょうだい，親戚，保護者の交際相手，学校・塾などの教師，スポーツ
クラブの監督，コーチなど，加害者と児童との間に上下関係がある場合
には，客観的に暴行又は脅迫がなくても，児童は，加害者に抵抗するこ
とができず，加害者の意に沿う行動をとるよう仕向けられることがある。
こうした関係を背景に暴行・脅迫を用いることなく児童が性行為をさせ
られた場合には，児童福祉法違反で立件される。

　平成29年の刑法改正により，前述の監護者性交等，監護者わいせつが
新設されたので，18歳未満の児童に対する性被害のうち，監護者による
ものは暴行・脅迫要件が不要となったが，加害者が，教師，コーチであ
るなど，監護者以外の場合は，今後も児童福祉法違反が用いられると思
われる。

ウ　罰　則

　違反者は，10年以下の懲役若しくは300万円以下の罰金に処せられ又
は併科されるが（児福60条1項），上限に近い量刑は少なく，執行猶予が
つくケースもある。裁判官に対し，被害実態や被害児童に対する将来に
わたる影響等をきちんと理解させ，適切な判断を求めるために，早期に
弁護士に相談するのが望ましい。

エ　留意点

　児童福祉法違反は非親告罪であり，支援者や捜査担当者の強い正義感
から刑事手続を進めてしまうおそれがある。被害児童にとって自身の意
思を尊重されず，大人の意向だけで進められることは二次被害となる。
事情聴取や裁判での証言は，心理的・精神的に負担が大きく，健全な成
長に悪影響を及ぼす場合も考えられる。もちろん，被害児童が自ら刑事
手続に主体的に参加していくことで，被害を克服していくことにつなが
る場合も多い。支援体制に配慮し，被害児童が安心して心身ともに健康

第1章　子どもの犯罪被害

が保たれるよう，その意向を第一に考えるためにも，早期に弁護士が関与し，精神科医や臨床心理士と連携しながら慎重に進める必要がある。

オ　被害者の権利

被害者参加対象外（刑訴316条の33）であるが，被害者の心情意見陳述（刑訴292条の2）は可能である。また，被害者として，検察官及び裁判所に対し，記録の閲覧・謄写（被害者保護3条）を求めることができる。

(6)　児童ポルノ，児童買春

ア　児童買春の禁止

「何人も，児童買春をし」てはならない（児童ポルノ3条の2）。

「児童」とは，18歳未満の者をいう（児童ポルノ2条1項）。

「児童買春」とは，児童やあっせんする者，保護者や児童を支配下に置く者に，対価を支払って又は支払の約束をして，児童に性交等をすることである。「性交等」は，性交，性交類似行為，性的好奇心を満たす目的で性器・肛門・乳首を触り，自己の性器等を触らせることである（児童ポルノ2条2項）。

児童買春をした者は，5年以下の懲役又は300万円以下の罰金に処される（児童ポルノ4条）。児童買春のあっせん（周旋）をした者は，5年以下の懲役若しくは500万円以下の罰金又は併科となる（児童ポルノ5条1項）。業として児童買春をするよう勧誘した者は，7年以下の懲役若しくは1000万円以下の罰金となる（児童ポルノ5条2項）。

イ　児童ポルノ製造等の禁止

「児童ポルノ」とは，以下のものに当たる児童の姿態を描写した写真，電磁的記録媒体その他の物である。

① 児童の性交や性交類似行為

② 児童が性器等を触り，触れられるもの（性欲を興奮させ，刺激するもの）

③ 衣服の全部又は一部を着けず，殊更に性的な部位が露出・強調されているもの（性欲を興奮させ，刺激するもの）

インターネットが普及したことで誰でも簡単に情報発信・入手ができ

第4 性暴力被害（児童ポルノ・児童買春）

るようになった。豊かさと利便性の一方で児童ポルノの深刻な被害が生じている。児童ポルノは，児童を性の対象として被写体にした違法な性の暴力的表現である。一度流出した性的画像は半永久的に残り続け，情報を消すことはほぼ不可能である。被害者は，生涯にわたり恐怖にさらされ，苦しみ続けることになる。

　児童ポルノの所持その他児童に対する性的搾取及び性的虐待行為は禁じられている（児童ポルノ3条の2）。児童ポルノ所持は，1年以下の懲役又は100万円以下の罰金となる（児童ポルノ7条1項）。児童ポルノ提供は，インターネットによる送信も含め，3年以下の懲役又は300万円以下の罰金となる（同条2項）。他へ提供する目的で製造，所持，運搬，輸出入，保管した場合や（同条3項），提供目的がなくても，児童に先に述べたような性的な姿をさせて写真に撮るなどの行為（同条4項），ひそかにそうした写真を撮るなどの行為も同様である（同条5項）。不特定多数への提供や公然と陳列する行為は，5年以下の懲役若しくは500万円以下の罰金又は併科である（同条6項）。インターネットへのアップロードや，既に第三者がネット上に掲載した児童ポルノのURLを掲載する行為は児童ポルノ公然陳列罪となる（最三小決平24・7・9判時2166号140頁）。不特定多数へ提供する目的で製造，所持，運搬，日本への輸出入，保管（同条7項），外国への輸出入も同様である（同条8項）。

ウ　児童福祉法違反との関係

　児童買春・児童ポルノ禁止法違反行為は，児童福祉法違反行為と重なる部分がある。双方の法律に違反した場合には，併合罪として重く処罰される（最一小決平21・10・21刑集63巻8号1070頁）。

エ　被害者の権利

　被害者参加対象外（刑訴316条の33）であるが，被害者の心情意見陳述（刑訴292条の2）は可能である。また，被害者として，検察官及び裁判所に対し，記録の閲覧・謄写（被害者保護3条）を求めることができる。

第1章　子どもの犯罪被害

(7)　迷惑防止条例違反（痴漢・盗撮)

ア　迷惑防止条例

　強制わいせつとまでは言えない痴漢行為や，盗撮行為は都道府県が定めるいわゆる迷惑防止条例で処罰され得る。条例の正式な名称は，都道府県によって若干異なる場合があるが，「公衆に著しく迷惑をかける暴力的不良行為等の防止に関する条例」といったものである。

イ　痴漢行為の禁止

　東京都の「公衆に著しく迷惑をかける暴力的不良行為等の防止に関する条例」では，「公共の場所又は公共の乗物において，衣服その他の身に着ける物の上から又は直接に人の身体に触れること」（5条1項1号）や「公共の場所又は公共の乗物での卑わいな言動」（5条1項3号）が禁じられており，6月以下の懲役又は50万円以下の罰金に処せられる。常習の場合は，1年以下の懲役又は100万円以下の罰金である。

ウ　盗撮行為の禁止

　東京都条例では，通常衣服の全部又は一部をつけない状態でいる場所や公共の場所，乗物において，「通常衣服で隠されている下着又は身体を」撮影し，撮影目的でカメラなどを差し向け，設置する行為が禁じられており（5条1項2号），違反者は，1年以下の懲役又は100万円以下の罰金に処せられる。常習の場合には，2年以下の懲役又は100万円以下の罰金に処せられる。

3 青少年健全育成条例など

(1)　はじめに

　各都道府県において名称が異なるが「○○県青少年健全育成条例」，「○○県青少年保護育成条例」を定め，児童福祉法や児童買春・児童ポルノ禁止法で処罰対象としていない行為についても処罰対象としている。

　「青少年」の定義は条例によるが，「成年者と同一の能力を有する者を除き，小学校就学の始期から満18歳に達するまでの者」などとされている。

340

第4　性暴力被害（児童ポルノ・児童買春）

(2)　**18歳未満の者との性行為や性交類似行為**

　　条例によって「淫行」，すなわち，婚約中又はこれに準ずる真摯な交際関係以外での18歳未満の者との性行為や性交類似行為が禁じられていたり（福岡県青少年保護育成条例，最大判昭60・10・23刑集39巻6号413頁），「みだらな性交又は性交類似行為」が禁じられていたりする（東京都青少年健全育成条例18条の6）。

　　児童福祉法違反は，教師やコーチであるなど，一定の上下関係を背景に「淫行させた」ことが要件となるが，そうした関係がなく，18歳未満の青少年との合意に基づく行為であっても条例による処罰の対象となる。

(3)　**その他JKビジネス禁止条例**

　　大阪府では，「着用済み下着の買受け等禁止」（大阪府青少年健全育成条例40条），「夜間の連れ出し等の禁止」（同条例41条）などを定めている。

　　また，いわゆるJKビジネスを禁止する条例も存する。JKとは女子高生の略語であり，JKビジネスとは，女性高校生に一定のサービスを提供させる営業のことである。東京都においては，

　　①　異性客へのマッサージ（いわゆる「リフレ」）

　　②　異性客に姿態を見せる（いわゆる「見学」「撮影」）

　　③　異性客の会話の接待（いわゆる「コミュ」）

　　④　飲食提供営業での異性客の接待（いわゆる「カフェ」）

　　⑤　異性客の同伴（いわゆる「散歩」）

の5形態を特定異性接客営業と定めて規制し，18歳未満の青少年の就労を禁じている。また，水着や下着姿で接客する「ガールズ居酒屋」等も，18歳未満の青少年の就労を禁止している。

4　事件発覚後の対応

(1)　**証拠の保全**

　　性犯罪は，密室で遂行されることが多く，犯罪の立証が難しい事案が少なくない。強制性交や強制わいせつでは，被害者の膣内や身体に付着した

第1章　子どもの犯罪被害

加害者の体液が犯人の同一性や犯行の立証に役立つことがある。また，被害者の怪我の状態や衣服の破損状態，犯行現場の状況などは，時間が経つと失われてしまう。

　捜査，立件が十分に行われるためには，被害後速やかに警察へ被害申告することが望ましいことは言うまでもない。しかし，被害申告の決断がつかないことはままあることであり，被害申告まで時間を要したとしても被害者が責められるものではない。そういう場合であっても，証拠の保全だけでも先行させることが肝要である。警察と連携している経験があり，性被害の証拠採取・保存体制が整っている医療機関を受診し，証拠の保全を図る必要がある。そのような病院が分からない場合には，各都道府県にワンストップセンターが設置されているので問い合わせるとよい。病院拠点型センターの場合には直ちに証拠保全が可能であろう。

(2)　司法面接

　司法面接という言葉が聞かれるようになって久しい。司法面接は，特定のものを指す言葉ではないが，「法的な判断のために使用することのできる精度の高い情報を，被面接者の心理的負担に配慮しつつ得るための面接法」などと定義されている。[注40] 子どもに対する性暴力においては，子どもの供述が唯一の証拠であることもある。密室での犯行では，ほとんどの加害者が否認すると考えておいた方がよい。児童の発達の程度や供述能力，認識力，記憶力，表現力，供述経過の各点において信用性を担保するために，適切な面接技法を用いた法的に信用性の高い証拠を得ることが極めて重要である。また，被害児童に何度も供述を求めることは，児童が暗示を受けたり，供述に変遷を生じる原因にもなりかねない。何より子どもにとって負担が大きい。捜査機関と児童相談所等の関係機関が協力し，早い段階から司法面接を活用した聴取手順に則り，聴取状況を録音・録画して刑事手続で活用できるようになることが望ましい。

(注40)　仲真紀子編著『子どもへの司法面接―考え方・進め方とトレーニング―』（有斐閣，2016年）2頁

第4　性暴力被害（児童ポルノ・児童買春）

(3)　告訴の要否と公訴時効

　告訴とは，犯罪事実を申告し，加害者の処罰を求める意思表示のことである（刑訴230条）。被害があったことを申告するだけの被害届とは，処罰を求める意思表示が加わる点において異なる。

　捜査機関が刑事事件として立件し，検察官が起訴するために告訴が必要な犯罪のことを親告罪という。親告罪であることは，一面において被害者の意思を尊重するものである。しかし，現実には捜査機関が被害者に立件を求めるか否かの決断を迫り，その際，刑事司法手続での証言の負担などを述べて告訴を断念させるといった使われ方が一部にあった。平成29年刑法改正（平成29年7月13日施行）によって性犯罪は非親告罪となったので，被害者が告訴することは立件の要件ではなくなった。

　なお，過去には，性犯罪について告訴が必要であったときに，他の親告罪と同様6か月の告訴期間が定められていた時期もあった。性被害の特性を考えると，犯人を知った日から6か月以内に告訴することの決断を求められることはあまりに過酷であり，多くの事件が告訴期間の経過によって立件されなかった。性犯罪に関する告訴期間は平成12年に撤廃され（刑訴235条），現在では非親告罪となった。

　また，告訴期間とは別に，犯罪には公訴時効が存する場合がある（刑訴250条）。犯罪行為が終わった時から起算して，一定期間内に起訴されなければ，免訴判決となり加害者を有罪とすることができない（刑訴337条4号）。

　強制わいせつの公訴時効は7年（刑訴250条2項4号），強制性交については10年（刑訴250条2項3号），これらの致傷罪は15年（刑訴250条2項2号），これらの致死罪は30年である（同条1項1号）。なお，人を死亡させた罪であって最高刑が死刑となる罪の公訴時効は，平成22年4月27日に撤廃され，即時施行された。そのため，強盗強制性交等罪の時効は撤廃されており，公訴時効はない。

第1章　子どもの犯罪被害

5 刑事事件手続

(1) 刑事手続の流れ

ア　被害届・告訴状の提出

　　被害届とは，犯罪の発生についての捜査機関への申告である。これに対し，告訴は，被害者やその関係者などの一定の告訴権者が，犯罪事実の申告とともに犯人の処罰を求める意思表示である。告訴については，4(3)を参照されたい。

イ　身柄送検と書類送検

　　逮捕は，罪を犯したと疑うに足りる相当な理由と逮捕の必要性がある場合に捜査機関が行う短期間（最大72時間）の身柄拘束である。逮捕には，裁判官が発する逮捕状に基づいて行う通常逮捕，犯罪を現認した場合の現行犯逮捕，これに準ずる準現行犯逮捕，特別の事情による緊急逮捕がある。

　　逮捕があると48時間以内に検察官に送致される。検察官は引き続き留置する必要があると考える場合には，勾留を請求する。勾留は，10日間，やむを得ない事由があるときは10日延長され，その間に検察官は処分を決めることになる。逮捕から起算すると身柄拘束は最大23日間となる。検察官が起訴をすれば勾留が続くが，起訴後は保釈の可能性がある。起訴をしない場合には，処分保留により釈放されることなる。

　　事案によっては，被疑者の身柄拘束をしないまま捜査が行われることがある。その場合，警察から検察に資料を送ることを書類送検と呼んでいる。

　　逮捕されていなくても罪を犯したと捜査機関が疑っている者を被疑者と呼び，逮捕後も起訴されるまでは被疑者である。なお，報道では，逮捕前は，被疑者の氏名を明らかにせず，逮捕後には「容疑者」と呼んで報道するのが一般的な取扱いである。

ウ　公訴提起から判決

　　検察官が起訴をした後は，被疑者は被告人と呼ばれるようになる。

ニュースなどでは「被告」と呼ばれている。

裁判員裁判対象事件の場合には，公判前整理手続が開かれるので，裁判が始まるのは，起訴から数か月，長いときは数年経った後となる。裁判員非対象事件では，起訴から1～2か月後に第1回期日が指定される。被告人が犯罪事実を認めている事件（自白事件）の場合には，1回の審理で手続を終えてしまうことも少なくない。

審理が全て終わると判決が言い渡される。判決が有罪判決で，被告人や弁護人に不服がある場合には控訴されることもある。

エ　示談や被害者からの要望

被疑者や被告人から示談による解決を持ちかけられるのは，起訴前又は判決前のタイミングが多い。慰謝料や治療費などの民事上の賠償は，犯罪の成否（有罪・無罪）とは関係がないが，加害者が損害賠償をした事実や被害者が犯罪行為を許す旨述べているか否かは，検察官の起訴・不起訴の判断や，起訴された場合においても，裁判所がどの程度の量刑にするかに関わる。

そのため，加害者が刑事手続上自身に有利な結論を得たいがために，自主的に多めの賠償金や解決金を支払ったり，一定の約束を履行したりするインセンティブが働くことになる。

逮捕状・勾留状，起訴状の匿名化

被疑者を逮捕し，勾留する場合には，逮捕状や勾留状には，逮捕や勾留の原因となった犯罪事実を特定するために，被疑事実が記載される。被害者がいる犯罪の場合には，ほぼ全ての事案で被疑事実に被害者の氏名と年齢が記載される。

2012年11月に元交際相手のストーカーに女性が刺殺された事案では，刺殺事件発生前に脅迫容疑で加害者を逮捕する際に，女性がひた隠しにし，警察に対して言わないよう依頼していた結婚後の姓や住所の一部を，逮捕状などを読み上げる際に警察官が元交際相手の男に伝えてしまったことから，男はこのときに聞いた住所の一部をヒントに探偵会社を使って，詳しい住所を調

第1章　子どもの犯罪被害

べ上げ，刺殺事件につながった。

　また，性犯罪などの事件では，被害者が希望すれば法廷で被害者の名前を読み上げないよう被害者等特定事項の秘匿決定がされることが通常だが，起訴状には被害者の氏名が記載されており，被告人は起訴状の写しを受け取っている。秘匿決定がされることで，多くの事件では，傍聴人などから被害者の氏名が分かることはないが，2018年6月には，被告人が，見ず知らずの性犯罪被害者の氏名を法廷で連呼するといった事案も発生した。この事件では，被告人は退廷を命じられ，判決内容も全く反省がないとして厳しいものとなった。

　しかし，こうした案件を踏まえ，そもそも，被害者の氏名を記載した起訴状の写しを被告人に渡す必要があるのか，被害者の氏名の記載がなくても，犯罪事実として特定されているのではないかといった議論が現在なされているところである。従来の取扱いを変えることに対して一部に強い抵抗がみられるが，現実に問題になった事案が発生しており，被害者の氏名が被疑者・被告人の刑事弁護活動の上で重要な意味を有する場合に，その必要性が示された場合には，弁護人に対する開示に限り認めるなど，被害者情報を不必要に加害者に伝えないことを原則とする制度改善が望まれる。

（米田　龍玄）

(2)　刑事裁判で被害者ができること

ア　裁判員裁判

　　犯罪の軽重によって裁判員裁判となるかどうかが決まる。起訴罪名が，死刑又は無期の懲役や禁錮に当たる罪か，故意の犯罪行為で被害者を死亡させた罪の場合には，裁判員裁判となる（裁判員2条）。子どもに対する性犯罪の中では，強制わいせつ致死傷，強制性交等致死傷がそれに当たる。

　　罪名が対象事件に当たる場合には，裁判員裁判となる。法律上は裁判員裁判となることに支障がある場合には，対象事件から除外することも定められているが（裁判員3条），実際には暴力団組長が被告人になった場合など極めて稀である。

第4　性暴力被害（児童ポルノ・児童買春）

イ　被害者等特定事項秘匿決定（刑訴290条の2）

　　被害者の氏名や住所，その他被害者を特定されることとなる事項について，公開の場で明らかにしない旨裁判所が決定することができる。この場合には，検察官が起訴状を朗読する場合を含め，法廷で被害者等の氏名を読み上げずに，例えば「被害者」と呼ぶなど工夫がされる。被害者等特定事項秘匿決定がされた事件については，報道機関においても，よほどの理由がない限り被害者の氏名などを報道することはない。

ウ　遮へい措置・ビデオリンク方式（刑訴157条の5，153条の6）

　　被害者が証人として出頭しなければならない場合や，事件に関する被害者としての心情意見を陳述する場合，被害者参加人として出頭する場合に，被告人と顔を合わせたくなかったり，傍聴人から顔を見られたくないということがある。その場合には，希望すれば，裁判所の判断により被告人との間や傍聴席との間に衝立をたてるなどの方法により，被告人や傍聴席から顔を見られなくする措置がとられることがある。

　　また，同じ裁判所構内の別室とテレビ電話を接続して，被害者は別室にいて証言をするという方法もとることが可能である。

エ　付添人（刑訴157条の4）

　　証人として出頭する場合，心情意見陳述の場合，被害者参加人として出頭する場合のいずれにおいても，被害者参加弁護士とは別に付添人の同席を求めることができる。付添人に資格要件はなく，被害者支援センターの支援員が同席したり，被害者参加弁護士が選任されている事案で，参加弁護士とは異なる弁護士が付添人となることもある。

オ　心情意見陳述（刑訴292条の2）

　　被害者としての心情を裁判所に述べることができる。遮へい措置をとることができることは前述したとおりであるが，法廷に来ずに被害者が作成した書面を被害者参加弁護士や裁判長が代読するなどの方法で意見を述べることも可能である。意見の内容は，実務上被害に関するものであれば広く認められ，刑事裁判の枠組みを超えるようなものでなければほとんど制限されることはない。

347

第 1 章　子どもの犯罪被害

カ　優先傍聴 (被害者保護 2 条)

　被害者や一定の関係者は申出を行うことで，優先的に裁判を傍聴することができる。裁判所の判断によるが，被害者本人だけでなく親族や関係者のための優先傍聴席の確保にも応じてもらえる。

キ　記録の閲覧，謄写 (被害者保護 3 条・4 条)

　起訴後，検察官は，裁判所に請求する証拠を弁護人に開示する。弁護人に開示された証拠については，個々の検察官の判断により，被害者や被害者代理人を通じて証拠の閲覧や謄写が可能である。被害者参加対象事件については，被害者参加の許可がある前においても参加の是非を検討するために閲覧，謄写が認められるのは当然であるが，被害者参加非対象事件であっても，事件の内容を知りたいという希望に応じ，閲覧，謄写が認められている。

　また，第一回公判期日以降は，事件終結までの間，裁判所において，裁判記録について閲覧，謄写が認められている (被害者保護 3 条)。この裁判記録の閲覧，謄写は，同種余罪を含めて認められる (被害者保護 4 条)。

　なお，記録謄写費用を国選被害者参加弁護士の実費として申請する場合には，実費請求の期限との関係で早期に謄写を終えておく必要がある。特に，裁判員裁判の尋問調書はできあがるまでに時間がかかることがある。間に合わない場合には，控訴があったときは控訴審で実施することもある。

ク　被害者参加 (刑訴316条の33以下)

　被害者参加対象事件では，被害者は，法廷に出席し，被告人や証人に質問することができる。また，事実や法律の適用について意見を述べることができる。対象事件は，故意の犯罪行為により人を死傷させた罪，強制わいせつ，強制性交等，逮捕監禁，略取誘拐，自動車運転致死傷などの犯罪である (刑訴316条の33以下)。

　被害者参加をした場合には，参加弁護士の有無や国選私選の別に関わりなく旅費日当及び宿泊料が支給される。距離別算定方法があり，いわゆるパック旅行は認められないといった基準があるので，申請に当たっ

第4　性暴力被害（児童ポルノ・児童買春）

ては事前に裁判所書記官に問い合わせるのがよい。

ケ　国選被害者参加弁護士

　被害者が資力基準を満たす場合には，被害者参加人に国の費用で弁護士を付することができる。資力基準は，申請時の現金又は預金等の保有高から，犯罪事件を原因として請求日から6か月内に支出する療養費等の額を控除した額が200万円以下である。

コ　被害者等通知

　検察官に申し出ることで，裁判結果の通知を受けることができる。この通知は，被害者参加とは関わりがなく，被害者参加の非対象事件であっても受けることができる。裁判確定後の受刑者の受刑態度や仮釈放についての意見照会，保護観察を付された場合の状況通知などは，いずれも裁判結果に関する被害者通知を契機にして連絡される。これらを希望する場合には，裁判結果について被害者通知を受けることが必要である。

　また，事件の性質や加害者の性格などの事情から再被害を受ける可能性がある場合には，受刑者が釈放される前に，おおよその釈放時期と受刑者が申告する帰住予定地の連絡を受けることができる。この通知を受けるためには，被害者通知とは別途申請が必要である（再被害防止のための釈放予定通知）。

　その他，保護観察中の加害者に対しては，心情等伝達制度を利用して被害者の心情や状況を伝えることができる。伝達した状況については，後に保護観察官から伝え聞くことができるので，質問をぶつけて回答を得ることができる場合もある。

被害の代償

　被害者の立場で相談を受けていると，「弁護人から示談金を提示されているが，提示額が妥当か」と問われることが多い。示談金の多寡は，まずは被害者が被った損害の大きさによって大きく変わるが，その他にも加害者の前科前歴の有無や，職業，社会的な立場などからどうしても不起訴や執行猶予

第1章　子どもの犯罪被害

に持ち込みたいかなど加害者側の状況によって金額は異なることがある。また，損害賠償請求をした場合に裁判所で認められる金額の見通しをたてる場合であっても，行為態様や当該犯罪行為によって被害者が被った影響は人によって千差万別である（PTSDやうつ病を発症するかどうか，その後の就労に影響を及ぼすかなど）。

　傷害罪という罪名は同じでも，事案によって全治1週間の被害について5万円で示談する事案もあれば，後遺障害に至り3千万円近くの賠償額になった事例も存する。

　迷惑防止条例違反の事案でも数十万円から数百万円まで幅広である。性被害は，行為態様に幅があり，性的な尊厳を侵害されることで被った損害をお金に換算することが難しいだけに損害額を算定することもまた困難である。そのため一概に述べることはできないが，電車内の痴漢の事案で275万円の支払を命じた事案がある一方で（東京地判平18・10・13LLI/DB判例秘書），強制わいせつや強制性交等の事案で，数百万円から数千万円で示談するケースも存する。

　ところで，筆者の感覚として，民事裁判では認められる金額が余りに低すぎると感じることが少なくない。その原因は，お金の価値観が人によって異なることにもあるが，自ら被害に遭っておらず実際に苦しい思いをしていない，そして身近にそういった存在がいない裁判官が被害の大きさを理解する判断材料を持ち合わせていないことが大きいように思われる。比較的高額の賠償金を受け取った事案においても，実際の感覚では，多額の賠償を得ることができたというよりも，被害者はその金額では到底賄いきれない被害に苦しみ続けているというのが実態である。裁判手続を通じ，裁判官が被害の実態を理解できるように材料を提供することは，代理人弁護士としての業務であり使命であろう。

　損害賠償金が被害者に対して支払われないことは不正義であり，少しでも被害を回復するために加害者から一定額を取り上げることが正義に資する。しかし，他方で，金銭を受け取ることで被害をお金に変えてしまったと感じたり，お金では償い切れないはずの被害をお金を払ったからそれで終わりと思われてはとんでもないと感じる向きがあることもまた真実である。損害賠償を受け取るかどうかは，額の当否やそのことによる刑事事件への影響も含め，最後は，被害者本人がどのように考えるかに任せるほかない。代理人弁護士としては，被害者が後悔せずに判断できるだけの情報を提供し，依頼者本人の真意を確かめることが重要である。

（米田　龍玄）

第4　性暴力被害（児童ポルノ・児童買春）

6　少年事件手続

(1)　少年事件の流れ

　　子どもが被害に遭う事件においては，加害者も少年であることが少なくない。加害者が20歳未満の少年である場合には，通常の刑事手続ではなく，少年事件として取り扱われる。少年事件手続の詳細については本書357頁以下を参照されたい。

　　逮捕勾留までの捜査手順は成年事件と大きく変わりはないが，加害者が未成年の場合は，一部例外を除き，全件が家庭裁判所に送致される。家庭裁判所に送致された後，家庭裁判所の判断により少年審判が開始される。

　　重大事件の場合には，家庭裁判所から再度検察官に送致され（いわゆる逆送），検察官の判断により通常の刑事事件手続がとられることもある。加害者が16歳以上であり故意の犯罪によって被害者を死亡させた事件においては，原則逆送決定がされる（少年20条2項）。

　　少年審判が開始されると，観護措置の要否が判断される。観護措置の決定があると，2週間及びさらに更新後の2週間の4週間，少年鑑別所に収容され，鑑別を受ける。また，この4週間のうちに家庭裁判所調査官による調査が行われ，4週間経過前に少年審判の期日が指定されて，少年院送致や保護観察などの決定がされることになる。年少少年などは児童自立支援施設への送致や児童養護施設送致の決定がされることもある。

(2)　少年事件で被害者にできること

ア　記録の閲覧謄写

　　被害者は，家庭裁判所に送致された記録（法律記録）について，加害少年の供述調書を含め，閲覧謄写することができ，これにより事件の全体像を知ることができる。少年鑑別所や家庭裁判所調査官による報告書を閲覧謄写することは認められていない。

イ　審判傍聴

　　故意の犯罪行為により被害者を死傷させた罪，業務上過失致死傷罪，自動車運転致死傷罪の被害者は，申出をすることで，家庭裁判所の判断

351

第1章　子どもの犯罪被害

により，少年審判期日の手続を傍聴することができる。

ウ　意見聴取手続

　家庭裁判所に申し出ることで，被害に関する心情その他の意見陳述をすることができる。裁判所が行う場合と調査官が行う場合がある。家庭裁判所から問い合わせの文書が送付され，同封された回答書に記入して返送する場合や，家庭裁判所に出向いて直接意見を述べる場合がある。

エ　審判の状況説明と結果通知

　家庭裁判所に申し出ることで，審判期日における審判の状況について説明を受けることができる。書面での説明を受けることもでき，審判での少年や両親と裁判官とのやり取りも含め，逐語で記載されており，ある程度審判の状況を知ることができる。また，別途申し出ることで，審判結果についても書面で通知を受けることができるので，その後の手続に利用することも考えられる。

7　民事事件手続

(1)　民事事件の流れ

　刑事事件が進む中で，加害者側から示談を持ちかけられ，示談するか，又は，許しはしないが損害賠償金は受領するといった形で賠償金を受領する場合はあるが，そうでなければ，被害者が加害者に請求しない限り，加害者から任意に支払われることはほとんどない。

　賠償金を受け取ることで「加害者の犯罪行為について許す」ことを意味する示談をした場合は当然のことであるが，示談に至らなくても，被害者が賠償金を受け取った場合には，検察官の起訴不起訴の判断や裁判所における量刑の上で，これらの事実が加害者にとって有利に取り扱われることがある。示談や賠償金を受領する場合には，そのような結果となることについても十分に理解した上で判断する必要がある。また，犯罪の性質や状況によっては，示談や賠償金を受領しなくても，不起訴や執行猶予判決が見込まれる場合もあり，刑事手続の見通しを踏まえて判断する必要がある。

352

第4　性暴力被害（児童ポルノ・児童買春）

　任意に賠償金を支払おうとしない加害者や刑事手続の過程で賠償金を受け取らなかった場合の加害者に対し，後に賠償金を請求しても任意に支払ってこないことが通常であり，その場合には裁判手続に拠って請求せざるを得ない。なお，裁判所が支払を命じた場合であっても，加害者が支払に充てる財産を有しない場合には損害賠償金を得ることができないことは考慮に入れる必要がある。筆者の経験上，性犯罪被害の場合には，他の犯罪と比べると，加害者が賠償の原資となる財産を保有していることがまま見られる。

(2) 損害賠償と消滅時効

　幼少期の性暴力被害について，本人が性被害であると気づいていなかったり，口止めされたり，言ってはいけないことだと考えたりして，大人に被害申告ができないことがみられる。ところが，大人になって行為の意味を知り，精神的ショックを受けて，仕事ができなくなったり，PTSDを発症することがある。

　注意を要するのは，犯罪事実（損害）と加害者が判明した場合には，知ってから3年以内に裁判上の手続をとらなければ，当該犯罪事実による損害賠償請求権は時効により消滅するということである（現行民法724条前段）。

　なお，平成29年に成立した民法の一部を改正する法律（令和2年4月1日施行）により，生命又は身体を害する不法行為による損害賠償請求権については，損害及び加害者を知ってから5年に改められた。

　また，事件発生から20年が経過した場合にも，損害賠償請求権が消滅する（現行民法724条後段）。この長期の権利消滅について，最高裁は除斥期間を定めたものであり，時効の中断や停止の適用がなく，時効援用の信義則違反や権利濫用の主張もできないと解されていた。この点加害者が被害者を殺害して自宅床下に埋めて死体を隠し，被害者の相続人が被害者の死亡を知らずに相続人が確定しないまま20年以上経過した事案では，相続人が確定しない間は時効が完成しないとする民法160条の規定を適用する判例があるが（最三小判平21・4・28民集63巻4号853頁），この法律構成に

第1章　子どもの犯罪被害

よった場合でも相続人確定後6か月以内に訴訟提起が必要であった。また，幼少期に叔父から性的虐待を受けたことにより精神障害を発症した事案では，虐待を受けた時点ではなく，その後に精神障害を発症した時期が除斥期間の起算点となる旨判示した事案がある（札幌高判平26・9・26判タ1409号226頁）。

　先の民法改正より，長期の権利消滅は不法行為の時から20年と定められ，除斥期間ではなく時効期間であることが明記された。これにより，時効の中断や停止の規定が適用され，また，性犯罪の被害者が若年であったケースなどで加害者が被害事実を周囲に漏らさないよう圧力をかけていたような事案では，加害者の消滅時効の援用が信義則違反に当たる場合もあり得るといわれている。

　新法は，令和2年4月1日から施行されるが，同日時点において時効が完成していないものについては，新法が適用される。

(3)　刑事損害賠償命令

　刑事手続と民事手続が異なることから，刑事裁判で有罪となった場合であっても，加害者からの示談や損害賠償を受領した場合でなければ，当然に賠償金を受け取ることにはならない。しかし，既に刑事手続で有罪となっているにかからわらず，民事裁判を一から起こして改めて証拠を提出し犯罪事実を立証しなければならないことは，被害者にとって負担が大きい。そこで，刑事手続を利用して損害賠償請求をすることが認められている（被害者保護23条以下）。犯罪事実は既に刑事事件から明らかであるので，損害額に関する主張と立証を補充すれば足りる。

　刑事損害賠償命令は，刑事第一審の終結のときまでに申立てを行えば，有罪判決となった場合に，刑事判決言渡し後，同じ刑事裁判所が被害者に対する損害賠償も命じる手続である。民事裁判と異なり，手数料は請求額にかかわらず，一訴因2000円であり，原則4回以内の期日で審理を終え，賠償を命じる決定がされる。刑事損害賠償命令を利用できるのは，被害者参加対象事件から自動車運転過失致死傷罪を除いたものと同様である。自動車運転過失致死傷罪が除かれたのは，過失相殺の審理に時間と証拠を要

354

し，簡易迅速な制度趣旨に合致しないと考えられたからである。

　当事者に不服がある場合には，異議申立てをすることで通常の民事裁判に移行する。民事裁判に移行した後は，請求額に応じた印紙額から損害賠償命令において納付した額との差額を納付する必要があるが，その時点で請求を縮減することも可能である。

(4) 民事訴訟における被害者のための制度

ア　住所等の秘匿

　加害者との示談や損害賠償請求をする場合に，任意の解決が可能である場合には弁護士が代理することで，被害者の氏名及び住所を秘匿したまま賠償金を得られることが多い。加害者が任意に支払おうとせず，また加害者に適正な刑事罰を受けさせ，刑事責任が軽くなることを避けるために賠償金を受け取らなかった場合には，裁判手続をとる必要が生じる。

　刑事損害賠償命令や民事訴訟で，被害者の氏名を明かさないことは現行法上できないが，被害者の住所については，代理人事務所所在地を住所に代わる連絡先に指定する方法によって加害者に知られないで手続をとることが可能である。

イ　裁判記録の閲覧制限申立て

　民事裁判の記録は，法律上，誰でも閲覧することが可能である。著名な事件など第三者が閲覧することで，私生活上の支障が著しい場合には閲覧制限の申請をすることができる。性犯罪事件の場合には，認められることが多い。申請には，500円の印紙を貼付する必要があるので，申立てに際してはある程度包括的な申請をしておき，訴訟の進捗に応じて都度，閲覧制限箇所を拡大する補充書を提出するか，実際に閲覧申請があるまで保留しておき，訴訟記録が出そろった最終場面で申請をするなどの方法をとることがある。

　また，一定の金銭の支払を受けて和解で解決する見込みがついた場合であっても，著名な事件などでは記者が裁判記録を閲覧するなどして報道されるおそれがある。このような場合には，訴訟提起後に民事調停に

第1章　子どもの犯罪被害

付することで非公開手続に移行することができる。

ウ　遮へい措置・ビデオリンク方式

　　民事裁判においても，刑事裁判と同様に遮へい措置やビデオリンク方式による尋問が認められる。もっとも，刑事手続が先行している場合には，刑事事件での尋問結果や証拠を利用することができ，被害者自身の尋問まで実施される例は少ない。

8 強制執行における被害者のための制度

　債務名義を取得しても加害者が支払わない場合には，民事執行を行う必要がある。債務名義を取得した場合には，ほぼ全ての金融機関が弁護士会照会に応じて，加害者の預貯金の口座がある支店及び残高を回答するので，金融資産の確認をすることができる。弁護士会照会に当たっては，弁護士会によっては，民事法律扶助を利用する事案では，郵券の実費手数料のみ納めれば手数料が免除になるところもある（東京弁護士会，第一東京弁護士会，第二東京弁護士会など）。

　また，令和元年5月17日に公布された改正民事執行法では，強制執行が奏効しない場合などに，金融機関から預貯金債権や上場株式，国債等に関する情報を取得したり，登記所から土地建物に関する情報を取得したりすることができるようになるほか，生命身体の侵害による損害賠償請求権については，市区町村や日本年金機構から給与債権（勤務先）に関する情報を取得することができるようになった。これまでよりも債権回収の実を上げ，被害者が泣き寝入りを強いられることがないようになることが期待される。同改正法は，公布から1年以内に施行される予定である。

　加害者に現在の住所地を知られたくない場合には，自治体の支援措置を得ているなど，事情を疎明することにより，被害者の住所地を秘匿した形で民事執行を行うことも可能である。

356

非 行

第1 少年事件手続の概要

1 少年事件とは(注1)(注2)

　少年法は，少年(注3)が未だ人格の発展途上の段階にあり，可塑性に富み更生可能性も高いという徳性を有していることに鑑み，その目的を「少年の健全な育成を期し，非行のある少年に対して性格の矯正及び環境の調整に関する保護処分を行うとともに，少年の刑事事件について特別の措置を講ずること」（少年1条）と定めている。これは，刑事訴訟法が真相の究明と適正手続の実現を目的とするのとは大きく異なっている。

　こうした目的から，少年事件では，成人事件のような起訴猶予に相当する処分はなく，犯罪の嫌疑がある場合（ただし，捜査の結果犯罪の嫌疑がない場合でも家庭裁判所の審判に付すべき事情があると思料する場合）に全件が家庭裁判所に送致され（全件送致主義），家庭裁判所での調査，少年鑑別所での鑑別

（注1）　少年事件には少年保護事件と少年の刑事事件があるが，本項では少年保護事件を念頭とする。
（注2）　少年事件は年々減少傾向にあり，平成29年の家庭裁判所新規受理人数は一般保護事件で5万6386人と過去最低人数となった（法務省「平成30年版　犯罪白書」）。
（注3）　少年とは20歳に満たない者をいう（少年2条1項）。選挙権年齢を18歳に引き下げる公職選挙法の平成27年改正（平成28年6月19日施行）において同法附則11条が「民法，少年法その他の法令の規定について検討を加え，必要な法制上の措置を講ずる」と定めた。それにより，少年法についても適用年齢引き下げがなされ，現在は法制審議会少年法・刑事法（少年年齢・犯罪者処遇関係）部会で議論がなされている。日弁連，及び東京三弁護士会を含めた全ての弁護士会が少年法適用年齢引き下げには反対しており，日弁連，各弁護士会は意見書，会長声明を講評している（日本弁護士連合会「少年法の適用年齢引き下げ（20歳→18歳）には反対です！」（https://www.nichibenren.or.jp/activity/human/child_rights/child_rights.html），その他「実務から見た少年法適用年齢の引下げ」（家判17号4頁以下参照））。

357

第2章 非　行

などを経て審判に付され，最終的な処分が下されることとなる。少年事件手続の過程では，裁判官，調査官，付添人，保護者，学校や勤務先など関係機関等が協力し，少年の健全な育成，更生という目的のもと，少年にとって最も適した処遇は何か，を探っていくこととなる。

少年事件に関わる場合には，まずは，目的も手続も成人の刑事事件とは大きく異なっていることを十分に理解しておく必要がある。

〈図19　非行少年処遇の概要〉

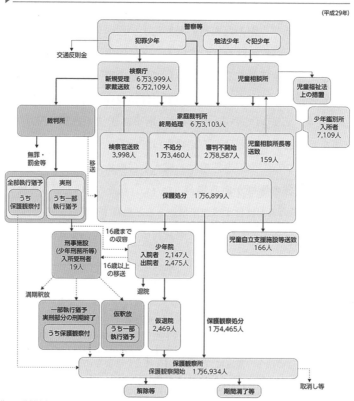

（出典：法務省「平成30年版　犯罪白書」第2章第1節　3-2-1-1図）

第1 少年事件手続の概要

2 少年事件の対象

少年法は，少年保護事件の対象，すなわち審判に付すべき少年として，以下の3類型を規定している。

(1) 犯罪少年

犯罪少年とは，罪を犯した少年のことをいう（少年3条1項1号）。犯罪少年の多くは捜査機関による捜査が行われ，逮捕・勾留の対象にもなるため，被疑者段階では成人とほぼ同様の扱いを受けることとなる。しかし，起訴されることはなく全件が家庭裁判所に送致され，起訴猶予処分（不起訴）もない。

通常，「少年事件」と聞いてイメージするのは，この犯罪少年の事件であると思われる。

(2) 触法少年

触法少年とは，刑罰法令に触れる行為をした14歳に満たない少年のことをいう（少年3条1項2号）。刑事未成年であるため犯罪は成立しないが，犯罪少年，ぐ犯少年と同様，少年事件として扱われる。ただし，刑事責任年齢に達しない年少者の場合には，まずは児童福祉機関の判断に委ねるべきという福祉的観点から，触法少年が審判に付されるのは都道府県知事又は児童相談所長から送致を受けたときに限られている（少年3条2項）[注4]。

触法少年が発見されるのは警察官による場合がほとんどであるが，その場合警察官は，要保護児童として児童相談所に通告するか，警察において触法調査を行い，刑罰法令に触れる行為をしたと認められると思料される場合に児童相談所長に送致することとなる。

警察からの通告を受けた児童相談所において，触法少年を家庭に戻すべきでないと判断されると，児童相談所長による一時保護がなされ，触法少年は一時保護施設に入所することとなる。

注意すべきは，この一時保護中に，警察による調査が行われる場合があ

（注4） 児童福祉機関先議の原則。広島家決昭45・5・18家月22巻10号131頁

359

第2章　非　行

ることである。触法少年は刑事未成年であるから，警察は刑事訴訟法に基づく捜査をすることができない。しかし，警察官において「客観的な事情から合理的に判断して」触法少年であると疑うに足りる相当の理由がある者について，「調査」を行うことが認められている。この調査を触法調査といい，平成19年少年法改正によって警察の調査権限が明文化されたことに伴い（少年6条の2以下）,^(注5)触法調査が任意かつ適正に行われるように監視するための制度として，少年または保護者に付添人選任権が認められることとなり（少年6条の3），現在触法調査少年当番弁護士制度^(注6)が設けられている。

(3)　ぐ犯少年

ぐ犯少年とは，① 保護者の正当な監督に服しない性癖，② 正当な理由なく家庭に寄りつかない，③ 犯罪性のある人若しくは不道徳な人と交際し，又はいかがわしい場所に出入りする，④ 自己又は他人の徳性を害する行為をする性癖，があり（ぐ犯事由），その性格又は感興に照らして将来罪を犯し，又は刑罰に触れる行為をする虞（ぐ犯性）のある少年，のことをいう（少年3条1項3号）。ぐ犯少年は，実際に犯罪行為をしたわけではないが，犯罪少年と同様に観護措置を経て審判を受け保護処分となることも多々ある。この点で成人とは大きく異なるため，犯罪行為をしていないからといって観護措置，保護処分がとられないと誤解をしないよう注意が必要である。

（注5）　触法調査では少年，保護者，参考人を呼び出し，質問をすることができるとされるが，これはあくまで「任意の調査」であり，強制であってはならない（少年6条の4第1項・2項）。その他に警察官が有する調査権限として，報告，押収，捜索，検証，鑑定嘱託があり，これらについては刑事訴訟法の規定が準用される（少年6条の4第2項・6条の5）。
（注6）　東京の場合，児童相談所に一時保護されている触法少年に対し，児童相談所の児童福祉司が弁護士派遣制度について説明を行い，少年が希望した場合には児童相談所が東京三弁護士会刑事弁護センターに連絡し，センターが付添人弁護士を派遣する，という手順がとられている。つまり，この制度が機能するためには，児童相談所担当者から少年に対して適切に制度の説明がなされる必要があり，東京三弁護士会では児童相談所担当者への周知を要請するとともに，少年の理解を促すためのリーフレットを作成し，東京都内の児童相談所において対象少年に配布するよう求めている。

平成29年のぐ犯の家庭裁判所終局処理人数は183人（うち女子比率は41.5パーセント）となっており，一般保護事件の終局処理人数が33647人に対し非常に少ない。(注7) しかし，送致件数は少ないものの，その事案は要保護性が高いなど事実認定や処遇判断が慎重になされるべきものが多く，犯罪少年において犯罪事実が認定されない場合であってもぐ犯として保護処分を受けることもあるため，決して軽視できるものではない。近年，特殊詐欺事件にいわゆる受け子などとして関与する少年が増加傾向にあるが，そうした少年について，犯罪事実の一部や故意が認定できない場合であってもぐ犯として処理され，少年院送致となる事案がみられる。(注8) 否認事件の場合には，犯罪事実の認定についてのみ着目しがちではあるが，認定がなされない場合であっても，ぐ犯としての処分があり得ることから，ぐ犯に該当するか否かを検討し，該当する場合には環境調整を行うとともに，「ぐ犯」ということを少年に理解させ，内省を深めていくということが必要となる。

第2 観護措置

1 観護措置とは

観護措置とは，家庭裁判所が審判を行うため必要があるとき，すなわち，審判に向けた調査を行うに当たり，少年の心情の安定を図りながら，少年の身柄を保全するための措置である（少年17条）。家庭裁判所に送致された少年は，送致当日に裁判官による審問がなされ，観護措置をとるか否かの判断

（注7） 平成30年司法統計。ただし，少年事件全体が減少傾向にあるため，特にぐ犯少年の事案が減少しているというわけではない。
（注8） 現金受渡型特殊詐欺の実行行為の一部（受け子）に関与したこと等を内容とするぐ犯事実を認定して第1種少年院送致とした事案。詐欺の故意が明確に認定できない反面，実行行為の一部に関与した，交際する相手が犯罪性のある者と認識しうる具体的状況があったことや，少年の非行歴，保護観察に対する態度などをふまえぐ犯性を認定した（東京家決平27・6・26家判5号125頁）。

第2章　非　行

がなされる。観護措置決定がなされた少年は，審判までの間，観護措置がとられることとなる。

　家庭裁判所調査官の観護に付する観護措置と少年鑑別所に送致する観護措置の二つが規定されているが，前者は実務上ほとんど行われておらず，観護措置決定がなされると原則は少年鑑別所に送致されることとなる。[注9]

　観護措置は，原則2週間で，特に継続の必要がある場合に更新可能，と規定されているが（少年17条3項），実務上の多くは1回の更新がなされ，合計4週間観護措置が継続するという取扱いとなっている。

　「少年事件を起こすと少年鑑別所に行く。」と，成人でいう刑務所のような施設だと考えられていることも多く，実際に少年だけでなく保護者や教師，雇用主もそのように考えている場合が多い。しかし，家庭裁判所に送致されても必ずしも観護措置となるわけではなく，当然に少年鑑別所に送致されるというものでもない。また，少年鑑別所は未だ処分がなされていない少年が鑑別を受けるために収容されている場所であり，処分の結果送致されるということではない。付添人としてはこの点について少年，保護者，通学先の教師や勤務先の上司，雇用主などに誤解がないよう正確な説明をする必要がある。

2 観護措置中の少年の生活

　少年の中には，これまで不規則な生活を送っていた者も多く，中には，歯を磨く，入浴する，というような極めて基本的な生活習慣さえ身についていない者もいる。鑑別所では，学習支援や運動といった，学校で学ぶような内容だけでなく，一日を通し，規則正しい生活を送るとともに基本的な生活習

（注9）　平成26年新少年院法の制定に伴い，旧少年院法が廃止され，同時に少年鑑別所法が制定された。それまでは少年鑑別所業務についての独立した法的基盤はなく，少年鑑別所の位置づけ，業務内容には曖昧な部分も多かった。新法の制定により少年鑑別所は法務少年支援センターとして非行，犯罪だけでなく心理相談，一般相談，研修会や法教育の実施など幅広い業務を行っている（詳細について法務省矯正局編『新しい少年院法と少年鑑別所法』（矯正協会，2014年））。

慣を身につけるための指導を行っている。鑑別所での生活を経て、見た目にも明らかに健康となったり、文書の内容や言葉遣い、挨拶に変化が見られるという少年も多く、観護措置は長期にわたり身柄が拘束される点で少年の心身に影響が生じる措置である反面、生活を整えるという点においては少年の更生に資するという意義もある。

〈図20 観護処遇とは（少年の一日の過ごし方）〉

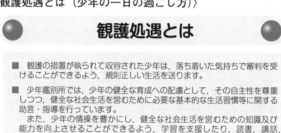

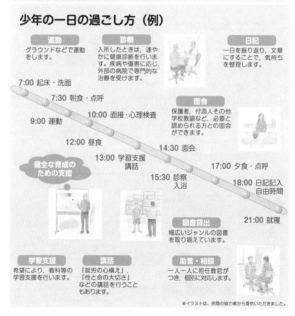

（出典：法務省矯正局「少年鑑別所のしおり」5頁）

第2章 非 行

3 鑑 別

少年鑑別所に送致された少年には鑑別が実施される。

鑑別所内で行われる鑑別は、非行又は犯罪の原因を明らかにし、明らかになった非行又は犯罪の原因に基づき、再非行又は再犯を防止するための適切な指針を示すために行われるもので、対象者の事情や非行の内容によっても

〈図21 鑑別とは（鑑別の流れ）〉

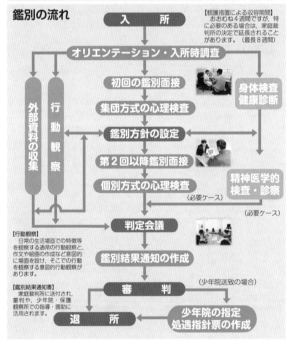

（出典：法務省矯正局「少年鑑別所のしおり」4頁）

異なるが，基本的には少年の性格，経歴，心身の状況及び発達の程度，非行の状況，家庭環境並びに交友関係，在所中の生活及び行動の状況などが調査の対象とされる。

少年は鑑別所に入所するとまずはオリエンテーション，調査，心理検査，身体検査（健康診断）を受け，その結果から鑑別方針が設定される。その後は行動観察，外部資料の収集，鑑別面接や個別の心理検査などを行う。また，対象の少年の事情，非行の内容などに応じ，精神医学的検査診察などが実施されることもある。

全ての調査が終了すると鑑別所内での判定会議を経て「鑑別結果通知」が作成される。

この通知は家庭裁判所に送付される。付添人は社会記録を閲覧し鑑別結果通知の内容を把握することになるが，鑑別の結果には非行歴や生育歴，知能や性格など，少年及び家族等にとって極めて重大なプライバシーに関する事項が含まれている。付添人は鑑別結果の内容について安易に関係者に伝える事がないようにすることはもちろん，少年や家族にもその内容を伝えることは控える必要がある。

4 調 査

家庭裁判所は審判に付すべき少年に対し，事件についての調査[注10]を実施する（少年8条1項）。調査は裁判所より調査命令を受けた家庭裁判所調査官によって実施される（少年8条2項）。調査官は少年との面接，保護者との面接，通学先への照会書発送を行い，少年についての調査を行うほか，一定の場合には書面又は面談により，被害者調査が行われ，その結果をもとに，当該少年に適した処遇を検討する。調査官の調査，処遇意見をまとめた調査票が作成され，家庭裁判所に提出される。

（注10）　調査は少年，保護者又は関係人の行状，経歴，素質，環境等について医学，心理学，その他の専門的智識特に少年鑑別所の鑑別の結果を活用して行うよう努めなければならない（少年9条）。

365

第2章　非　行

　調査票も鑑別結果通知書と同様に，少年の社会記録の一部となり，付添人において閲覧することが可能である。[注11]　しかし，調査票の記載内容についても安易に少年や家族に伝える事は控えなければならない。特に，調査官意見が少年院送致相当の場合，少年がそれを知ることで更生の意欲をなくし，自暴自棄になる可能性もあり，また，これまで面談をしてきた調査官が少年院送致相当という意見を出している場合，それにより，大人に対する不信感を抱くことにもなりかねない。

5　観護措置中の付添人活動

　観護措置中，付添人は審判に向けた準備を進めていくこととなる。

　少年との面会は勿論であるが，保護者との面談，通学先や雇用主との面談や今後の調整，被害者がいる場合には示談交渉などを行う。また，法律記録を閲覧謄写し捜査の一件記録を確認するとともに，社会記録を閲覧し，少年の身上，鑑別結果通知書，調査票，保護者や通学先からの回答書等の確認も行う。[注12]

　これらの活動をもとに意見書の作成を進めていくこととなるが，調査官，裁判官に対し，環境調整活動，示談交渉の経過についてこまめに報告書を提出し，適宜面談などを行い，認識を共有していくことが必要である。調査官の調査票は審判期日の直前に提出されるため，付添人が閲覧できるのは審判期日2，3日前となる。そのため，調査票が作成されるまでの間に調査官とは密に連絡を取り，調査官の考えを把握しておくべきである。それを前提に環境調整を行い，その経過を報告することで，付添人の活動が調査官意見に反映されるよう努める。また，非行の背景として重要な事情があるが，法律記録に一切表れていないなど，早期に調査官に連絡し，裁判所宛に報告書を

（注11）　社会記録は担当部での閲覧のみ可能で謄写はできない。
（注12）　記録の閲覧については少年審判規則の改正により制限がなされることとなった（参考：和波宏典＝岡部弘「少年審判規則の一部を改正する規則の解説」判タ1431号24頁）。これにより裁判所での閲覧，謄写申請への対応にも変化があった。閲覧謄写の際は常に最新の運用に注意が必要である。

第2 観護措置

提出するなどの対応が必要となる場合がある。審判の進め方などについて裁判官との面談が必要と考える場合には担当部の書記官にその旨連絡し，面談を申し入れる。少年事件では伝聞法則の適用がないため，裁判官は事件に関する全ての記録を事前に検討し，心証形成をしている。裁判官との面談を行った結果，裁判官との認識や見立てが異なっている場合には早めの対処が必要であるから，報告書の提出にとどまらず，裁判官の心証が形成される前に段階に応じて意見書を提出するなど，積極的に付添人としての意見を伝えて働きかけていくようにするとよい。

〈例27　報告書（示談交渉経過）〉

平成■年（少）第■号　■■保護事件
少　年　■■■■■■

報　告　書

平成■年■月■日

■■家庭裁判所　少年第■部■係　御中

付添人弁護士　■■■■■

　少年■■■■についての■■保護事件に関し，被害者との示談交渉の進捗状況につき，以下の通り報告いたします。

1　少年と両親は，被害者に対し被害弁償をすることを希望したため，付添人より被害者に連絡をとり，少年の謝罪文を送付するとともに示談の申入れをした。

2　平成■年■月■日，被害者から付添人宛に電話で連絡があった。
　　被害者の話では，①共犯少年の父との間で示談についての話をしたが共犯少年の父の態度に納得がいかず，被害弁償をする意思があるかも明言しないため交渉は進んでいない，②弁償，という意味では，バイクそのものの時価，ということではなく，新たなバイクを用意し被害品と同様のカス

第3編　子どもに関する問題

367

第2章　非　行

タマイズをするのに要する費用相当額を希望する，③支払を受けられるの
であればどちらの少年からでもいいのでとりあえずは全額請求する，との
ことだった。

3　平成■年■月■日，被害者より見積書が提出され，合計額は▲万円だっ
た。

少年と両親において検討した結果，示談金としては●万円を提示するこ
ととし，今後少年がアルバイトをして返済するという約束のもと，一旦は
両親が捻出することとなった。

金額については，見積書の内容や共犯事件であること，見積にはバイク
本体の金額も計上されているが被害品自体は使用できる状態で被害者に還
付される予定ことなども考慮しつつ，少年と兄が専門学校に通っており家
計に余裕がなく，すぐに用意できる額としては●万円が限度ということで
あった。

4　平成■年■月■日，付添人よりこの内容で示談の申入書を被害者宛に送
付し，翌■日に被害者に到達しているが，本日までに回答はない。引き続
き，被害者からの連絡を待った上で示談の成立に向け交渉を続ける予定で
ある。

なお，共犯少年と共同での示談も検討したが，共犯少年と少年は逮捕後
から全く関わっていないこと，共犯少年には付添人がいないこと，法律記
録の内容や被害者の話からは，共犯少年の父と被害者とは本件非行の発覚
時から既に関係が悪く，示談交渉の過程でそれがさらに悪化していると考
えられること，共犯少年の父と少年の両親は面識がなく，被害者の話を聞
く限り本件非行に対する考え方，方針も異なっていることなどから，当方
は独自に示談交渉を進めるべきと判断した。

以上

添付資料

1　「見積書」　　1通

2　「ご連絡」　　1通

3　「検索結果」（レターパック配達状況）　　1通

368

第２　観護措置

〈例28　報告書（家庭，学校での生活状況）〉

平成■年（少）第■号
少年　■■■■■

報　告　書

平成■年■月■日

■■家庭裁判所少年第■部■係　御中

付添人弁護士　■■■■■

　少年■■■■についての■■■■■■■■■■■■保護事件に関し，家
庭および学校での生活状況等につき，以下のとおり報告いたします。

１　家庭生活について
　　少年の自宅では，長年荷物が大量に保管されており，現在まで自室を与
　えられたことがなかったが，本件をきっかけに片づけをし，少年の自室を
　設けることとなった。
　　夏休み中だったため，少年と母親が協力し片づけを開始し，１ヶ月弱で，
　少年のベッドと机，収納などが確保された自室ができた。自室ができたこ
　とで，一人の時間を持てるようになっているが，だからといってこもりき
　りになっているというようなこともない。家庭での過ごし方をうまく調整
　できるようになったといえる。
　　少年の両親の夫婦仲はあまり良好ではないため，少年が幼い頃より自宅
　で言い争いをすることも多かった。これまでは少年の自室がなかったこと
　で，少年や兄がいる目の前での言い争いが頻繁に起きていた。両親の言い
　争いを常に目の当たりにせざるを得ず，これを避けるための場所もなかっ
　たという点においても，自室がない少年の生活環境はよくなかったといえ
　る。現在は少年の自室ができたことで，目の前で，あるいは就寝時や勉強
　中にこのような光景を見たり聴いたりすることがなくなり，自宅で生活す
　る環境は改善され，少年が落ち着いて生活できる状態になっている。
　　母親との関係は，概ね良好である。付添人が母親に確認したところ，今

369

回の調査を経て，少年が本件非行に至った原因については正直明確には分からないが，それでも少年の行動をきちんと意識してみていくようにしようと思っている，ということだった。

父親は，仕事が忙しく帰宅時間が深夜になることがほとんどだったことからこれまでほとんど会話や交流がなかった。本件をきっかけに父親は可能な範囲で帰宅時間の調整をするとともに，少年との交流の一環として一緒にマラソンをするということを決め，既に父親の休日に実施するようになった。

なお，少年は，家族についての思いや，家庭の様子など，親と同席していない場（調査や，付添人との面談など）では様々なことを話しているが，調査の際と同様，付添人に対しても，親には言わないでほしい，と気にしていた。よって，調査の際に少年が話したことや，付添人に話した家族に関する内容については，付添人からも家族には伝えていない。

2　学校生活について

少年は，吹奏楽部に所属し，平成■年■月よりパートリーダーとして活動していた。同年■月の学園祭をもって幹部としての活動は終了し，後輩に引き継ぐ時期となっている。

■■■■■の吹奏楽部は，卒業生OBとの交流も頻繁にあり，上下のつながりが高校卒業も続いていくという伝統がある。定期演奏会等のイベントにはOBも参加するので，先輩たちと接し，学ぶことも多くある。少年の仲のよい友人は，部活動の同級生であることもあり，少年の生活において部活動は，非常に重要な存在となっている。

学習面については，高校1年の秋より，部活動に注力してきたことで成績が下降気味となり，本人や担任教師もこのことを気にしていた。本年■月■日のコンクールや■月の学園祭が終了したことで，現在は学習塾への通学も再開した。少年は大学への進学を希望しており，今後は学校の進路指導に従って大学受験を目指していくこととなる。

3　友人関係について

少年の最も仲のよい友人は，吹奏楽部の同期の■■■■君と■■尾君の2名である。この2人は少年とともに吹奏楽部に所属しており，行動を共にしている。少年は具体的エピソードを挙げて2人のことを話すなど，個性を尊重しあいつつ自分にはないところも吸収し成長しあえるような存在となっている。部活動以外では，この2人に同級生2，3人を加えたグループで行動することが多い。

第3 審判

> 少年の友人は皆学校の同級生であることからも，少年にとって学校生活
> は非常に重要なものである。
>
> 以上

　こうした環境調整活動を続け，付添人としての意見を記載した意見書を審判期日までに作成し，裁判所に提出することとなる。観護措置は4週間とされるが，審判期日は概ね3週間を過ぎた頃に指定されるため，実際に付添人として活動できるのは観護措置決定から2，3週間しかない。短期間で多くの活動をすることになるので，受任する際は審判期日までの間のスケジュール管理も重要となる。

第3 審判

1 少年審判の目的とその特徴

　家裁での調査の結果，審判を開始することが相当であると認められた場合，審判開始決定がなされる（少年21条）。審判とは，非行事実と要保護性[注13]の存否を明らかにし，少年が処分相当か，処分相当としてどの処分が相当か，を判断する手続である。

　少年法の目的に鑑み，審判は，懇切を旨として和やかに行い，少年の内省を促すものでなければならない（少年22条1項）[注14]刑事訴訟法で定められる伝聞法則や予断排除の原則，書証への同意不同意手続などはない。家庭裁判所には少年に関する全記録が送致されているためである。

　審判は非公開で行われ（少年22条2項），通常は裁判官・書記官・調査官・

(注13)　要保護性とは① 将来犯罪を犯す危険性，② 保護観察や少年院送致といった保護処分による矯正が可能かどうか（矯正可能性），③ 刑事処分よりも保護処分が相当かどうか（保護処分相当性），の三つを含むものとされる。
(注14)　少年に理解しやすいよう審判中は平易な言葉が用いられることがほとんどである。抗告審において決定書を「です・ます」調で作成した事案などもみられる（東京高決平27・12・11家判8号104頁）。

第 2 章　非　行

少年本人・保護者・付添人が出席する。そのほか，少年が保護観察等の社会
内処遇となった際に受け入れてくれる雇用主や，通学先の担任教諭などに出
席してもらうこともある。(注15)

　審判廷では中央に少年，向かいの正面に裁判官が着席し，付添人，調査官，
書記官がそれぞれ横に着席する。保護者が出席する場合には少年の横に着席
し，その他関係者が出席した場合は，少年と両親の後ろの席に着席する。前
述したように，少年審判は「懇切を旨に和やかに行う」とされているため，
出席者は常に着席したまま発言する。起立し「陳述します」というようなこ
とはしないように注意されたい。

2　審判の進行

　少年審判も，成人の刑事裁判と同様に，人定質問，黙秘権の告知，非行事
実の告知と認否の確認から始まる。

　その後，非行事実及び要保護性の審理がなされる。審理の進行は基本的に
裁判官が主導し，裁判官から少年への質問が中心となり，必要に応じて保護
者への質問などがなされる。(注16)

　裁判官の質問終了後，付添人，調査官からの質問がそれぞれなされ，少年
への質問が一通り終わると必要に応じて保護者その他審判に出席した関係者
への質問がなされる。

　付添人からの質問では，少年が裁判官への回答の際，自分の気持ちや事実
を正確に伝えられていない，十分に話ができていない，ということがあれば
付添人から積極的に質問し，少年に話させるなどの工夫をする。裁判官から
は付添人に対し，「何か付添人からはありますか」というような形で促され
ることが多いが，裁判官が審理に必要なことを概ね質問し終わっていたとし

(注15)　平成26年少年法改正により，一定の場合に被害者等の申出により被害者等の傍聴
　　　が許可される場合がある（少年22条の4）。この場合，許可するか否かの判断に際して
　　　は予め付添人の意見が聴取されるので，適切な意見を述べられるよう準備が必要となる。
(注16)　職権主義的審問構造

ても，特になし，といって何も話しかけないということは避けるべきである。少年も，付添人が何も話さないということに不安を抱きかねない。また，成人の刑事裁判とは異なり，家庭裁判所には全ての記録が送致されており，裁判官は少年に関する全記録を見た上で審判に挑んでいる。付添人としては，審判に際して，法律記録中の少年の供述調書の内容に事実と異なる内容や誤解を招くような記載がないかを十分に確認し，もしそのような内容があれば事前に報告書や面談などで裁判官に伝えておくとともに，審判中も積極的にその点を補うような質問をするなどしていくようにする。

　質問が終了すると，裁判官から付添人に対し，処遇意見の確認がなされる。既に意見書を提出しており，裁判官も目を通していることから，「意見書の通りです」と述べるだけで足りる場合もあるし，裁判官から「意見書の通りですか」と聞かれることも多い。しかし，少年や保護者の質問での様子，裁判官の質問の仕方などこれまでの審理の経過から，付添人や少年が望む処分とならない可能性があるような場合には，少年にとって重要な事情を強調し，改めて付添人の処遇意見を直接口頭で伝えることなどが必要である。

　こうして付添人が意見を述べた上で，最後に裁判官から少年に対し，処分の決定と告知がなされる。

3　処　分

　処分には，最終的な処分である終局処分と，最終的な処分を決定するためになされる中間処分がある。

　終局処分は審判不開始（少年19条1項），不処分（少年23条2項），保護処分（保護観察，児童自立支援施設又は児童養護施設送致，少年院送致[注17]少年24条），都道府県知事又は児童相談所長送致（少年18条1項・23条1項），そして検察

（注17）　平成26年少年院法の改正に伴い，旧法では初等，中等，特別，医療少年院とされていた種類，名称が，新法では第1種から第4種と変更された（少年院法4条1項各号）。各少年院の詳細，少年院での生活などについては第一東京弁護士会子ども法委員会『付添人のための少年院入門（第2版）』（第一東京弁護士会，2016年）参照。

第2章　非　行

官送致（いわゆる「逆送」。少年19条2項・20条）がある。

　終局処分のうち，保護観察では特段の事情がなければ少年は自宅などに戻り，通常の生活を送りながら各地域の保護司の観察下におかれる。鑑別所から出所し，少年院等に送致されることもなく帰宅できることから事件は終わった，と勘違いをする少年も多い。付添人としては，保護司からの連絡にはきちんと応答すること，面談を欠かさないこと，など，あくまで処分であることを自覚させるようにしたい。

　中間処分は試験観察（少年25条）のことをいい，保護観察や少年院送致等の最終的な処分を決定するために必要があると認めるときに，相当の期間，家庭裁判所調査官の観察に付するとされるものである。期間についての明確な定めはないが，通常3か月から6か月程度で，定期的に調査官と面談し指導観察を受け，その後最終審判で終局処分がなされる。試験観察は最終処分ではないので付添人は試験観察期間中も付添人の活動を引き続き行うこととなる。効果的な試験観察となるよう少年とどのように付き合うのかも重要であるし，試験期間中，少年の様子について適宜裁判所に報告を入れて行く必要がある。

4 抗　告

　審判の結果，保護処分の決定がなされた場合，少年，保護者，付添人は2週間以内に抗告をすることができる。少年事件での抗告は2週間以内に抗告理由を詳細に記載した抗告申立書を提出しなければならず，申立てだけをして詳細は抗告理由書を追って提出するということではない。[注18] また，審判期日が開かれるわけではないので，裁判官に直接伝えたいことがある場合には早期に面談を申し入れ，積極的に動くようにする。何か連絡が来ると思って

(注18)　理由の補充書を提出することも可能ではあるがその場合には抗告後直ちに裁判所に連絡を入れ，抗告時に提出できない合理的な理由を説明して補充書の提出を受け入れてくれるよう働きかける必要がある（それでも必ず提出を待ってくれるわけではない。）。また，抗告申立書に記載されていない事実や理由を補充書に記載しても考慮されない。

第4　検察官送致（逆送）

いると突然決定書が送達されるということになりかねない。また，抗告をしても保護処分の執行は原則として停止しない（少年34条）。少年院送致の処分となった少年は，抗告審の判断を待たずに少年院に送致されるので，少年には審判終了後にその旨の説明をしておくとともに，抗告のための打合せが必要な場合には送致される前に少年鑑別所に面会に行くか，送致後に少年院へ面会にいくこととなる（なお，少年が送致される少年院は審判で告知されることはなく，家庭裁判所が送致すべき少年院の種類を指定して（少年審判規則37条1項），具体的送致先は鑑別所が決定するため，決定後も付添人に告知されるわけではない。少年や保護者に送致先が分かったらすぐに知らせるよう伝えておくとよい。）。

　このように，抗告の手続は成人の刑事事件とは様々な点が異なっているため，弁護過誤とならないよう注意が必要である。

第4 ｜ 検察官送致（逆送）

　少年事件は全件が家庭裁判所に送致されるが，少年法に基づく処分がなされることなく，以下の場合に該当するときは家庭裁判所から検察官に送致されることとなる。これを「逆送」という。

(1)　刑事処分相当の場合

　死刑，懲役又は禁錮に当たる罪の事件では，家庭裁判所が調査の結果，罪質及び情状に照らして刑事処分を相当と認める場合は，逆送の決定をしなければならない（少年20条1項）。同条の規定からも明らかなとおり，刑事処分相当性は，調査の結果判断されるものであるから，付添人としては，死刑，懲役，または禁固に当たる罪の事件の場合であっても刑事手続ではなく家庭裁判所の保護処分によるべきと考える事情がある場合には，安易に逆送されることがないよう活動をしていくことが必要である。

(2)　原則逆送

　故意の犯罪行為により被害者を死亡させた罪の事件で，犯罪時に16歳以上であった少年の場合（少年20条2項）は，(1)とは異なり，原則として逆

第2章　非　行

送されることとなる。ただし，調査の結果逆送せず保護処分とできる場合もあるとされるため（同条ただし書），同条に該当する重大な事件であっても逆送とならない場合もある。付添人としては，通常の審判準備をする場合と同様の付添人活動を行い，調査官の調査が十分なされるか注視していく必要がある。

(3)　**年齢超過**

　　少年が20歳以上であれば審判条件を欠くこととなるため，審判時に少年が20歳以上であると判明した場合には逆送となる（少年23条3項）。付添人においては，20歳の誕生日が間近に迫っている少年（「切迫少年」）の場合には，必要に応じ，被疑者段階において検察官に早急に家庭裁判所送致を求めたり，家庭裁判所において早期に審判を開き，20歳の誕生日を迎える前に審判を行うことを求めるといった活動が必要となろう。少年事件を担当する場合には，まず少年の生年月日を確認しておくべきである。

(4)　**起訴強制**

　　逆送された少年は成人と同様の刑事事件手続に付されることとなり，検察官において公訴を提起するに足りる犯罪の嫌疑があると思料する場合には原則として公訴提起しなければならない（少年45条5号本文）。ただし，年齢超過の場合には同号の適用がないため，検察官の判断により，通常の成人の刑事事件と同様に起訴猶予処分とされることもある。

(5)　**少年であることへの配慮**

　　逆送後，公訴が提起された少年は刑事裁判を受けることになるが，その手続は少年法9条の趣旨に従って行われなければならない（少年50条）。特に，刑事裁判は公開手続であり，少年の心身，さらには今後の更生にも大きな影響を与えることとなるため，手続の各段階において慎重な対応が求められる。付添人から引き続き弁護人として活動する場合には，必要に応じ少年について適切な配慮を裁判所や検察官に求めていくよう心掛けたい。

　　また，審理の結果有罪判決となり刑の執行を受けることとなった場合でも，少年の可塑性に鑑み，死刑や無期刑の緩和（少年51条），不定期刑（少

年52条）など，成人とは異なる配慮がなされている。

さらに，刑事裁判が行われた結果，刑事処分ではなく家庭裁判所での保護処分が相当であると判断された場合には，再び家庭裁判所に送致されることとなる（少年55条。年齢超過の場合を除く。）。逆送となったものの，付添人としてはやはり保護処分に付されるべきであると思料する場合には，刑事裁判手続において通常の弁護人としての活動に加え，保護処分が相当であること（保護処分相当性）を主張し，家庭裁判所への移送を求める活動も行うこととなる。

外国人少年の救済

　外国人少年がコンビニで弁当を万引きしたとして逮捕勾留され，家庭裁判所に送致された。少年は語学留学生として来日したが，日本になじめず，語学学校は不登校，寮を出て友人の家をスーツケース一つで転々とする生活の中，困窮し万引きをしたのだった。このままでは少年院送致となる可能性が高かったが，少年の供述調書をみると，「辛い，さみしい」，「早く国に帰りたい」ということを何度も述べていた。選任翌日，カンファレンスが実施され，裁判官からはどうにか少年を観護措置期間中に帰国させ，審判不開始として少年院送致を回避したい，と言われた。当職ももちろん同感だったが手がかりは全くなかった。少年は友人宅にスーツケースを置いたまま外出しそのまま逮捕されたため，パスポート，現金，身の回りの荷物なども何もなく，日本語が分からないため友人の家の住所も駅名も何もわからなかった。

　そこで通学していた語学学校に連絡してみたところ（留学生を受け入れる教育機関は適正な学校であれば厳格な留学生管理が課されているため協力が得られる。），全面的な協力を得られることとなった。すぐに本国の家族に連絡し，家族からの送金を得て，学校に登録されていた少年のパスポート番号等の情報を使い，航空券を購入してくれた。さらに，供述調書に残されていた友人の名前，地名などを伝えたところ，同国の語学留学生コミュニティに情報提供を呼びかけ，荷物を持っている友人の友人の……という生徒が見つかり，少年の荷物を預かっていた友人を発見し，荷物を回収することができた。おかげで無事パスポートも手に入れることができた。

　こうして帰国の段取りが整い，出国当日付で裁判所は観護措置決定を取り

第2章 非 行

消した。少年は鑑別所から空港へ直行し無事出国した。裁判所との打ち合わせどおり，語学学校のスタッフが少年に同行し，出国ゲートを通った後の少年の写真を撮影し，付添人からその写真を添付した報告書を提出すると，その日中に審判不開始となり，事件は終了した。

　幸運が重なったケースではあるが，裁判所と付添人の考えが一致し，語学学校の協力を得られたからこそ得られた結果だった。もし裁判官が帰国させるべきという意見を持ってくれずそのまま審判をし，少年院に送致されてしまっていれば，少年は居場所を失い，日本での生活が悪夢のような記憶でしかなくなっていたことと思う。少年事件は単に処罰することを目的とするのではないし，保護処分をすることが全てではない。少年法の目的，そして少年の更生に何が必要なのか，どう向き合うか，ということを関係者全員で考え，協力することの重要性を実感した事件であった。

(中村　あゆ美)

第5 Q&A

Q1
　観護措置決定がなされ鑑別所送致となれば，通学先の単位が足りず退学か留年となる，あるいは，被疑者勾留中に高校の合格通知がきたが入学手続を1週間以内にしなければならないため観護措置決定がなされると合格が取り消されてしまう可能性がある。付添人としてどのような活動をすべきか。

A　家裁送致日当日，付添人より，観護措置をとるべきでない理由（観護措置の要件に該当しないこと，定まった住所があること，罪証隠滅のおそれがないこと，逃亡のおそれがないこと，緊急的に少年の保護が必要でないこと，心身鑑別の必要がないこと，観護措置を避けるべき特別の事情があることなど）を記載した意見書を裁判所に提出する。

第5　Q&A

　書面だけでは伝わりにくい内容，捜査記録からは明らかでない事情などがある場合には裁判官と面接し，直接口頭での説明もする。その際，保護者などの身元引受書を提出することはもちろん，保護者を同行することも重要である。保護者は少年や裁判官との面会，面接はできないが，身元引受けと監督の意思を裁判所に示すことができる。また，単に意見書だけを提出するのではなく，観護措置を回避するべき事情を裏付ける資料もできる限り添付する。

　事案にもよるところではあるが，社会的資源として就学先は非常に重要であることは明らかなので，高校に合格し手続をしなければ取消しとなってしまう場合，観護措置を回避できる可能性は高い。保護者の手元に資料があることも多いので，付添人としては，高校の合格通知，手続スケジュールなど，少年自身が高校に行き手続をすることが必須であることを示す資料を用意し，事情を正確に伝え，少年の進学先確保に務めたい。

〈例29　観護措置回避の意見書①〉

意　見　書

平成■年■月■日

■家庭裁判所少年部　御中

　　　　　　　　　　　　　　少　年　■■■■■
　　　　　　　　　　　　　　弁護人　■■■■■

　上記少年に対する■■保護事件について，少年法17条1項2号の観護措置のなされることのないよう，以下のとおり意見を述べる。

第1　意見の理由（2号観護措置要件の不存在）
　（略）

第2　意見の理由（本件における2号観護措置の弊害）

第2章 非 行

1 前項のとおり，少年については観護措置の必要性は認められないというべきであるが，何より，本件において観護措置がなされた場合の弊害，少年に生じる不利益があまりにも甚大である。

2 身体拘束期間と高校入学取消の可能性

(1) 少年は，中学卒業後は東京を離れ▓▓▓県内の自宅に戻り，そこから通学できる公立高校を希望したことから，審判後，中学校の同級生らの支えを受けながら勉学に一心に励み，この度，第一志望であった▓▓▓県立▓▓高等学校に合格した。

(2) 合格発表は平成▓年▓月▓日の午後にあり，勾留中の少年の代わりに両親が合格を確認し，とりいそぎ必要書類は受領してきた。

しかし，今後，入学のためには少年自身が学校を訪れ手続をすること，合否結果通知書及び合格通知書を本人が受領する必要がある。

少年の両親が確認したところ，同校では，平成▓年▓月▓日，すなわち明日までに合格者の現在の写真を貼付した合格者作成の必要書類を提出しなければならず，さらに，その3日後の同月▓日までに入学に必要な物品の購入，制服の採寸，入学説明等のため合格者自身が同校を訪れなければならない。これに合格者本人が出席せず，手続を怠った場合には合格は取消となる。

(3) 少年は逮捕される前，従前の自己の行動を深く反省，後悔し，更生を誓い，中学校へもきちんと通学し授業を受け，学校を終え帰宅後は自習をし，休日は図書館に通い，受験勉強に励んできた。それは，従来の不適切な交友関係を断ち切り，新たな環境で更生していくと決意し，さらに，二度と非行に手を染めることなく，将来自立し全うな社会生活を営むためには高校進学は不可欠であると考えたためである。

少年の家族は兄弟が多く，少年の下にもまだ幼い弟がいることからも，私立高校への進学は不可能であるから，少年が高校に進学するのであれば何としてでも公立高校に合格しなければならなかった。

このような少年の決意に，中学校の同級生たちも協力し，平日だけでなく休日も勉強を教えたり，▓▓▓県立高校の入試情報や過去問を集めるなどし，全力で支えてくれていた。このような同級生たちの行動は少年の更生にとって絶大な影響を及ぼし，少年の更生と進学への意欲，そして不適切な交友関係を断絶することへの大きな力となっていた。

しかし，今ここで観護措置となり，鑑別所に収容されてしまえば，

少年は高校進学の機会を完全に失うことになる。これまでの努力も，更生への意欲も全て徒労に終わったとの思いを抱かせることになる。

まだ15歳の少年にとって，必死に努力し第一志望校に合格したにもかかわらず，進学の機会を失わされてしまうこと，高校進学の途が閉ざされてしまうということは，どのような処分がなされるよりもはるかに重く，今後の人生を大きく左右する決定的な事態である。

それは，深い反省と更生への意欲をもって新たな一歩を踏み出そうとしている少年にとってあまりにも酷である。

もちろん，今後の調査や審判の結果，少年にどのような終局処分がなされるかは現時点で断言できるものではない。しかし，現時点で少年の更生にとって重要な社会資源と，少年の更生への意欲を奪うことは，少年の健全な育成を目指す少年法の保護理念のもとにおいて，絶対にあってはならない事態である。

(4) このように，本件において観護措置決定がなされることによって少年が受ける不利益は，少年の今後の全人生に多大な影響を与えるものであり，取り返しのつかない事態をまねくこととなる。

少年を今鑑別所に収容し心身鑑別を実施することによって得られる利益よりも，これにより少年の負う不利益，失われる社会資源と少年の更生への意欲の方が，圧倒的に大きいことは明白である。

第3　結語

以上の次第であるから，少年については2号観護措置の要件が存在せず，仮に2号観護措置がなされれば，かえってそれは少年の更生に著しい妨げとなること，資質調査の方法としては1号観護措置という代替手段が存在することなどを斟酌し，裁判所においては少年について2号観護措置をなされることがないよう，意見を申述べるものである。

以上

添付資料

資料1　身元引受書（作成者：少年父母）

資料2　謝罪文（作成者：少年）

資料3　公立高校に進学を希望するみなさんへ

資料4　平成■年度■■■県公立高等学校入学者選抜　志願の手引き

第2章　非　行

　既に少年が通学しており出席日数や試験の未受験で留年や退学となる危険
がある場合には，欠席可能な残日数，救済措置の有無やその条件，学校のス
ケジュールなどを，資料を添えて詳細に伝える必要がある。学校にもよるが，
これまで真面目に通学していた少年であれば事情を知った上で観護措置回避
のために資料を提供するなどの協力を得られる場合がある。

〈例30　観護措置回避の意見書②〉

意　見　書

平成■年■月■日

■■家庭裁判所少年部　御中

少　年　■■■■■■
弁護人　■■■■■■

　上記少年に対する■■保護事件について，少年法17条1項2号の観護措置
のなされることのないよう，以下のとおり意見を述べる。

第1　意見の理由（2号観護措置要件の不存在）
　（略）

第2　意見の理由（本件における2号観護措置の弊害）
　1　前項のとおり，少年については観護措置の必要性は認められないとい
　　うべきであるが，何より，本件において観護措置がなされた場合の弊害，
　　少年に生じる不利益があまりにも甚大である。
　2　身体拘束期間と■■■■■■の留年の可能性
　　(1)　少年は本年4月より■■■■■学校に入学し「■■■■■コース
　　　（4年制）」に所属している。同校は国家資格取得学校であり，在学中
　　　の座学及び実技を所定時間数受講しなければ進級，卒業及び資格取得
　　　ができない。
　　(2)　本件非行は，同校学則において，退学・停学の対象となる事案であ
　　　り，かつ少年は20日間勾留がなされたことにより，退学処分に該当す

382

第5 Q&A

る欠席数に到達してしまっている。

しかしながら，本件は入学前の事件であること，少年の就学意欲は強く，4月からの少年の就学態度も真面目だったこと等に鑑み，学校としては，本件非行のみを理由とする退学処分は行わず，身柄拘束から解放されれば直ちに復学することを許可した上，逮捕日以降欠席した分の講義及び実技は補講を，試験については追試を実施することで対応する，教員らが協力し少年を指導監督する，という寛大な判断がなされたと同校副校長より連絡をいただいている。

しかし，今後観護措置となれば，欠席がさらに最大4週間増え，非常に長期に及ぶため，その後復学しても補講や追試でもその受講数が補いきれないことになるため，進級は困難となり留年等も含め再度対応を検討するほかないとのことであった。

(3) 今ここで少年が観護措置となり，鑑別所に収容されてしまえば，少年は将来の資格取得の機会も，親身に対応してくれる教員らとの関係も完全に失うことになる。これまでの努力も，更生への意欲も全て徒労に終わったとの思いを抱かせることになる。今後同校での資格取得，そして更生の機会を失うということは，どのような処分がなされるよりも遙かに重い，今後の人生を大きく左右する決定的な事態である。

それは，深い反省と更生への意欲をもって新たな一歩を踏み出そうとしている少年にとってあまりにも酷である。

もちろん，今後の調査や審判の結果，少年にどのような終局処分がなされるかは現時点で断言できるものではない。しかし，現時点で少年の更生にとって重要な社会資源と，少年の更生への意欲を奪うことは，少年の健全な育成を目指す少年法の保護理念のもとにおいて，絶対にあってはならない事態である。

(4) このように，本件において観護措置決定がなされることによって少年が受ける不利益は，少年の今後の全人生に多大な影響を与えるものであり，取り返しのつかない事態をまねくこととなる。

少年を今鑑別所に収容し心身鑑別を実施することによって得られる利益よりも，これにより少年の負う不利益，失われる社会資源と少年の更生への意欲の方が，圧倒的に大きいことは明白である。

第3 結語

以上の次第であるから，少年については2号観護措置の要件が存在せず，仮に2号観護措置がなされれば，かえってそれは少年の更生に著し

第3編 子どもに関する問題

383

い妨げとなること，資質調査の方法としては1号観護措置という代替手
段が存在することなどを斟酌し，裁判所においては少年について2号観
護措置をなされることがないよう，意見を申述べるものである。

以上

添付資料

資料1　身元引受書（作成者：少年父母）

資料2　謝罪文（作成者：少年）

資料3　反省文（同上）

資料4　■■■■■■■学校学生便覧（抜粋）

資料5　■■■■■■■学校HP（■■■■■■コース抜粋）

　少年の身柄が家庭裁判所に送致されるのは家裁送致日の当日午前11時頃と
なるため意見書の提出はそれ以降となる（前日や当日朝などに前もって提出す
ることはできない）。裁判官との面接はその後，昼を挟んだ前後となることが
多く，さらに付添人の面接後に裁判官が少年と面接し，その上で観護措置に
ついての判断が出される。被疑者弁護人としての活動をする中で観護措置を
回避すべき事情があると判明した場合には，留置係や検察官にこまめに連絡
し家裁送致日を確認した上で，当日までに資料収集，選任関係書類の用意を
進め，当日は午前10時頃から午後2時頃までのスケジュールを空けておくよ
うにする必要がある。

Q2

　ぐ犯事件において，調査官，付添人とも保護観察が相当との
意見で，審判においても保護観察処分とされた少年の両親が，
これ以上少年の指導監督はできないとして少年院又は児童自立
支援施設送致を希望し，抗告してしまった。両親が指導監督を
拒否している場合，抗告審で施設送致となってしまうのか。

第5 Q&A

A 保護観察処分よりも少年にとって不利益となる処分を求める親権者の抗告は棄却される可能性が高い。

判 例 ●●

　ぐ犯窃盗保護事件において少年を保護観察に付した決定に対し，親権者らが児童自立支援施設送致又は少年院送致決定を求めた抗告について，東京高裁は，「児童自立支援施設送致及び少年院送致の各処分は，同じ保護処分であっても保護観察処分より一般的，類型的に少年にとって不利益な処分であり，少年法が，処分の著しい不当を理由に抗告を認めた趣旨が少年の権利保護にあり，少年の側にのみ抗告が認められていることからすると，少年にとって不利益な処分を求めて抗告を申し立てることは認められない」として，両親の抗告を棄却した（東京高決平28・1・27判タ1427号145頁）。

Q3

　高校生の少年が逮捕され，翌日釈放された。観護措置もとられなかったため，通学先は少年が逮捕されたことを知らず，家庭裁判所送致となり審判を受ける予定であることは担任教諭しか知らない。手続を進める中で注意すべきことはあるか。

A 東京都の場合，公立学校については少年が逮捕されると警察から通学先にその旨を知らせる制度があるため，通学先は逮捕勾留，家庭裁判所への送致を知っており，それを前提とした対応がとられる。

　他方で，私立学校の場合にはこうした制度がないことから，通学先が逮捕や家庭裁判所送致の事実を知らない場合もある。しかし，家庭裁判所の調査では，少年の過去，現在の通学先に出席状況や成績等について照会書による照会がなされる。これにより，通学先が事実を知ることとなるため，通学先に知られてはいけない事情がある場合には，事前に家庭裁判所に対し事情を説明して，照会書を送付しないよう申し入れる必要がある。

第3編 子どもに関する問題

385

第2章　非　行

　担任教諭が事情を知っており協力が得られるのであれば，担任教諭から少年の出席状況や成績，交友関係等を聴取し，付添人から報告書を提出することが考えられる。

Q4

　　特殊詐欺事件の受け子として逮捕勾留され，審判を受けることとなった。成人事件では前科などがなくても特殊詐欺は即実刑などと聞くが，少年も同様か。非行歴がなくとも直ちに少年院送致とされるのか。

A　特殊詐欺事件は被害額が多額で犯罪類型としても悪質性が高いが，その一方で少年の場合には主犯的立場にあることはほとんどなく，詐欺であるという認識も未必，あるいは無いという場合も多い。家庭裁判所でもその処遇は非常に慎重な対応をしており，原審で少年院送致とされても抗告審では取り消される場合もあるなど，判断が分かれるところでもある。また，詐欺の非行事実そのものや，故意が認定されなくともぐ犯として処分を受け，少年院送致となる場合もある。単に犯罪事実の有無や軽重のみで判断せず，少年の非行に至る背景，家庭環境等様々な事情を検討していくこととなる。

判　例

　特殊詐欺事件で少年院送致となった原決定に対し，「原決定が少年の非行性が相当進んだ状態にあるとして，中等少年院に送致したことも，それなりに理解できないわけではない」としながらも，本件非行前の少年の行動，非行歴補導歴，非行に至る経緯，非行後の状況，保護者の監護能力や意欲などを細かく認定し，「本件非行は重大であるが，少年については，社会内における専門家の指導によって，家庭環境を修復し，不良交友を断ち切って，その改善，更生を図る余地も十分に残されている」として，「試験観察などに

386

第 5　Q&A

より，少年の動向を観察して社会内処遇の可能性を検討することなく，直ちに中等少年院に送致することとした原決定の処分は著しく不当」として差し戻した事案（東京高決平27・6・24家判 8 号97頁，同様に試験観察などで在宅処遇の可能性を再度検討すべきとして原決定を取り消し差し戻した事案として東京高決平27・9・9家判 8 号100頁など。）。

Q5

　　審判中，少年，あるいは保護者がひどく取り乱したり泣き出すなどした場合はどうしたらよいか。

A

　　無理に審理を続行することなく，付添人から話しかけるなどし，それでも難しければ一時休廷を求め，少年を落ち着かせることが必要である。保護者の場合には，一旦審判廷から退廷させ，少年に影響が出ない環境を作った上で少年への質問などを再度実施するといったことが考えられる。審判の途中に裁判官，調査官とカンファレンスを実施することも可能なので，必要に応じて裁判官にカンファレンスを申し入れることも検討する。少年があまりに動揺し話せないような状態の場合には，裁判官の処遇意見に大きな影響を与え，当初想定していたよりも重い保護処分となることもあり得るため，付添人としては少年の様子には常に気を配り，これまでの環境調整，内省などが無にならないよう行動したい。

387

審判後の連携

　暴行の非行事実で保護観察処分となった少年から，2年ほどたったある日，突然事務所に電話があった。助けてほしい，昔の名刺を探して電話をした，とのことだった。

　彼によれば，審判後半年くらいした頃に，被害者を名乗る人物から自宅に手紙が届いたという。手紙には，裁判が終わっても自分は納得していない，少年自身で責任を取れ，賠償金を支払えとあり，差出人は「あなたの被害者」とだけで氏名も住所も記載されておらず，連絡先として，このためだけに作成したと分かるようなメールアドレス（いわゆる捨てアド）が指定されていたので，思わずそのアドレスに自分の携帯電話から謝罪のメールを送ってしまった。するとその後，何度もメールが送信されてくるようになり，無視していたところ，コンビニで売っているギフトカードを購入しその番号を知らせる方法で支払え，支払えば保護観察所にあなたは十分更生し頑張っている，と伝え，支払わないなら被害を受けた，全く更生していないと通報する，と言われ，困っている，とのことだった。

　実はこの事件，被害者の発言，行動に耐えかねた少年が勢いで手を出してしまったという事件で，審判では裁判官から，「どんなに相手に腹が立っても手を出してはいけない」と説諭があったほどだった。対応をしていた当職も当時思うところがあったため，既に審判が終了し付添人でもなんでもない立場で，彼も既に成人していたが，そのままにしておくことはできず，早速保護観察所，及び担当保護司，少年の父親に連絡を入れ，協議をした。協議の上，少年には絶対に対応させない，その人物から連絡が来ても全て無視する，ということで一致し，少年にもそう指導し，この件への対応は完了した。

　少年にとっては審判が終わってからも弁護士は弁護士である。誰に相談すればよいか分からず悩み，唯一の望みとして連絡をしてくることもある。そうしたときは「もうあなたの弁護士じゃないから」などと突き放すのではなく，話を聞いてあげる，問題のない範囲でできることをしてあげる，という柔軟な対応も必要であろう。

（中村　あゆ美）

付　録

付　録

資料1

出生届の提出に至らない子に係る住民票の記載について（通知）

$$\left(\begin{array}{l}\text{平20・7・7総行市第143号}\\ \text{総務省自治行政局市町村課長通知}\end{array}\right)$$

　今般，出生届の提出に至らない子に係る住民票の記載について，下記のとおり，考え方を整理しましたので，地方自治法（昭和22年法律第67号）第245条の4第1項の規定に基づき助言します。

　本通知の内容を踏まえて，適切に住民票の記載が行われますよう，貴都道府県内市区町村に対して，この旨を周知いただきますようお願い申し上げます。

記

1　住民票の記載に関する基本的考え方

　　記載の正確性の確保及び二重登録の防止などの観点から，戸籍と住民票は，本来，相互の連携・一致が基本であり，出生があった場合の住民票の記載には，戸籍法（昭和22年法律第224号）に基づく出生届の受理が必要であること。

　　しかしながら，民法（明治29年法律第89号）第772条の嫡出推定の規定の関係上，出生届の提出に至らず，結果として，住民票が作成されない事例が生じており，住民サービスの円滑な提供の観点から，対応が求められていたこと。

　　この問題に対応するため，これまでの考え方を基本としながらも，①出生証明書や母に係る戸籍謄抄本等により，日本国籍を有すること等が明らかで，②民法第772条の規定に基づく嫡出推定が働くことに関連して，出生届の提出に至らず，戸籍の記載が行われない者について，③認知調停手続など外形的に戸籍の記載のための手続が進められている場合には，将来的に戸籍の記載が行われる蓋然性が高いと認められるものとして，市区町村長の判断により，職権で住民票の記載を行うことができること。

2　住民票の記載を申し出る手続

　　出生届の提出に至らない子に係る住民票の記載に当たっては，住所地となる市区町村に対して，本人又は母その他の法定代理人から，住民票の作成を書面により申出させることとして，当該申出においては，以下のような手続をとることが適当であること。

⑴　申出は書面により行うこと。

⑵　申出書には，以下の事項を記載すること。

　　①　申出人の氏名及び住所

　　②　申出の趣旨

　　　　民法第772条の規定に基づく嫡出推定が働いているため，現在，認知調停等の手続を申立中であり，出生届の提出に至っていない○○（対象となる者

資料1　出生届の提出に至らない子に係る住民票の記載について（通知）

の氏名）について，住民票の作成を求める旨を記載。

③　出生届の提出に至らない理由

　　民法第772条の規定に基づく嫡出推定が働くことに関連して，出生届の提出に至らない理由を記載。必要に応じて，記載内容を証するための関係書類を添付。

　　なお，家庭裁判所に提出又は陳述した認知調停等の申立理由書等がある場合は，その概要を記載，必要に応じて，当該申立理由書等の写しの添付で足りること。

④　住民票に記載を求める事項

　イ　氏名（住民基本台帳法第7条第1号）

　　　「氏名」については，出生証明書に記載されたものを，申出人において記載。「氏」については，認知調停や氏の変更の許可等のための手続における申立て内容が認められた場合の「氏」を，申出人において記載して差し支えないこと。

　ロ　出生の年月日（同条第2号）

　ハ　男女の別（同条第3号）

　ニ　世帯主の氏名及びその続柄（同条第4号）

　　　「続柄」については，認知調停手続等における申立て内容が認められた場合の世帯主との身分関係と齟齬が生じないよう，申出人において記載。

　ホ　住所（同条第7号）

⑤　母の氏名，生年月日及び戸籍の表示

⑥　その他，住民票の記載のため市区町村において必要と認める事項

(3)　申出書には，以下の書類を添付すること。

①　出生証明書

　　出生証明書は，市区町村において，本人に係る出生の事実関係を確認するために必要。後日行われることが予定される出生届に必要なため，内容を確認した上で，裏面又は欄外余白に，市区町村長名で「○年○月住民票を作成した」旨を記載し，申出人に対し還付すること。

②　母の戸籍謄抄本等

　　市区町村において，母が日本国籍を有する者であることを確認し，本人も日本国籍を有する旨を明らかにするために必要。

③　認知調停手続，親子関係不存在確認の調停手続などの手続を申し立てている旨を証する書類

　　外形的に戸籍の記載のための手続を進めていることを確認するために必要。基本的には，家庭裁判所に対する申立てが受理されたことを証する書類を添付。

④　その他，住民票に記載すべき事項を確認するため市区町村において必要と認める書類

付　録

3　市区町村における住民票への記載及び事後の取扱い

　　住所地となる市区町村は，2の申出を受けて，申出内容を審査の上，適当と認める場合には，出生届の提出に至らない子に係る住民票を作成することとなるが，住民票の記載及びその後の取扱いは，以下のとおりであること。

(1)　申出内容が確認できた場合に，申出内容に基づき，住民票を職権で作成することとし，併せて，備考欄に，出生届が提出に至っていない旨及び認知調停等の手続を申立中である旨を記載すること。

(2)　認知調停等の手続が確定した場合においては，速やかに戸籍の届出が行われることとなるが，住所地市区町村は，住民基本台帳法施行令（昭和42年政令第292号）第12条第2項第1号の規定に基づき，職権で必要事項を記載（修正）すること。

　　　また，この場合においては，(1)により行った備考欄の記載を併せて削除すること。

(3)　(2)の場合において，認知調停等の手続の結果に応じた戸籍の届出が速やかに行われず，住民票の記載が修正されないときは，住所地市区町村は，申出人に対し，必要な戸籍の届出を促すことなどにより，戸籍と住民票の連携・一致を図るものとすること。

資料2

出生届の提出に至らない子に係る住民票の記載について（通知）

$$\left(\begin{array}{l}平\,2\,4\,\cdot\,7\,\cdot\,2\,5\,総行住第\,7\,4\,号\\総務省自治行政局住民制度課長通知\end{array}\right)$$

　　住民基本台帳法の一部を改正する法律（平成21年法律第77号）等の施行に伴い，外国人住民が住民基本台帳法の適用対象とされたことから，出生届の提出に至らない子に係る住民票の記載について，下記の通り考え方を整理しましたので，通知します。

　　本通知の内容を踏まえて，適切に住民票の記載が行われますよう，貴都道府県内市区町村に対して，この旨を周知いただきますようお願い申し上げます。

　　なお，本通知は，地方自治法（昭和22年法律第67号）第245条の4第1項に基づく技術的助言であることを申し添えます。

　　　　　　　　　　　　　　　　　　　　　記

1　住民票の記載に関する基本的考え方

資料2　出生届の提出に至らない子に係る住民票の記載について（通知）

　　出生があった場合の住民票の記載に当たっては，戸籍法（昭和22年法律第224号）に基づく出生届が必要であることが原則であるが，民法（明治29年法律第89号）第772条の嫡出推定の規定の関係上，出生届の提出に至らず，結果として，住民票が作成されない事例が生じており，住民サービスの円滑な提供の観点から，対応を行う必要があること。この問題に対応するため，①民法第772条の規定に基づく嫡出推定が働くことに関連して，出生届の提出に至らない者について，②認知調停手続など外形的に子の身分関係を確定するための手続が進められている場合には，市区町村長の判断により，職権で住民票の記載を行うことができること。

2　住民票の記載を申し出る手続

　　出生届の提出に至らない子に係る住民票の記載に当たっては，住所地となる市区町村に対して，本人又は母その他の法定代理人から，住民票の作成を書面により申出させることとして，当該申出においては，以下のような手続をとることが適当であること。

⑴　申出は書面により行うこと。

⑵　申出書には，以下の事項を記載すること。

　①　申出人の氏名及び住所

　②　申出の趣旨

　　　民法第772条の規定に基づく嫡出推定が働いているため，現在，認知調停等の手続を申立中であり，出生届の提出に至っていない○○（対象となる者の氏名）について，住民票の作成を求める旨を記載。

　③　出生届の提出に至らない理由

　　　民法第772条の規定に基づく嫡出推定が働くことに関連して，出生届の提出に至らない理由を記載。必要に応じて，記載内容を証するための関係書類を添付。

　　　なお，家庭裁判所に提出又は陳述した認知調停等の申立理由書等がある場合は，その概要を記載，必要に応じて，当該申立理由書等の写しの添付で足りること。

　④　住民票に記載を求める事項

　　イ　氏名（住民基本台帳法第7条第1号）

　　　「氏名」については，出生証明書に記載されたものを，申出人において記載。ただし，外国人住民としての住民票を作成する子の場合には，ローマ字表記の氏名の付記を求めること。

　　　また，日本人住民としての住民票を作成する子の「氏」については，認知調停や氏の変更の許可等のための手続における申立内容が認められた場合の「氏」を，申出人において記載して差し支えないこと。

　　ロ　出生の年月日（同条第2号）

　　ハ　男女の別（同条第3号）

付　録

　　ニ　世帯主の氏名及びその続柄（同条第4号）
　　　　「続柄」については，認知調停手続等における申立て内容が認められた
　　　場合の世帯主との身分関係と齟齬が生じないよう，申出人において記載。
　　ホ　住所（同条第7号）
　⑤　母の氏名，生年月日及び戸籍の表示（母が外国人である場合にあっては，
　　母の氏名，生年月日及び国籍・地域）
　⑥　その他，住民票の記載のため市区町村において必要と認める事項
(3)　申出書には，以下の書類を添付すること。
　①　出生証明書
　　　出生証明書は，市区町村において，本人に係る出生の事実関係を確認する
　　ために必要。後日行われることが予定される出生届に必要なため，内容を確
　　認した上で，裏面又は欄外余白に，市区町村長名で「○年○月住民票を作成
　　した」旨を記載し，申出人に対し還付すること。
　②　認知調停手続，親子関係不存在確認の調停手続などの手続を申し立ててい
　　る旨を証する書類
　　　外形的に子の身分関係を確定するための手続を進めていることを確認する
　　ために必要。基本的には，家庭裁判所に対する申立てが受理されたことを証
　　する書類を添付。
　③　その他，住民票に記載すべき事項を確認するため市区町村において必要と
　　認める書類
3　市区町村における住民票への記載及び事後の取扱い
　　住所地となる市区町村は，2の申出を受けて，申出内容を審査の上，適当と認
　める場合には，出生届の提出に至らない子に係る住民票を作成することとなるが，
　住民票の記載及びその後の取扱いは，以下のとおりであること。
(1)　申出内容が確認できた場合に，申出内容に基づき，住民票を職権で作成する
　　こととし，併せて，備考欄に，出生届が提出に至っていない旨及び認知調停等
　　の手続を申立中である旨を記載すること。
(2)　認知調停等の手続が確定した場合においては，速やかに戸籍の届出が行われ
　　ることとなるが，住所地市区町村は，住民基本台帳法施行令（昭和42年政令第
　　292号）第12条第2項第1号の規定に基づき，職権で必要事項を記載（修正）
　　すること。
　　　また，この場合においては，(1)により行った備考欄の記載を併せて削除する
　　こと。
(3)　(2)の場合において，認知調停等の手続の結果に応じた戸籍の届出が速やかに
　　行われず，住民票の記載が修正されないときは，住所地市区町村は，申出人に
　　対し，必要な戸籍の届出を促すこと。日本の国籍を有する者にあっては，戸籍
　　と住民票の連携・一致を図るものとすること。

資料3　就籍の届出に至らない者に係る住民票の記載について（通知）

資料3

就籍の届出に至らない者に係る住民票の記載について（通知）

$$\left(\begin{array}{l}\text{平30・10・2総行住第162号}\\\text{総務省自治行政局住民制度課長通知}\end{array}\right)$$

　今般，戸籍法（昭和22年法律第224号）第110条の規定における就籍許可審判又は第111条の規定における確定判決を受けるための裁判手続（以下「就籍許可等手続」という。）を行っていることにより，就籍の届出に至らない者に係る住民票の記載について，以下のとおり考え方を整理しましたので，通知します。

　本通知の内容を踏まえ，適切に住民票の記載が行われますよう，貴都道府県内市区町村に対して，この旨を周知いただきますようお願い申し上げます。

　なお，本通知は，地方自治法（昭和22年法律第67号）第245条の4第1項に基づく技術的助言であることを申し添えます。

1　住民票の記載に関する基本的考え方

　　出生があった場合の住民票の記載に当たっては，戸籍法に基づく出生届が必要であることが原則であるが，同法に基づく出生届が行われなかったことなどにより，結果として，住民票が作成されない事例が生じており，住民サービスの円滑な提供の観点から，対応を行う必要があること。

　　この問題に対応するため，就籍の届出に至っていない者について，就籍許可等手続中であり，次の2の確認により，日本国籍を有する者の子であること等が推認される場合には，市区町村長の判断により，職権で住民票の記載を行うことができること。

2　住民票の記載を申し出る手続き等

　　就籍の届出に至らない者に係る住民票の記載に当たっては，住所地となる市区町村に対して，本人（本人が未成年の場合は，未成年後見人又は親権代行者。本人が成年被後見人の場合は，成年後見人。以下「申出人」という。）から，住民票の作成を書面により申出させることとして，当該申出においては，以下のような手続きをとることが適当であること。票の作成を書面により申出させることとして，当該申出においては，以下のような手続きをとることが適当であること。

(1)　申出書には，以下の事項を記載させること。

　①　申出人の氏名及び住所

　②　申出の趣旨

　　　現在，就籍許可等手続中であり，就籍の届出に至っていない○○（対象となる者の氏名）について，住民票の作成を求める旨を記載

　③　就籍の届出に至らない理由

　　　就籍の届出に至らない理由を記載。必要に応じて，記載内容を証するため

付　録

の関係書類を添付

　　なお，就籍許可等手続において提出又は陳述した申立理由書等がある場合は，その概要を記載，必要に応じて，当該申立理由書等の写しの添付で足りること。

　④　住民票に記載を求める事項

　　イ　氏名（住民基本台帳法（昭和42年法律第81号）第7条第1号）

　　　「氏名」については，戸籍法（昭和22年法律第224号）第49条第3項に規定する出生証明書に記載されたものを，申出人において記載。ただし，出生証明書がない場合においては，就籍許可等手続における申立て内容が認められた場合の「氏名」を，申出人において記載して差し支えないこと。

　　ロ　出生の年月日（住民基本台帳法第7条第2号）

　　ハ　男女の別（同条第3号）

　　ニ　世帯主の氏名及びその続柄（同条第4号）

　　　「続柄」については，就籍許可等手続における申立て内容が認められた場合の世帯主との身分関係と齟齬が生じないよう，申出人において記載

　　ホ　住所（同条第7号）

　⑤　父又は母の氏名，生年月日及び戸籍の表示

　⑥　就籍許可等手続の進捗状況等について，本人は定期的に面談等に応ずることを了解する旨の宣誓

　⑦　本人の連絡先

　⑧　その他，住民票の記載のため市区町村において必要と認める事項

(2)　申出書には，以下の書類を添付させること。

　①　出生証明書

　　出生証明書は，本人に係る出生の事実関係を確認するために必要

　　なお，やむを得ない理由により提示することができない場合は，以下のいずれかの書類の提示を求め，複写して保存すること。

　　ア　母子保健法（昭和40年法律第141号）第16条に規定する母子健康手帳（母及び子の氏名の記載等親子関係が確認できるものに限る。）

　　イ　本人と父又は母とのDNA鑑定書

　　ウ　父又は母の氏名及び本人との続柄が確認できる以下のいずれかの書類

　　　(ｱ)　学校教育法施行令（昭和28年政令第340号）第1条に基づき市町村の教育委員会が編製した学齢簿

　　　(ｲ)　学校教育法施行規則（昭和22年文部省令第11号）第24条に基づき校長が作成した指導要録

　　　(ｳ)　学校教育法施行規則第58条等に基づき校長が卒業証書を授与するに当たりその控えとして備えた帳簿等

　②　就籍許可等手続を申し立てている旨を証する書類

　　外形的に本人の身分関係を確定するための手続きを進めていることを確認

資料3　就籍の届出に至らない者に係る住民票の記載について（通知）

するために必要。基本的には，家庭裁判所に対する申立て等が受理されたことを証する書類を添付すること。

　③　父又は母の戸籍若しくは除かれた戸籍の謄抄本

　　ア　①において，出生証明書又はアの書類を提示した場合は，母の戸籍又は除かれた戸籍の謄抄本（以下「戸籍謄本等」という。）を添付すること。

　　イ　①において，イのうち，本人と父とのＤＮＡ鑑定書を提示した場合は父の戸籍謄本等を，本人と母とのＤＮＡ鑑定書を提示した場合は母の戸籍謄本等を，それぞれ添付すること。

　　ウ　①において，ウのうち，父の氏名及び本人との続柄が記載された書類を提示した場合は父の戸籍謄本等を，母の氏名及び本人との続柄が記載された書類を提示した場合は母の戸籍謄本等を，それぞれ添付すること。

　④　その他，本人あての郵便物等本人が現に当該氏名により居住している本人であることを示す書類など，住民票に記載すべき事項を確認するため市区町村において必要と認める書類

(3)　上記(1)及び(2)の書類を基に，日本国籍を有する父又は母と本人とが親子関係にあること及び当該父又は母の戸籍に本人が記載されていないことなどを確認した上で，本人と詳細な面談を行い，住民基本台帳ネットワークシステムを活用して本人に係る本人確認情報の重複がないことを確認するなど，同一人につき，二重の住民票が作成されることを避けるための確認を行うこと。

(4)　現に申出の任に当たっている者が本人以外の者である場合には，その権限について，その資格を証明する書類を提示させ確認するとともに，現に申出の任に当たっている者の本人確認を，住民基本台帳事務処理要領（昭和42年自治振第150号等通知）第2-4-(1)-①-ア-(イ)に準じて行うこと。

3　市区町村における住民票への記載及び事後の取扱い

　　住所地となる市区町村は，上記2の申出を受けて，申出内容を審査の上，適当と認める場合には，就籍の届出に至らない者に係る住民票を作成することとなるが，住民票の記載及びその後の取扱いは，以下のとおりであること。

(1)　申出内容が確認できた場合に，申出内容に基づき，住民票を職権で作成することとし，あわせて，備考欄に，就籍の届出に至っていない旨及び就籍許可等手続中である旨を記載すること。

　　なお，住民票を作成した場合においても，本人の居住実態について，住民基本台帳法第34条の規定による調査を適時実施すること。

(2)　就籍の許可審判の場合はその告知の日から，また，確定判決の場合は判決確定の日からそれぞれ10日以内に就籍の届出が行われることとなるため，住所地市区町村は，住民基本台帳法施行令（昭和42年政令第292号）第12条第2項第1号の規定に基づき，職権で必要事項を記載又は修正すること。

　　また，この場合においては，上記(1)により行った備考欄の記載を併せて削除すること。

付　録

⑶　上記⑵の場合において，就籍許可等手続の結果に応じた就籍の届出が速やか
　に行われないときは，住所地市区町村は，申出人に対し，必要な戸籍の届出を
　促すなど，戸籍と住民票の連携・一致を図るものとすること。

資料４

戸籍及び住民票に記載のない児童に関する児童福祉行政上の取扱いについて

$$\left(\begin{array}{l}\text{平１９・３・２２厚生労働省雇用}\\\text{均等・児童家庭局総務課事務連絡}\end{array}\right)$$

　児童福祉行政の推進につきましては，日頃より種々ご尽力を賜り厚く御礼申し上
げます。
　さて，離婚後300日以内に出生した子について出生届がなされない等の事情によ
り戸籍及び住民票に記載のない児童に関する児童福祉行政上の取扱いについては，
下記のとおり取り扱っているところですので，都道府県等におかれましては，改め
て貴管内の市町村及び児童相談所に周知していただきますようお願いいたします。
　　　　　　　　　　　　　　　　　　　記
1　児童手当
　　児童手当は，小学校修了前の児童の養育者からの申請に基づき，監護要件及び
　生計要件等を判断するほか，受給者（養育者）が国内に住所を有するときに支給
　することとされている。
　　しかしながら，対象児童については住所要件がないことから，離婚後300日以
　内に出生した子について出生届がなされない等の事情により，戸籍及び住民票に
　記載のない場合であっても，当該児童の養育者について監護要件及び生計要件等
　を個別に確認した上で，当該児童の養育者に対して児童手当の支給を認定するこ
　とができる。
2　児童扶養手当
　　児童扶養手当は，母子世帯等，父と生計を同じくしていない児童を監護又は養
　育している者からの申請に基づき，申請者と対象児童との関係，監護要件，養育
　要件等を判断するほか，受給者（母又は養育者）及び対象児童が国内に住所を有
　するときに支給することとされている。
　　そのため，申請に当たっては，親子関係等を証明する戸籍の謄本又は抄本，居
　住地等を証明する住民票の写し等の添付が必要となるが，離婚後300日以内に出
　生した子について出生届がなされない等の事情により，戸籍及び住民票に記載の

ない場合であっても，出生証明書により，対象児童及びその母が確認でき，かつ，当該児童が国内に居住している実態を確認できれば，児童扶養手当の支給対象とすることができる。

3　保育所

　　保育所における保育の実施は，就学前の児童の保護者からの申込みに基づき，保護者の労働，疾病等の「保育に欠ける」要件に該当することを判断した上で行うこととされている。

　　しかしながら，当該申込みに当たっては，入所申込書を「保育の実施を希望する保護者の居住地の市町村に提出」することとされており，離婚後300日以内に出生した子について出生届がなされない等の事情により，戸籍及び住民票に記載のない場合であっても，当該児童が当該市町村に居住している実態を確認できれば，「保育に欠ける」要件を個別に確認した上で，保育所への受入れを決定することができる。

4　母子保健

　　母子保健に関する事業については，妊娠した者に対して市町村長への届出を求め，これによって把握した対象者に母子健康手帳を交付し，保健指導，新生児の訪問指導及び健康診査を行っている。

　　当該対象者については住所要件がないことから，戸籍及び住民票における記載の有無にかかわらず，当該市町村に居住している実態を確認できれば，母子保健に関する事業の対象となる。

資料5

無戸籍の児童に関する児童福祉等行政上の取扱いについて

平28・10・21厚生労働省雇用均等・児童家庭局総務課，
内閣府子ども・子育て本部参事官（子ども・子育て支援担当），
内閣府子ども・子育て本部児童手当管理室，
厚生労働省社会・援護局障害保健福祉部企画課事務連絡

　　無戸籍の児童に関する児童福祉行政上の取扱いについては，「戸籍及び住民票に記載のない児童に関する児童福祉行政上の取扱いについて」（平成19年3月22日付け事務連絡）により周知をお願いしたところですが，これらの児童については，戸籍謄本等により身元を証明することができないために，各種の行政サービスを受ける上でなお困難が生じているものと思われます。つきましては，改めて下記の取扱いについて貴管内の市町村及び児童相談所に周知していただきますようお願いいた

付　録

します。

　また，法務省を中心に無戸籍の児童が戸籍に記載されるための支援を推進しているところですので，貴職におかれましても，無戸籍児童の情報を管轄法務局等へ連絡する等の対応について，周知方お取り計らい願います。

記

1．無戸籍児童に関する児童福祉等行政上の取扱いについて

　　無戸籍児童に関する児童福祉等行政上の取扱いについては，下記のとおりとしているところです。

　(1)　保育所・認定こども園・家庭的保育事業等

　　　　子ども・子育て支援新制度において，保育所・認定こども園・家庭的保育事業等は，小学校就学前子どもの保護者が，支給認定を受けた上で利用することとされている。

　　　　当該利用に当たっては，利用申込書を当該小学校就学前子どもの保護者の居住地の市町村に提出することとされており，離婚後300日以内に出生した子について出生届がなされない等の事情により，戸籍及び住民票に記載のない場合であっても，当該小学校就学前子どもが当該市町村に居住している実態を確認できれば，支給認定を受けた上で保育所・認定こども園・家庭的保育事業等を利用することができ，子どものための教育・保育給付の対象となる。

　(2)　母子保健

　　　　母子保健に関する事業については，妊娠した者に対して市町村長への届出を求め，これによって把握した対象者に母子健康手帳を交付し，保健指導，新生児の訪問指導及び健康診査を行っている。

　　　　当該対象者については住所要件がないことから，戸籍及び住民票における記載の有無にかかわらず，当該市町村に居住している実態を確認できれば，母子保健に関する事業の対象となる。

　(3)　児童手当

　　　　児童手当は，中学校修了前の児童の養育者からの申請に基づき，監護要件及び生計要件等を判断するほか，受給者（養育者）及び児童が国内に住所を有するときに支給することとされている。

　　　　しかしながら，離婚後300日以内に出生した子について出生届がなされない等の事情により，戸籍及び住民票に記載のない場合であっても，出生証明書により，児童及びその母が確認でき，かつ，当該児童が国内に居住している実態を確認できれば，当該児童の養育者について監護要件及び生計要件等を個別に確認した上で，当該児童の養育者に対して児童手当の支給を認定することができる。

　(4)　児童扶養手当

　　　　児童扶養手当は，母子世帯等，父又は母と生計を同じくしていない児童を監護又は養育している者からの申請に基づき，申請者と対象児童との関係，監護

要件，養育要件等を判断するほか，受給者（母，父又は養育者）及び対象児童が国内に住所を有するときに支給することとされている。

そのため，申請に当たっては，親子関係等を証明する戸籍の謄本又は抄本，居住地等を証明する住民票の写し等の添付が必要となるが，離婚後300日以内に出生した子について出生届がなされない等の事情により，戸籍及び住民票に記載のない場合であっても，出生証明書により，対象児童及びその母が確認でき，かつ，当該児童が国内に居住している実態を確認できれば，児童扶養手当の支給対象とすることができる。

(5) 特別児童扶養手当

特別児童扶養手当は，障害児の父若しくは母がその障害児を監護するとき，又は父母がないか若しくは父母が監護しない場合において，当該障害児の父母以外の者がその障害児を養育するときなど，障害児を監護又は養育している者からの申請に基づき，申請者と対象児童との関係，監護要件，養育要件等を判断するほか，受給者（父母又は養育者）及び対象児童が国内に住所を有するときに支給することとされている。

そのため，申請にあたっては，戸籍の謄本又は抄本及び住民票の写し等の添付が必要となるが，離婚後300日以内に出生した子について出生届がなされない等の特段の事情により，戸籍及び住民票に記載のない児童であっても，調査により当該児童が国内に居住している実態を確認できれば，特別児童扶養手当の支給対象とすることができる。

(6) 障害児福祉手当

障害児福祉手当については，対象児童が居住する福祉事務所所管区域内に住所を有するときに支給することとされている。そのため，申請にあたっては，戸籍の謄本又は抄本及び住民票の写し等の添付が必要となるが，離婚後300日以内に出生した子について出生届がなされない等の特段の事情により，戸籍及び住民票に記載のない児童であっても，調査により当該児童が福祉事務所所管区域内に居住している実態を確認できれば，障害児福祉手当の支給対象とすることができる。

(7) 障害児通所給付費等

障害児通所給付費，特例障害児通所給付費，障害児入所給付費（以下「障害児通所給付費等」という。）は，障害児の保護者からの申請に基づき，給付決定を行った上で支給することとされている。

当該申請に係る給付決定については，障害児の保護者の居住地の市町村が行うものとするとされており，障害児の保護者が居住地を有しないとき，又は明らかでないときであっても，その障害児の保護者の現在地の市町村が行うものとするとされている。このため，離婚後300日以内に出生した子について，出生届がなされない等の事情により，戸籍及び住民票に記載のない場合であっても，当該障害児の保護者が当該市町村に居住している実態を確認できれば，給

付　録

　　付決定を行った上で，障害児通所給付費等の支給対象とすることができる。
２．戸籍の記載に向けた支援について
　　法務省においては，「戸籍に記載がない者に関する情報の把握及び支援につい
　て（依頼）」（平成26年７月31日付け法務省民一第817号民事局民事第一課長通知）
　（別添）を発出し，市区町村長（児童相談所長，教育委員会教育長等を含む。）が
　戸籍以外の所管業務の過程で無戸籍者に関する情報を把握したときは，市区町村
　の戸籍窓口に当該情報（通称，生年月日，連絡先等）を連絡するとともに，無戸
　籍者に対する管轄法務局等への相談方の案内について協力を依頼するよう通知を
　しているところです。
　　当該通知の趣旨を踏まえた取組を徹底するため，無戸籍の学齢児童生徒の情報
　を把握したときは，速やかに戸籍担当部局に連絡するとともに，無戸籍者支援に
　係る法務省のホームページを紹介する，管轄法務局等への相談方を案内するなど，
　戸籍担当部局と連携して，戸籍への記載に向けた支援を行うようお願いします。

資料6　離婚後300日以内に出生した子につき，出生届がなされない等の事情により戸籍及び住民票に記載のない児童に関する国民健康保険資格の取扱いについて

資料6

離婚後300日以内に出生した子につき，出生届がなされない等の事情により戸籍及び住民票に記載のない児童に関する国民健康保険資格の取扱いについて（事務連絡）

$$\left(\begin{array}{l}\text{平19・3・23厚生労働省}\\\text{保険局国民健康保険課通知}\end{array}\right)$$

　国民健康保険制度の円滑な実施について，平素より格段の御協力，御尽力を賜り厚く御礼申し上げます。

　標記について，離婚後300日以内に出生した等の特段の事情により，出生届がなされておらず，戸籍及び住民票に記載のない児童の国民健康保険被保険者資格の取得について，ご確認をいただく趣旨で，下記のとおり整理いたしましたので，貴管内市町村に周知していただきますようお願いいたします。

記

1　国民健康保険の被保険者資格の要件である住所の認定については，従前より昭和34年1月27日保発第4号「国民健康保険法施行事務の取扱について」各都道府県知事あて厚生省保険局長通達の記の第三の㈠の二等により示しているとおり，定住の意思と定住の事実の両面より判断して，当該被保険者の生活の本拠を確定しなければならないものであり，住民基本台帳への記載の有無は住所の認定にあたっての有力な根拠であるが，住民基本台帳への記載がないことのみを以て，国民健康保険の被保険者資格の有無を判断すべきではなく，事実の調査により現実の住所を確定しなければならないこと。

2　1の趣旨から，離婚後300日以内に出生し，前夫の子として出生届を行わなければならないため，やむを得ず行っていないというような特段の事情により，戸籍及び住民票に記載のない児童について，調査により出生証明書に記載されている母親と同一の住所地において住所が認定され，かつ国民健康保険法第六条各号のいずれにも該当しない場合は，国民健康保険の被保険者資格を取得するものであること。

3　なお，上述の取扱いは当該児童の健康，福祉への配慮の観点から，やむを得ず国民健康保険担当課において住民基本台帳の記載に基づかず住所の認定を行わなければならない場合の短期間の特例として行うべきものであり，特段の理由もなく出生届を行わないなど特例を認めるべきでないと判断される場合は，出生届を先に行うよう教示すべきこと。

　上述の住所の認定にあたっては，職員により，出生届を行わない理由の聴取，現地調査など適正な手続で行われるよう配慮すること。

　また，後日当該児童について住民票が作成された際には住民基本台帳法第四条

付　録

　の趣旨に沿って，当該住民票の内容と国民健康保険担当課において把握している
住所等の内容と齟齬が生じないよう，速やかに内容の補正等を行われたいこと。

参考
○　国民健康保険法（昭和33年法律第192号）（抄）
　　（被保険者）
　第5条　市町村又は特別区（以下単に「市町村」という。）の区域内に住所を有
　する者は，当該市町村が行う国民健康保険の被保険者とする。
○　国民健康保険法施行事務の取扱について（昭和34年1月27日保発第四号・各都
　道府県知事あて厚生省保険局長通達）（抄）
　　第三　市町村の被保険者に関する事項
　　㈠　資格
　　　（住所を有する者）
　　　一　被保険者の資格については，従来の世帯主及び世帯に属する者を被保険
　　　者としていたのを改め，市町村の区域内に住所を有する者をもって被保険
　　　者としたこと（法第5条）。
　　　（住所の認定）
　　　二　住所の認定については，定住の意思と定住の事実の両面より判断して，
　　　生活の本拠を確定すべきであるが，この場合，住民登録，戸籍，米穀通帳，
　　　選挙人名簿等の資料を調査し，住所認定の適正化を図られたいこと。従つ
　　　て，転入の当初より他所に移転することが明らかであり，かつ，在住の期
　　　間がきわめて短期間に過ぎない者の取扱については，国民健康保険の性格
　　　に照らし，住所を有する者と認定しないことが適当であること。
○　国民健康保険被保険者資格に関する疑義について（昭和42年4月21日保険発第
　39号の2・各都道府県民生主管部（局）長あて厚生省国民健康保険課長通知）
　（抄）
　　昭和34年1月27日保発第4号「国民健康保険法施行事務の取扱いについて」各
　都道府県知事あて厚生省保険局長通知の記の第三の㈠の二の前段においても明ら
　かにされているように，住民登録は住所の認定に当たつての資料として用いられ
　るものであり，また，住所の認定は定住の意思と定住の事実の両面より判断して
　行なうものであること。
○　住民基本台帳法等の施行に伴う留意事項について（昭和42年10月4日保険発第
　106号・各都道府県民生主管部（局）長あて厚生省保険局国民健康保険課長通知）
　（抄）

404

資料7　無戸籍の学齢児童・生徒の就学の徹底及びきめ細かな支援の充実について（通知）

第四　住所の認定等について

　　　住民の住所に関する法令の規定の解釈は，地方自治法第10条第1項に規定する住民の住所と異なる意義の住所を定めるものと解釈してはならないこととされたが，これによつて，従来の国民健康保険の被保険者の住所の認定が変ることはないものであること。（台帳法第四条）

資料7

無戸籍の学齢児童・生徒の就学の徹底及びきめ細かな支援の充実について（通知）

$$\left(\begin{array}{c}\text{平27・7・8文部科学省初等中等}\\\text{教育局初等中等教育企画課長通知}\end{array}\right)$$

　　日本国籍を有するものの戸籍に記載がない者（以下「無戸籍者」という。）については，戸籍謄本等により身元を証明することができないために社会生活上様々な不利益を被ることがあるほか，各種の行政サービスを受ける上で困難が生じるものと考えられるため，法務省及び文部科学省を含む関係省庁においては，無戸籍者が適正な手続により戸籍に記載されるための支援を推進するとともに，平成26年8月以降，無戸籍者に関する情報を各地域の管轄法務局において集約し，法務省に報告することとしています。

　　法務省が把握している無戸籍者の中には，学齢児童生徒と思われる者も相当数含まれていることから，文部科学省においては，法務省が平成27年3月10日現在で把握した無戸籍者について，就学状況の調査（以下「実態調査」という。）を行い，その結果を取りまとめたところです。（別添1）
戸籍の有無にかかわらず，学齢の児童生徒の義務教育諸学校への就学の機会を確保することは，憲法に定める教育を受ける権利を保障する観点から極めて重要であり，各市町村（特別区を含む。以下同じ。）教育委員会及び各義務教育諸学校においては，今回の調査結果も踏まえつつ，下記に御留意の上，無戸籍の学齢児童生徒の就学の徹底ときめ細かな支援の充実に取り組んでいただくようお願いします。

　　各都道府県・指定都市教育委員会教育長におかれては所管の学校及び域内の市町村教育委員会に対して，各都道府県知事及び構造改革特別区域法（平成14年法律第189号）第12条第1項の認定を受けた各地方公共団体の長におかれては所轄の学校及び学校法人等に対して，各国立大学法人の長におかれては附属学校に対して，本通知の趣旨・内容について周知・指導願います。

　　なお，本通知は法務省民事局，厚生労働省雇用均等・児童家庭局及び総務省自治

405

付　録

行政局と協議済みであることを申し添えます。

記

1．無戸籍の学齢児童生徒の居住が判明した場合の対応等について

　　実態調査においては，平成27年3月10日現在で戸籍に記載がない学齢児童生徒142名のうち，1名が未だ就学できておらず，また現在就学している者のうち6名は過去に未就学の期間があったことが判明した。

　　この点に関しては，戸籍や住民票の有無にかかわらず，学校教育法第17条に基づき，学齢児童生徒の保護者には義務教育諸学校に子を就学させる義務があるが，無戸籍であったり住民基本台帳に記載されていない場合には就学できないのではないかと保護者が誤解している場合や，ドメスティック・バイオレンス被害等の困難な家庭状況が就学の妨げとなっている場合も考えられる。また，戸籍や住民基本台帳に記載されていないことにより，教育委員会が当該児童生徒の情報を把握することができず学齢簿を編製することが困難となることも考えられる。

　　以上のことから，市町村教育委員会におかれては，戸籍担当部局，住民基本台帳担当部局，社会福祉部局，児童相談所等の関係機関との間で戸籍や住民基本台帳に記載されていない学齢児童生徒に関する必要な情報共有のためのルールをあらかじめ決めておくとともに，戸籍や住民基本台帳に記載されていない学齢児童生徒が域内に居住している事実を把握したときは，直ちに当該児童生徒に係る学齢簿を編製するとともに，対面により丁寧に就学の案内を行うなど，戸籍や住民基本台帳に記載されていない学齢児童生徒が就学の機会を逸することのないよう取組を徹底すること。

2．無戸籍の学齢児童生徒に対するきめ細かな支援について

⑴　戸籍への記載に向けた支援

　　法務省においては，「戸籍に記載がない者に関する情報の把握及び支援について（依頼）」（平成26年7月31日付け法務省民事局民事第一課長通知）（別添2）において，市区町村（教育委員会等も含む。）が戸籍以外の所管業務の過程で無戸籍者に関する情報を把握したときは，市区町村の戸籍窓口に当該情報（通称，生年月日，連絡先等）を連絡するとともに，無戸籍者に対して管轄法務局等へ相談するよう案内すべき旨通知しているところである。

　　以上のことから，各市町村教育委員会におかれては，当該通知に基づく取組を徹底するため，無戸籍の学齢児童生徒の情報を把握したときは，速やかに戸籍担当部局に連絡するとともに，当該児童生徒の保護者に，無戸籍者支援に係る法務省のホームページを紹介したり，近隣の法務局から就籍手続に関する連絡が行くよう取り計らうなど，戸籍担当部局と連携して，当該児童生徒の就籍に向けた支援を行うこと。

⑵　学習上・生活上課題がある児童・生徒への支援

　　実態調査においては，無戸籍の学齢児童生徒が義務教育諸学校へ就学している場合であっても，当該児童生徒のうち約16％が困難な家庭状況により児童相

資料7　無戸籍の学齢児童・生徒の就学の徹底及びきめ細かな支援の充実について（通知）

談所の支援を受けているなど特別な生活上の課題があり，また過去に未就学期間があった児童生徒のうち半数が，未就学期間があったことによる学習上の課題を抱えていることが判明した。

　以上のことから，義務教育諸学校においては，別添1において，今回の実態調査で把握した，無戸籍の学齢児童生徒が抱える学習上・生活上の課題を取りまとめているので，その内容や「生徒指導提要」（平成22年3月，文部科学省）の第6章2「個別の課題を抱える児童生徒への指導」における記載も参考としつつ，無戸籍の学齢児童生徒が抱える教育上・生活上の課題に適切に対応すること。

　特に，当該児童生徒が，未就学期間があったことによる学習上の課題を抱えている場合は，学習内容にまとまった欠落があるなど，日々の教職員の指導の中で補充的に対応するだけでは十分な支援ができない場合も考えられるため，教育委員会と学校とが連携して個別に支援計画を策定し，放課後や長期休業日の活用も含め，修業年限全体を通じた組織的・計画的な学習支援を行うことも検討すること。

　児童生徒が児童養護施設へ入所している場合や，貧困，虐待，ネグレクトといった課題を抱えている場合など，児童生徒に特別な生活上の課題がある場合には，児童相談所等の関係機関や，スクールカウンセラー，スクールソーシャルワーカーといった専門職員と緊密に連携しつつ，きめ細かな支援を充実させること。

　また，各都道府県教育委員会においては，当該児童生徒の在籍校における学習指導上・生徒指導上の課題の状況を総合的に判断して必要と認められる場合は，スクールカウンセラーやスクールソーシャルワーカーの配置に係る補助や教職員定数の加配の活用も考慮しつつ，当該在籍校の指導体制の充実に努めること。

付録

407

付　録

資料8

戸籍に記載がない者を事件本人の一方とし，戸籍に記載されている事件本人の他方の氏を夫婦が称する氏とする婚姻の届出の取扱いについて

（平２６・７・３１法務省民一）
（第819号民事局民事第一課長通知）

　　母が元夫との離婚後300日以内に子を出産した場合には，原則として，民法第772条の規定により，元夫が父と推定され，戸籍上も元夫の子と取り扱われるところ，子の出生届の届出義務者である母が他に子の血縁上の父が存在すること等を理由として出生の届出をしないために，当該子が戸籍に記載されないことがあります。このように日本国籍を有するものの戸籍に記載がない者（以下「無籍者」という。）を事件本人の一方とする婚姻の届出（以下「無籍者の婚姻の届出」という。）がされた場合であっても，事件本人の他方が戸籍に記載されている者であり，その他方の氏を夫婦が称する氏とする婚姻の届出であれば，婚姻要件を満たすことが認められるときは，婚姻の届出を受理するという取扱いがこれまでも認められてきました。しかし，この取扱いは，必ずしも十分に周知されていなかったものと思われます。
　　ついては，今般，上記婚姻の届出に関する事務の取扱いを下記のとおり整理するとともに，その周知を図ることとしましたので，これを了知の上，貴管下支局長及び管内市区町村長に周知方取り計らい願います。

記

1　婚姻届書の記載方法
　　無籍者の婚姻の届出に係る届書の記載方法については，以下のとおりとする。
　（なお，以下においては，無籍者とその母の元夫との間において嫡出否認及び親子関係不存在確認の確定した審判又は判決がされておらず，かつ，無籍者とその血縁上の父との間において認知の確定した審判又は判決がされていない場合であることを前提とする。）
　⑴　「夫（妻）になる人」の「氏名」欄には，無籍者については，同人の母とその元夫の婚姻中の氏を「氏」として記載し，無籍者が日常生活において使用している名を「名」として記載する。
　⑵　「夫（妻）になる人」の「本籍」欄は，無籍者については，空欄とする。
　⑶　「夫（妻）になる人の父母の氏名」欄には，無籍者については，母の氏名及びその元夫の氏名を記載する。
　⑷　「夫（妻）になる人の父母との続き柄」欄には，無籍者については，同人の母とその元夫の嫡出子としての「父母との続柄」を記載する。
　⑸　「婚姻後の夫婦の氏」の欄は，事件本人のうち戸籍に記載されている者（夫又は妻）の氏に印を付ける。

408

資料8　戸籍に記載がない者を事件本人の一方とし，戸籍に記載されている事件本人の
　　　他方の氏を夫婦が称する氏とする婚姻の届出の取扱いについて

　(6)　届出人が，上記(1)から(4)までの方法による婚姻届書の作成を望まず，無籍者
　　の父を血縁上の父とするなどの取扱いを希望する場合，裁判（無籍者と元夫と
　　の間における嫡出否認若しくは親子関係不存在確認の確定した審判若しくは判
　　決又は無籍者と血縁上の父との間における認知の確定した審判若しくは判決）
　　により，無籍者の出生事項についてその旨の戸籍の記載がされた後でなければ，
　　そのような取扱いをすることはできない旨を懇切丁寧に説明する。
　(7)　上記(6)の説明の結果，届出人が裁判手続を行う旨の意向を示したときは，届
　　書を返戻する。
　　　これに対し，届出人が裁判手続は行わないものの，上記(1)から(4)までの方法
　　によらずに届書を作成して婚姻の届出をすることを希望する場合は，上記方法
　　により届書を作成するよう補正を求めるものとする（なお，記載を強いること
　　がないよう留意する。）。届出人が補正に応じない場合であっても，無籍者の母
　　の戸籍簿の記載等によって補正すべき内容を認定することができるときは，届
　　書の付せん又は余白に，認定した上記(1)ないし(4)に係る事項を以下の例により
　　明らかにした上で，婚姻の届出を受理するものとする。婚姻の届出を受理する
　　に当たっては，届出人に対し，市区町村長が認定した内容，戸籍の記載等を示
　　し，その理解を求めるものとする。
　　（認定事項の記載例）
　　①　上記1(1)については，「夫（妻）になる人の氏名欄に『○○』とあるのは，
　　　『○○』が正しいものと認める」の例による。
　　②　上記1(2)については，「夫（妻）になる人の本籍欄に『○○』とあるのは，
　　　空欄とするが正しいものと認める」の例による。
　　③　上記1(3)については，「夫（妻）になる人の父の氏名欄に『○○』とある
　　　のは，『○○』が正しいものと認める」の例による。
　　④　上記1(4)については，「夫（妻）になる人の父母の続き柄欄に『長男（長
　　　女)』とあるのは『二男（二女)』が正しいものと認める」の例による。
2　添付書類
　(1)　婚姻届書に添付すべき書類は，以下のとおりとする。
　　①　無籍者の母に係る戸籍又は除かれた戸籍の謄本若しくは記録事項証明書
　　②　無籍者とその母との母子関係を証明する書面（出生証明書，母子健康手帳
　　　等）
　　　（注）②の書面については，婚姻届書を受け付けた市区町村（以下「受付市
　　　区町村」という。）において，届出の際に原本を確認し，複写した後，原
　　　本を届出人に返却する。
　(2)　上記(1)の書類が添付されていないときであっても，婚姻届書を受領する。
　　　なお，上記(1)①の書類が添付されていないときには，無籍者の母の本籍地を
　　管轄する市区町村に当該戸籍又は除籍の謄本若しくは記録事項証明書を請求す
　　るなどしてこれを入手する。

付
録

付　録

3　受理照会

　　受付市区町村の長は，無籍者の婚姻の届出について，当該市区町村を管轄する法務局若しくは地方法務局又はその支局の長（以下「管轄法務局長等」という。）に受理照会をする。

4　戸籍記載

　　上記3の審査の結果，管轄法務局長等から受理相当との指示があったときは，婚姻の事件本人のうち無籍者について，届出に基づく婚姻事項の記載をする。なお，記載例は別紙のとおりとする。

5　夫婦間の子の出生の届出

　　無籍者が婚姻した後，当該夫婦の婚姻中に出生した子については，出生の届出を受理する。当該届出に係る出生子は，婚姻中の父母のうち無籍者でない者の戸籍に入籍する。

6　その他

　　無籍者を事件本人とするその他の戸籍の届出があったときも，管轄法務局長等に対し受理照会をする。

　　また，無籍者の存在を戸籍の届出の相談やその他の業務の過程で把握したときは，管轄する法務局若しくは地方法務局又はその支局にその旨を連絡をする。

410

資料8　戸籍に記載がない者を事件本人の一方とし，戸籍に記載されている事件本人の
　　　他方の氏を夫婦が称する氏とする婚姻の届出の取扱いについて

【別紙】

（例）妻が無籍者である場合

1　夫の従前戸籍

		（1の1）　全 部 事 項 証 明
本　　　籍		東京都千代田区平河町一丁目１０番地
氏　　　名		甲野　幸雄
戸籍事項		

戸籍に記録されている者	【名】義太郎
除　籍	【生年月日】昭和５９年６月２１日 【父】甲野幸雄 【母】甲野松子 【続柄】長男
身分事項 　出　　生	【出生日】昭和５９年６月２１日 【出生地】東京都千代田区 【届出日】昭和５９年６月２８日 【届出人】父
婚　　姻	【婚姻日】平成２５年１０月２４日 【配偶者氏名】乙野梅子 【配偶者の戸籍】無籍 【新本籍】東京都千代田区平河町一丁目１０番地 【称する氏】夫の氏

2　夫の新戸籍

		（1の1）　全 部 事 項 証 明
本　　　籍		東京都千代田区平河町一丁目１０番地
氏　　　名		甲野　義太郎
戸籍事項		【編製日】平成２５年１０月２４日

戸籍に記録されている者	【名】義太郎
	【生年月日】昭和５９年６月２１日 【父】甲野幸雄 【母】甲野松子 【続柄】長男
身分事項 　出　　生	【出生日】昭和５９年６月２１日 【出生地】東京都千代田区 【届出日】昭和５９年６月２８日 【届出人】父
婚　　姻	【婚姻日】平成２５年１０月２４日 【配偶者氏名】乙野梅子 【配偶者の戸籍】無籍 【従前戸籍】東京都千代田区平河町一丁目１０番地　甲野幸雄

付録

付　録

資料9

婚姻の解消又は取消し後300日以内に生まれた子の出生の届出の取扱いについて（通達）

$$\left(\begin{array}{l}\text{平１９・５・７法務省民一}\\\text{第1007号法務省民事局長通達}\end{array}\right)$$

　　婚姻の解消又は取消し後300日以内に生まれた子のうち，医師の作成した証明書の提出をすることにより，婚姻の解消又は取消し後の懐胎であることを証明することができる事案につき，下記のとおり，民法（明治29年法律第89号）第772条の推定が及ばないものとして，出生の届出を受理することとしますので，これを了知の上，貴管下支局長及び管内市区町村長に周知方取り計らい願います。
　　なお，本通達に反する当職通達又は回答は，本通達によって変更し，又は廃止するので，念のため申し添えます。

記

1　「懐胎時期に関する証明書」が添付された出生の届出について
　(1)　届書等の審査
　　　市区町村長は，出生の届書及び医師が作成した「懐胎時期に関する証明書」（様式は，別紙のとおりとする。）によって，子の懐胎時期が婚姻の解消又は取消し後であるかどうかを審査するものとする。
　　　懐胎時期が婚姻の解消又は取消し後であるかどうかは，同証明書記載の「懐胎の時期」の最も早い日が婚姻の解消又は取消し後であるかどうかによって判断する。すなわち，その最も早い日が婚姻の解消又は取消しの日より後の日である場合に限り，婚姻の解消又は取消し後に懐胎したと認めるものとし，その最も早い日が婚姻の解消又は取消しの日以前の日である場合は，婚姻の解消又は取消し後に懐胎したと認められないものとする。
　(2)　届出の受理
　　　市区町村長は，(1)の審査によって婚姻の解消又は取消し後に懐胎したと認める場合には，民法第772条の推定が及ばないものとして，婚姻の解消又は取消し時の夫を父としない出生の届出（嫡出でない子又は後婚の夫を父とする嫡出子としての出生の届出）を受理するものとする。
　(3)　戸籍の記載
　　　子の身分事項欄の記載は，以下の例による。
　　ア　紙戸籍の場合
　　　「平成19年6月25日東京都千代田区で出生同年7月2日母届出（民法第772条の推定が及ばない）入籍」
　　イ　コンピュータ戸籍の場合

412

資料9　婚姻の解消又は取消し後300日以内に生まれた子の出生の届出の取扱いについて（通達）

　　　　　身分事項
　　　　　　出生　【出生日】平成１９年６月２５日
　　　　　　　　　【出生地】東京都千代田区
　　　　　　　　　【届出日】平成１９年７月２日
　　　　　　　　　【届出人】母
　　　　　　　　　【特記事項】民法第７７２条の推定が及ばない
2　「懐胎時期に関する証明書」が添付されない出生の届出について従前のとおり，民法第772条の推定が及ぶものとして取り扱う。
3　取扱いの開始について
　(1)　この取扱いは，平成19年5月21日以後に出生の届出がされたものについて実施する。
　(2)　既に婚姻の解消又は取消し時の夫の子として記載されている戸籍の訂正については，従前のとおり，裁判所の手続を経る取扱いとする。
4　その他
　　本取扱いの実施に当たっては，その目的及び方法について，十分に周知するよう配意するものとする。

（別紙）
懐胎時期に関する証明書

子の氏名	
男女の別	1　　男 2　　女
生まれたとき	平成　　　年　　月　　日　午前 　　　　　　　　　　　　　午後　　時　　分
母の氏名	
母の住所（※）	
母の生年月日（※）	昭和・平成　　　年　　月　　日

※　診断をしたが出産に立ち会わなかった医師が，本証明書を交付する場合には，「子の氏名」・「男女の別」・「生まれたとき」の代わりに「母の住所」・「母の生年月日」を記載すること。

413

付　録

上記記載の子について
　懐胎の時期（推定排卵日）は，平成　　年　　月　　日から平成　　年
月　　日までと推定される。

算出根拠（1．2．3．のいずれかに丸印をつけてください）
1．出生証明書に記された出生日と妊娠週数から逆算した妊娠2週0日に相当する
　日は平成　　年　　月　　日であり，この期日に前後各14日間ずつを加え算出し
　た（注）。妊娠週日（妊娠週数）は，妊娠8週0日から妊娠11週6日までの間に
　計測された超音波検査による頭殿長を考慮して決定されている。
（注）医師の判断により，診断時期，診断回数等からより正確な診断が可能なとき
は，前後各14日間より短い日数を加えることになる。

2．不妊治療に対して行われる生殖補助医療の実施目を基に算出した。

3．その他（具体的にお書きください）
　　　（　　　　　　　　　　　　　　　　　　　　　　　　　　　　　）

　　　　　　　　　　　　　　　　　　　平成　　年　　月　　日
　　　医師　　　　（住所）

　　　　　　　　（氏名）　　　　　　　　　　　　　　　　印

※　この証明書は，婚姻の解消又は取消後300日以内に出生した子び）出生届に添
　付するために医師が作成するものです。

事 項 索 引

【数字・アルファベット】

18歳未満 ································· 341
DNA鑑定 ························· 233, 238
DV ··································· 32, 34
 ── と離婚 ······················ 67
 ── における暴力 ·············· 33
 ── の慰謝料請求 ·············· 69
DV相談 ··························· 61, 65
DV被害 ······························ 40
DV被害者 ···························· 65
DV防止法 ····················· 37, 38, 39
JKビジネス禁止条例 ·············· 341

【あ行】

アウトゴーイング事案 ········ 124, 149
いじめ ························· 315, 316
 ── と損害の因果関係 ·········· 321
 ── による損害 ················ 322
 ── の法的責任を負う者及び義務
  内容 ······················· 318
一時保護 ···························· 290
一時保護中の親権 ·················· 296
一般社団法人セーファーインター
 ネット協会（SIA）·············· 119
違法・有害情報相談センター ······· 119
インカミング事案 ············ 124, 128
氏の変更 ···························· 159
運転免許証 ·························· 195
援助方針の決定 ···················· 294
援助申出書 ······················ 78, 80
親子関係存在確認の手続 ············ 242
親子関係不存在確認の手続 ······ 235, 248

【か行】

外観説 ························· 202, 203
外国返還援助申請 ·················· 128
加害児童 ···························· 318
加害児童等の両親 ·················· 318
学校関係者 ·························· 318
学校設置者の法的責任 ·············· 311
学校における体罰 ·················· 302
家庭裁判所送致 ················ 357, 385
管轄裁判所 ··························· 48
監護者強制性交等・強制わいせつ
       ··············· 286, 335
観護措置 ············ 361, 362, 366, 385
観護措置決定 ······················ 378
監護の継続性の原則 ················· 20
鑑別 ······························· 364
鑑別所送致 ·························· 378
間接強制 ························· 12, 19
間接交流 ···························· 17
起訴強制 ···························· 376
虐待する親の親権制限 ·············· 297
強制執行 ························ 11, 356
強制性交・強制わいせつ ············ 331
強制認知 ············ 229, 248, 249, 250
禁止命令等 ······················ 77, 93
ぐ犯事件 ···························· 384
ぐ犯少年 ···························· 360
警告 ································ 77
警察官の援助 ······················· 62
警察の相談窓口 ···················· 118
警察本部長等の援助 ··············· 62, 78
刑事裁判 ···························· 346
刑事事件手続 ··················· 98, 344
刑事処分相当 ······················ 375

415

事項索引

刑事損害賠償命令	354	児童虐待	284, 286
健康保険	163	児童手当	5, 168
検察官送致（逆送）	373, 375	児童福祉法違反	336
原則逆送	375	児童扶養手当	5, 172
合意に相当する審判	226	児童ポルノ	328, 338
抗告	374	司法面接	342
公正証書の作成	11	就学	192
公然と陳列	103, 104, 116	就業支援・自立支援制度	177
公訴時効	343	就職	194
公的機関による対応	287	就籍	244
公的扶助	5	就籍許可の手続	243
公表目的提供罪	101, 102	住民票	71, 76, 167, 189, 245
告訴	343	出生	208
戸籍制度	207	出生証明書	242
戸籍と氏の変更	159	出生届	246
戸籍の変更	160	準強制性交等・強制わいせつ	335
国民健康保険	166, 192	小規模住居型児童養育事業	300
国民健康保険料	166	証拠の保全	341
国民年金保険料	167	少年	357
子どもに対する性暴力	328, 330	少年院送致	373, 386
子どもの犯罪被害	284	少年事件	351, 357, 359
子の氏の変更許可申立て	161	少年事件手続	351, 357
子の入籍届	161	少年審判	371
子の返還	129, 131, 144	消滅時効	353
婚姻届	195	触法少年	359
		親権喪失	297
【さ行】		人権相談窓口等	118
		親権停止	297
再婚	5	親告罪	103, 343
再度の申立て	50	新算定表	3
裁判離婚	69	新算定方式	4
里親制度	299	親族里親	300
算定表	3, 4	審判	371, 372
支援機関	61	審判や判決取得後の注意点	234, 238
私事性的画像記録公表罪	101	推定が及ばない事情	230, 236
私事性的画像記録物公表罪	102	推定されない嫡出子	209, 210
事情変更	8	推定される嫡出子	209
児童育成手当	5, 174	推定の及ばない子	202, 209
児童買春	328, 338		

事項索引

ストーカー ················ 72, 110, 117, 118, 119
ストーカー規制法 ··················· 73, 76, 96
ストーカー行為 ······················ 74, 75, 93
生活保護 ································· 5, 194
性行為・性交類似行為 ··············· 100, 341
青少年健全育成条例 ····················· 340
性暴力による被害 ··················· 328, 329
性暴力被害の支援 ·························· 329
接近禁止命令 ······················ 43, 44, 45
選挙権 ···································· 194
全件送致主義 ······························ 357
祖父母らとの交流 ·························· 17

【た行】

退去命令 ···································· 43
第三者機関 ······························ 18, 28
体罰 ····················· 302, 303, 304, 306,
                    307, 310, 312, 313, 314
体罰禁止 ······························· 286, 302
逮捕勾留 ······························· 344, 386
嫡出推定制度 ····················· 200, 202, 218
嫡出の推定（嫡出推定）
                    ············· 202, 219, 224, 229
嫡出否認 ··············· 203, 219, 225, 240
中央当局 ····························· 128, 150
懲戒 ·································· 303, 304
調停前置主義 ··························· 15, 225
直接強制 ···································· 12
直接交流 ···································· 17
通告 ·································· 287, 288
付添人 ····················· 358, 366, 372, 378
つきまとい等 ························ 73, 75, 115
電話等禁止命令 ···························· 44
同一の戸籍に記載される者の範囲 ········· 208
特殊詐欺事件 ························· 361, 386
特別養子縁組（令和元年改正につい
    て）·································· 300
ドメスティック・バイオレンス → DV

【な行】

日本司法支援センター（法テラス）······· 118
ネットいじめ ························· 323, 324
年金 ······································ 166

【は行】

ハーグ実施法 ····················· 121, 124, 154
ハーグ条約 ················ 121, 124, 128, 150
配偶者からの暴力 ····················· 35, 62
配偶者暴力相談支援センター ··········· 61, 62
パスポート ································· 196
発令要件 ···································· 46
犯罪少年 ···································· 359
犯罪被害者支援窓口 ······················ 118
反復して ···································· 75
非行 ······································ 357
非行少年処遇 ······························ 358
非親告罪 ································· 75, 93
ひとり親家庭 ····················· 171, 176, 179
ファミリーホーム ························· 300
部活動における体罰 ······················ 307
婦人相談所 ································· 61
不特定又は多数 ···························· 103
プロバイダ責任制限法の特例 ············· 105
別居 ·································· 231, 237
暴力 ······································ 33
保護観察処分 ······························ 384
保護命令 ····················· 42, 43, 46, 50
母子関係の認定 ···························· 242
母子父子寡婦福祉資金貸付金 ············· 176

【ま行】

未成熟子 ···································· 8
未成年後見制度 ···························· 298
民事事件 ···································· 352
民事手続 ···································· 97
民事訴訟における被害者のための制

417

事項索引

度 ……………………………………………… 355
民法772条の改正 ……………………… 219
無戸籍 ………………………………… 186, 206
無戸籍解消後の問題 ………………… 247
無戸籍者 ……………… 186, 187, 188, 246
無戸籍状態 …………………………… 211
無収入 …………………………………… 4
迷惑防止条例 …………………… 73, 340
面会交流 ………………………… 14, 151
　――の実情 ……………………… 20
　――の審理方法 ………………… 16
　――の請求手続 ………………… 15
　――の態様 ……………………… 17
　――の判断基準 ………………… 16
　――の否定 ……………………… 27
　――の変更手続 ………………… 18
　――の法的性質・意義 ………… 14
　――の履行確保 ………………… 18
面会交流援助 ………………………… 150
面会交流決定後の対応 …………… 153

【や行】

有形力の行使 ………………………… 305
養育費 ……………………………………… 2
　――と公的扶助 ………………… 5
　――の算定方法 …………… 2, 3, 4
　――の審理方法 ………………… 6
　――の請求方法 …………… 5, 6
　――の変更手続 ………………… 8
　――の履行確保 ………………… 11
　再婚した場合の―― …………… 5
養育費支払の始期 ………………… 7
養育費支払の終期 ………………… 8
養育里親 ……………………………… 299
養子縁組の解消 …………………… 298
養子縁組里親 ……………………… 300
要保護児童対策地域協議会 …… 296

【ら行】

履行勧告 ………………………… 11, 18
履行命令 ……………………………… 11
離婚 …………………………… 5, 6, 67
離婚慰謝料 …………………………… 69
離婚後に懐胎したことの証明 ……… 241
離婚後の手続 …………………… 159
離婚後の母の戸籍 ………………… 246
離婚手続の選択 …………………… 68
離婚調停 ……………………………… 68
リベンジポルノ ………… 98, 110, 117, 118
リベンジポルノ防止法 ……… 99, 101, 109

条 文 索 引

● いじめ防止法
　2条 ……………………………… 316, 324
　11条 ………………………………… 317
● 家事事件手続法
　39条 ………………………………… 144
　150条 …………………………… 130, 152
　231条 ………………………………… 245
　244条 ……………… 15, 130, 152, 225
　257条 …………………………………… 15
　268条 …………………… 134, 135, 227
　272条 …………………………………… 6
　274条 ……………… 6 , 15, 133, 153
　277条 ……………… 226, 227, 240
　284条 …………… 15, 200, 225～227
　289条 ……………………………… 11, 18
● 改正家事事件手続法
　164条 ………………………………… 301
● 学校教育法
　1条 ………………………………… 316
　2条 ………………………………… 321
　11条 ……………………… 302～304, 306
● 刑事訴訟法
　153条の6 …………………………… 347
　157条の4 …………………………… 347
　157条の5 …………………………… 347
　231条 ………………………………… 103
　235条 …………………………… 103, 343
　250条 ………………………………… 343
　290条の2 ……………………… 347, 348
　292条の2 …… 332, 335, 336, 338, 339, 347
　316条の33 ……… 332, 335, 336, 338, 348
　337条 ………………………………… 343
● 刑法
　3条 ………………………………… 103
　54条 ………………………………… 103

● 175条 ……………… 100, 103, 104, 116
　176条 …………………………… 330, 332
　177条 ……………… 34, 62, 331, 332
　179条 …………………………… 286, 335
　181条 …………………………… 286, 331
　204条 ……… 33, 34, 62, 286, 311
　208条 ……………… 33, 286, 311
　218条 ………………………………… 286
　219条 ………………………………… 286
　230条 …………………………… 103, 104
● 公職選挙法
　21条 ………………………………… 195
● 国籍法
　2条 ………………………………… 244
● 国民健康保険法
　6条 …………………………… 164, 166
　110条 ………………………………… 247
● 国民年金法
　102条 ………………………………… 247
● 戸籍法
　6条 …………………………… 160, 208
　13条 ………………………………… 207
　14条 ………………………………… 159
　15条 ………………………………… 207
　16条 …………………………… 159, 208
　17条 ………………………………… 208
　18条 ……… 159, 207, 209, 228, 234, 239
　19条 ………………………………… 160
　21条 ………………………………… 275
　44条 ………………………………… 247
　49条 …………………………… 208, 242
　52条 ……………… 209, 271, 272
　62条 ……………… 229, 235, 239
　77条の2 ………………………… 160
　102条の2 ……………………… 207

419

条文索引

107条 ………………………… 246	9条 ………………………… 175
110条 …………………… 244, 245	**●児童ポルノ禁止法**
111条 ………………………… 246	2条 …………… 100, 101, 338
113条 ………………………… 221	4条 ………………………… 338
116条 ………………………… 229	**●住民基本台帳法**
●国家賠償法	1条 ………………………… 208
1条 …………… 310, 311〜321	**●少年院法**
●裁判員法	4条 ………………………… 374
2条 ………………………… 346	**●少年法**
3条 ………………………… 346	1条 ………………………… 357
●児童虐待防止法	3条 …………………… 359, 360
2条 …………………… 142, 284	9条 ………………………… 365
6条 ………………………… 287	17条 …………………… 361, 362
7条 ………………………… 288	20条 …………… 341, 375, 376
8条 ………………………… 288	21条 ………………………… 371
8条の2 …………………… 290	22条 ………………………… 371
9条 ………………………… 290	22条の4 …………………… 372
12条3 …………………… 294	34条 ………………………… 375
●児童の権利に関する条約	45条 ………………………… 376
9条 ………………………… 15	55条 ………………………… 377
●児童福祉法	**●人事訴訟法**
6条の3 …………………… 300	2条 ………………………… 227
6条の4 …………………… 299	12条 …………………… 235, 242
12条の4 …………………… 290	17条 ………………………… 70
25条 ………………………… 287	19条 ………………………… 238
25条の2 …………………… 296	20条 ………………………… 238
27条 …………………… 294, 295	37条 ………………………… 69
28条 …………………… 295, 296	38条 ………………………… 18
32条 ………………………… 295	**●ストーカー規制法**
33条 …………………… 290, 293	1条 ………………………… 73
33条の2 …………………… 296	2条 …………… 73〜76, 93, 97
33条の7 …………………… 297	3条 …………………… 75, 77
33条の8 …………………… 298	4条 …………………… 77, 93
34条 ………………………… 336	5条 …………………… 77, 78, 93
●児童扶養法	7条 ………………………… 78
1条 ………………………… 172	8条 ………………………… 93
3条 ………………………… 173	13条 ………………………… 97
4条 ………………………… 173	18条 …………… 75, 93, 94, 96

条文索引

19条 ································ 93, 94	7条 ································ 128
20条 ························ 78, 93, 94	9条 ································ 129
●生活保護法	13条 ································ 149
24条 ································ 194	14条 ································ 149
●地方公務員法	15条 ································ 150
29条 ································ 311	18条 ································ 150
●地方自治法	23条 ································ 153
2条 ································ 190	26条 ································ 132
18条 ································ 194	27条 ·························· 138, 139
●地方税法	28条 ···················· 138, 140～143
18条 ································ 247	32条 ···················· 132, 135, 136
●DV防止法	48条 ································ 137
1条 ································· 38	60条 ································ 137
2条 ································· 39	62条 ·························· 137, 148
2条の2 ····························· 39	70条 ································ 135
2条の3 ····························· 39	75条 ································ 148
3条 ························ 61, 64, 65	77条 ·························· 137, 138
6条 ································· 41	79条 ································ 138
8条 ································· 62	82条 ································ 138
8条の2 ·························· 41, 62	83条 ································ 138
10条 ···················· 42～44, 46～48	85条 ·············· 137, 138, 147, 148
11条 ································· 48	86条 ································ 138
12条 ································· 49	88条 ································ 138
13条 ································· 42	93条 ································ 144
15条 ································· 50	94条 ································ 144
18条 ································· 50	100条 ·························· 129, 144
28条の2 ························· 46, 63	101条 ·························· 137, 144
29条 ································· 42	117条 ·························· 142～144
●日本国憲法	122条 ································ 136
13条 ···················· 96, 97, 205	132条 ································ 136
14条 ································ 205	133条 ································ 148
21条 ··················· 96, 97, 109	136条 ································ 145
24条 ································ 205	138条 ································ 146
31条 ································· 96	140条 ································ 146
●ハーグ実施法	143条 ································ 148
2条 ································ 121	144条 ·························· 130, 133
5条 ·························· 128, 147	145条 ································ 134
6条 ································ 129	148条 ································ 152

421

条文索引

149条 ……………………… 148, 152
151条 …………………………… 132
153条 …………………………… 154

●ハーグ条約
1条 ……………………………… 122
4条 ……………………………… 122
6条 ……………………………… 149
7条 ………………… 129, 149, 150
10条 …………………………… 129
11条 …………………………… 132
26条 …………………………… 154
35条 …………………………… 123

●売春防止法
34条 ……………………………… 61
35条 ……………………………… 61
36条 ……………………………… 64

●犯罪による収益の移転防止に関する法律
4条 …………………………… 196

●被害者保護法
2条 …………………………… 348
3条 ………… 332, 335, 336, 338, 339, 348
4条 …………………………… 348
23条 ……………………… 335, 354

●プロバイダ責任制限法
3条 …………………………… 106
3条の2 ……………………… 106
4条 …………………………… 326

●母子及び父子並びに寡婦福祉法
1条 …………………………… 177

●民事執行法
151条の2 ……………………… 12
152条 …………………………… 12
167条の15 ……………………… 12
171条 ………………………… 145
172条 ……………………… 12, 19, 145

●改正民事執行法
174条 ………………………… 124
175条 ……………………… 124, 146

176条 …………………………… 146
196条 …………………………… 13
197条 …………………………… 13
206条 …………………………… 14
207条 …………………………… 13
213条 …………………………… 13

●民事訴訟法
203条の3 ……………………… 69
223条 ………………………… 138

●民法
7条 …………………………… 182
130条 ………………………… 98
160条 ………………………… 353
208条 ………………………… 98
222条 ………………………… 98
223条 ………………………… 98
230条 ………………………… 98
415条 ………………………… 319
416条 ………………………… 323
709条 ……… 98, 310, 311, 318, 320
710条 ………………………… 310
712条 ………………………… 318
714条 ………………………… 318
715条 ……………… 311, 319, 320
724条 ………………………… 353
725条 ………………………… 44
731条 ………………………… 195
732条 ………………………… 195
733条 ……………………… 187, 195
734条 ………………………… 195
735条 ………………………… 195
736条 ………………………… 195
737条 ………………………… 195
739条 ………………………… 195
742条 ………………………… 195
750条 ………………………… 159
760条 ………………………… 2
766条 ……………………… 2, 14

422

767条 ······························· 160
772条 ·················· 187, 190, 200～203,
　　　　205, 206, 209, 210, 219, 224, 241
774条 ··············· 200, 203, 219, 224
775条 ····················· 200, 203, 224
777条 ··············· 200, 203, 219, 224
779条 ······························· 234
784条 ································· 7
787条 ······························· 230
790条 ····················· 228, 234, 239
791条 ············ 161, 162, 229, 234, 239, 246
814条 ······························· 299
817条の5 ··························· 301
817条の10 ·························· 299
820条 ······························· 286
822条 ······························· 286
834条 ······························· 297
834条の2 ··························· 297
838条 ······················· 297, 298
840条 ······························· 298
841条 ······························· 298
877条 ································· 2

◉リベンジポルノ防止法
　1条 ······························· 99
　2条 ························· 99, 101
　3条 ··················· 101～103, 116
　4条 ······························· 106

◉旅券法
　3条 ······························· 196

判 例 索 引

大判大15・3・5 ……………………………… 104
大判昭15・1・23 ……………………………… 210
東京地判昭23・11・26 ……………… 231, 236
最三小判昭24・5・10 ……………………… 332
最三小判昭30・4・19 ……………………… 310
熊本地判昭31・8・14 ……………… 231, 236
最大判昭32・3・13 ……………………… 100
最二小判昭33・6・6 ……………………… 332
最二小判昭37・4・27 ……………………… 242
最二小決昭40・4・30 ……………………… 336
東京高判昭42・4・11 ……………………… 71
東京高判昭43・11・28 …………………… 334
最一小判昭44・5・29 … 203, 205, 231, 236
広島家決昭45・5・18 ……………………… 359
東京高判昭47・7・14 ……………………… 104
最二小判昭49・3・22 ……………………… 318
東京高判昭56・4・1 ……………………… 306
東京高判昭58・6・7 ……………………… 334
浦和地判昭59・9・19 ……………………… 70
浦和地判昭60・2・22 ……………………… 306
最大判昭60・10・23 ……………………… 341
最二小判昭62・2・6 ……………………… 310
東京高判昭62・3・16 ……………………… 104
東京高判昭62・11・24 ……………………… 70
最三小判平5・3・16 ……………………… 109
最二小判平7・1・27 ……………………… 244
最一小判平9・4・10 ……………………… 7
大阪地判平9・4・23 ……………………… 318
大阪地判平10・6・29 ……………………… 120
最二小判平10・8・31裁判集民189
　号437頁 …………………………… 203, 204
最二小判平10・8・31判時1655号
　128頁 ……………………………… 231, 236
最三小決平10・11・2 ……………………… 336
大阪高判平12・3・8 ……………………… 70

最三小判平12・3・14 ………… 204, 230, 236
大阪地判平12・12・22 ……………………… 110
千葉地判平13・1・24 ……………………… 317
最三小決平13・7・16 ……………………… 104
最二小判平14・6・17 ……………………… 109
京地判平15・2・6 ……………………… 110
最一小判平15・12・11 ………………… 76, 96
大阪高決平16・5・19 ……………………… 7
東京高判平17・1・26 ……………………… 72
最二小判平17・11・25 ……………………… 75
さいたま地判平18・3・31 ………………… 111
最三小決平18・4・26 ……………………… 3
東京地判平18・10・13 ……………………… 350
東京高判平19・3・28 ……………………… 321
東京地判平19・6・14 ……………………… 111
最三小判平21・4・28民集63巻4号
　904頁 …………………………………… 306
最三小判平21・4・28民集63巻4号
　853頁 …………………………………… 353
最一小決平21・10・21 ……………………… 339
東京高判平24・1・18 ……………………… 115
東京高判平24・5・24 ……………………… 115
最三小決平24・7・9 ……………………… 339
名古屋高判平24・12・25 ……… 319, 323, 327
最一小決平25・3・28 ……………………… 19
東京高決平25・7・3 ……………………… 16
最三小判平26・1・14 ……………………… 205
最一小判平26・7・17
　………………… 204, 205, 215, 233, 238
札幌高判平26・9・26 ……………………… 354
名古屋地判平27・1・20 …………………… 113
東京高決平27・3・31 …………… 122, 142
東京高決平27・6・12 ……………………… 27
東京高決平27・6・24 ……………………… 387
東京家決平27・6・26 ……………………… 361

東京高決平27・7・14 ················· 142

東京高決平27・8・17 ················· 141

大阪高決平27・8・17 ················· 140

東京高決平27・9・9 ·················· 387

東京地判平27・11・25 ················ 112

東京高決平27・12・11 ················ 371

東京高決平28・1・27 ················· 385

宮崎地判平28・3・28 ················· 114

東京地立川支判平28・5・27 ·········· 116

大阪高決平28・7・7 ·················· 140

大阪高決平28・8・29 ················· 143

東京家決平28・10・4 ················· 28

福岡地判平28・11・16 ················ 105

東京地判平28・11・29 ················ 112

東京高判平28・11・30 ················ 115

大分地判平28・12・22 ················ 310

東京高決平29・2・8 ·················· 19

大阪高判平29・6・30 ················· 116

大阪高決平29・7・12 ············ 139, 142

大阪高決平29・9・15 ············ 141, 142

神戸地姫路支判平29・11・27 ·········· 311

最一小決平29・12・21 ········· 122, 142〜144

横浜地横須賀支判平30・1・15 ········· 113

東京地判平30・3・13 ················· 186

名古屋地判平30・4・25 ··············· 66

東京地判平30・12・10 ················ 327

名古屋高判平31・1・31 ··············· 66

静岡地浜松支判平31・3・19 ··········· 333

名古屋地岡崎支判平31・3・26 ········· 333

静岡地判平31・3・28 ················· 333

通 達 等 索 引

大11・5・16民事第3236号民事局長回答参 ································· 244

昭15・4・8民事甲第432号民事局長通牒 ································· 210

昭15・6・14民事甲第731号民事局長回答 ································· 210

昭15・8・24民事甲第1087号民事局長回答 ································· 210

昭25・8・16民事甲第2206号民事局長回答 ································· 245

昭26・6・27民事甲第1332号民事局長回答 ································· 210

昭27・6・5民事甲第782号民事局長通達 ································· 245

昭36・8・5民事甲第1915号民事局長回答 ···························· 245, 269

昭40・9・22民事甲第2834号民事局長電報回答 ············ 210, 234, 235, 239

昭41・3・14民事甲第655号民事局長回答 ···························· 235, 239

昭46・2・17民事甲第567号民事局長回答 ···························· 234, 239

昭46・9・22民事甲第2834号民事局長回答 ································· 239

昭48・10・17民二第7884号民事局長回答 ···························· 229, 235

昭62・10・1民二第5000号民事局長通達 ···························· 235, 239

平9・6・20児発434号厚生省児童家庭局長通知「児童虐待等に関する児童福祉法
の適切な運用について」 ·· 294

平17・2・25雇児発第0225001号厚生労働省雇用均等・児童家庭局長通知（最新改
正：平29・3・31雇児発0331第46号厚生労働省雇用均等・児童家庭局長通知）別
添1「要保護児童対策地域協議会設置・運営指針」 ································· 297

平19・1・23雇児発第0123002号厚生労働省雇用均等・児童家庭局長通知「児童相
談所運営指針等の改正について」 ·· 288

平19・3・22厚生労働省雇用均等・児童家庭局総務課事務連絡「戸籍及び住民票に
記載のない児童に関する児童福祉行政上の取扱いについて」（資料4）················ 398

平19・3・23厚生労働省保険局国民健康保険課通知「離婚後300日以内に出生した
子につき，出生届がなされない等の事情により戸籍及び住民票に記載のない児童
に関する国民健康保険資格の取扱いについて（事務連絡）」（資料6）··············· 403

平19・5・7民一第1007号民事局長通達「婚姻の解消又は取消し後300日以内に生
まれた子の出生の届出の取扱いについて（通達）」（資料9）········ 210, 212, 224, 241, 412

平20・7・7総行市第143号総務省自治行政局市町村課長通知「出生届の提出に至
らない子に係る住民票の記載について（通知）」（資料1）·············· 188, 189, 225, 390

平21・3・30丙生企発第31号警察庁生活安全局長通達「ストーカー行為等の規制等
に関する法律等の解釈及び運用上の留意事項について（通達）」···························· 115

平23・3・30厚生労働省雇児発0330第9号厚生労働省雇用均等・児童家庭局長通知
「里親委託ガイドラインについて」別紙「里親委託ガイドライン」························· 300

平24・7・25総行住第74号総務省自治行政局住民制度課長通知「出生届の提出に至

らない子に係る住民票の記載について（通知）」（資料２）························· 392

平25・3・13文部科学省24文科初第1269号文部科学省初等中等教育局長，スポー
ツ・青少年局長通知「体罰の禁止及び児童生徒理解に基づく指導の徹底について
（通知）」·· 303, 309

平26・7・31民一第818号民事第一課長通知「戸籍に記載がない者を戸籍に記載す
るための手続等について」··· 246

平26・7・31民一第819号民事局民事第一課長通知「戸籍に記載がない者を事件本
人の一方とし，戸籍に記載されている事件本人の他方の氏を夫婦が称する氏とす
る婚姻の届出の取扱いについて」（資料８）························· 195, 408

平27・7・8文部科学省初等中等教育局初等中等教育企画課長通知「無戸籍の学齢
児童・生徒の就学の徹底及びきめ細かな支援の充実について（通知）」（資料７）······· 405

平28・3・31雇児発0331第21号厚生労働省雇用均等・児童家庭局長通知「母子家庭
等就業・自立支援事業の実施について」····································· 178

平28・9・29雇児0929第1号厚生労働省雇用均等・児童家庭局長通知「児童相談所
運営指針の改正について」··· 293

平28・10・21厚生労働省雇用均等・児童家庭局総務課，内閣府子ども・子育て本部
参事官（子ども・子育て支援担当），内閣府子ども・子育て本部児童手当管理室，
厚生労働省社会・援護局障害保健福祉部企画課事務連絡「無戸籍の児童に関する
児童福祉等行政上の取扱いについて」（資料５）························· 399

平29・5・26警察庁丙生企第63号警察庁生活安全局長通達「ストーカー行為等の規
制等に関する法律等の解釈及び運用上の留意事項について（通達）」················ 74

平30・3・28総行住第58号総務省自治行政局住民制度課長通知「ドメスティック・
バイオレンス，ストーカー行為等，児童虐待及びこれらに準ずる行為の被害者の
保護のための住民基本台帳事務における支援措置に関する取扱いについて」··········· 76

平30・7・6子発0706第4号厚生労働省子ども家庭局長通知「一時保護ガイドライ
ンについて」別添「一時保護ガイドライン」···································· 293

平30・10・2総行住第162号総務省自治行政局住民制度課長通知「就籍の届出に至
らない者に係る住民票の記載について（通知）」（資料３）··········· 190, 266, 395

令元・6・7子発0607第4号厚生労働省子ども家庭局長通知「児童虐待防止対策に
おけるルールの徹底について」··· 288

著者略歴

編集代表

高取　由弥子（たかとり　ゆみこ）

涼和綜合法律事務所。弁護士（第一東京弁護士会）。第2編を執筆。

執筆者等

鈴木　五十三（すずき　いそみ）

古賀総合法律事務所。弁護士（第二東京弁護士会）。第1編第4章を監修。

赤司　修一（あかし　しゅういち）

新保・洞・赤司法律事務所。弁護士（東京弁護士会）。第1編第3章を執筆。

阿部　みどり（あべ　みどり）・編集委員

中野法律事務所。弁護士（第二東京弁護士会）。第1編第2章を執筆。

池田　大介（いけだ　だいすけ）・編集委員

東雲総合法律事務所。弁護士（東京弁護士会）。第1編第1章第4〜第7を執筆。

石垣　美帆（いしがき　みほ）

東京桜橋法律事務所。弁護士（第二東京弁護士会）。第3編第1章第3を執筆。

小倉　拓也（おぐら　たくや）・編集事務局長

新保・洞・赤司法律事務所。弁護士（第二東京弁護士会）。第1編第3章を執筆。

尾野　恭史（おの　やすひと）・編集委員

古賀総合法律事務所。弁護士（第二東京弁護士会）。第2編を執筆。

429

著者略歴

岸本　有巨（きしもと　ありたか）

鎧橋法律事務所。弁護士（東京弁護士会）。第1編第2章を執筆。

関哉　直人（せきや　なおと）

五百蔵洋一法律事務所。弁護士（第二東京弁護士会）。第1編第1章第1～第3を執筆。

田代　夕貴（たしろ　ゆき）

西村あさひ法律事務所。弁護士（第一東京弁護士会）。第1編第4章を執筆。

中村　あゆ美（なかむら　あゆみ）

関東法律事務所。弁護士（第一東京弁護士会）。第3編第2章を執筆。

中村　竜一（なかむら　りゅういち）

岡村綜合法律事務所。弁護士（第一東京弁護士会）。第3編第1章第1を執筆。

橋本　愛（はしもと　あい）

弁護士法人ノーサイド法律事務所。弁護士（東京弁護士会）。第1編第5章を執筆。

吉村　実（よしむら　まこと）

弁護士法人ポート法律事務所。弁護士（第一東京弁護士会）。第3編第1章第2を執筆。

米田　龍玄（よねだ　りょうげん）

岡村綜合法律事務所。弁護士（東京弁護士会）。第3編第1章第4を執筆。

（所属事務所，弁護士会は2019年12月1日現在）

子ども・親・男女の法律実務
―DV，児童虐待，ハーグ，無戸籍，ストーカー，
リベンジポルノ，女性・子どもの犯罪被害，
ひとり親家庭などの法的支援―

2019年12月13日　初版発行

編集代表　　高　取　由弥子

発行者　　和　田　　　裕

発行所　日本加除出版株式会社

本　　　社　郵便番号 171-8516
　　　　　　東京都豊島区南長崎 3 丁目 16 番 6 号
　　　　　　T E L　(03)3953 - 5757 (代表)
　　　　　　　　　　(03)3952 - 5759 (編集)
　　　　　　F A X　(03)3953 - 5772
　　　　　　U R L　www.kajo.co.jp
営　業　部　郵便番号 171-8516
　　　　　　東京都豊島区南長崎 3 丁目 16 番 6 号
　　　　　　T E L　(03)3953 - 5642
　　　　　　F A X　(03)3953 - 2061

組版　㈱郁文 ／ 印刷　㈱精興社 ／ 製本　牧製本印刷㈱

落丁本・乱丁本は本社でお取替えいたします。
★定価はカバー等に表示してあります。
Ⓒ Y. Takatori 2019
Printed in Japan
ISBN978-4-8178-4603-7

JCOPY　〈出版者著作権管理機構　委託出版物〉
　本書を無断で複写複製（電子化を含む）することは，著作権法上の例外を除
き，禁じられています。複写される場合は，そのつど事前に出版者著作権管理
機構（JCOPY）の許諾を得てください。
　また本書を代行業者等の第三者に依頼してスキャンやデジタル化することは，
たとえ個人や家庭内での利用であっても一切認められておりません。

〈JCOPY〉　H P：https://www.jcopy.or.jp，e-mail：info@jcopy.or.jp
　　　　　　電話：03-5244-5088，FAX：03-5244-5089

内縁・事実婚・同性婚の実務相談
多様な生き方を支える法律、社会保障・税金

商品番号：40793
略　号：内実

小島妙子 著
2019年11月刊 A5判 288頁 本体2,900円＋税 978-4-8178-4597-9

- 婚姻外カップルの、生活上生じるトラブルとその解決策について、48問のQ&Aで詳説。
- 図表・書式を適宜用いて、具体的な実務対応を適切に紹介。同性婚にも適用可能な実務対応を示し、近時の社会情勢に対応した内容を展開。

LGBTをめぐる法と社会

商品番号：40788
略　号：LGBT

谷口洋幸 編著
2019年10月刊 A5判 232頁 本体2,600円＋税 978-4-8178-4594-8

- めまぐるしく変化するLGBTの現状をめぐる最先端のセオリーが得られる一冊。何を法とするのか、法をどう使うのか、問題をどのように解決するのか。これらを判断する原理として、わたしたちは何に依拠すべきか。全9章の中で、これらの問いに一定の解を提供する。

日本加除出版

〒171-8516　東京都豊島区南長崎3丁目16番6号
TEL（03）3953-5642　FAX（03）3953-2061（営業部）
www.kajo.co.jp